# 교육과정

# 교육과정

최화숙·박일수·이재철 공저

dm 동문사

# 머리말
Preface

최근 교육계에서는 불확실한 미래에 대한 준비로 AI를 비롯한 혁신을 강조하고 있다. 또한, 코로나19와 같은 환경의 변화로 인해 학교 교육은 시스템의 변화와 함께 학습자와 교사들에게 새로운 역할을 요구하고 있다. 이러한 시기에 교육을 담당하는 학교에서는 무엇을 어떻게 가르쳐야 할 것인가가 더욱 중요해진다. 결국 교육과정에 대한 본질적인 질문, '무엇을 어떻게 가르치고 배울 것인가? 왜 그것을 가르치고 배웠는가? 그러면 그것을 어떻게 가르치고 배울 것인가? 얼마나 잘 가르치고 배웠는가?'에 대한 답을 재차 고민하게 된다.

이렇듯 교육과정이라는 학문의 필요성과 탐구의 중요성은 시기와 환경의 변화에도 불구하고 아무리 강조해도 지나치지 않다. 이러한 공통된 생각에서 저자들은 교육과정과 관련하여 그간의 저자들의 학문적 노력과 실천적 경험에 대한 종합적인 탐구 내용을 이번 저서에 담고자 하였다. 이러한 맥락에서 본 저서는 교육과정을 처음 접하게 되는 예비 교사뿐만 아니라 현장 교사들의 전문성 향상에도 도움이 될 수 있도록 교육과정 전반에 대한 이론적인 기초에 충실함을 기하고 실천적 지침을 함께 제시하고자 하였다. 동시에 최근의 교육과정 동향을 함께 반영하고자 하였다. 이를 위해 총 13개 주제를 선정하여 제1부 교육과정의 기초, 제2부 교육과정의 개발과 이해, 제3부 교육과정의 실행과 평가, 제4부 국가 교육과정과 이슈로 대영역을 구성하였다. 각 장은 교육과정 주제별로 선행조직자 역할을 하는 학습 내용을 가장 먼저 제시하고, 학습 내용을 설명한 후 각 장에 대한 요약을 제시해 놓았다. 또한, 각각의 주제를 학습하면서 깊이 있게 토의할 주제에 대해서는 생각해 봅시다라는 항목을 추가하였다.

제1부 교육과정의 기초 부분에서는 교육과정의 개관을 시작으로 교육과정의 유형, 교육과정과 지식, 교육과정과 학습자, 교육과정과 사회 등을 다루었다. 교육과정 개관에서는 교육과정의 사전적 정의를 포함하여 교육과정에 대한 다양한 관점과 정의, 교육과정을 결정하는 요인들, 학자들의 개념 모형들과 함께 교육과정의 역사적 기초를 중심으로 설명하였다. 교육과정 유형에서는 역사적 순서에 따른 교육과정 유형과 영 교육과정과 잠재적 교육과정을 포함하여 기술하였다. 특히 교육과정과 지식에서는 교육과정 개발과 실행에 영향을 주는 교육과정의 철학적 기초, 지식과 교육과정, 교과와 교육과정, 학문과 교육과정에 대해 살펴보았다. 이어서 교육과정과 학습자에서는 교육과정의 심리학적 기초와 교육과정의 주요 원천인 학습자와 관련하여 설명하였고, 교육과정과 사회에서는 교육과정의 사회적 기초뿐만 아니라 급진적 교육과정, 미래 사회 변화와 교육과정, 범교과 학습과 교육과정 등 최신의 교육과정 내용을 추가적으로 소개하였다.

또한 제2부에서는 교육과정의 개발과 이해 부분으로 교육과정 설계, 교육과정 개발 모형과 교육과정 재개념화로 구분하여 설명하였다. 교육과정 설계에 있어 광범위한 지침을 제공한 Tyler의 합리적 개발 모형을 근간으로 교육목표의 설정과 진술에서부터 교육 내용의 선정과 조직, 학습성과의 평가라는 네 단계를 중심으로 기술하였다. 특히, 예비 교사나 학교 현장 교사들에게 도움을 주고자 가장 활용도가 높은 교수·학습 방법을 자세하게 소개하였다. 교육과정 개발 모형은 개념을 명확히 하고, 합리적인 관점의 모형 계열과 경험주의 관점의 모형 계열, 재개념주의 관점의 모형 계열, 책무성을 강조하는 모형의 특징을 중심으로 살펴보았다. 이어서 교육과정 재개념화의 출현 배경과 의미, 다양한 접근 관점을 포함하여 교육과정 재개념화를 둘러싼 다양한 관점들, 교육과정 재개념화의 비판점에 대한 논의들을 함께 소개하였다.

제3부는 교육과정의 실행과 교육과정 평가로 구성하였다. 먼저, 교육과정 실행에서는 교육과정의 실제적 사용이 이루어지는 맥락을 고려하여 교육과정 실행의

개념, 관점, 모형과 요인들에 대해 살펴보았다. 교육과정 평가에서는 교육평가의 기본적인 개념과 유형, 일반적 절차와 과정중심 평가 및 프로그램 평가에 대해 자세하게 기술하였다. 이를 통해 미래 사회 변화에 따른 교육과정 평가의 내용을 이해하도록 하였다.

제4부 국가 교육과정과 이슈 부분에서는 국가 교육과정, 교과서 제도, 교육과정 이슈를 각각 다루었다. 우리나라의 국가 교육과정은 시대 흐름에 따라 많은 변화와 발전을 가져왔으므로, 이러한 변화와 발전에 초점을 두고 수시 개정 체제 이전과 이후의 교육과정을 순서대로 주요 특징을 중심으로 설명하였다. 교과서 제도에서는 학교교육에서 교과서가 갖는 의미가 다양해지고 있으므로 교과서를 교육과정 실행과 운영을 위한 교사와 학습자 사이의 매개체 측면으로 한정 지어 설명하였다. 교과서의 개념과 유형, 교과서 제도와 디지털 교과서를 포함한 교과서 발전 방향을 순서대로 설명하였다. 마지막 장인 교육과정 이슈에서는 교육과정과 관련하여 미래 사회와 학교교육에서의 다양한 쟁점과 이슈들을 중심으로 구성하였다. 교육과정 이슈로서 학습자 맞춤형 교육, 다문화교육, OECD 교육 2030, IB 교육을 교육과정과 연계하여 살펴보았다. 이러한 교육과정 최신 이슈들을 통해 예비 교사나 현장 교사들은 교육과정에 대한 안목을 넓히고, 각각의 이슈들이 교육과정에 주는 함의를 다양한 시각으로 고민할 수 있는 계기가 될 수 있을 것이다.

저자들은 20여 년 전부터 교육과정 학문을 함께 탐구하며 시작된 인연으로, 어떻게 하면 교육과정 학문의 이론적 기초와 실천적 경험을 접목하여 교육과정을 더 효과적으로, 매력적으로 전달할 수 있을까 하는 많은 고민 끝에 이번 저서 집필을 시작하게 되었다. 시작부터 저서가 완성되기까지 저자들이 함께 고민한 부분이 여전히 완전하게 해결되지는 않았지만, 저자들의 의도가 독자들에게 전달되기를 바란다. 이러한 노력에도 불구하고 탈고하고 보니 아직도 많은 부분에서 수정과 보완이 이루어져야 할 것 같다. 이 부분에 대해서는 지속적인 독자들의 관심과 지도를 바란다.

마지막으로 본 저서가 출판되기까지 인내심을 갖고 기다려 주신 동문사 사장님과 늘 재촉하지 않고 인내하면서 오랫동안 원고를 기다려 주신 부장님과 직원분들께 진심으로 감사의 말씀을 전한다.

2024년 10월

저자를 대표하여 최 화 숙

# 차 례
Contents

# PART I

# 교육과정의 기초

1. 교육과정 개관
2. 교육과정의 유형
3. 교육과정과 지식
4. 교육과정과 학습자
5. 교육과정과 사회

# 01 Chapter 교육과정 개관

**학습내용**

1. 교육과정의 정의
2. 교육과정의 결정 요인
3. 교육과정 개념 모형
4. 교육과정의 역사적 기초

교육과정(Curriculum)이라는 용어는 한마디로 정의할 수 없지만, 학교교육에서 가장 기본적인 질문인 "무엇을 어떻게 가르치고 배울 것인가?"에 대한 답을 찾아가는 탐구 과정이라고 할 수 있다. 교육과정에 관한 이러한 질문은 흔히 지식, 가치나 태도, 기술이나 기능 등으로 일반적으로 쉽게 답할 수 있어 보이나, 구체적으로 그것이 어떠한 지식, 어떠한 가치, 어떠한 기술이어야 하느냐를 묻게 되면 대답은 그리 간단하지 않을 것이다. 이 질문의 대답 이면에는 가르치지 않은 것, 가르치지 못할 것, 이러한 결과로 배우지 못한 것 등이 남기 때문이다. 또한 "무엇을 가르치고 배울 것인가?"에 대한 답이 주어졌다 하더라도 그다음은 분명 "왜 그것을 가르치고 배웠는가?", "그러면 그것을 어떻게 가르치고 배워야 할 것인가?"와 "얼마나 잘 가르치고 배웠는가?" 하는 질문들이 뒤따를 것이다. 이러한 기본적인 네 가지의 질문에 대한 영역이 교육과정 학문이라 할 수 있다. 이 장에서는 교육과정의 사전적 정의를 포함하여 교육과정에 대한 다양한 관점과 정의, 교육과정을 결정하는 요인들, 학자들의 개념 모형과 함께 교육과정의 역사적 기초를 설명하고자 한다.

# 1 교육과정의 정의

## 가. 어원적 의미

교육과정(教育課程, curriculum)이라는 용어는 영어 'Curriculum'의 번역어이며, 라틴어 '쿠레레'(currere)에서 유래한 용어이다. 쿠레레는 '말의 경주로'(course of race)라는 뜻으로, 말이 달리는 경주로가 정해져 있고 경주로 밖으로 나가는 것은 허용되지 않으며, 경주로에는 주어진 과제나 장애물이 있으며, 보이지 않는 규칙이 작용하고 있음을 내포하고 있다. 또한 시작과 끝이 있으며, 목표가 정해져 있다. 이러한 의미를 가진 용어가 교육에서는 학생들이 일정한 목표를 향해 거쳐야 할 과정이란 뜻으로 사용되면서 과정에는 반드시 내용이 포함되기 때문에 학습 내용 또는 경험 내용을 포함하는 뜻으로 변화해 왔으며, 교육과정이라는 의미는 점점 확대되어 넓은 의미로는 학교의 전체 운영계획을 의미하게 되었다(권낙원 외, 2014).

이러한 교육과정의 어원적 정의를 학교교육에 적용해 보면, 학교에서 공부하는 학생들이 배우는 내용은 경주로처럼 정해져 있으며, 일정한 규칙과 주어진 목표가 있다. 또한, '학교에서 학생들이 배우게 되는 정해진 내용과 과정'의 밖으로는 나갈 수 없음을 뜻한다. 이러한 정해진 체제 내에서 교육과정이 제시한 목표를 달성한 학생에게는 졸업장이나 수료증이 주어지며, 다음 교육과정을 접할 수 있는 자격도 동시에 주어지게 된다. 이렇듯 교육과정의 어의적 의미에서 특히 유의해야 할 점은 결과보다는 내용을 강조하는 측면에서 교육과정을 본다는 것이다.

또한, 교육과정을 실행하는 과정이 교육적이었는가?, 사회적·제도적으로 공감할 만한 내용은 도덕적인 방법으로 얻어진 결과인가? 등에 강조점을 두어야 한다. 과정을 무시한 채 결과만을 바라보는 시각은 교육과정이 담고 있는 본래의 성격을 잘못 이해하는 것이다. 이상에서 살펴본 바와 같이, 교육과정이라는 용어의 어원적인 개념은 '가르쳐야 할 목표와 내용'의 의미가 강하며, '가르치는 과정'으로서의 의미도 함께 공유하고 있다고 볼 수 있다.

## 나. 학문 관점에 따른 의미

교육과정 역사에 대한 다양한 시각 차이에 대한 논의는 차치하고 교육과정의 시초는 1918년 보비트(Bobbit)의 『The Curriculum』 책자가 발간된 이후로 본다. 그러나 현재에 이르기까지 교육과정이 무엇인지에 대해서는 합의가 없으며, 용어 자체가 일반적으로 지시하는 대상과 상황에 따라 다르게 쓰일 수 있기 때문에 다의성을 수용하자는 입장들이 많다. 따라서 단일의 개념으로 정의하기보다는 몇 가지 준거를 세워 교육과정 개념에 대한 오류에 빠지지 않는 것이 더욱 중요하다. 이렇듯 보비트 이후 학자들마다 교육과정에 대하여 정의를 내리고 있으며, 교육과정이라는 용어가 다양한 의미로 사용되고 있기 때문에, 명확하게 정의를 내리는 일은 불가능하다. 하지만, 이러한 문제점에도 불구하고 교육과정의 개념을 파악하려는 노력은 의미 있는 일이다. 왜냐하면, 교육과정이라는 용어의 개념을 명확하게 함으로써 의사소통이 가능할 뿐만 아니라, 교육과정의 용어가 담고 있는 고유한 속성을 찾을 수 있기 때문이다. 이에 대한 이해를 돕기 위해 먼저 학자들의 다양한 교육과정 관점에 대해서 살펴보고자 한다. 이 장에서는 아이즈너와 밸런스(Eisner & Vallance, 1974)가 구분한 다섯 가지 분류를 중심으로 설명하고자 한다.

### (1) 학문적 합리주의 관점

학문적 합리주의는 학생들로 하여금 전통문화를 이해하고 다음 세대에 전승할 수 있는 능력을 길러 주어야 한다는 관점이다. 이 관점은 전통적 지식의 불변성을 강조하고 지금까지 인간의 지혜로 축적해 온 불변의 진리를 깨닫도록 해야 한다는 견해이다. 이 입장의 대표적인 학자는 허친스(R. M. Hutchins)이다. 그에 의하면, 교육과정은 학습자가 이해하고 기억해야 할 규범이 되며, 교육과정의 내용은 사고의 간결성, 일반성 및 능력을 키우는 데 필요한 규범을 제시한다. 이 관점에서는 실습이나 직업교육 등에서와 같이 '실제적 경험'을 담은 교육과정은 교육의 질을 떨어뜨리는 것임은 물론 학생들에게 인간의 의미 추구 활동이 되는 교과학습의 기회를 박탈하게 되는 것이라고 비판한다.

### (2) 자아실현을 강조하는 관점

자아실현을 강조하는 관점은 개인의 목적이나 자아실현에 중점을 두고 학습자에게 개인적으로 만족할 만한 통합적 경험을 제공하는 것이다. 이는 학습자 중심적이며 성장 도모적인 입장으로서 교육은 개인의 자유 신장과 발달을 위한 수단을 제공하는 과정으로 보게 된다. 따라서 학교교육의 주된 관심은 현재의 '경험'으로서 모든 것이 규정된다. 개인의 성장과 통합의 발달을 강조함으로써 완성적이며 종합적인 경험을 제공하는 것으로 규정하지만, 개인을 둘러싼 사회적 관계를 중시하는 입장으로부터 비판을 받게 된다. 이 관점의 공통된 생각은 교육이란 개인의 통합된 성장 요구에 맞는 '전체적 경험'이어야 한다는 것이다. 자아실현을 위한 교육과정을 주장하는 대표자로는 피닉스(P. H. Phenix)와 매슬로(A. Maslow) 등이 있다.

### (3) 사회적 적절성을 강조하는 관점

이 관점은 교육과정의 내용을 사회적 관계 속에서 찾으려고 한다. 개인의 요구보다 사회의 요구를 강조함으로써 교육의 전반적 목표는 경험이 갖는 현실적 의미보다는 "사회적 적절성과 관련된 전체적인 의미"를 다루어야 한다고 주장한다. 학교는 다른 기관보다도 사회변화를 촉진하는 기관으로서 공헌해야 한다고 보며, 현실사회와 이상사회를 연결 짓는 일이 곧 교육의 과제라고 강조한다. 이 견해의 대표자는 일리치(I. Illich)이다.

### (4) 인지과정을 강조하는 관점

이 관점은 '무엇'(내용)보다도 '어떻게'(방법)를 강조하며, 일련의 인지능력을 기르는 것이 큰 관심사이다. 근본적으로 '과정중심'을 강조하는 이 입장은 특정한 내용을 다루거나 교육목적 속에 표시된 항목에 구애받지 않고 적합한 지적 도구를 제공하면 모든 학습자와 내용은 거의 무한하게 발달할 수 있다는 가능성을 갖는다고 본다. 따라서 교수자가 해야 할 일은 학습이 달성되는 가장 효율적인 지적 과정이 어떠한 것인가를 확인하여 그 개발을 위한 '장'과 '구조'를 제공하는 것이다. 이 관점의 대표자로는 브루너(J. S. Bruner)와 가네(R. M. Gagné) 등이 있다.

### (5) 기술공학적 관점

기술공학적 관점에서의 교육과정이란, 사전에 규정된 목적을 달성하기 위한 수단이 된다. 가르칠 내용에는 관계없이 수업의 기술 개발에 관심이 있다. 또한 자료를 효율적으로 조직하고 제시하는 일에 주의를 기울인다. 이 입장은 대체로 행동과학자들에 의해 지지되고 있으며, 교육과정은 하나의 기술공학적 과정으로서 공급과 수요 체제에 있어서 하나의 '투입변인'에 불과하다. 곧 학습은 체계적, 단계적인 역동성을 어떻게 배치하느냐에 따라 결정되는 안정된 체제 속에서 이루어지는 것으로 보는 입장이다.

## 다. 맥락에 따른 의미

다음은 맥락이나 상황에 따라 교육과정이 사용되는 다양한 의미와 유사 용어에 대한 설명이다. 표로 제시하면 다음과 같다.

〈표 1-1〉 맥락에 따른 다양한 의미

| 의미 | 설명 및 예시 |
|---|---|
| 교육과정을 적어둔 책이나 문서 | 학교 현장에서, "교육과정 갖고 오시오.", "교육과정 어디 있지?"라고 할 때 교육과정의 의미는 교육과정을 적어둔 책이나 문서를 의미함 |
| 학생들에게 가르치는 것 | "2022 개정 교육과정에 따른 학교 교육과정 계획을 세워보시오.", "기본 교육과정의 내용을 수정한다."라고 할 때는 학생들에게 가르치는 내용, 즉 학생들에게 가르칠 교과목, 내용, 활동을 의미함 |

| | |
|---|---|
| 학생들에게 가르치는 것에 대한 계획 | "2022 개정 교육과정", "시·도교육청 교육과정 편성·운영 지침"이라고 할 때의 교육과정 의미는 학생들에게 가르치는 내용에 대한 전체적인 계획을 의미함 |
| 학문 분야 | "교육학의 학문분야는 교육철학, 교육심리학, 교육사회학, 교육과정 등이 있다."라고 할 때의 교육과정은 학문분야를 의미함 |
| 교사와 학생의 상호작용 | 교육의 핵심인 수업 및 활동에 집중하는 개념으로 학교 현장에서 빚어지는 값진 경험을 중시하는 것이 특징임 |
| 교육의 결과 | "가르친 교육과정", "실현된 교육과정"이라고 할 때 교육과정 의미는 교육의 결과를 의미함 |
| 교육 내용, 방법, 평가가 포함된 포괄적인 의미 | "교육과정은 일정한 교육기관에서 교육의 모든 과정을 마칠 때까지 요구되는 교육 내용, 그 내용을 학습하기에 필요한 연한, 그 연한 내에 있어서의 학습시간을 포함한 교육의 전체 계획이다."라고 할 때의 교육과정 의미는 교육 내용과 방법, 평가가 포함된 포괄적인 의미임 |

이상으로 교육과정의 의미를 어원적 의미와 학문적 관점, 맥락에 따라 다르게 사용되는 의미를 살펴보았다. 다음으로 교육과정에 대한 개념을 명확히 하기 위한 교육과정과의 유사 용어들에 대해 살펴보면 〈표 1-2〉와 같다.

〈표 1-2〉 교육과정과의 유사 용어

| 유사 용어 | 설명 |
|---|---|
| 교과과정 | • "교과과정"이란 말은 영어의 "Course of Studies" 또는 "Program of Studies"에 해당됨<br>• 여러 가지 교과목들을 선정하고, 그러한 교과목들을 조직화한 것을 의미함<br>• "교과과정"은 미국에서 "교육과정(Curriculum)"이라는 용어가 사용되기도 전에 사용된 용어이며, 우리나라에서도 여전히 "교육과정"을 "교과과정"으로 사용하는 경향이 있음 |
| 교육내용 | • "교육내용"은 가르쳐지는 내용으로, 흔히 지식, 기능, 가치 및 태도 영역 등으로 구성됨<br>• 학교교육에서는 주로 교과, 단원, 활동 등의 용어를 의미하며, 좁은 의미의 교육과정 의미로 사용되기도 함 |
| 교수요목 | • "교수요목"은 영어의 "Syllabus"에 해당하는 용어임<br>• 특정한 교과나 강의의 목표나 내용을 기술한 것을 의미 |
| 교육과정(教育過程) | • "教育過程"은 영어의 "Process of Education"에 해당하는 용어임<br>• 교육이 이루어지는 경로 또는 절차를 의미함<br>• 한 단위의 교육이 시작되어 마칠 때까지의 절차 또는 전개 절차를 가리킴 |

## 2 교육과정의 결정 요인

이상적인 교육과정을 구성하기 위해서는 기본적으로 고려해야 할 요인들이 있다. 이 장에서는 교육과정을 결정하는 데 고려해야 할 중요한 요인 가운데 제도적 요인, 학습 심리적 요인, 사회적 요인 및 환경적 요인 등으로 구분하여 설명하고자 한다.

### 가. 제도적 요인

교육행정의 기구나 관계법규는 교육과정을 크게 지배하며 영향을 준다. 중앙집권적인 교육행정 기구의 교육과정은 중앙 통제적이다. 교육법규 면에서는 중앙에서 '교육과정 시간배당 기준령'을 만들어 이를 고시하면, 교육과정 운영에서 지역의 계획은 용납되지 않는다. 결국 그 기준령의 범위 안에서만 지역적 특수성을 반영시킬 수 있을 뿐이다. 뿐만 아니라 교육과정을 각급 학교별로 제정하여 법으로 규제하면 그 이외의 학습활동이란 기대할 수 없게 된다. 반면, 민주적이고 지방분권적 행·재정기구에서는 교육과정 구성 및 운영의 지방분권화가 가능해진다. 따라서 이러한 제도적 요인은 직접적으로 교육과정 운영의 방향을 규정한다고 볼 수 있다.

### 나. 학습 심리적 요인

교육과정을 구성하거나 운영할 때 학생들의 제반 조건은 반드시 고려해야 할 요소이다. 학생의 제반 조건이란, 주로 인간 발달과 학습 원리가 해당된다. 교육과정의 목표, 내용, 방법 및 평가 등을 고려할 때 일정한 원리와 원칙 등을 반영해야 한다. 이 모든 면에 인간발달의 특징을 반영하여 개인차를 고려하고, 모든 교육 내용은 발달 특징에 따라 종합적이고 통합적으로 구성해야 하며, 이러한 문제는 그

대로 학습의 본질이나 방법에 반영된다. 학습의 본질에 대한 관점은 또한 교육과정의 성격 및 유형 등 구체적인 방향 규정의 요인으로 작용하게 된다. 따라서 인간 발달의 특징과 더불어 학습이론은 교육과정 구성에 대한 방향과 성격을 규정하는 중요한 요인을 이루고 있음을 알 수 있다.

## 다. 사회적 요인

사회적 요인은 교육과정을 구성하는 데 중요한 요인 중의 하나이다. 학교교육을 통해 이상 사회 구현이 가능하기 때문이다. 따라서, 모든 국민은 부단히 그 이상 실현에 노력할 수 있는 자질을 갖추어야 하며 교육은 그에 따라 학생들로 하여금 한 나라의 이상과 사회적 과제를 실현할 수 있는 능력을 기르도록 해야 한다. 이러한 관점에서, 학생의 인권을 존중하고 민주시민의 자질을 갖출 수 있는 교육이 가능하도록 교육과정을 구성해야 한다. 이처럼 교육과정을 규정하는 또 하나의 본질적인 요인은 사회의 이상과 사회의 과제에 있는 것이다. 아울러 지역 사회 구성원들의 수준이나 교육에 대한 이해 및 정도와 더불어 학교교육의 계획적인 운영에 대하여 지역 사회의 각종 단체가 미치는 영향이 크다고 할 수 있다.

## 라. 환경적 요인

교육과정을 결정하는 요인으로 교사의 자질 문제나 교사(校舍), 교실, 시설, 교구 등 학습자의 학습활동 전개에 큰 장벽을 이루는 학교 환경이 보다 중요한 요인으로 고려될 수 있다. 학교 내의 인적·물적 환경이나 제 조건 또는 교육풍토 자체가 교육과정 구성이나 운영에 지대한 영향을 미칠 수 있기 때문이다. 이러한 관점에서, 환경적 요인은 교육과정을 결정하는 중요한 요인이 될 수 있는 것이다.

# 3 교육과정 개념 모형

이 장에서는 교육과정의 의미를 개념 모형으로 설명한 학자들에 대해 소개하고자 한다.

## 가. 김호권·이돈희·이홍우(1980)의 개념 모형

김호권·이돈희·이홍우(1980)의 교육과정 개념 모형은 이론이라기보다는 더 상위에 있는 지극히 일반적인 하나의 개념 체계라고 할 수 있으며, 교육과정을 세 가지 수준에서 개념화하고 있다. 다음 그림은 그들이 제시한 교육과정의 개념 모형이다.

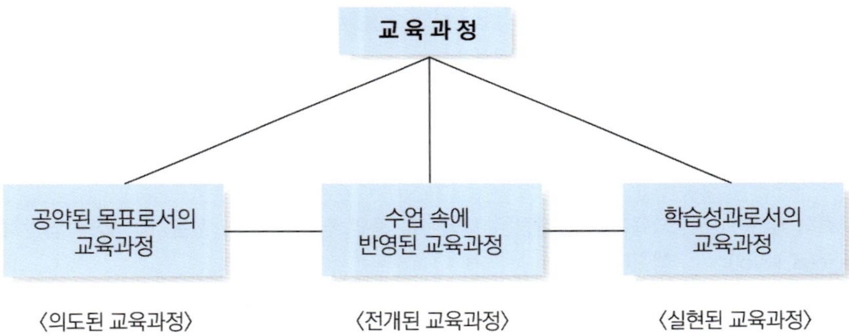


[그림 1-1] 김호권·이돈희·이홍우(1980)의 교육과정 개념 모형

출처: 김호권·이돈희·이홍우, 현대교육과정론, 교육출판사, 1980, p. 110.

개념 모형에서 보는 바와 같이, 그들이 제시하고 있는 교육과정의 개념 모형은 다음의 세 가지로 구성되어 있다. 첫째, '공약된 목표로서의 교육과정'으로 의도된 교육과정이며, 학교에서 전개되거나 실현되기 이전의 교육적 의도로서의 교육과정을 의미한다. 이런 뜻에서 '이런 것을 가르치겠다'는 하나의 공식적인 약속을 의미하며, 우리나라의 경우 상당한 법적 강제성을 띠고 있는 일종의 규범적인 교육과정이라 할 수 있다. 둘째, '수업 속에 반영된 교육과정'으로, 전개된 교육과정을 말하며 교사에 의해 재해석되고, 의도에 머물러 있던 교육과정이 수업이라고 하는 실천적 현상으로 번역되고 변형되는 교육과정을 말한다. 셋째, '학습성과로서의 교육과정'으로, 학생들에게 실현된 교육과정이며, '학생들이 실제로 무엇을 배웠는가?'에 대한 학습 결과로서의 교육과정을 의미한다.

## 나. 굿래드(Goodlad, 1966)의 교육과정 개념 모형

굿래드는 교육과정 결정자 수준을 학습자와의 거리라는 관점에서 다음과 같이 세 가지로 분류하여 교육과정 개념을 정리하고 있다.

〈표 1-3〉 굿래드(Goodlad, 1966)의 교육과정 개념 모형

| 구분 | 설명 |
|---|---|
| 수업 수준<br>(instructional level) | 교육과정의 결정은 특수한 학습자 집단을 지도하는 교사나 교사 팀이 행한다. |
| 기관 수준<br>(institutional level) | 교육과정의 결정은 행정가의 지도성 하에서 기관의 전 교직원이 행한다. |
| 사회적 수준<br>(societal level) | 교육과정의 결정은 지역, 주, 중앙 정부의 교육 전문가나 법을 입안하는 자가 행한다. |

1980년대에 굿래드는 교육과정 개념 모형을 수정하여 다음과 같이 이상적 교육과정, 공식적 교육과정, 지각된 교육과정, 적용된 교육과정, 경험된 교육과정으로 재분류하였다.

〈표 1-4〉 굿래드(Goodlad)의 수정된 교육과정 개념 모형

| 구분 | 설명 |
| --- | --- |
| 이상적 교육과정 | 각종 위원회에서 교육과정 개정 시기마다 향후 교육과정이 어떠해야 한다고 주장하면서 이상적으로 제시하는 교육과정 |
| 공식적 교육과정 | 국가나 지역 수준에서 법적인 권위를 가지고 학교에서 가르쳐야 할 교육과정을 제시한 것으로, 교육과정 정책이나 교과서에 관한 규정 및 교육과정 지침 등이 포함됨 |
| 지각된 교육과정 | 공식적 교육과정에 관하여 교사들이 지각하거나 인식한 교육과정을 의미하며, 공식적 교육과정이 교사들에 따라 매우 다양하게 해석됨 |
| 적용된 교육과정 | 수업현장에서 교사가 실제로 가르쳤거나 전달한 교육과정을 의미하며, 교사가 학생들에게 실제로 가르친 교육과정을 의미함 |
| 경험된 교육과정 | 적용된 교육과정 중에서 학생들이 실제로 학습하였거나 사고과정을 거친 경험을 의미하며, 이는 학생들에 따라 매우 다양하며, 개별적임 |

## 다. 김종서(1989)의 교육과정 개념 모형

김종서(1989)는 교육과정의 개념 변천과 교육과정 개념을 기초로 다음과 같이 개념 모형 정립을 제안하였다.

〈표 1-5〉 김종서(1989)의 교육과정 개념 모형

| 구분 | 설명 |
| --- | --- |
| 국가 및 사회적 수준의 교육과정 | 이 교육과정은 국가 및 사회가 학생들에게 어떠한 목적을 위하여 무엇을 가르칠 것인지에 대한 일련의 의사결정을 해놓은 문서를 의미한다. 이 수준의 교육과정은 문서화되어 있는 것이 특징이다. |
| 교사 수준의 교육과정 | 이 교육과정은 교사가 어떠한 목적을 위하여 무엇을 가르치려고 하는지 또는 가르치고 있는지를 의미한다. 이 수준의 교육과정에서 강조하고 있는 것은 교육과정의 결정자가 교사라는 점이다. |
| 학생 수준의 교육과정 | 이 교육과정은 학생들이 학교생활을 하는 동안에 갖게 될 경험의 총체를 말한다. 즉, 이 수준의 교육과정은 교육과정의 종착점이 되는 것이다. |

그가 제시한 교육과정 개념 모형은 국가 및 사회적 수준의 교육과정, 교사 수준의 교육과정, 학생 수준의 교육과정 등 수준에 따른 분류 모형으로 설명하였다.

## 4 교육과정의 역사적 기초

교육과정이 교육학의 한 전문 영역으로 자리하면서 체계적이고 전문적인 연구를 시작한 것은 1920년경부터이며, 이 시기를 교육과정의 탄생 시기로 부르는 것은 보비트(F. Bobbitt)가 1918년에 『교육과정』이라는 책을 출판한 것에서 비롯된다. 물론 이전에도 무엇을 가르칠 것인가와 관련된 교육과정 논의가 없었던 것은 아니다. 1902년 듀이(J. Dewey)가 『아동과 교육과정』이라는 글을 썼으며, 그에 앞서 19세기 말에는 스펜서(H. Spencer)가 최초의 의미 있는 교육과정적 질문을 제기하기도 하였다(김경배 · 김재건 · 이홍숙, 2008).

또한, 교육과정의 이론을 역사적 흐름에 따라 맥도널드(MacDonald, 1975)는 통제이론, 해석적 이론, 비판이론으로 구분하기도 하고, 지루(Giroux, 1981)에 의하면 전통주의자, 개념적 경험론자, 재개념론자로 구분하기도 한다. 클리바드(Kliebard, 1972)는 20세기 교육과정의 역사적 뿌리를 전통적 인문주의자, 아동 중심주의자, 사회적 효율성을 추구하는 입장, 혁신적 사회개혁론자 등으로 분류하고, 각 집단이 미국 교육과정 역사에서 특정 시기에 주도적인 역할을 수행했다고 설명한다. 교육과정의 역사에서 무엇을 가르쳐야 하는가를 둘러싸고 서로 다른 이익집단의 충돌과정으로 설명한 것이다. 오늘날 논의되는 교육과정의 주제, 쟁점, 문제들은 과거와 다름없이 반복되는 현상이라고 설명할 수 있다(홍후조, 2011).

이렇듯 교육과정의 역사적 기초를 이해하는 방법은 여러 가지가 있을 수 있으나, 이 장에서는 대표적인 학자들이 이룬 주요한 성과들을 역사의 순서로 교육과정 초기 발달 시기, 교육과정 개발의 시기, 교육과정 재개념화의 시기로 구분하여 소개하고자 한다.

## 가. 교육과정 초기 발달 시기

교육과정 학문의 역사적 기초는 1860년대 스펜서(H. Spencer)가 '어떤 지식이 가장 가치가 있는가?'라는 질문을 제기하면서 본격화되기 시작했다. 이후 산업발달과 사회구조의 변화로 학교라는 기관이 출현하고, 학교교육이 체계화되면서 교육과정 영역은 학교 중심의 교육목표와 내용을 다루는 하나의 연구 분야로 인식되었다. 그는 저서 『교육론: 지, 덕, 체(Education: Intellectual, Moral, and Physical)』에서 고전적 교육을 반대하고, 실용적 실리주의 교육을 주장하였다. '어떠한 지식이 가장 가치가 있는가?'라는 논의와 함께 인간의 온전한 삶의 활동을 구분하였다. 이러한 스펜서의 교육론은 전근대 사회와 근대 사회를 가름하면서 근대 사회에 필요한 교육을 기능적으로 파악하였으며, 지상에서 완전한 삶을 위한 활동, 즉 교육을 지·덕·체를 기르는 것으로 하되 과학적 기반을 지닌 새로운 교육을 하도록 주장하였다는 데 의의가 있다(권낙원 외, 2014).

맥머리 형제(Charles & Frank McMurry)는 당시 학문의 중심지였던 독일에서 유학하며 1890년대 헤르바르트(Herbart)의 교수이론에 깊은 영향을 받았다. 헤르바르트는 과학적인 교육학의 설립자로서 교육원리를 이론화함에 있어 목적이 무엇인지와 그 목적을 달성하기 위한 방법론을 체계화시켰다. 맥머리 형제는 이러한 헤르바르트의 교육관을 경험하고, 미국으로 돌아와 미국의 학교교육에 있어서 교육과정이 체계적으로 선정, 배열, 조직하는 방법이 부족하다고 판단하여 학습경험의 조직을 교육과정의 주된 관심사로 보았다.

또한, 듀이(Dewey)는 20세기에 들어 교육과정 논의의 지평을 새롭게 열어 주었다. 그는 시카고 대학의 주요 학자이면서 교육학을 실천적인 방법론으로 발전시킴으로써 이론과 실제를 결합한 학자였다. 그의 주요 저서인 『학교와 사회(The School and Society)』(1899), 『아동과 교육과정(The Child and the Curriculum)』(1902), 『경험과 교육(Experience & Education)』(1938)은 그의 교육에 대한 종합적인 실천 사상을 엿볼 수 있다.

듀이는 아동은 교과를 익혀야 할 존재라고 보았으며, 교과를 우위에 두는 전통적인 입장과 아동의 경험을 지나치게 옹호하는 진보주의 입장을 변증법적으로 극복하려고 노력했다. 교육은 기본적으로 아동의 개인 본성과 교육과정에 담긴 사회문화의 상호작용이며, 학교란 그들을 시간적·공간적 세계와 만나게 하는 곳이다. 교과를 중심에 놓고 볼 때, 아동은 성숙해야 할 미성숙자이며, 깊어져야 할 피상적인 존재이고 넓어져야 할 좁은 경험에 갇힌 자이며, 받아들이고 저장해야 할 존재로 보일지도 모른다. 하지만, 교과를 잠시 접어 두면 교육에서 아동은 출발이요, 중심이며 목적이 되고 아동의 성장과 발달은 교육의 이상이며 기준을 제공해 준다. 즉, 듀이가 말하는 교육이란 지식 교과의 전달이 아니라 유희와 작업과 지적 활동의 결합으로 경험을 개조시켜 나가는 변증법적인 관계여야 한다(권낙원 외, 2014).

교육과정에서 끊임없이 이루어져 왔던 논의 가운데 하나는 아동과 교육의 내용인 교과 사이에서 교사는 어떠한 역할을 담당해야 하는가 하는 문제였다. 아동의 심리적인 측면과 교과의 논리적인 측면에 대한 논의에 있어서 듀이는 두 가지의 요소가 분명히 다르지만, 대립된 관계에 있는 것이 아니라 연속적인 관계에 있음을 주장하였다. 이러한 듀이의 교육적 아이디어는 진보교육협회의 교육관에 잘 반영되어 있다(Kliebard, 2004).

이후 미국은 산업화를 거듭하며 교육과정을 보다 과학적으로 만드는 일이 관심사였고, 이 시대에 사회적 효율성을 달성하려는 입장에서 교육과정을 구성한 학자는 보비트(Bobbitt)였다. 보비트에 의하면, 교육은 인간이 원만한 성인생활을 꾸리는데 또는 꾸려가야 하는 데 요구되는 모든 활동을 준비시켜 주는 것을 의미한다. 즉, 교육은 성인의 삶을 위한 것이지 아동들의 삶을 위한 것이 아님을 강조하며, 그중에서 학교에서 반드시 가르쳐야 할 분야를 선정하여 교육목표를 만들고 이를 교육과정 요소로 구체화하는 일이라고 보았다.

## 나. 교육과정 개발의 시기

1920년대 들어 뉴론(Newlon)은 지역교육청 단위의 교육과정 개발을 주도한 인물로, 교사는 전문가이며 교사의 전문성은 교육과정 개발 참여를 통해 훨씬 신장될 수 있다고 믿었다. 이러한 뉴론의 교사에 대한 높은 기대와 존중은 교사들의 전문적 능력과 책임감으로 나타나게 되었고, 교사에 대한 인식도 차츰 바뀌기 시작했다. 이러한 과정에서 뉴론이 중요하게 생각한 것은 교사들이 교육과정 개발 참여를 통해 최신 교육성과에 접하는 것, 교실 수업이 점차 발전하는 것, 교사들이 실제적인 도움을 받고자 장학 요청을 많이 하는 것 등이었다. 또한, 캐스웰(Caswell)은 여러 시와 주의 실제적 교육과정 개발 프로젝트를 주도하고 그 결과를 종합적인 저서 『교육과정 개발(Curriculum Development)』(1935)에 담아냈다(홍후조, 2011).

1930년대와 40년대 초기까지 교육과정 원리 및 과정, 교육과정 구성에서 교사를 돕기 위한 기술에 대한 많은 연구가 진행되었다. 먼저 20세기 전반 현대적 교육과정의 연구 개발 성과가 초등학교에서는 가시적으로 드러났던 데 반해, 중등학교에서는 대학 입시 등으로 교육과정 개선과 실질적 수업 개선에 진전을 보기 어려웠다. 초등학교에서와 같은 진전을 중등학교에도 가져올 수 있는가에 대한 질문은 진보주의적 교육이 중등학교에서도 성공적으로 적용될 수 있는가를 확인 검증하는 실례를 요구하였다.

20세기 전반 교육과정 논의의 교육적 실효성을 검증하는 계기가 된 것이 바로 8년 연구(The Eight Year Study)이다. 미국에서 1933년부터 1941년까지 고등학교 과정에서 3년간, 대학 과정에서 5년간 이루어진 이 연구는 20세기 있었던 교육과정 개선을 위한 대규모 현장 실험 연구였다. 이 연구는 초등학교에서 시작된 진보적 교육이 중등학교로 파급되게 하는 계기가 되었고, 중등학교 교사들이 대학으로부터 교육의 주도권 회복을 의미하므로 교육사적으로 매우 중요한 일이다(신경희, 2014).

이러한 8년 연구를 발판으로 삼아 20세기 전반기 교육과정에 대한 주요 성과를 집대성하고 20세기 후반기의 교육과정에 가장 큰 영향을 미친 학자는 타일러(Tyler)이다. 그는 교육과정의 개발, 계획, 평가를 위한 교육목표 설정, 학습경험 선정, 학습경험 조직, 평가를 절차로 제시하였다. 그의 저서 『교육과정과 수업의 기본 원리(Basic Principles of Curriculum and Instruction)』(1949)를 통해 교육과정과 수업을 하나의 과정으로 보고 교육과정 개발에 대하여 보다 체계적인 접근을 시도하였다. 이 저서는 교육과정에 대한 연구 개발의 지배적인 패러다임으로 작용하였다. 20세기 전반기의 교육과정 논의를 종합 및 정리하고 있으며, 20세기 후반기의 교육과정 논의나 개발은 타일러를 부연 설명하거나 이를 극복하려는 대안들로 이루어졌다고 할 정도로 타일러 원리(Tyler Rationale)는 교육과정 논의의 지배적인 패러다임으로 작용하였다. 타일러 이후 블룸(Bloom), 메이거(Mager) 등에 의한 교육목표의 위계화와 상세화가 이루어졌고, 타바(Taba), 태너(Tanner), 맥닐(McNeil) 등의 교육과정 개발 논의는 교육과정 개발에 대한 발전적 전개라고 할 수 있다(신경희, 2014).

1957년 소련이 인공위성 스푸트니크호를 발사한 사건은 미국 사회와 교육계에 강한 충격을 주었다. 이것이 계기가 되어 1959년 우즈 호울이라는 곳에서 미국의 교육을 근본적으로 재조사하기 위한 회의가 열렸다. '지식의 구조'는 이 회의의 종합보고서인 브루너(Bruner)의 『교육의 과정』(1960)에 소개되고 해설된 개념이다(이홍우·유한구·장성모, 2009). 그는 교육의 핵심을 학생들로 하여금 지식의 구조를 가진 학문에 입문하여 그 개념과 구조를 정확히 이해하는 것으로 보았다. 각 학문은 가장 경제적인 개념, 원리, 이론을 요소로 하는 구조를 지니고 있으며, 교육을 통해 이를 탐구하고 발견하도록 이끄는 것이 학교의 일이라고 주장한다. 그의 저서 『교육의 과정(The Process of Education)』(1960)을 통해 '학문중심 교육과정'이라는 새로운 교육과정의 동향을 마련하였고, 개별 교과가 지식의 구조 또는 형식을 지니고 있으며, 그것들은 다른 어떤 지식보다 우위에 있다고 보았다. 비슷한 시기에 허스트(Hirst)와 피터스(Peters)도 브루너와 비슷한 생각을 하였다(홍후조, 2011).

## 다. 교육과정 재개념화의 시기

타일러(Tyler) 이후 교육과정 개발이나 그의 영향을 벗어나려는 파이나(Pinar)의 새로운 교육과정에 대한 이해는 교육과정 탐구의 지평을 넓혀 주었다. 휴브너(Huebner), 맥도널드(MacDonald), 애플(Apple), 지루(Giroux), 파이나(Pinar) 등은 교육과정의 재개념화 운동을 펼치게 된다. 이들은 개발론자에 비해 교육과정의 개념 분석, 개인적 의미, 사회적 관련성, 역사 등 개발된 교육과정의 내용 이해를 주로 다룬다(신경희, 2014). 뿐만 아니라 1970년대 이후 많은 교육과정 학자들은 지식사회학, 네오

마르크시즘, 인문학, 인류학, 역사학, 신학, 미학, 다문화론, 경제학, 경영학, 심리학, 역사학, 자서전, 여성학, 신자유주의 세계화론 등을 활용해 학교 교육과정을 새롭게 조명하고 있다. 다양한 측면에서 공정하게 이해된 교육과정은 일정한 절차를 거쳐 교육 현장을 통해 효율적으로 효과를 보도록 개발된다. 이러한 점에서 교육과정 이해는 개발이 선행되어야 하며, 비판적 이해에는 재개념주의 혹은 교육과정 이해의 패러다임을 존중하고, 교육과정 개발은 20세기 내내 다듬어 온 절차와 원리를 사용하는 절충의 관점이 필요하다고 보기도 하였다(홍후조, 2011).

한편 지루(Giroux)가 말한 재개념주의는 1973년 파이나(Pinar), 휴브너(Huebner), 맥도널드(MacDonald)를 중심으로 100여 명의 학자들이 미국 뉴욕 로체스터 대학교에서 학술대회를 열고, 교육과정학이 나아가야 할 방향을 논의한 데서 비롯되었다. 파이나(1975)는 자신과 비슷한 생각을 가진 여러 학자의 논문을 엮어 『교육과정 이론화: 재개념주의자(Curriculum Theorizing: The Reconceptualists)』라는 책을 출판하였다. 이때부터 재개념주의라는 용어가 널리 사용되게 되었다(김대현, 2017). 이는 타일러의 '교육과정 개발'이라는 패러다임에서 '교육과정 이해'라는 새로운 패러다임으로 전환의 계기가 된다(김대현, 2017; 박승배, 2007).

이들은 전통적인 개발론자들의 관심인 교육목표, 교육과정, 교육방법, 교육평가의 조율된 개발과 실행보다는 학교와 교사 및 교재의 사회적 기능 등을 통해 교육과정을 재해석하고 비판적 이해를 통해 새로운 가치를 창조하며, 개인과 사회의 해방을 기획한다.

교육과정 사상과 학교 실제에 대한 연구가 다시 관심을 끌면서 이와 관련된 연구가 1980년대부터 1990년대까지 지속적으로 확대되었다. 역사적인 연구는 특정한 교육자와 학습자들의 삶에서의 제도를 다루는 연구로 확대되었다(신경희, 2014).

## 요약

'교육과정 개관'에서는 교육과정의 사전적 정의를 포함하여 교육과정에 대한 다양한 관점과 정의, 교육과정을 결정하는 요인들, 학자들의 개념 모형들과 함께 교육과정의 역사적 기초를 중심으로 설명하였다.

교육과정의 정의는 어원적 의미, 학문 관점에 따른 의미, 맥락에 따른 의미로 구분할 수 있으며, 교육과정과의 유사 용어로는 교과과정, 교육 내용, 교수요목, 교육과정(教育過程) 등이 있다. 또한, 교육과정을 결정하는 요인으로는 제도적 요인, 학습 심리적 요인, 사회적 요인과 환경적 요인으로 구분할 수 있다. 교육과정을 설명하는 개념 모형은 교육과정 정의가 다양한 만큼 학자의 관점에 따라 설명될 수 있다. 교육과정의 역사적 기초는 교육과정이 교육학의 한 전문 영역으로 자리하면서 체계적이고 전문적 연구를 시작하였음을 알 수 있다.

## 생각해 봅시다

1. 교육과정의 다양한 정의를 적용하여 학교교육에서 '무엇을 어떻게 가르치고 배울 것인가?'에 대한 답을 탐구해 봅시다.
2. 교육과정을 결정하는 요인을 제도와 학습 심리, 사회와 환경적 요인으로 구분하여 설명해 봅시다.
3. 다양한 교육과정 개념 모형의 공통점과 차이점을 설명해 봅시다.
4. 교육과정의 역사적 기초를 탐구하는 목적을 토의해 봅시다.

# 02 Chapter 교육과정의 유형

학습내용

1. 교과중심 교육과정
2. 경험중심 교육과정
3. 학문중심 교육과정
4. 인간중심 교육과정
5. 통합 교육과정
6. 영 교육과정
7. 잠재적 교육과정

교육과정의 개념이 시대에 따라 재정의되고, 무엇을 지향하는가에 따라 다양하게 정의되기 때문에 교육과정의 유형 분류도 학자들마다 상이함을 나타낸다. 저마다의 분류 방식 가운데 이 장에서는 전 세계적인 추세로 변천되어 온 순서에 따라 교과중심 교육과정, 경험중심 교육과정, 학문중심 교육과정, 인간중심 교육과정을 우선적으로 살펴보기로 한다.

이어서 모든 교육과정 유형의 내용조직에서 논의되었던 통합 교육과정과 공식적 교육과정의 사전·사후에 발생하는 영 교육과정과 잠재적 교육과정에 대해 추가적으로 살펴보기로 한다.

## 1 교과중심 교육과정

교과중심 교육과정이란 '지식의 체계'를 중요시하는 교육과정으로 학교의 지도하에 학생이 배우는 일체의 교과와 교재를 교육과정으로 바라본다. 이 교육과정은 지식의 습득과 이성의 계발을 교육의 목적으로 삼고, 각 교과는 그 자체의 논리와 체계가 있으므로 교과를 체계적으로 학습하는 것을 중요하게 여긴다.

교과중심 교육과정은 가장 오랜 전통을 가진 교육과정의 유형으로 고대 그리스 시대의 7자유과(3학: 문법·수사학·논리학, 4예: 산술·기하·천문·음악)를 바탕으로 하여 현대 초·중·고 교육과정에 이르기까지 지속적으로 활용되어 왔다.

이 교육과정은 학문 고유의 성질에 따라서 각 교과가 분류되므로 교과와 교과 사이의 의미 있는 연계성은 다소 희박한 편이다. 학교의 경우, 학문의 발달과 더불어 교과목의 수가 기하급수적으로 늘어나게 되었다. 이러한 교과중심 교육과정이 전반적으로 나타내는 특징과 장·단점을 정리해 보면 다음과 같다.

## 가. 교과중심 교육과정의 특징

- 교육과정 : 교과와 교재
- 교육목표 : 이성 계발
- 교육내용 : 문화유산
- 교육방법 : 교사중심의 설명, 반복과 연습, 암기
- 배경 전이이론 : 형식도야설
- 배경 교육철학 : 항존주의
- 역사적 기원 : 아테네의 자유교육, 중세의 7자유과

① 형식도야설을 바탕으로 학교와 교사의 지도하에서 학생이 각 교과에 의해 배워 나가는 일련의 내용체계를 강조한다.

② 학생에게 일률적인 교육 내용이 제공되고, 학습활동은 대부분 한정된 교과 영역 내에서 이루어지는 지식 습득에 중점을 둔다.

③ 교사가 제공하는 설명 위주의 교수방법이 주로 활용된다.

④ 교과중심 교육과정의 내용조직 유형을 정리하면 다음과 같다.

㉠ 분과형 : 한 과목을 다른 과목과 완전히 독립시켜 지식의 체계를 논리적으로 조직한 것이다. 과목 간의 수평적 관련성은 거의 고려되지 않고, 개별 과목의 수직적 계열을 중시한다.

㉡ 상관형 : 각 과목의 공통부분을 상호 관련짓거나 유사과목을 서로 연결해 구성한 것이다.

㉢ 융합형 : 각 교과의 성질을 그대로 유지하면서 그 사이에 내용이나 성질 면에서 다수의 공통 요인을 추출하여 교과를 재조직한 것(동물과 식물 = 생물과)

이다.

ⓔ 광역형 : 전통적 교과목의 엄격한 한계를 제거하여, 보다 넓은 영역에서 관련 사실과 원리 등을 조직하는 것으로 광역형은 영국의 헉슬리(Huxley)에 의해 논의되기 시작하였으며, 미국에서는 1920년대부터 활용되기 시작하였다.

✤ 물리 + 화학 + 생물 + 지구과학 = 과학과, 역사 + 지리 + 문화 = 사회과, 현행 고교 공통 과목상의 통합사회, 통합과학 등이 광역형의 예에 해당한다. 광역형의 방식은 학문의 개별적 성격이 유지되면서도 여러 학문 속에 들어 있는 주제와 관련된 다양한 지식, 기능, 가치의 습득이 쉽다는 장점을 가진다.

## 나. 교과중심 교육과정의 장점과 단점

| 장점 | 단점 |
|---|---|
| • 지식을 체계적으로 조직하여 전달하는 데 효과적인 방법이다.<br>• 교육 내용에 대한 교육당국의 통제가 용이(국가 수준 교육과정의 통일성 유지)하다.<br>• 결과의 판정(평가)과 객관적 측정이 용이하다. | • 비실용적인 지식을 전달할 수 있고, 주입식 수업으로 학습자의 요구가 무시된다.<br>• 학습 내용이 학습자들의 일상생활과 괴리된다.<br>• 비판력, 창의력 등 고등정신능력의 함양이 어렵다. |

# 2 경험중심 교육과정

경험중심 교육과정은 교과중심 교육과정을 비판하고 나온 것으로 아동중심, 활동중심, 생활중심 교육과정 등의 명칭으로 불리기도 한다. 경험중심 교육과정은 학습자를 중심으로 그들의 전인적 발달을 중시한다. 아동의 구체적인 필요에서 출발하고 사회생활에 의의 있는 활동을 경험하게 함으로써 보다 나은 성장과 전인적 발전을 조성한다는 진보주의 교육론에 기반을 두고 있다. 여기에서 교재는 사전에 조직된 것이 아니라 학습의 현장에서 이루어지며 교육과정은 모든 학습자의 협력과 참여에 의해 만들어져야 함을 강조한다.

구체적으로 체험활동 등으로 수업을 전개하면서 사실을 전수하는 것보다 학생들의 교육적 성장을 강조한다. 이와 관련하여 자연스레 구안법이나 프로젝트 학습법을 선호하게 된다. 이러한 경험중심 교육과정이 전반적으로 나타내는 특징과 장·단점을 정리해 보면 다음과 같다.

## 가. 경험중심 교육과정의 특징

- 교육과정: 학습자의 경험
- 교육내용: 생활경험
- 배경 전이이론: 실질도야설, 동일요소설
- 역사적 기원: 루소의 자연주의
- 교육목표: 전인적 발달
- 교육방법: 문제해결학습, 프로젝트학습
- 배경 교육철학: 진보주의

① 학생의 흥미와 요구를 토대로 교육과정이 구성되고, 학습자의 자발적인 활동을 강조한다.

② 인지적 영역과 함께 정의적 영역 및 심리·운동적 영역의 발달도 종합적으로 강조한다.

③ 문제해결능력의 함양과 민주시민의 가치를 체득하도록 교육함을 강조한다.

④ 교육 내용의 조직 방법으로 학생들의 흥미와 관심 및 현재 생활경험에 토대를 둔 교육 내용 조직(일명 학습자의 '심리적 조직')을 강조한다.

⑤ 교사와 학생들 간의 상호협력에 의한 교육과정 구성을 강조한다.

⑥ 경험중심 교육과정의 내용조직 유형을 정리하면 다음과 같다.

㉠ 활동형: 학생들의 활동과 생활경험을 중심으로 교육과정을 조직하는 것이다.

㉡ 중핵형: 중핵과정을 중심으로 주변과정을 동심원적으로 조직하는 것이다. 중핵과정은 주로 학생들의 생활이나 욕구와 관련된 내용이 중심이 되고, 주변과정은 여러 교과목이 계통학습 및 하위 영역으로 구성된다(교과중심 중핵형, 학생중심 중핵형, 사회중심 중핵형으로 구분).

㉢ 생성형: 교과와 같은 학습영역의 구분을 완전히 없애고, 교육과정의 일방

적인 사전계획을 배제하면서 학습자의 요구와 경험을 중심으로 학생과 협력하여 교육 현장에서 직접 교육과정을 계획하는 것이다.

## 나. 경험중심 교육과정의 장점과 단점

| 장점 | 단점 |
|---|---|
| • 학습자의 욕구와 흥미를 반영할 수 있고, 전인교육이 가능하다.<br>• 학습자의 개인차를 고려하면서 민주시민의 태도를 형성할 수 있다. | • 학습의 방향성 상실과 기초학력의 저하를 초래한다.<br>• 학습활동에 많은 시간이 소요되어 교육의 경제성이 무시된다.<br>• 사전에 계획되지 않기 때문에 행정적 통제가 곤란하고, 무질서한 교육상황이 초래된다. |

# 3 학문중심 교육과정

1950년대 들어서면서 교육의 양적 팽창과 교육의 지적 수준을 높여야 한다는 주장이 세계적으로 대두되었다. 이를 위한 청사진으로 교육혁신운동이 일어났고, 두 가지의 큰 흐름으로 전개되었다. 하나는 교육제도의 개혁이요, 또 하나는 교육과정의 개혁이었는데, 학문중심 교육과정은 교육과정 개혁운동의 일환으로 등장하였다. 학문중심 교육과정에서는 교육의 지적 목표를 재차 강조하고 이를 위한 교과 및 교수자료나 방법의 혁신을 기치로 내세웠다.

이러한 교육혁신운동이 싹트기 시작한 것은 미국의 과학과 수학 분야의 교과전문 교육학자들이 어떻게 하면 학생들에게 수학과 과학 지식을 효과적으로 가르칠 수 있고, 또 흥미롭게 배우게 할 수 있는가에 대한 연구에서 비롯되었다. 또한, 1957년 소련이 스푸트니크(Sputnik) 인공위성 발사에 성공하게 되자 미국은 큰 충격을 받게 되었고, 이러한 상황은 교육과정 개혁운동을 진전시켰다. 이 운동의 선두주자인 브루너(Bruner)가 『The Process of Education』(1960)이라는 저서를 발표하면서부터 이 교육과정은 본격적으로 다루어지기 시작했다. 이러한 학문중심 교육과정이 전반적으로 나타내는 특징과 장·단점을 정리해 보면 다음과 같다.

## 가. 학문중심 교육과정의 특징

| | |
|---|---|
| • 교육과정: 학문 영역의 핵심 원리 | • 교육목표: 기초언어의 습득 |
| • 교육내용: 지식의 구조(기초언어) | • 교육방법: 발견학습 |
| • 배경 전이이론: 일반화설, 형태이조설 | • 배경 교육철학: 본질주의 |
| • 역사적 기원: 실재론, 실학주의 | |

① 교육 내용으로 지식의 구조를 강조하고, 교육 내용의 조직으로 나선형의 조직을 강조하며, 학습방법으로 발견학습을 강조한다.

② 중간 언어와 대비되는 기초(기본) 언어를 익혀 체계적인 지식의 구조를 습득하는 데 주안점을 둔다.

③ 학문중심 교육과정에서 교육 내용으로 강조하는 지식의 구조는 다음과 같은 특징을 나타낸다.

㉠ 다양한 표상 방식을 갖는다.

- 작동적 표현 : 이 단계는 피아제(Piaget)의 인지발달 단계에서 전조작기에 해당하며, 이 단계에서 아동의 지적활동은 주로 경험과 동작에 의존한다.
- 영상적 표현 : 이 단계는 구체적 조작기에 해당하며, 이때 아동은 조작의 기초가 되는 내면화된 정신구조(아동이 세계를 지각 내지 표현하는 내면화된 상징체계)가 발달하게 됨으로써 직접 눈앞에 보이는 것, 직접 경험한 것에 얽매이게 되며, 그림이나 도형으로 표현해 주면 쉽게 이해한다.
- 상징적 표현 : 이 단계는 형식적 조작기에 해당하며, 아동의 지적 활동은 가설적 명제를 조작하는 능력을 지니게 되며, 가능한 변인들을 생각할 수 있고 나아가 가능한 관계를 추리해 내어 그것을 실험이나 관

찰로 검증하는 것이 가능하다. 그러므로 이 단계의 아동에게는 언어를 통한 원리나 개념의 설명으로 표현해도 이해가 가능하다.

㉡ 생성력(power)을 갖는다. 지식들 간에 비교가 쉬운 것, 그리고 한 가지 현상을 알면 그것과 관련되는 여러 가지 현상과의 관계를 파악하는 힘을 말한다.

㉢ 경제성(economy)을 갖는다. 머릿속에 기억해야 할 정보의 양이 최소화된 것을 의미한다. 즉, 공식이나 원리 등이 이에 해당된다.

④ 학문중심 교육과정의 내용조직 유형은 다음과 같다.

㉠ 나선형의 조직을 강조한다. 지식의 구조를 중심에 놓고, 동일한 교육 내용을 수준과 범위를 단계적으로 심화시켜 조직한다. 단순 반복이 아닌, 일정 부분이 반복되면서 폭과 깊이를 더해가는 계열성이 강조된다. 어떤 내용이든 올바른 방식으로 가르치면, 어떤 발달 단계의 학생에게도 교육이 가능하다는 생각을 기본 전제로 한다.

㉡ 간학문형의 조직을 강조한다. 2개 이상의 교과가 갖고 있는 개념이나 원리 또는 방법이나 절차가 서로 관련을 맺음으로써, 통합적으로 조직되는 내용조직의 유형이다. 교육학(교육철학, 교육심리학, 교육공학 등)이 간학문적 접근에 의해 형성된 대표적인 학문영역이다.

## 나. 학문중심 교육과정의 장점과 단점

| 장점 | 단점 |
|---|---|
| • 체계화된 지식을 학습하기 때문에 능률적이고 양질의 교육이 가능하다.<br>• 탐구의 과정에 참여하기 때문에 지적 희열과 함께 내적 동기 유발이 용이하다.<br>• 탐구의 과정을 통해 고등정신능력을 계발할 수 있다.<br>• 지식의 전이가 잘 되고, 생성력이 높다. | • 지식의 구조는 실생활과 유리되어 쓸모가 없을 가능성이 높다.<br>• 정의적 영역의 학습에 소홀하기 쉽고, 교과 간의 통합성이 결여된다.<br>• 각 학문에 내재한 지식의 구조는 학생이 발견하기가 지나치게 어렵다.<br>• 학습부진아에 대한 조치가 없어, 학업성취가 높은 학생들에게 주로 유리하다. |

## 4 인간중심 교육과정

1960년대부터 학문중심 교육과정이 기초과목을 중심으로 기술 과학적 혁신에만 열중한 결과, 교육제도에 대한 논쟁, 학교교육에 대한 비판, 교육의 본질에 대한 논쟁이 생겨나기 시작했다. 이는 교육대상으로서 인간을 보는 시각이 달랐던 것이다. 교육이란 지식과 기술을 습득하기 위해서만 행해지는 것이 아니라 인간에 대한 이해, 인간성의 계발, 타인과의 관계, 새로운 인간형의 창조 등을 위해 행해져야 하고, 또 그러한 내용들을 교육목표로 삼아야 한다는 목소리가 높아진 것이다. 이러한 전제하에 등장한 것이 바로 인간중심 교육과정이다.

인간중심 교육과정의 기본 입장을 정리해 보면, 학문적 지식을 획득하도록 하는 데에만 동기 유발의 초점을 두기보다는 우리들의 삶과 보다 나은 인간관계, 자아실현을 위해 바람직한 교육적 방향을 결정하는 데 관심을 두어야 한다고 피력하고 있다. 이러한 인간중심 교육과정의 특징과 장·단점을 살펴보면 다음과 같다.

### 가. 인간중심 교육과정의 특징

- 교육과정: 잠재적 교육과정(비의도적 교육효과 중시, 교육의 정의적 측면을 강조)과 통합 교육과정을 중시
- 교육목표: 자아실현 및 전인적 인간 양성
- 교육내용: 포괄적 내용
- 교육방법: 교사와 학생의 신뢰관계를 중시하는 비지시적 수업(자기주도적 학습) → 인간주의적 교사를 요구
- 교육평가: 자기평가를 중시
- 배경 철학: 실존주의, 인본주의, 현상학 등

① 학습자의 자아실현과 전인적 성장을 목적으로 한다.

② 교육과정 통합을 지향한다. 의도한 학습경험뿐만 아니라, 의도하지 않은 학습경험(잠재적 교육과정)도 중시한다.

③ 교육환경의 인간화와 학습자의 자율성을 강조한다. 따라서 학습자의 선택권

을 최대한 보장한다.

④ 수업 방법은 학습 과정 및 학습 결과에 대한 자기평가를 장려하고, 스스로 학습할 수 있는 여건을 형성해 주는 데 관심을 가진다.

⑤ 학생에 대한 공감적 이해를 가진 인간적 교사를 필요로 한다.

## 나. 인간중심 교육과정의 장점과 단점

| 장점 | 단점 |
|---|---|
| • 전인교육을 통해 인간이 타고난 인지적·정의적·신체적·사회적 성장 가능성을 조화롭게 발전시킬 수 있다.<br>• 학습자의 개별적인 자기성장을 조장할 수 있다.<br>• 학습자의 자아개념을 긍정적으로 형성하는 데 도움이 된다. | • 인본주의 교육을 위한 교사들의 교육관이 확립되지 않으면 실현이 어렵다.<br>• 과대학교와 과밀학급에 대한 개선과 학교교육에서 지나친 경쟁과 비교를 지양한 학교행정적 지원이 선행되지 않으면 실현이 어렵다.<br>• 인간중심 교육과정의 내용이 사변적이고 추상적이어서 현장에서 실현되기 어렵다. |

# 5 통합 교육과정

교육과정의 통합적 접근을 의미하는 말에는 '교육과정 통합'과 '통합 교육과정'이란 용어가 혼재되어 사용된다. 이에 관하여 이영덕(1983)은 교육과정 통합(curriculum integration)이 교육과정 요소가 어떤 기준에 의해서 분리, 독립되어 있는 것들을 상호 관련짓고 통합함으로써 하나의 의미 있는 체제로 발전시키는 과정이라면 통합 교육과정(integrated curriculum)은 그러한 시도와 노력의 결과로 나타나는 하나의 산출물을 뜻한다고 하였다. 이러한 구분은 이들 두 용어의 의미상 차이를 엄격하게 구분하는 것으로, 용어 사용의 혼동을 줄이기 위함이다. 하지만 학교 현장에서는 흔히 통합 교육과정으로 부르고 있어 본 서에서도 이를 구분하지 않고 사용하고자 한다.

통합 교육과정은 미국에서 진보주의 교육사조에 따라 경험중심 교육과정과 함께 강조되었던 개념으로, 전통적인 분과주의의 폐단을 시정하기 위한 것이 주된 목적이었다. 1920년대부터 강조되기 시작한 통합 교육과정은 1950년대까지 지속되었다.

1960년대에 이르러서는 학문중심 교육과정의 강조로 통합 교육과정이 상대적으로 수면 아래로 가라앉은 것이 사실이다. 그러나 1970년대에 들어 인본주의 교육과정이 강조되면서 통합 교육과정의 필요성이 다시금 부상하게 되었다.

통합 교육과정의 의미는 통합의 의미를 무엇으로 보며, 무엇을 중심으로 통합하는가, 또한 어떠한 방식으로 통합하는지 등에 따라 다양하게 규정될 수 있다. 다양한 규정에도 불구하고 통합 교육과정이란, 교과내용의 통합을 의미하며, 나아가 학습자들의 학습 통합을 지향하고, 궁극적으로는 학습자들의 인격 통합을 목적으로 한다는 점에서는 공통점을 지닌다. 이러한 통합 교육과정의 특징과 유형을 정리하면 다음과 같다.

## 가. 통합 교육과정의 특징

① 통합 교육과정은 교과의 경계선을 없앤다. 이 말은 여러 교과들을 새롭게 조직한다는 뜻이며, 분과된 상태로서의 교과 내의 통합이 아니라 여러 독립 교과가 서로 관련된 상태로서 제3의 교육과정을 의미하게 된다.

② 통합 교육과정은 실생활의 문제를 중시한다. 학교에서 배운 지식, 기술은 그 자체로는 의미가 없으며, 그것이 실생활 문제와 관련이 있을 때 의미가 있는 것이다.

③ 학습과제, 프로젝트, 주제(topic) 등을 선정하고 개발하는 데 학생들이 직접 참여한다는 점이다. 그렇게 함으로써 학습경험의 통합을 앞당길 수 있다.

④ 평가는 단편적 지식이나 기능의 습득에 주안점이 있는 것이 아니라 아동의 성장과정 그 자체에 초점을 둔다.

## 나. 통합 교육과정의 유형

① 중핵 교육과정을 들 수 있다. 이는 중심학습이 있는 교육과정의 전체 계획으로 교과중심 교육과정과 경험중심 교육과정의 단점을 극복한다.

② STEAM(융합)형 교육과정을 들 수 있다. 실생활의 문제를 중심으로 여러 교과목이 통합하여 문제해결력을 높여준다.

③ 나선형 교육과정(spiral curriculum)을 들 수 있다.

㉠ 기본 개념이나 핵심적 아이디어를 조직함에 있어 질적으로 향상되면서 양적으로 취급범위가 넓어지는, 즉 입체적인 조직을 이루어 가는 방식이다.

㉡ 나선형 교육과정에서는 분과별로 가지고 있는 개념과 원리 또는 핵심적 아이디어를 교육과정 조직의 핵심 내용으로 본다.

④ 통합 교육과정은 드레이크(Drake)의 분류에 따라 학문의 연계 방식을 고려하여 다음과 같이 세 가지로 나타낼 수 있다.

㉠ 간학문적 통합 : 개념 혹은 방법이나 절차를 중심으로 2개 이상의 학문을 연결하거나 재구성하는 방식이다.

㉡ 다학문적 통합 : 주제 혹은 문제를 중심으로 관련된 학문의 개념이나 방법, 절차를 활용하여 몇 개 학문이 동시에 주제를 다루어 나가는 방식이다.

㉢ 탈학문적 통합 : 학문 간의 개념이나 방법의 관련성에 관심을 두지 않고 학생들의 관심이나 흥미 또는 경험을 중심으로 학습 내용이 선정되고 표현활동까지 전개되는 방식이다.

# 6 영 교육과정

영 교육과정(零, null curriculum)은 교육과정을 통해 학습되어야 할 내용을 학교에서 소홀히 가르치거나 아예 가르치지 않은 지식, 태도, 행동 양식 등을 말한다. 이러한 영 교육과정은 소극적 의미와 적극적 의미로 살펴볼 수 있다.

소극적 의미란 공식적 교육과정을 학생이 배우게 되는 동안 경험하지 못하게 되는 지식, 태도, 행동 양식을 의미하며, 적극적 의미란 의도적으로 특정 지식, 가치, 태도 등을 아예 접할 수 없도록 배제한 교육과정을 의미한다.

학교의 교육과정에는 많은 지식과 내용, 가치와 태도 등이 담겨 있다. 하지만 기회 학습적 측면을 고려할 때, 학교에서 학생들이 교육과정을 배우는 동안 일정한 지식과 내용, 가치나 태도 등을 배우지 못하는 경우는 필연적으로 발생하게 된다. 예를 들어 학교에서 접하게 되는 수학 교육과정은 수학적 태도, 가치, 창의력, 논리력, 수리력, 추리력 등 보이지 않는 많은 가치를 담고 있다. 그럼에도 불구하고 학생들이 배우게 되는 수학 교육과정의 내용은 특정 계산력과 암산 능력 등을 강조함으로써 자칫 위에 열거한 다양한 암묵적 지식을 다루지 못하는 경우가 발생할 수도 있는 것이다. 폭넓게 살펴보면 교육과정의 곳곳에 특정 정치 이념, 사회의 통속적 관습, 문화, 종교 세력들이 자리 잡고 있으며, 중요한 내용이 오히려 영 교육과정화되는 것을 종종 목도할 수도 있다.

아이즈너(Eisner, 1979)는 논리적·수리적 측면만 강조하고 예술적, 상상력 등을 영 교육과정화시켰던 당시의 학교 교육과정을 비판하면서 영 교육과정을 고려함으로써 공식적 교육과정을 보다 발전시킬 수 있다고 주장하고 있다. 이러한 영 교육과정의 특징과 의의는 다음과 같다.

## 가. 영 교육과정의 특징

① 영 교육과정은 아이즈너가 『The Educational Imagination』(1979)에서 제시한 개념이다.

② 교육과정은 학생들에게 배울 기회를 마련하기도 하지만, 일부러 특정 내용을 배제해 학생들이 배울 기회를 놓치게 만드는 기능도 수행한다.

③ 국가나 사회에서 나름의 특수성으로 금기시되는 내용이나 영역이 영 교육과정이 되는 경우도 있다.

### 나. 영 교육과정의 의의

① 모든 목표가 관찰 가능한 행동적 용어로 진술될 수 없다.

② 명백한 목표뿐만 아니라 의도되지 않은 목표도 고려해야 할 필요가 있다.

③ 어떤 교육 활동에 대해서는 구체적인 목표를 미리 설정할 수 없으며, 어떤 목표는 교육 활동이 전개된 이후에 설정되는 것이 타당하다. 따라서 교육목표의 사전 설정과 명세화에는 한계가 있을 수밖에 없다.

④ 교사는 영 교육과정의 조건에 부합함에도 누락된 내용을 고려하여 교육 내용을 풍부화시킬 필요가 있다. 이에 따라 교사는 학생 수행의 '질적 차이'를 판단할 수 있는 '교육적 감식안'을 지니고, '교육비평'을 할 수 있어야 한다.

## 7 잠재적 교육과정

잠재적 교육과정은 교육과정이 어떤 특정한 측면에서만 국한되는 것이 아니라 학교의 전 사태에 걸쳐 있음을 시사한다. 이 점에서 잠재적 교육과정은 전통적 입장에서 보면 교육과정을 학교 경험의 총체로 규정한 경험중심 교육과정의 한 측면을 잇고 있다고도 볼 수 있다.

잠재적 교육과정은 종래의 교육과정 개념이 표면적 교육과정의 의미에만 국한되어 있던 것을 확장했다. 다시 말하면 잠재적 교육과정이란, 교육과정을 통하여 학생들이 갖게 되는 경험 중에서 종래 표면적 교육과정의 개념으로부터 통상 간과되어 온 경험을 가리키는 것이다. 이러한 경험은 학교의 전 사태와 관련된 것으로 볼 수 있다. 그렇다면 이러한 잠재적 교육과정이 생겨나는 장(場), 즉 원천은 무엇인가에 대한 의문점이 생겨난다. 이에 대해 여러 학자가 논의한 바를 정리하면 다음과 같다.

## 가. 잠재적 교육과정의 장(場), 원천

① 잭슨(Jackson): 잭슨은 학교에서 많은 아동이 어울려서 배우게 되는 것을 군집성(crowds), 여러 가지 형태의 평가를 통해 배우게 되는 상찬(praise), 조직의 권위 관계를 통해 배우게 되는 권력(power)이라는 관점에서 잠재적 교육과정이 생겨남을 밝혔다(『Life in Classroom』(1968)에서 제시).

㉠ 군집성(crowds): 학교에는 다양한 계층의 학생들이 어울려서 배우게 됨으로써, 학교 문화 속에는 긍정적인 태도나 가치관도 있지만, 부정적 내용(은어, 속어, 욕설 등)들 또한 혼재한다.

㉡ 상과 칭찬(praise): 학교에서 학생들은 교사와 동료 학생들에 의해 부단히 평가되고, 그것을 기준으로 상벌이 주어진다. 교사와 학생들의 평가와 그에 따른 보상과 처벌 행위는 학생들의 삶에 영향을 미친다.

㉢ 권력(power): 학교 조직을 통해 권위 관계를 배우게 된다. 교사의 권위에 대한 순종이 이후 직장에서 상사에 대한 순종으로 이어진다.

② 김종서: 잠재적 교육과정의 장(원천)은 학교의 물리적 조건(교실의 공간, 좌석 배치, 기타 시설 등), 사회 및 심리적 상황, 제도 및 행정조직(학급조직, 학년조직 등) 등이다.

③ 기타 여러 학자가 지적하는 잠재적 교육과정의 원천: 실버먼(Silberman)과 같은 경우는 순종(docility)이 나타나는 상황에서 잠재적 교육과정을 분석하였고, 라이머(Reimer)는 학교의 비공식적 교육과정을 통하여 아동들이 비인간적인 심성을 배우게 된다고 하였으며, 일리치(Illich)는 학교의 잠재적 구조는 교사와 학교행정가가 통제할 수 없으며, 하나의 학습 과정을 구성할 수 있다고 보았다.

이렇게 다양한 장(場)을 통해 발생하는 잠재적 교육과정은 많은 연구를 통해 기존의 표면적 교육과정에 비해 여러 특징들을 나타냄이 밝혀졌다. 지금까지 밝혀진 특징들을 정리하면 〈표 2-1〉과 같다.

〈표 2-1〉 표면적 교육과정과 잠재적 교육과정 특징 비교

| 공식적(표면적) 교육과정 | 잠재적 교육과정 |
|---|---|
| • 학교에서 의도적으로 조직되고 가르침 | • 학교에서 의도되지는 않았지만 학교생활을 통해서 배움 |
| • 주로 지적인 것과 관련 | • 주로 정의적인 것과 관련 |
| • 교과와 관련 | • 학교의 풍토와 관련 |
| • 단기적, 일시적 영향 | • 장기적, 반복적 영향 |
| • 교사의 지적, 기능적 영향 | • 교사의 인격적 감화에 영향 |
| • 바람직한 것 | • 바람직한 것과 바람직하지 못한 것 모두 포함 |

잠재적 교육과정이 학생들에게 나타내는 연구의 말미에는 모두가 표면적 교육과정의 효율적 운영만큼이나 잠재적 교육과정의 존재를 충분히 인식하고, 그 부정적 측면의 효과를 최소화하려는 노력이 필요함을 시사하고 있다.

잠재적 교육과정이 학교 현장과 우리에게 던지는 시사점을 종합해 보면 교육의 과정과 결과에 대한 인식의 지평을 넓혀 주었고, 교사가 마땅히 주목해야 할 커다란 미지의 세계가 있음을 알려주었으며, 교사가 깊이 있게 이해해야 할 중요한 영역들로 학교의 구조와 특징, 학교의 전반적 문화, 풍토와 분위기, 학생들 내에 존재하는 하위 문화집단의 종류와 특징 등이 교육과정에 영향을 미침을 알려주었다.

### 요약

'교육과정의 유형'에서는 먼저 전 세계적인 추세로 교육과정이 변천되어 온 순서에 따라 교과중심 교육과정, 경험중심 교육과정, 학문중심 교육과정, 인간중심 교육과정의 특징에 대해 살펴보았다. 특징은 목표, 내용, 학습방법, 관련된 전이이론, 철학적 배경을 준거로 들여다보았고, 각 교육과정 유형이 나타내는 장·단점에 대해 추가적으로 정리하였다.

다음으로 모든 교육과정 유형의 내용조직에서 논의되었던 통합 교육과정의 형태를 다양하게 살펴보았는데, 주로 오늘날 학교 현장에 쓰임새를 나타내는 부분을 주로 논의하였다.

덧붙여 공식적 교육과정의 사전·사후에 발생하는 영 교육과정과 잠재적 교육과정의 개념을 살펴보고, 그 의의가 무엇인지를 생각해 보았다.

### 생각해 봅시다

1. 교과중심·경험중심·학문중심·인간중심 교육과정 각각의 특징 및 장·단점을 논의해 봅시다.
2. 통합 교육과정의 필요성을 밝히고, 다양한 유형을 정리해 봅시다.
3. 영 교육과정의 발생하는 원인과 이를 고려하는 방안을 탐구해 봅시다.
4. 잠재적 교육과정이 생겨나는 원천과 학교 현장에 어떠한 시사점을 던지는지 논의해 봅시다.

# 03 Chapter 교육과정과 지식

**학습내용**

1. 교육과정의 철학적 기초
2. 지식과 교육과정
3. 교과와 교육과정
4. 학문과 교육과정

## 1 교육과정의 철학적 기초

교육과정에서는 '무엇이 실재인가?', '무엇이 선인가?', '무엇이 진인가?'에 대한 끊임없는 검토와 성찰이 요구된다. 이들 질문은 각각 존재론, 인식론, 가치론에 해당되는 것으로서, 교육과정 개발에서 핵심적인 탐구영역에 해당된다(이원희 외, 1990: 71).

첫째, 존재론에서는 실재가 무엇인지를 탐구한다. 개인과 사회는 실재를 각기 다른 방식으로 지각한다. 예를 들어, 중세 시대에는 '지구가 평평하다'는 것을 실재로 받아들였으나, 오늘날에는 '지구가 둥글다'는 것을 실재로 받아들인다. 어떤 사회에서는 화학 비료의 사용을 필수 불가결한 것으로 생각하지만, 다른 사회에서는 짐승의 분뇨를 사회적 실재로 간주한다. 이와 같이 실재는 시대와 사회에 따라서 다르게 규정될 수 있다. 한편, 교육과정에 반영되어 있는 실재는 사람들의 의식을 영속화하는 기능을 한다. 교육과정은 변화의 도구로 사용되어, 사회적 실재를 재창조하는 역할을 수행한다. 예를 들어, 안중근 의사는 일제 탄압에 항거하는 독립운동가의 상징을 나타내는 데, 이것은 학생들에게 이러한 실재를 창조할 것을 제안한다. 최근 교육과정에 반영되어 있는 문화복수주의, 성평등, 인권, 통일교육은 새로운 사회적 실재의 창조를 추구한다(이원희 외, 1990: 72-73).

둘째, 인식론에서는 지식의 앎과 성질에 관한 철학적 문제를 탐구한다. 대표적인 인식론적 질문으로는 '무엇이 진리인가?', '우리는 진리를 어떻게 아는가?', '우리가 안다는 것을 어떻게 알 수 있는가?' 등이 있다. 만약, 한 가지 현상에 대하여 다양한 해석이 존재한다면, 우리는 무엇이 진리인지, 그것이 진리인지를 어떻게 알 수 있을지 질문해야 한다. 이와 같이, 인식론에서는 우리가 진리로 믿고 수용하는 '신념'을 탐구한다. 교육과정에서 이루어지는 대표적인 인식론적 질문으로는 '진리로 인정하는 것에는 어떤 것이 포함되는가?, 그것은 어떤 것으로 구성되는가?, 그것을 진리로 수용하는 데는 어느 정도 합의되고 있으며, 그 '합의'는 오류일 수 있는가? 등이 있다(이원희 외, 1990: 73-74).

셋째, 가치론은 가치의 성질과 관련된 철학의 한 분야이다. 이것은 '무엇이 선이며 인간에게 바람직한 것은 무엇인가?'와 같은 질문으로서, 이러한 질문은 삶에 있어서 근본적인 질문이며, 일상생활에서 지속적으로 제기되는 물음이다. 자이스(Zais, 1976: 119)는 가치론적 질문을 윤리학과 미학의 두 측면으로 구분하여 제시하였다. 먼저, 윤리학적 질문은 인간행동에 대한 선악정사의 개념과 관련이 있다. 교육과정 개발자는 자신의 윤리적 입장과 윤리적 근거가 교육과정에 어떤 역할을 하는가에 대하여 인식할 필요가 있다. 왜냐하면 교육과정 개발자는 지식 및 학습 과정에 있어서 윤리적이라고 생각되는 목표와 내용을 선정하기 때문이다. 교육과정 개발자는 학습자에게 요구되는 윤리적 지식(무엇이 선하고 악한가)뿐만 아니라 장차 윤리적 판단을 하는 데 요구되는 기능을 습득하기를 기대한다. 예를 들어, 인간 생명의 신성함과 관련하여, 낙태, 사형, 인공수정 등과 같은 인간 생명에 대한 논쟁이 교육과정에 포함되면, 학생들은 미래 인간 생명의 문제에 대하여 판단할 수 있는 기능을 학습할 수 있다. 이러한 점에서, 교육과정이 '가치중립적'(value-free)인 성격을 띨 가능성은 희박하다. 교육과정 개발자는 이러한 윤리적 개념과 학습 과정을 어느 정도 포함할 것인가에 대하여 탐구한다. 다음으로, 미학에서는 인간 경험 가운데 아름다움과 즐거움에 대한 가치문제를 다룬다. 미학에서 다루는 대표적인 질문에는 '미란 무엇이며, 감각의 어떤 부분이 즐거움을 가져오는가?, 그리고 어떤 미적 경험이 '고차원적인 즐거움을 생성하는가?'이다. 미학적인 탐구 질문은 개인마다 인식하는 가치가 다르다는 점에서는 많은 어려움이 존재한다. 예를 들어, 어떤 사람에게는 아름다운 것이 다른 사람에게는 추할 수 있다. 또한 어떤 학생에게는 청명한 봄 햇살이 심미적 만족을 줄 수 있지만, 다른 학생에게는 호흡기 질환을 유발할 수 있다. 이와 같이 미학이 본질적으로 상대적인 성격을 갖고 있기 때문에, 교육과정 개발자는 교육과정에 무엇을 포함하고 제외해야 하는가에 대한 문제에 직면한다. 교육과정 분야와 관련된 미학적 질문에는 '미학에는 어떤 것이 가르쳐져야 하는가?', '학교에서는 심미적 판단 과정을 강조해야 하는가 아니면 미적으로 가치롭다고 하는 지식을 강조해야 하는가?' 등이 있다. 이러한 질문과 관련하여, 학교에서는 미술, 음악, 연극, 무용, 공예 등을 교육과정에 반영하여 심미적 이해와 기능을 습득시키고 있다. 그러나 '음악은 교향곡을 중심으로 가르쳐야 하는가, 록음악을 위주로 가르쳐야 하는가?', '미술은 인정받는 미술가의 것이어야 하는가, 거리의 대중적 화가의 것이어야 하는가?', 그리고 이들 각각은 '교육과정에 얼마만큼 포함되어야 하는가?'에 대한 질문을 고려해야 한다. 이러한 질문과 관련하여, 교육과정에 보수적이고 인정받는 견해가 반영되었으나, 최근에는 '대중적' 소재가 교육과정에 반영되고 있다(이원희 외, 1990: 74-76).

앞에서 살펴본 존재론, 인식론, 가치론은 교육과정에서 면밀하게 검토되어야 한다. 교육과정 개발과정과 관련하여 전형적이고 핵심적인 탐구 질문은 다음과 같다(이원희 외, 1990: 76-77).

- 내용 선정의 근거는 무엇인가?
- 수업과 조건형성의 차이점은 무엇인가?
- 분명한 지식의 형식이 있는가?
- 특정한 교육과정이 어떻게 정당화되는가?
- 어떤 목적과 목표가 왜 가치로운 것인가?
- 교육과정에서 내용이 어떻게 구조화되어야 하는가?
- 교육과정은 여러 학생들에게 각각 다른 것이어야 하는가?

- 사실이란 무엇인가?
- 교육과정에 '새로운' 실재가 얼마나 포함되어야 하는가?

## 2 지식과 교육과정

### 가. 지식의 성격

지식은 전통적으로 교육 내용을 구성하는 가장 핵심적인 요소로 간주되어 왔다. 지식은 '명제적 지식'과 '방법적 지식'으로 구분할 수 있다. 명제적 지식은 다른 사람들이 발견한 것을 아는 것, 즉 '-라는 것임을 안다'(knowing that)는 것을 의미한다. 예를 들면, "나는 서울이 대한민국의 수도라는 것을 안다"는 것은 명제적 지식에 해당한다(김대현, 2017: 156). 이러한 명제적 지식이 생명력을 발휘하기 위해서는 방법적 지식이 수반되어야 한다. 방법적 지식이란 명제적 지식이 성립됨을 증명하거나 지식의 탐구 과정을 시연해 보이는 등과 같은 것으로서, 명제적 지식을 획득하는 과정이나 절차를 아는 것(knowing how)을 의미한다. 예를 들면, "나는 자전거를 탈 줄 안다"는 방법적 지식에 해당된다. 이와 같이, 지식은 명제적 지식과 방법적 지식 모두를 의미하는 것으로서, 지식에는 앎의 결과뿐만 아니라 앎의 과정을 포함하고 있다(소경희, 2017: 29).

여러 영역의 지식을 단순한 사실이나 정보의 모음만이 아닌, 각 영역의 탐구 과정, 설명 양식, 검증 준거를 포함한 고유한 앎의 과정이나 의미 구성 방식으로 간주한다면, 지식은 과거와 현재를 이해하고, 미래의 문제와 필요를 해결하는 데 유용하게 활용될 수 있다(Alexander, 2001). 또한 지식은 인터넷이나 텔레비전 등에서 쏟아져 나오는 모든 정보의 진위와 가치를 검증하는 핵심 도구 역할을 수행한다. 따라서 학교는 이러한 지식이 갖는 힘(power)을 살리는 방향으로 교육이 이루어져야 한다. 이상에서 볼 수 있듯이, 지식중심 교육과정에 대한 비판은 지식의 본질 그 자체에 대한 오해에서 비롯된 것이라고 할 수 있다. 왜냐하면, 진정한 지식중심 교육과정에서는 파편적인 정보나 사실의 전달 또는 습득보다는 학생들의 앎의 과정과 그 산물로 입문시키는 것을 강조하기 때문이다(소경희, 2017: 29).

한편, 지식은 공적으로 제공된 형태의 지식만이 아니라 개인이 구성하는 지식이 존재한다. 개인은 공적인 성격의 지식에 대해 자신만의 의미를 구성할 수 있으며, 이것은 공적 지식에 대비해서 개인적 지식으로 불린다. 국가 수준에서 개발하여 제공한 국가 교육과정은 공적 지식에 해당되며, 교사나 학생이 이러한 국가 교육과정을 가르치거나 배우는 과정에서 개별적으로 해석하여 획득하거나 구축한 지식은 개인적 지식에 해당된다. 공적 지식과 관련하여, 교육과정에서 다루는 지식이 사회 구조나 권력에 어떤 관계가 있는지 이해할 필요가 있다. 이것은 특정 종류의 지식이 다른 지식보다 중시되는지, 교육 내용이 어떻게 사회의 주류문화에만 관심을 갖고 다른 문화를 주변화하거나 배제하는지를 설명하는 데 도움이 된다(소경희, 2017: 30).

## 나. 정보와 판단

오우크쇼트(Oakeshott, 1967)는 지식을 정보와 판단으로 구분하여 설명하여 설명한다. 교육은 학생들로 하여금 인류공동의 업적인 문화유산에 입문시키는 일이며, 이 과정에서 문화유산의 내용, 보다 일반적인 표현으로 지식은 다양한 종류의 '능력들'로 표현되며, 각각의 능력—여기서 능력이라고 하는 것은 기술에 국한되지 않고 정신적 조작에 의하여 이루어지는 모든 능력을 가리킨다.—은 '정보'(information)와 '판단'(judgment)이라는 두 가지 구성 요소의 결합으로 이루어져 있다고 간주한다(김승호·김은정·박일수, 2019: 89).

정보는 지식의 표면에 드러나 있는 부분이며, 우리는 이러한 지식의 내용을 항목으로 열거할 수 있다. 정보는 사실(事實)들, 지적 사고 활동의 결과로써의 세부사항들로 구성되며, 이것들은 대부분 서로 관련되는 것끼리 다발로 묶여 있는 특성이 있다. 정보는 누가, 무엇을, 어디서, 어떻게, 얼마 동안, 얼마만큼 등을 묻는 질문에 대한 대답으로 되어 있다. 예를 들어, 이순신 장군의 사망이나 6.25 전쟁 발발 연도, 울릉도의 연평균 강수량, 세종회관의 좌석 수, 삼성전자의 당일 주가, 수학의 공식, 정수기 물의 성분 등등이 여기에 해당한다. 정보의 중요성은 그것이 능력과 관련된 '규칙'(規則) 또는 '명제'(命題)로 작용한다는 데에 있다. 일체의 능력에는 반드시 규칙이 들어 있으며, 그 규칙은 지식의 구성 요소인 정보에 들어 있다. 정보에 의하여 주어지는 규칙 또는 명제가 특정한 능력이나 기술과 관련되는 방식에는 두 가지가 있다. 하나는 정보가 특정한 행위를 수행하는 데 있어서 선결조건으로 작용하는 경우이다. 예를 들어, 모스 부호가 어떤 알파벳에 해당하는가에 관한 정확한 정보를 가지고 있어야 모스 부호로 된 전문을 읽을 수 있다. 또 하나는 정보는 행위의 부정확성을 판단하는 기준으로 사용된다. 예를 들어, 문법에 관한 올바른 정보를 가지고 있어야 언어 행위의 부정확성을 가려낼 수 있다(김승호·김은정·박일수, 2019: 89-90).

능력이나 기술에 정보가 한 요소로 포함되어 있기는 하지만, 정보만으로는 결코 온전한 기술이나 능력이 될 수 없다. 거기에는 반드시 '판단'이라는 짝이 필요하다. 여기서 판단이라고 하는 것은 지식의 묵시적(默示的) 부분, 즉 지식의 밑바탕에 들어 있어서 표면에 드러나지 않는 부분을 가리킨다. 그것은 원칙상 규칙이나 명제의 형태로 언어화하기가 불가능한 요소이며, 따라서 그 내용을 정보로 환원한다든가 또는 정보의 경우와 같이 항목으로 열거하는 일이 불가능하다. 우리가 사실적인 정보를 나열한다고 해서 그것만으로 무엇인가를 한다든가, 만든다든가, 이해한다든가, 설명한다든가 하는 능력이 생기지 않는다. 이런 능력들이 발휘되는 과정에서 정보가 사용되는 것은 분명하지만, 그 정보를 구체적으로 어떻게 사용해야 하는가 하는 것은 정보만으로는 알 수 없다. 정보의 의미를 이해하고, 정보의 해당 여부를 판단하고, 적절한 규칙을 식별하고, 그 규칙의 범위 내에서 어떤 행동을 할 것인지를 선택하는 지식이 필요하다. 그 영역이 바로 '판단'이 관할하고 있는 부분이다. 이와 같이 능력을 그것이 발휘되는 개별적 활동이나 사례와 관련지어 파악할 때, 거기에는 스타일, 어조, 분위기 등 여러 가지 용어로 표현되는, 도저히 명제의 형태로 언어화할 수 없는 그 자체의 특징이 있다. 한 사람의 행위나 발언에서 그 스타일을 간파하지 못한다면, 그것은 그 의미의 4분의 3을 놓치는 것이며, 능력을 가지고 있으면서 그 능력을 발휘하는 스타일을 갖추지 못했다면, 그 사람은 가장 조잡한 의미 이외에 아무것도 표현할 능력이 없는 사람이다. 여기서 규범은 앞서 말한 '규칙'과 같은 정보의 영역이고, 스타일, 어조, 분위기 등의 특징을 지닌, 규범 이외의 능력은 판단의 영역에 해당한다. 이와 같이 오우크쇼트는 정보가 가르쳐 줄 수 있는 경계를 넘어서 펼쳐져 있는 광대무변(廣大無邊)의 영역으로서 판단을 강조하고 있다. 비유하자면, 판단의 넓고 깊은 영역에 비하면 정보에 해당하는 영역은 '빙산의 일각'에 불과한지도 모른다. 이상의 설명에서 드러난 바와 같이 판단은 정보와 결합하여 구체적인 무엇인가를 할 수 있는 사고의 능력을 의미한다. 판단은 단순히 정보가 어딘가에 쓰일 수 있다는 것을 아는 정도가 아니라, 정보를 실지로 구체적으로 사용하는 능력이다. 판단은 언어의 문법과 규칙이 명연설문 안에 어떤 모습으로 나타나며, 더 나아가서 그것이 훌륭한 글을 쓰는 데 어떻게 활용되는지 아는 것, 도덕 교과서에 들어 있는 지침이 구체적인 도덕적 행위 속에 어떤 모습으로 나타나며, 그것이 도덕적 행위를 하는 데 어떻게 적용되는지를 아는 것 등을 말한다. 판단은 정보가 당사자에게 완전히 내면화되어 어떤 구체적인 일을 탁월하게 수행할 수 있게 된 마음의 통합적 능력이라고 할 수 있다. 물론 이러한 능력을 학습한다는 것은 단순히 정보의 적절성을 판단하고, 그 의미를 해석하고, 구체적인 사태에 적용하는 능력을 학습하는 것에 그치는 것이 아니라, 지성의 가치를 알고 그것을 향유할 수 있게 되는 것, 예컨대 이해관계를 초월한 호기심, 우아한 사고나 표현을 식별하는 안목, 진리나 정의에 대한 열정 등등을 배우게 되는 것을 포함한다(김승호·김은정·박일수, 2019: 91-93).

지금까지 지식을 정보와 판단으로 구분하여 살펴보았다. 그러나 이것은 동전의 양면과 같이 실제로 구분되는 것이 아니라 개념적으로 구분되는 것이다. 즉, 정보와 판단은 사실상 각각 별도로 존재하는 서로 다른 두 종류의 지식이 아니다. 따라서 정보와 판단을 사실상 분리된 것으로 여기는 것은 잘못이다. 오우크쇼트가 정보와 판단의 구분을 통하여 드러내려고 한 것은 정작 지식의 두 가지 종류나 유형이 아니라 지식의 두 가지 '상이한 전달 방식'이다(Peters, 1981: 96). 인류의 공동 유산으로서의 어떤 '능력'을 전달한다고 할 때 그 능력을 구성하고 있는 요소로서

'정보'와 '판단'이 각기 따로 전달되거나 획득될 수 있는 별종의 것이 아니다. 일반적으로 '정보'(information)는 의미상 학습자 내면의 겉 언저리에 위치한다. 물론 정보라고 하여 모두가 당장 활용되는 것은 아니고, 학습자 당사자와 무관할 수도 있으며, 당사자에게 매우 무기력한 것일 수도 있다. 반면에 '판단'(Judgement)은 학습자 내면의 중심부에 깊숙이 자리 잡은 것으로서 위에서 설명한 것처럼 어떤 구체적인 일을 탁월하게 수행하는 데 기여한다. 이와 같이 학습자의 내면을 기준으로 하여 보면 정보와 판단은 단절이 아닌 연속선상에서 파악될 수 있다. 그렇기 때문에 정보를 교수하면서 판단을 전수 못 하게 되는 사태는 있을 수 있어도, 판단을 전수한 경우에 거기에 정보가 들어 있지 않다고 하는 것은 있을 수 없는 일이다. 학습자 내면을 기준으로 하여 볼 때, 학습자 내면의 겉 언저리에 정보가 머물고 그치는 경우가 있으나, 학습자 내면의 중심부에 도달한 상태에서는 정보가 내면의 언저리를 거칠 수는 없기 때문이다(김승호·김은정·박일수, 2019: 93-94).

정보와 판단을 '전달의 수준'뿐만 아니라 학습자의 '내면화의 정도'로 파악하게 되면 정보와 판단의 관련성과 관련하여 더욱 많은 시사를 얻을 수 있다. 예를 들어, 정보와 판단을 연속선상에서 학습자의 내면화 정도로 파악하게 되면, 전달되는 방식, 또는 교사의 능력이나 역할에 따라서, 동일한 지식이라고 하더라도 그것이 학생에게 정보의 양태로서 전달될 수도 있고, 아니면 판단의 양태로 전달될 수도 있다는 점이 보다 쉽게 이해될 수 있을 것이다. 뿐만 아니라, 정보와 판단을 연속선상에서 학습자의 내면화 정도로 파악하게 되면, 오우크쇼트가 앞에서 설명한 바 있는 판단의 징표로서의 '스타일'(style)의 발생도 어렵지 않게 이해될 수 있다. 스타일은 어떤 분야의 지식이 인간의 몸에 잘 내면화되어 판단 수준에 이르게 되었을 때 당연히 생기는 결과물이다. 어떤 사람이 어떤 분야의 대가라고 하면서 그 지식과 관련된 스타일을 지니고 있지 않다는 것은 그야말로 모순이다. 스타일은 판단을 지닌 자의 징표 이전에 어떤 보편적 지식이 개별적 인격체와 혼연일체가 됨으로써 자연스럽게 외부로 드러나는 어조, 분위기, 태도 등과 같은 것이다(김승호·김은정·박일수, 2019: 94-95).

앞서 설명한 바와 같이 정보와 판단은 지식 내용의 두 가지 유형이라기보다는 지식 전달의 상이한 방식에 해당된다. 학생들이 정보를 획득하고 판단을 전수하기 위해서 교사가 해야 하는 역할을 살펴보면 다음과 같다.

교사가 정보를 전달하기 위해서는 다음과 같은 역할을 해야 한다. 첫째, 교사는 인류의 문화유산 중에서 그것이 당장 유용하든지 안 하든지 간에 관계없이 그의 학생에게 어떤 정보를 전달할 것인가를 심사숙고하여 결정해야 한다. 둘째, 교사가 전달하고자 하는 정보가 학생에게 보다 쉽게 학습될 수 있도록 그것을 조직하는 일이다. 셋째, 교사는 조직된 정보를 어떤 순서로 학생에게 전달할 것인가를 결정해야 한다. 넷째, 교사는 학생들이 정보를 획득할 수 있는 연습의 기회를 제공해야 한다(김승호 · 김은정 · 박일수, 2019: 96-97).

교사가 판단을 전달하기 위해서는 다음과 같은 역할을 해야 한다. 판단의 전수를 위해서 교사는 모범을 보여야 한다. 교사가 보여주는 시범을 '모방'(模倣)하는 과정에서 학생은 단순한 특정한 사례에 적용되는 모범을 배우는 것이 아니라, 모든 사례를 보편적 그 어떤 것으로서 식별하는 정신적 자질을 획득하게 된다. 교사를 모방함으로써 학생은 일체의 발언에서 살아 움직이고 있는 개인의 지성에 귀를 기울이는 습관을 획득할 수 있다. 교사는 무기력한 여러 정보가 사람의 몸속에 들어가서 어떻게 구체적인 맥락에서 살아 움직이는 판단으로 승화되는지를 학생들 앞에서 연시하는 존재이다. 교사는 여기저기서 획득한 정보들을 자신의 몸에 통합하여 이제까지 상상도 못 했던 수준에서의 판단을 학생의 바로 눈앞에서 시범 보이는 존재이다. 그렇기 때문에 동일한 정보라도 하더라도 교사의 몸을 거쳐 제시되는 정보는 그 의미가 크게 다를 수밖에 없다. 이러한 점에서 교사야말로 문명을 보호하고 전수하는 '문명의 대리인'이라고 일컬을 수 있다(김승호 · 김은정 · 박일수, 2019: 98-101).

## 3 교과와 교육과정

### 가. 교과의 성격

교육 내용은 교육과정의 기본 단위로 조직된다. 교육과정의 기본 단위는 수업이나 학습을 목적으로 선정하고 조직한 것이다. 대표적인 교육과정의 기본 단위는 학교에서 가르치는 교과를 들 수 있다(김대현, 2017: 148).

"학교에서 무엇을 배우는가?"라는 질문에 대해, 대체로 '교과'라는 답을 하게 된다. 이것을 구체적으로 표현하면 국어, 수학, 영어, 사회, 과학 등과 같은 교과들이 열거된다. 학교교육은 시간표에 편성된 교과를 중심으로 이루어지고 있기 때문에 이와 같은 반응은 자연스럽다고 할 수 있다. 그러나 '교과'라는 용어는 학교교육과 관련된 사유를 하는 데 있어서 혼란을 야기하기도 한다. 왜냐하면 교육이 교과를 중심으로 이루어져야 한다는 것이 당연시되지만, 학교교육의 문제점으로 자주 지목되고 있는 것 역시 교과중심 교육이기 때문이다. 이와 같이 '교과'에 대한 인식이 서로 다른 것은 '교과'라는 용어에 이데올로기적 색채가 반영되었기 때문이다. 먼저, 교과를 학교교육에 필수 불가결한 것으로 보는 입장에서는 교과를 학문과 동일시한다. 교과를 배우는 것은 해당 학문을 배우는 것과 동일하며, 이러한 학문을 배우는 것은 세계에 대해 체계적으로 축적되어 온 여러 가지 앎의 방식을 알아가게 된다는 점에서 의미가 있다고 간주한다. 이때, 교과는 문화, 계속성, 기준이라는 이름으로 옹호된다. 그러나 교과중심의 학교교육을 비판하는 입장에서는 교과는 학생들에게 아무런 의미가 없는 지식을 담고 있는 것으로 간주된다. 교과는 경험이나 활동과는 반대되는 의미의 지식으로 간주하기 때문에, 교과중심 교육은 지식중심 교육과 같은 것으로 취급된다. 여기서 교과는 '전통적', '구식의', '인위적인', '부적절한' 것으로 비판받는다. 교과는 이 용어에 대하여 어떠한 의미를 부여하느냐에 따라 그것의 가치가 달라질 수 있다. '교과'라는 용어를 사용하지만 의미는 서로 다르게 사용하고 있다(소경희, 2017: 25).

교과는 교육과정을 조직하기 위한 개념적 조각(segment)에 해당한다. 세상에서 배워야 할 것은 엄청나게 많으며, 수업을 위해서는 이것이 어떻게든 쪼개질 필요가 있다. 교과는 이것을 쪼개어 비교적 분명한 학습 분야로 조직하는 방식에 해당된다. 말하자면 교과는 교육적인 목표를 성취하기 위해 교육 내용을 조직하고 이를 위한 시간을 편성하려는 사람들의 노력을 지원하기 위한 것이다(소경희, 2017: 25). 전체 교육 활동을 교과 활동으로 분할하며 행정적인 면에서 수업의 관리가 쉬워지고, 교사의 책임이 명확하게 드러나며, 학생들이 일관성 있는 학습활동을 하는 데 용이하다(김대현, 2017: 148-149).

이러한 점에서 볼 때, 교과는 교육과정의 개념적 혹은 조직적 구성 요소를 명명한 것으로서, 가치중립적인 용어에 해당된다. 교과가 본래 특정한 의미나 가치를 가지고 있었다기보다는, 교육과정을 조직하기 위한 하나의 형식적인 틀로서 우리가 어떤 의미를 부여하는가에 따라 그것의 내용적이고 질적인 의미가 드러나게 된다. 따라서 교과는 여러 가지 형태로 구성될 수 있다. 즉, 교과는 학문중심 또는 주제중심으로 구성될 수 있으며, 분과 또는 통합의 형태로 구성될 수 있다. 이러한 점에서 교과중심 교육과정을 지식중심 교육과정과 동일한 것으로 보는 것은 교과 본래의 의미를 제대로 이해한 것이라고 볼 수 없다. 왜냐하면 교과는 학문이나 지식만을 담아낼 수 있는 것이 아니기 때문이다. 따라서 교과중심 교육과정이 문제가 있다고 할 때, 그 비판은 교과라는 이름에 대한 것이라기보다는 그 교과에서 무엇이 어떻게 가르쳐지고 있는가에 대한 것이어야 한다. 교육과정이 교과의 틀로 개발되었기 때문에 구식인 것이 아니라, 그 교과 속에서 다루어지는 내용과 이를 가르치는 방법이 진부하기 때문에 구식이 되는 것이다(소경희, 2017: 26-27).

## 나. 형식도야이론과 능력심리학

미국은 20세기 초까지 대학 입학을 목적으로 하는 학생들을 위한 고전 교과 중심의 전통적 교육과정이 중등교육에서 지배적이었다. 라틴어, 그리스어, 고전문학, 대수, 기하, 천문 등이 이에 해당된다. 형식도야이론은 전통적으로 학교에서 가르쳐 온 교과의 성립 및 발달을 설명하는 최초의 이론이라고 할 수 있다. 형식도야이론은 학교에서 가르칠 수 있는 교과를 선정하기 위한 하나의 원리로서 등장한 것이 아니라, 이미 성립되어 가르쳐 온 교과의 가치를 의심하는 사람들에게 전통적인 교과의 가치를 설명하기 위하여 등장하였다(소경희, 2017: 98).

19세기는 산업혁명에 따라 사회 변화가 급속하게 이루어지던 시기이었다. 이러한 급격한 사회 변화로 인하여 학교에서는 무엇을 가르쳐야 하는가에 대한 문제가 대두되었다(Kliebard, 2004). 종래의 교육 내용이었던 전통적인 교과 대신에 사회 변화에 부응하는 새로운 종류의 교육 내용이 필요하다는 주장이 있었다. 이러한 사태는 기존의 교육을 옹호하던 사람들에게는 하나의 도전으로 간주되었다. 형식도야이론은 이러한 도전에 대하여 기존에 학교에서 중시하던 고전어와 수학의 가치를 옹호하려는 목적에서 등장하였다(소경희, 2017: 98).

형식도야이론은 정신과 신체의 비유를 통해 교육과정의 근본적인 문제, 즉 무엇을 가르쳐야 하는가에 대하여 다음과 같은 답을 제시한다. 인간의 신체가 근육으로 구성되어 있는 것처럼, 인간의 정신도 서로 뚜렷이 구분되는 몇 가지 '능력'으로 구성되어 있다. 그 능력들은 지각, 기억, 상상, 추리, 감정, 그리고 의지 등이다. 신체의 근육이 운동을 통해 단련될 수 있는 것처럼, 인간의 마음에 들어 있는 이러한 정신 능력들도 훈련 또는 도야를 통해서 단련될 수 있다. 교육 내용은 바로 이러한 정신에 들어 있는 능력을 도야시키는 것이어야 한다. 형식도야이론의 기본 전제는 기억, 추론, 의지, 상상력과 같은 우리의 마음 또는 정신 능력을 강화하는 힘을 가지고 있는 교과가 별도로 있으며, 이러한 교과가 학교의 교육과정이 되어야 한다고 주장한다. 형식도야이론에서는 당시 학교에서 가르쳐지고 있는 전통적인 교과는 바로 이러한 힘을 가지고 있다고 가정하고, 학생들은 이들 교과를 배움으로써 그들의 마음이나 정신을 도야할 수 있다고 설명한다. 즉, 라틴어, 그리스어, 고전문학, 대수, 기하 천문 등의 교과는 학생의 마음이나 정신 능력을 도야하는 힘을 가지고 있기 때문에 배울 가치가 있다고 할 수 있다(소경희, 2017: 64). 희랍시대와 중세기의 대표적인 교과였던 '7자유과', 즉 문법, 수사학, 논리학, 대수학, 기하학, 음악, 천문학은 특히 도야적 가치가 큰 것으로 인정된 교과이다. 전통적으로 우리 학교교육에서 다루어져 왔던 교과들, 특히 국어, 수학, 음악 등은 바로 이러한 이유에서 가르쳐져 왔다고 볼 수 있다. 말하자면 수학이 교과로서 가치를 가지는 것은 그것이 기억이나 추리력과 같은 정신 능력을 도야한다는 데 있다(소경희, 2017: 99).

형식도야이론에 의하면, 특정 교과가 학교에서 가르쳐져야 하는 이유는 그 교과에 담겨 있는 구체적인 '내용' 때문이 아니라, 그 내용을 배움으로써 얻게 될 '정신 능력' 때문이다. 다시 말하면, 무엇을 기억하고 추리하는가가 문제가 아니라, 기억되고 추리되는 것이 무엇이든지 간에 그것을 기억하고 추리한다는 사실이 중요하다. 그러므로 형식도야이론에서 특정 교과가 중요시되는 이유는 그 교과가 담고 있는 내용 자체가 중요하기 때문이 아니라, 그것이 정신 능력을 도야할 기회를 제공해 주기 때문이다(소경희, 2017: 99-100; 이홍우, 1996).

형식도야이론에서 정신 도야를 중요시하는 이유는 교과의 학습을 통해 도야된 정신 능력은 어떤 내용이거나 상관없이 그 능력을 요구하는 사태에 일반적으로 전이될 수 있다고 보기 때문이다. 이러한 형식도야이론에서는 신체의 근육이 단련을 통해 발달되듯이, 특정 교과가 나타내고 있는 정신 능력들은 반복적인 연습을 통해 발달한다고 가정한다. 따라서 형식도야이론에서는 교과 내용의 반복적인 암기를 통해서 모든 사태에 적용 가능한 일반적인 정신 능력을 발달시키려고 한다. 형식도야이론은 오늘날에도 명백히 유지되고 있다. 베스트셀러와 대중가요가 범람하고 있음에도 '고전'으로 불리는 문학 작품과 음악이 여전히 많은 사람의 사랑을 받고 있는데, 이것은 형식도야이론과 관련이 있다. '고전'이 사람들의 관심을 끄는 것은 그것에 담긴 내용 그 자체의 유용성 때문이기보다는 고전 작품을 읽거나 들음으로써 도야된 정신 능력이 인 관계나 사물에 관하여 판단하고 추리하는 데에 유용하기 때문이라고 보아야 할 것이다. 이러한 점에서 볼 때, 형식도야이론은 지식을 중시하는 교과의 가치를 설명하는 하나의 방식으로 사용될 수 있다(소경희, 2017: 100).

1890년대에 들어, 형식도야이론에 대한 비판이 제기되었다. 첫째, 제임스와 손다이크는 '정신 능력이 모든 사태에 전이될 수 있는가?', '특정 교과가 과연 다른 교과에 비해 정신 능력을 도야하는 데 적합한가?'에 대한 실험을 하였다. 연구 결과, 특정 교과를 통해서 도야된 정신 능력이 일반적인 사태에 전이가 되지 않을 뿐만 아니라, 특정 교과(예: 역사, 기하, 라틴어)가 다른 교과(예: 부기, 속기, 타자)에 비해 일반적인 정신 능력을 개발하는 데 더 적합하지 않은 것으로 나타났다. 둘째, 형식도야 이론에 입각한 전통적 인문 교과가 새로운 산업 사회의 요구에 적절할 수 있는가 하는 의문과 비판이 제기되었고, 새로운 산업 사회에서 가르쳐야 할 지식에 대한 다양한 입장이 제기되었다(소경희, 2017: 101).

## 다. 지식의 형식

학교에서 전통적으로 가르쳐 온 교과, 즉 주지 교과의 가치를 정당화하기 위하여 '지식의 형식'이라는 용어를 사용한다(Hirst, 1965; Peters & Hirst, 1970). 지식의 형식이란 "인간의 경험을 일반적으로 인정되는 방식으로 분류해 놓은 것"으로서 논리학과 수학, 자연과학, 인간과학, 역사, 종교, 문학과 예술, 철학, 도덕적 지식 등이 이에 해당된다(Peters & Hirst, 1970). 예컨대 우리의 삶 속에 경험하는 수학적 내용은 수학이라는 지식의 형식으로 분류될 수 있으며, 자연과학적 경험은 자연과학이라는 지식의 형식으로 분류될 수 있다. 이와 같이, 인간의 경험은 여러 가지 지식의 형식으로 구조화될 수 있으며, 서로 다른 종류의 지식의 형식은 다른 종류의 인간 경험에 대한 이해를 반영한다. 인간은 여러 가지 지식의 형식에 입문함으로써 비로소 다양한 경험을 이해하는 것이 가능하다. 지식의 형식 간의 구분은 각 형식이 다른 형식과 구분되는 그 자체의 고유한 개념과 탐구 방법을 가지고 있는가의 여부에 달려 있다. 지식의 형식은 그 형식만의 고유한 아이디어나 개념, 탐구양식, 검증방식 등 자체의 논리적인 구조를 가지고 있기 때문에, 다른 지식의 형식과 구분될 수 있다. 예를 들어, 수학에 속한 개념과 탐구 양식은 자연과학에 속한 개념과 탐구 양식과는 분명하게 구분되며, 이 점에서 수학과 자연과학은 상이한 종류의 지식의 형식에 해당된다. 지식의 형식 간은 구분은 임의적인 것이 아닌, 논리적인 의미를 갖는다. 다음의 사례를 통하여 지식의 형식을 설명하면 다음과 같다(소경희, 2017: 107-108).

① 삼각형의 내각의 합은 180°이다.

② 물은 100℃에서 끓는다.

③ 거짓말을 하는 것은 나쁘다.

④ 모든 사람은 죄인이다.

⑤ 모가지가 길어서 슬픈 짐승이여

앞의 5개의 문장은 서로 다른 지식의 형식에 해당한다. ①은 수학적 지식이다. 이것은 수학적 지식에 적합한 방식(논리적인 증명)을 통하여 명제의 진위를 판단할 수 있게 된다. ②는 과학적 지식이다. 이것은 과학적 맥락에서 실험과 관찰을 통해서 명제의 진위를 판단할 수 있게 된다. ③은 도덕적 지식이다. 이것은 도덕적 지식은 수학이나 과학적 지식과는 다른 종류의 지식이며, 따라서 다른 가치 판단 기준을 가진다. ④는 종교적 지식이고, ⑤는 미학적 지식이다. 종교적 지식이나 미학적 지식은 수학적 지식, 과학적 지식, 도덕적 지식과는 구분되는 지식의 형식으로, 각각 종교적 지식과 미학적 지식의 가치 기준에 따라 진위를 판단할 수 있다(소경희, 2017: 108).

피터스와 허스트(Peters & Hirst)는 삶의 형식을 8개의 지식의 형식(논리학과 수학, 자연과학, 인간과학, 역사, 종교, 문학과 예술, 철학, 도덕적 지식)과 연관 지어 설명한다. 인간이 인간다운 삶의 형식으로 입문하기 위해서는 이와 관련된 8개의 지식의 형식에 입문되어야 하며, 이를 위해서 학생들은 서로 다른 지식의 형식을 학습해야 한다. 앞에서 살펴본 지식들(명제들)이 서로 다른 지식의 형식에 속한다는 것을 알지 못한다면, 이들 문장의 진정한 의미를 제대로 이해할 수 없다. 이와 같이, 학생들은 교과를 배움으로써 서로 다른 지식의 형식들을 구분할 수 있게 되고, 그 결과 지식의 형식과 삶의 형식에 입문할 수 있게 된다(소경희, 2017: 108).

피터스와 허스트가 분류한 여덟 가지 지식의 형식은 대략 전통적인 학문의 분류와 유사하다. 지식의 형식은 개념이나 탐구 방법 측면에서 성격이 비슷한 지식을 묶어서 열거해 놓은 것이다. 이러한 지식의 형식에 어떤 것이 포함될 수 있는가 하는 것은 학문을 어떻게 분류하는가에 따라 약간씩 달라질 수 있다. 다만, 지식의 형식을 어떻게 분류하든 간에 지식의 형식에 포함된 지식은 전통적으로 학교 교과의 주축을 이루어 온 이론적 지식이며, 수많은 사람에게 실용적 가치가 의심스러운 지식이라는 공통점이 있다(소경희, 2017: 108; 이홍우, 1991).

피터스와 허스트는 실용적 가치가 없는 것으로 보이는 지식의 형식, 곧 전통적인 교과를 가르쳐야 하는 이유에 대하여 '내재적 가치'와 '선험적 정당화'를 제시한다. 첫째, 내재적 가치란 어떤 활동이 특정 목적을 위한 수단으로서가 아닌, 활동 그 자체에 들어 있는 가치를 말한다. 어떤 활동이 내재적 가치가 있다는 것은, 그 활동의 가치가 그 활동과 개념상으로 무관한 다른 어떤 것(외재적 가치)이 아니라, 그 활동 자체에 의해서 규정된다는 것을 의미한다. 따라서 내재적 가치에 관심을 가질 경우에는 내재적 가치가 있는 활동이 어떤 것이며, 왜 그것이 가치가 있는가를 설명하는 데 관심을 갖게 된다. 피터스와 허스트는 그들이 제시한 지식의 형식이 바로 이러한 내재적 가치를 가지고 있다고 설명한다. 둘째, 선험적 정당화란 개인이 받아들이는지의 여부와 무관하게 성립하는 정당화 설명 방식이다. 지식의 형식의 내재적 가치는 다음과 같이 선험적으로 정당화될 수 있다. 논리학과 수학, 자연과학 등 여러 지식의 형식들은 인간이 장구한 세월 동안 누적적으로 발전시켜 온 경험의 상이한 측면을 각각 개념적으로 체계화한 것이다. 이미 지적한 바 있듯이, 수학은 우리 삶 속에서 경험하는 수학적 내용을 체계화한 것이며, 자연과학은 자연과학적 경험을 체계화한 것이다. 이러한 체계화는 특정 개인의 취향에 의해서 이루어진 것이 아니라 인류가 오랫동안 공동으로 발전시키고 엄밀하게 정련시켜 온 것이라서 점에서 공적인 성격을 지닌다. 다시 말하면 여러 지식의 형식들은 우리 삶의 공적 전통을 체계화한 것이라고 할 수 있다. 따라서 우리가 이 세상을 살아가기 위해서는 좋아하든 싫어하든 간에 우선적으로 이 공적 전통의 체계, 즉 지식의 형식을 알 필요가 있다. 여기서 공적 전통의 체계라고 할 수 있는 지식의 형식은 우리의 선호와 관계없이 우리 삶에 이미 주어진 것이라는 점에서, 그리고 이에 입문되지 않으면 주어진 삶을 원만하게 살아갈 수 없다는 점에서 우리 삶의 선험적·논리적인 전제 조건에 해당된다. 이 점에서 전통적으로 가르쳐 온 지식의 형식은 그 자체의 가치를 가지고 있으며, 이 세상을 살아가는 사람들은 이 지식의 형식에 입문되지 않으면 안 된다(소경희, 2017: 108-109).

피터스와 허스트가 주장하는 지식의 형식론은 다음과 같은 비판을 받고 있다. 첫째, 지식의 형식론에서는 내재적으로 가치가 있는 지식의 형식으로 주지 교과(이론적 교과)를 포함하고 있으나, 주지 교과만이 내재적인 가치를 지니고 있다고 볼 수 없다(홍은숙, 1999). 이 비판에 의하면, 모든 사회적 인간 활동은 그 나름대로 고유한 목적과 가치를 지니며, 이 점에서 주지 교과만이 아닌 다른 다양한 기술이나 지식, 혹은 활동도 그 자체로 학교에서 동등하게 취급될 필요가 있다(소경희, 2017: 109-110). 허스트는 이론적 지식은 실제로부터 추상된 것으로서 실제와의 관련 속에서 그 의미가 적절하게 판단될 수 있다는 의견을 제시하고, '사회적 실제'의 관점에서 교육과정이 구성되어야 제시하였다. 둘째, 선험적 정당화 논의는 학교교육의 역동적인 양상에 대해서 충분한 설명을 제공하지 못한다. 지식의 형식론이 주장하는 선험적 정당화 논의는 지식의 형식의 내재적 가치를 논리적 혹은 개념적으로 설명하려는 특징을 지닌다. 따라서 지식의 형식론에서는 지식의 형식을 우리의 삶이 가능하기 위한 논리적 가정으로 받아들여야 한다는 점을 논증하는 데 관심을 두고 있기 때문에, 우리 삶에 구체적으로 또는 사실적으로 작용하고 있는 역동적인 양상, 예컨대 사회 변화, 교육 여건, 학습자들의 흥미 등에 대해서는 관심을 기울이고 있지 않다. 그 결과 지식의 형식론은 학교라는 구체적 맥락에서 특정 교과가 실제로 어떻게 채택되고 가르쳐지고 있는지에 대한 충분한 설명을 제공하지 못하고, 학교에서 가르쳐야 할 교육 내용을 특정한 형태의 교과로 고착화하는 문제가 있다(소경희, 2017: 110-111).

## 4 학문과 교육과정

### 가. 학문

학문이란 무엇인가? 학문은 수업의 단위나 연구의 분야로 간주된다. 물리학은 대학생이 수강하는 교양과목의 이름으로 수업의 단위를 뜻하기도 하고, 이 방면의 연구자들이 참여하는 연구의 분야를 가리키기도 한다. 중학교와 고등학교에서는 학문이 교과 구성의 핵심적인 요소로 작용한다. 예를 들어, 중학교 수학 교과는 대수, 기하 등과 같은 학문을 바탕으로 구성되며, 고등학교의 과학 교과는 물리학, 생물학, 화학, 지구과학 등의 학문들로 이루어진다. 학문을 가장 단순하게 정의하면 탐구 대상, 주요 개념과 논리적 구조, 진리 검증 방법 등의 기준에 의하여 분류되는 지식의 조직체라고 할 수 있다. 이러한 점에서, 수학이라는 학문과 과학이라는 학문은 그것이 탐구하는 대상, 그 분야에서 사용하는 주요 개념과 논리적 구조, 진리 검증 방법에서 차이가 있으며, 이러한 차이로 인하여 학문이 구별된다(김대현, 2017: 160).

학문의 성격을 제대로 알기 위해서는 학문 분류의 여러 수준을 고려할 필요가 있다. 학문을 분류하는 가장 큰 수준(대분류)에서 학문은 인문학, 사회과학, 자연과학으로 구별된다. 다음으로 중분류에서 인문학은 문학, 철학, 역사, 언어학 등으로 구분되며, 소분류에서는 철학을 동양철학, 서양철학으로 분류하거나 인식론, 존재론, 가치론 등으로 분류한다. 이러한 학문 분류 체계는 교과와 학문의 명칭이 학교급에 차이가 있다는 점을 설명하는 데 도움이 된다. 즉, 초등학교와 중학교의 사회 교과는 사회학, 역사학, 지리학, 경제학, 정치학 등의 다양한 학문으로 구성되며, 과학 교과는 물리학, 화학, 생물학, 지구과학 등의 학문 등으로 구성된다. 고등학교에서는 이러한 하위 영역들을 하나의 독립 과목(course) 수준으로 구분하여 가르친다. 이것은 초등학교에서 고등학교로 올라가면서 교과를 구성하는 학문의 분류 수준이 대분류에서 중분류로 세분화되어 간다는 것을 의미한다(김대현, 2017: 160-161).

한편, 학문의 성격을 이해하기 위해서는 학문의 분화와 통합에 관심을 가져야 한다. 학문은 성장하는 과정에서 지속적으로 분화된다. 학문의 역사를 살펴보면 고대나 중세는 물론이고 서양의 근세에도 오늘날처럼 학문이 세분화되지 않았다. 이전에 대분류나 중분류로 가능했던 학문의 구분이 이제는 소분류, 앞으로는 소소분류, 소소소분류까지 확대될 것이다. 다른 한편으로 학문은 인접 학문 간의 논리적·경험적 연관성에 의하여 통합되기도 한다. 우리가 해결해야 할 각종 현안 문제는 단일 학문의 접근으로 해결이 불가능하거나 효과성이 떨어진다는 인식에 따라 학제적 접근(interdisciplinary approach)이 이루어지고 있다. 이와 같이 학문은 학제적 접근에 의하여 연계성이 강화되고 통합되기도 한다(김대현, 2017: 161-162).

## 나. 지식의 구조

1950년대부터 미국에서는 당시의 교육, 즉 진보주의 교육 사조에 입각한 소위 '생활 적응 교육'이 학생들에게 무엇인가 중요한 내용을 가르치는 데에 실패하고 있다는 우려가 널리 퍼져 있었다. 생활 적응 교육은 1920년대부터 1940년대에 듀이의 진보주의 교육 사상에 영향을 받아 미국의 학교 교육 현장에서 광범위하게 실천되고 있었다. 이러한 생활 적응 교육은 1950년대 미국이 소련과의 우위 경쟁에서 결정적인 우세를 획득하지 못하면서 결정적인 비판을 받게 된다. 생활 적응 교육을 받은 학생들이 대학 생활을 성공적으로 하는 데 필요한 지적 능력을 갖추지 못하고 대학에 진학한다는 비판이 제기되었다. 이러한 비판을 제기한 대학의 수학자, 과학자들이 중등학교의 수학, 과학 교육과정의 개선을 시도하였다. 이들은 당시 중등학교 수학과 과학의 교육 내용에 각 학문의 발전된 내용이나 학자들이 중요하게 간주하는 기본 개념이 거의 포함되어 있지 않다고 비판하였다. 예를 들어, 물리의 교육 내용을 살펴보면, 물리학자들이 가장 중요하다고 간주하는 주제가 반영되지 않았으며, 기계 공학, 특히 냉장고나 자동차 엔진과 같은 일상생활에 활용되는 장비의 조작에 기반을 둔 물리적 원리에 초점을 두고 교육 내용이 구성되어 있었다(소경희, 2017: 102; Posner·김인식 공역, 1994).

이러한 1950년대 중등교육 개혁의 움직임은 1957년 10월 소련이 미국보다 먼저 인공위성 스푸트니크 1호를 발사함에 따라 더욱 가속화되었다. 이것을 국가적 위기로 간주하고, 이러한 위기를 해결하기 위하여 1959년 매사추세츠주의 우즈 호울에서 회의가 열렸다. 이 회의에서는 미국교육의 근본적인 문제는 현재 학교에서 가르치고 있는 교과의 성격과 관련이 있으며, 이러한 문제를 해결하기 위한 방안으로써, '지식의 구조'라는 개념이 제안되었다. '지식의 구조'라는 개념은 이후 교육과정에 강력한 영향을 미치게 되었다(소경희, 2017: 102).

지식의 구조란 무엇인가? 이 말을 제대로 이해하기 위해서는 '지식'이라는 개념과 '구조'라는 용어의 의미를 명확히 할 필요가 있다. 먼저, '~의 구조'라는 용어는 '~을/를 구성하는 요소와 그들의 관계 양상'을 나타낸다. 예를 들면, '선풍기의 구조'를 살펴보자. 선풍기는 바람을 일으키는 프로펠러가 '앞에 있고', 프로펠러를 돌리는 모터가 '그 뒤편에' 있으며, 프로펠러를 받치면서 바람이 불어오는 높이 조절용 '세로대가 있으며', 그 대를 바닥에 고정하면서, 바람의 방향, 세기 등을 조절하는 각종 전기조절장치가 달린 '밑판이 있다'는 구조를 갖는다. 이와 같이 '~의 구조'를 설명하기 위해서는 '~을 구성하는 요소들'과 그것들이 서로 어떤 관계에 있는지를 보여 줌으로써 가능하다(김대현, 2017: 162-163).

브루너(Bruner)는 '지식의 구조'라는 용어와 함께 '학문의 구조'라는 용어를 함께 사용하였다. 지식은 내포와 외연이 막연하여 그 구조를 밝히기는 어렵지만, 학문의 경우에는 가능하다는 특징이 있다. 특히 초·중·고등학교에서 가르치는 교과를 구성하는 학문을 생각하면 그 수가 많지 않으며, 당시에 개혁의 초점이 되었던 수학이나 과학과 같은 교과를 구성하는 학문의 경우에는 구조를 밝히려는 시도가 가능하다. 이런 점에서 브루너가 관심을 가진 것이 막연한 지식의 구조가 아니라 특정한 학문의 구조, 특히 초·중등학교의 교과를 구성하는 특정 학문들의 구조라고 할 수 있다. 학문은 크게 지식의 체계와 탐구의 방법으로 구성된다. 학문을 구성하는 지식 체계를 분석하면 여러 수준의 지식이 있다. 가장 초보적인 수준의 지식은 사실 정보이다. 이들을 묶어서 설명해 주는 것이 개념이며, 개념들의 논리적·경험적 관계를 통하여 원리나 법칙이 형성된다. 또한 이러한 원리나 법칙들이 결합되어 이론을 형성하며, 이론 속에서 원리나 법칙은 통합된다(김대현, 2017: 162-164).

이러한 점을 볼 때, '구조'란 '사실이나 현상을 엮어주는 핵심적인 개념과 원리'를 뜻하며, 따라서 '지식의 구조'란 '각 학문의 기저를 이루고 있는 핵심적인 개념과 원리'를 뜻한다고 볼 수 있다. 말하자면 지식의 구조란 단순한 사실들이나 잡다한 현상에 대한 정보가 아니라, 이러한 사실이나 현상을 서로 관련짓고 체계화하는 주요 개념이나 원리인 것이다. 예컨대 수학의 경우, 방정식의 기본 법칙인 '교환·분배·결합 법칙'이 수학의 구조 중의 하나라고 할 수 있다. 왜냐하면, "이 법칙에 스며 있는 아이디어를 파악하면 현재 풀려고 하는 '새로운' 방정식은 전혀 새로운 방정식이 아니라, 자기가 늘 알고 있던 방정식의 한 가지 변용에 불가하다는 것을 쉽게 알 수 있기"(Bruner, 1960) 때문이다(소경희, 2017: 103-104). 예를 들어, 사회학이라는 학문 속에 포함되는 지식의 수준은 〈표 3-1〉과 같이 나타낼 수 있다(최병모 공역, 1987).

〈표 3-1〉 **이론, 법칙, 개념, 사실의 관계**

| | |
|---|---|
| 이론 : | 뒤르켐의 자살론 |
| 법칙 : | 모든 사회 집단에서 자살률은 개인주의의 정도에 따라 달라진다. |
| 개념 : | 자살률, 개인주의 |
| 사실 : | 1965년에 스페인에서는 인구 10만 명당 7.6명이 자살했는데, 미국에서는 16.3명이 자살했다. |

이와 같이 학문은 크게 지식 체계(학문의 구조)와 탐구 방법으로 구성되며, 탐구 방법을 통해서 지식의 체계들이 형성되는 관계에 있다. 또한 지식 체계들은 하위 수준의 지식이 상위 수준의 지식의 부분이 되며 하위 수준의 지식의 점진적·통합적 관계로 구성되어 있다(김대현, 2017: 164).

브루너가 강조한 교육 내용으로서의 지식은 형식도야이론에서 강조한 지식과 그 성격이 다르다. 형식도야이론에서 주장한 교육 내용으로서의 지식은 일반적인 정신 능력을 도야하기 위한 수단의 의미만을 지닌다. 따라서 여기서 교과에 담긴 지식이란 도야, 즉 반복적인 암기를 위한 대상에 지나지 않는다. 그러나 브루너가 교육 내용으로서 강조하고 있는 지식의 구조는 다른 어떤 것을 위한 수단이 아니라, 그 자체의 성격과 의미를 가지고 있다. 즉, 지식의 구조란, 해당 분야의 핵심적인 개념이나 원리를 의미하는 것으로, 이것은 학자들이 그 학문을 탐구할 때 하는 것과 동일한 종류의 일을 통해 습득될 수 있다. 따라서 지식의 구조를 가르친다는 것은 곧 해당 학문의 '성격'에 충실하게 가르친다는 것을 의미한다(이홍우, 1996).

이 점에서 지식의 구조를 강조하는 교육과정을 흔히 '학문 중심 교육과정'이라고 한다(소경희, 2017: 105-106). 학문중심 교육과정 개혁에서 학문을 중심으로 교과를 구성해야 한다는 것은 학문의 구조를 그 학문의 성격에 맞는 탐구 방법에 의하여 배울 수 있도록 교육과정을 구성해야 한다는 것을 가리킨다. 학문중심 교육과정이 활발할 때 많은 교과 교육과정을 이러한 방식으로 조직하였으며, 학교에서 제대로 운영하는 데 필요한 교재와 수업자료를 개발하여 학교에 보급하는 방식으로 이루어졌다(김대현, 2017: 164). 그러나 지식의 구조를 강조하는 학문 중심 교육과정은 그 실천 과정에서 여러 가지 문제점이 나타나면서 쇠퇴하게 되었다. 학문 중심 교육과정은 최첨단의 학자들에게나 이해될 수 있는 '지식의 구조'를 어린 학생들의 교과에도 반영시키려고 함으로써, 학교 교육을 지나치게 어렵고 재미없는 것으로 만들어 버렸다는 비판을 받았다(소경희, 2017: 106).

## 다. 나선형 교육과정

나선형 교육과정은 각 학문의 근본적인 학습 요소인 지식의 구조가 동일성을 유지하면서 학습자의 인지발달 단계에 맞추어 상승적인 방향으로 심화, 확장되는 형태로 교육과정을 조직하는 방식을 의미한다. 즉, 나선형 교육과정이란 지식의 구조가 학습자의 경험과 이해의 폭에 따라 점점 더 넓게 확장되고, 인지발달 단계에 따라 점점 더 높게 상승되는 형태로서 개념화한 것이다. 따라서 나선형 교육과정에서 핵심은 지식의 구조를 아동의 인지발달 단계에 맞추어 표현하는 데 있다. 브루너는 피아제의 인지발달이론에 기초하여 나선형 교육과정의 구성 양식을 구체화하였다(진영은, 2003: 195).

피아제(Piaget)의 인지발달이론에 의하면, 아동의 인지발달은 ① 전조작 단계, ② 구체적 조작 단계, ③ 형식적 조작 단계를 거치면서 이루어진다. 인지발달의 첫 번째 단계인 전조작 단계는 학령 전기의 아동에 해당하며, 아동이 직접적이고 외현적인 활동인 '동작'을 통하여 사물과 세계를 이해하고 조종해 나가는 단계이다. 이때 아동의 사물 이해와 조종의 핵심 기제는 동작으로서, 이것은 의도적이고 사고적인 행동(상징적 조작)이 아니라 우연적이고 시행착오적인 특성을 갖는 행동(직관적 조절)이다. 인지발달의 두 번째 단계인 구체적 조작 단계는 초등학교 입학과 함께 시작되는 단계로서, 직접적이고 외현적인 특성을 갖는 동작과 더불어 사물의 특성을 변형하고 조직함에 있어서 내면적인 형식을 취하는 '조작'이라는 활동이 아동의 사물에 대한 이해와 조종에 핵심적인 역할을 하는 시기이다. 조작은 내면적이고 가역적인 특성을 갖고 있다는 점에서 이 단계의 아동의 인지발달에 매우 중요한 의미를 갖는다. 구체적 조작의 출현으로 아동은 이후의 형식적·상징적 조작의 기초가 되는 내면화된 정신 구조를 가지게 된다. 구체적 조작 단계의 아동은 눈앞에 보이는 실재를 구조화하는 데 한하여 '분류'와 '관계'의 논리적 구조를 파악하는 지적 발달을 보여준다. 인지발달의 세 번째 단계인 형식적 조작 단계는 초등학교 고학년 시기에 해당하는 단계로서, 이 단계의 아동은 눈앞에 보이는 실재의 사물이나 직접적인 경험에 국한되지 않고, 가설적·논리적 명제와 추상적 실재를 형식적으로 또는 형식적으로 조작하고 표현할 수 있게 된다. 말하자면, 형식적 조작 단계의 아동은 실재의 사물과는 가장 거리가 멀고, 실재 사물을 개념적으로 대체하는 추상적인 상징의 세계를 이해하고 마음대로 조작하는 능력을 갖게 되는 것이다(진영은, 2003: 195-196).

이러한 피아제의 인지발달이론을 바탕으로 브루너는 지식의 구조를 학습자의 인지발달 단계에 맞추어 나선형 교육과정의 구성 형식으로서 작동적 표현, 영상적 표현, 상징적 표현의 세 가지 표현 형식을 제시하였다. 첫째, 지식의 구조의 작동적 표현 형식은 핵심 개념과 아이디어 및 그 활용 방식을 아동의 동작과 구체적 조작으로써 제시한다. 둘째, 구조의 영상적 표현 형식은 직접적이고 구체적인 동작과 조작을 정신의 내면화 정도에 따라 영상적 형식으로 간접화하고 추상화하여 제시하는 것으로서, 특히 정신의 내면화를 매개하는 조작적 영상의 구체적인 표상에 초점을 둔다. 셋째, 구조의 상징적 표현 형식은 지식의 구조의 표현 형식 가운데 가장 수준이 높은 형태인데, 이것은 실재의 표상 정도에 있어서 가장 추상적인 비실제적 기호와 상징의 체계로서 개념과 원리를 제시하는 것이다. 지식의 구조를 작동적·영상적·상징적 표현 형식으로 제시하는 나선형 교육과정에서는 아동의 실세계에 대한 이해가 구체적 조작의 사고방식에서 추상적이고 상징적인 사고방식으로 상승, 이행될 수 있도록 하는 데 있다(진영은, 2003: 196-197).

## 라. 발견학습

브루너(Bruner)는 지식의 구조를 내면화하고 그것을 문제사태에 확장, 적용하는 학습방법으로 '발견학습'을 제안하였다. 발견학습은 지식의 구조를 학습자들이 스스로 발견하고 다양한 문제사태에 생산적으로 적용하도록 하는 학습지도 방법을 의미한다. '지식의 구조를 학습한다'라는 것은 지식의 기본 개념과 원리 및 그의 적용 방법으로서의 탐구 방법론을 학습하는 것을 뜻한다. 교사가 일방적인 학습지도로써 가르치는 것이 아니라 학습자가 자신의 적극적인 탐구 활동으로써 지식의 구조에 해당하는 개념과 원리 및 탐구 방법론을 발견적으로 습득해 나가는 것이 발견학습의 의도라고 할 수 있다(진영은, 2003: 197).

발견학습은 첫째, 새로운 지식을 획득하는 과정, 둘째, 획득한 지식을 새로운 문제사태에 들어맞도록 조직하는 변형의 과정, 셋째, 지식을 다룬 방법이 그 문제사태에 비추어 적합한가를 점검하는 평가의 과정으로 이루어진다. 이러한 과정은 ① 탐구 문제의 제기, ② 현상을 설명하는 가설의 설정, ③ 가설의 체계적 검증, ④ 탐구 결과의 해석과 적용의 네 단계로 구체화될 수 있다. 발견학습에서는 학습자가 문제를 분석하고 가설을 설정하여 그것을 체계적으로 검증하는 작업에 초점을 두고 진행하는 것을 강조한다(진영은, 2003: 197-198).

발견학습에서는 문제를 해결하기 위한 학습자의 적극적인 사고 활동을 강조한다. 브루너는 학습에 영향을 주는 학습자의 사고활동을 분석적 사고와 직관적 사고의 두 가지 유형으로 구분하고, 직관적 사고가 발견학습에 결정적인 작용을 한다고 설명한다. 첫째, 분석적 사고는 학습 내용을 이해하고 습득하는 데 중핵적인 작용을 하는 것으로서, 연역적 추리와 귀납적 논증이 여기에 해당된다. 즉, 연역적 추리와 귀납적 논증은 학습 내용을 완전하게 이해하는 데 핵심적인 방법론적 사고라고 할 수 있다. 둘째, 직관적 사고는 분석적 사고를 바탕으로 이루어지는 사고의 유형이다. 직관적 사고란 문제 해결에 결정적으로 작용하는 '통찰'에 해당된다. 우리가 어떤 문제를 골몰하여 탐구하다가(물론 이 과정에서는 그 문제에 대한 분석적 사고를 중점적으로 수행한다) 어느 단계에 그 해답을 한꺼번에 찾게 되는 '직관적 발견'의 순간에 작용하게 되는데, 이때 나타나는 사고가 통찰이요, 직관적 사고이다(진영은, 2003: 198).

이상에서 볼 수 있듯이, 발견학습은 직관적 사고를 바탕으로 학습문제를 해결해 나가는 학습 유형에 해당된다. 전통적인 학습장면에서는 지식이 암기하고 훈련해야 하는 외적 대상으로서의 '정답'으로 개념화된다. 그러나 발견학습에서는 지식을 본질적으로 문제의 성격을 갖는 '탐구와 발견의 과정'으로 개념화하며 또한 그 탐구와 발견의 과정에서 얻게 되는 타당성과 합리성을 갖는 '해답'으로 개념화한다. 말하자면, 발견학습은 탐구와 발견의 과정을 본질로 간주하며, 학습자는 탐구와 발견의 학습 과정을 통해서 '문제해결능력'으로서의 학문적 탐구능력을 체득하게 된다(진영은, 2003: 198).

## 요약

'교육과정과 지식'에서는 교육과정 개발과 실행에 영향을 주는 교육과정의 철학적 기초, 지식과 교육과정, 교과와 교육과정, 학문과 교육과정에 대하여 살펴보았다. 교육과정의 철학적 기초에서는 존재론, 인식론, 가치론을 살펴보고, 이것이 교육과정에 주는 시사점을 살펴보았다. 지식과 교육과정에서는 지식의 성격을 명제적 지식과 방법적 지식으로 구분하여 살펴보았고, 오우크쇼트의 지식론, 즉 정보와 판단에 대하여 살펴보았다. 교과와 교육과정에서는 교과의 성격, 형식도야이론, 지식의 형식에 대하여 살펴보았다. 학문과 교육과정에서는 학문의 성격, 지식의 구조, 나선형 교육과정, 발견학습에 대하여 살펴보았다.

## 생각해 봅시다

1. 존재론, 인식론, 가치론을 설명하고, 이것이 교육 내용 선정에 어떠한 영향력을 미치는지에 대하여 토의해 봅시다.
2. 지식중심 교육과정의 장점과 단점에 대하여 토의하고, 지식중심 교육과정의 장점을 유지하고 단점을 보완할 수 있는 방안에 대하여 토의해 봅시다.
3. 형식도야이론을 설명하고, 형식도야이론의 관점에 따라 교과의 도야적 가치에 대하여 토의해 봅시다.
4. 지식의 형식에 의하면 학교에서 가르치고 있는 교과는 그 자체로서 고유한 가치가 내재되어 있다고 간주한다. 특정 교과를 선택하고, 그 교과가 다른 교과와 구분되는 본질적이고 고유한 가치가 무엇인지에 대하여 토의해 봅시다.
5. 지식 구조의 의미를 설명하고, 국가 교육과정의 내용 체계와 어떻게 관련이 있는지 설명해 봅시다.
6. 발견학습의 장점과 단점에 대하여 토의하고, 발견학습이 성공적으로 이루어지기 위한 방안에 대하여 토의해 봅시다.

# 04 Chapter 교육과정과 학습자

**학습내용**

1. 교육과정의 심리학적 기초
2. 듀이(Dewey)의 경험과 교육과정
3. 슈타이너(Steiner)의 인지학적 인간론과 교육과정
4. 학습자중심 교육과정

## 1 교육과정의 심리학적 기초

### 가. 발달이론

발달이론에서는 개인의 정신적, 정서적, 육체적인 성숙을 고려하여 교육과정과 수업을 설계하는 데 도움을 준다. 성숙은 점진적이고 단계적으로 진행된다. 대표적인 발달 이론가에는 레빈슨(Levinson)과 에릭슨(Erickson)이 있다. 학습자의 발달 수준을 고려하여 교육과정을 제공해야 한다. 발달이론이 교육과정과 수업에 주는 시사점은 다음과 같다(Syomwene, Kitainge, & Mwaka, 2013: 177-178).

첫째, 교육과정은 학습자의 인지발달 수준을 고려하여 구성한다. 교육과정은 학습자의 연령, 능력을 고려하여 학습자의 인지 수준과 일치시키는 것이 중요하다. 특히 교육과정은 학습자의 요구와 관심에 부합하는 것이 중요하다(Hewitt, 2006). 교육목적이 학습자의 인지적이고 정의적인 성장과 발달에 있기 때문에, 학습자의 심리 발달 단계를 고려하여 교육과정을 구성해야 한다. 둘째, 학습자 능력에 대한 개인차가 존재하기 때문에, 학습자의 수준을 고려하여 교육과정을 개발하여야 한다. 학습자마다 지적 성장의 비율이 다르다(Parkay & Hass, 2000). 따라서 학습자의 발달

수준을 고려하여 학습경험이 적절하게 제공되어야 한다. 셋째, 교육과정을 구성할 때는 모든 인간은 발달 단계를 거친다는 것을 이해하고 있어야 한다. 학생은 다양한 발달 단계를 거친다. 교사는 이러한 발달 단계를 반영하여 교육과정을 구성해야 한다. 넷째, 발달 단계에 따른 개인차를 존중하여 교육과정을 운영한다. 학습자마다 발달 속도의 개인차가 존재하기 때문에 같은 교실에 있는 학생들의 발달 단계가 상이할 수 있다. 따라서 학생들과 비교하기보다는 개별 학습자의 개인차를 존중하여 교육과정을 운영해야 한다. 다섯째, 교육과정 개발자와 교사는 발달 단계에 따른 학습자의 강점과 약점을 파악하고, 이에 기초하여 교육과정과 수업을 운영해야 한다. 교사는 학생의 발달 과정에서 발생할 수 있는 문제를 지도할 수 있는 능력을 갖추고 있어야 한다.

## 나. 행동주의 학습이론

행동주의 학습이론의 대표적인 학자는 손다이크(Thorndike), 스키너(Skinner), 파블로프(Pavlov) 등이다. 행동주의(Behaviorism)에서는 행동, 사고, 감정 등을 포함하여 유기체가 하는 모든 일을 행동으로 간주한다(Ornstein & Hunkins, 1998; Parkay & Hass, 2000). 행동주의 학습이론에서는 학습을 행동의 변화 또는 수정으로 간주한다. 따라서 행동주의에서는 학습자의 적극적인 참여 및 강화와 보상을 강조한다. 행동주의에서는 환경의 영향을 받아 학습이 이루어진다고 가정한다. 교육과정과 수업을 설계하고 운영하는 데 있어서 행동주의 학습이론은 다음과 같은 시사점을 제공한다(Syomwene, Kitainge, & Mwaka, 2013: 174-176).

① 연습은 학습과 파지를 향상한다. 학습은 환경과 자극의 반복적인 연합과 연결에 의하여 이루어진다(Thorndike, 1931). 학습자는 관찰과 반복 연습을 통하여 개념을 학습한다. 학교에서는 역할극, 실험, 시범 등과 같이 행동에 기반한 교수·학습 방법을 중시한다.

② 학습 준비도를 고려해야 한다. 준비도란 학습할 수 있는 능력과 의지를 의미한다. 학생들은 감정적으로, 육체적으로, 지적으로, 경험적으로 학습할 준비

가 되어 있어야 한다. 한편, 질병, 신체적, 정신적, 사회적 장애와 같은 결함은 준비도에 영향을 미친다. 따라서 교사는 교육과정과 수업을 계획하기 이전에 학습자의 준비도를 확인하고 알고 있어야 한다(Kochhar, 1992). 또한 교사는 학생들의 건강 상태를 지속적으로 확인하고, 학생의 장애 여부를 판단할 수 있는 특수교육에 대한 소양이 있어야 한다. 특수교육대상자와 일반 학생의 통합교육 상황에서는 이에 대한 지식과 소양이 특히 중요하다.

③ 학습은 단순한 행동에서 복잡한 행동으로, 부분에서 전체 행동으로 진행된다. 행동주의자들은 교과의 계열성을 고려하여 학습경험을 제공함으로써, 학습자들의 성공 경험의 기회를 제공해야 한다고 주장한다. 교사는 학생들에게 난이도를 고려하여 과제 제시 순서를 결정하고, 단계별로 학습과제를 제공해야 한다(Kochhar, 1992). 교사는 또한 부분에서 전체로 가르쳐야 한다. 학생이 새롭게 배운 내용은 이전 경험과 연결될 수 있게 교육과정을 조직해야 한다.

④ 교육목표는 구체적으로 사전에 진술되어야 한다. 교육목표는 교육의 방향성을 제공한다는 점에서 매우 중요하다. 블룸 등(Bloom et al., 1956)은 교육목표분류학을 인지적, 정의적, 심동적 차원으로 제시하였다. 학생의 학습성과에 대한 교육목표를 종합적으로 진술할 때 교육목표분류학이 유용하게 활용될 수 있다. 교육목표는 기대되는 학습성과를 진술한 것이다. 교육목표는 구체적이고, 측정 가능하며, 시간제한이 포함되고, 달성 가능하며, 현실적으로 진술되어야 한다.

⑤ 강화는 교수·학습 과정에서 필수적이다. 행동주의자들은 긍정적이든 부정적이든 강화가 학습 과정에 필수적이라고 주장한다. 학생들에게 원치 않는 행동을 끝내기 위해 부적 강화물을 사용하고, 원하는 행동을 강화하기 위해 정적 강화물을 사용한다. 강화물은 새로운 기술을 가르치는 데에도 사용될 수 있다. 즐거운 경험(예: 보상이나 칭찬)은 긍정적 강화물로 작용한다. 따라서 학습자가 자극과 반응 사이에 긍정적인 결과를 얻을 수 있도록 연결하는 것이 중요하다. 한편, 불쾌한 경험(예: 처벌)은 부정적인 강화물에 해당한다. 이것은 바

람직하지 않은 반응을 피하게 한다. 또한 지속적인 강화는 학습 속도를 증가시킨다. 교사는 칭찬을 통하여 학습자를 강화시킬 수 있다(Ornstein, Behar-Horenstein, & Pajak, 2003; Wiles, 2005). 교사는 학습 과정에서 학생들의 긍정적인 반응을 촉진하기 위한 보상 계획을 수립해야 한다. 보상은 올바른 응답을 유지할 가능성을 높여준다(Kochhar, 1992). 특히, 강화는 애정과 소속의 욕구와 존중의 욕구가 강한 학습자에게 효과적이다. 교육과정 개발자와 교사는 학습 과제를 작은 단위로 구분하고, 정기적으로 피드백과 격려(강화)를 제공하며, 보상은 늘리고 처벌은 줄여야 한다.

⑥ 태도는 학습에 영향을 끼친다. 태도란 개인이 어떤 것에 대해 갖는 경향성을 의미한다(Kochhar, 1992). 어떤 것을 좋아한다는 점에서는 긍정적일 수도 있고, 어떤 것을 싫어한다는 점에서는 부정적일 수도 있다. 학생의 수업준비는 학교와 학교 과목에 대한 태도에 영향을 받는다. 학생들이 학교나 학교 과목에 대해 긍정적인 태도를 형성하면, 시간과 노력에 최선을 기울일 것이다. 한편, 학교와 학교 과목에 대해 교사의 긍정적인 태도는 학생들에게 이러한 긍정적인 태도를 전달하는 역할을 한다. 따라서 교사는 학생들에게 학교와 학교 과목의 중요성에 대해 이야기해야 한다. 학생들이 수업 시간에 최선을 다하도록 격려해야 한다. 학습자가 내용을 명확하게 이해할 수 있는 수업 방법을 적용할 필요가 있다. 왜냐하면, 학생들이 교육과정 내용을 이해하지 못할 경우, 학생들은 실패와 좌절감을 경험하게 되어, 학습에 부정적인 태도를 형성할 수 있기 때문이다.

## 다. 인지주의 학습이론

인지주의 학습이론에서는 인지 또는 아는 것과 관련된 질문을 탐구한다. 인지주의 학습이론에서는 개인이 정보를 처리하는 방법과 사고를 모니터링하고 관리하는 방법을 탐구한다. 인지주의 학습이론에서는 학습을 조직하고 해석하는 논리적 방법의 구성을 강조한다. 학습은 성찰적 사고, 창의적 사고, 직관적 사고, 발견 학습 등과 같은 실천으로 발생한다. 인지주의 학습이론에 대한 대표적인 학자는 피아제(Piaget), 듀이(Dewey), 비고츠키(Vygotsky) 등이 있다(Syomwene, Kitainge, & Mwaka, 2013: 176-177).

앤더슨(Anderson, 1985)은 인지주의 학습이론 패러다임에 기초하여 교수·학습의 특성을 다음과 같이 가정하였다. 첫째, 학습은 능동적인 과정이다. 둘째, 학생들은 여러 가지 반응 패턴을 탐구하고 그중에서 자신이 선호하는 반응을 선택한다. 셋째, 학습은 내적 보상의 과정이다. 넷째, 지식은 정보를 획득하는 것이다. 다섯째, 이해는 새로운 패턴을 창조하는 것이다. 여섯째, 학생은 학습한 것을 적용하는 과정에서 문제와 문제와의 관계를 탐색하게 된다. 일곱째, 학생은 자신의 학습을 스스로 관리한다.

피아제(Piaget, 1985)는 감각 운동기, 전조작기, 구체적 조작기, 형식적 조작기라는 4단계에 따라서 인지가 발달한다고 가정한다. 이것은 인지 능력의 질적 차이를 반영한다. 학습자가 특정 발달 단계에 도달하지 못하면 이와 관련된 핵심 인지 과제를 배울 수 없다. 피아제에 의하면, 학습은 상호작용적이고 새로운 정보가 학습자의 인지 구조에 맞게 변형되어 새로운 정보를 수용하도록 수정된다(Piaget, 1985). 이러한 인지 과정은 동화, 조절, 평형화에 따라서 이루어진다. 첫째, 동화는 학습자가 배경지식이나 이전 경험에 기초하여 새로운 대상이나 사건을 인식할 때 발생한다. 이것은 새로운 정보를 기존의 인지 구조에 맞추는 과정이다. 둘째, 조절은 학습자가 새로운 경험한 것을 설명할 때, 배경지식이나 이전 경험을 수정할 때 발생한다. 이것은 새로운 정보에 기초하여 인지 구조를 수정하는 과정을 의미한다. 셋째, 평형화는 동화와 조절을 통하여 완성된다. 이상에서 살펴본 인지주의 학습이론은 교육과정과 수업에 다음과 같은 영향을 끼친다(Syomwene, Kitainge, & Mwaka, 2013: 177).

① 학습자가 교수·학습의 상황에서 적극적인 참여를 보장하도록 교육과정을 설계해야 한다. 왜냐하면, 지식은 행동을 통해 습득하며 사고는 행동에 기반하여 형성되기 때문이다. 따라서 학생이 학습활동에 참여하여 학습과제를 완성할 수 있는 학습환경을 제공해야 한다. 또한 교육과정은 학습자의 자기

발견과 놀이의 기회를 허용해야 한다. 학습자가 의미 생성 과정에 참여하는 것이 중요하다(Ornstein & Hunkins, 1998). 학생들이 정보를 수동적으로 받아들이기보다는 적극적인 사고를 통해 내면화하고 재구성할 수 있는 환경을 제공해야 한다.

② 부모, 교사, 자신보다 유능한 동료와의 상호작용은 인지발달의 중요한 원천으로 작용한다. 아이들이 자기중심적인 사고를 뛰어넘기 위해서는 이들과의 상호작용이 필수적으로 이루어져야 한다. 따라서 학생들은 동료, 부모, 교사와 상호작용할 수 있는 기회를 가져야 한다. 비고츠키(Vygotsky, 1978)에 의하면, 학습은 학생과 교사와의 상호작용에 의하여 발생한다. 그러므로 교사와 학생은 교수·학습 과정에서 서로 협력해야 하며, 교육과정은 학습자, 교사, 동료 등과의 상호작용을 고려하여 설계되어야 한다. 이와 관련된 교수방법으로는 토의, 논쟁, 놀이, 게임 등이 있다.

③ 학습자가 인지 갈등과 불일치를 경험할 수 있는 교수방법을 적용해야 한다. 인지주의 학습이론에 따르면, 아이들이 다음 단계로 발달하기 위해서는 불균형을 경험해야 한다고 주장한다. 새롭게 배운 내용은 과거의 경험과 지식에 연결되어야 한다(Parkay & Hass, 2000). 학습자의 선행 지식은 수업의 출발점이 되어야 한다. 선행 지식은 현재 지식과 새로운 지식을 형성하는 데 중요한 영향을 미치기 때문이다.

## 라. 인본주의 학습이론

인본주의 학습이론에서는 학습자의 자아실현을 강조한다(Hewitt, 2006). 인본주의 학습이론의 대표적인 학자는 매슬로(Maslow)와 로저스(Rogers)이다. 매슬로의 욕구단계설의 주요 특징은 다음과 같다(Ornstein & Hunkins, 1998: 125). 첫째, 기본적인 생리적 욕구란 음식, 수면, 물과 같이 생명을 유지하는 데 필요한 욕구이다. 둘째, 안전의 욕구는 일상생활과 위험 회피에 필요한 욕구이다. 셋째, 애정과 소속의 욕구는 집단에 소속되어 애정을 주고받고 싶은 욕구이다. 넷째, 존중의 욕구는 타인으로부터 가치 있는 사람으로 인정받는 것과 관련된 욕구이다. 다섯째, 학업적 욕구는 지적 관계를 배우고 조직하려는 것과 같이 제한된 지능을 가진 사람보다 높은 지능을 가진 사람에게 더 분명하다. 여섯째, 자아실현 욕구는 자신의 잠재력을 최대한 개발하기 위해 자신의 역량이 최고로 발휘하는 것과 관련된 욕구이다.

이러한 요구는 교육 및 학습에 분명한 영향을 미친다. 애정과 소속의 욕구 또는 존중의 욕구와 같이 기본적인 욕구가 충족되지 않은 학생은 지식을 습득하는 데 관심이 없을 수도 있다. 왜냐하면 애정과 소속의 욕구와 존중의 요구는 학업적 요구에 비하여 우선시되기 때문이다. 매슬로의 관점에서 보면 학업적 욕구는 본질적이다. 인본주의 학습이론에서 도출되는 교육과정과 수업 원리는 다음과 같다(Syomwene, Kitainge, & Mwaka, 2013: 178-179).

① 학습자는 다양한 요구를 가지고 있다. 매슬로의 욕구단계설은 교육과정을 설계할 때 다음과 같은 시사점을 준다. 첫째, 기본적인 생리적 욕구를 충족시키기 위해서는 학생들이 잘 먹고, 잘 수 있고, 신체적으로 편안하고, 좋은 좌석 배치, 실내 온도 등을 고려하여 학습환경을 조성해야 한다. 둘째, 안전의 욕구를 충족시키기 위하여, 학생들이 자유롭게 참여하고, 잘못된 답변에 대해서는 그 부분에 대하여 충분히 알려주어야 한다. 셋째, 애정과 소속의 욕구를 충족시키기 위해서는 학생들은 교사, 동료, 부모의 인정이 필요하고, 학생들의 아이디어와 노력을 인정해 주어야 한다. 넷째, 존중의 욕구를 충족시키기 위해서는 학생들에게 수행할 역할을 부여하고 그들이 역할을 올바르게 수행하도록 신뢰하고 격려함으로써 학생들의 자존감을 향상시켜야 한다. 다섯째, 학업적 욕구를 충족시키기 위해서는 학생들이 학업을 발전시키려는 관심이나 새로운 것을 배우는 데 대한 일반적인 관심을 갖도록 한다. 여섯째, 자기실현 요구를 충족시키기 위해서는 학습의 기쁨을 경험할 수 있는 기회를 제공해야 한다.

② 교육과정은 학교 내외에서 모두 유용하게 사용될 수 있는 지식, 기능, 가치로 구성되어야 한다(Parkay & Hass, 2000). 학생의 흥미를 고려한 학습경험은 학생들의 학습참여를 향상시키고 열정적으로 학교생활을 하는 데 기여한다

(Henson, 2001; Parkay & Hass, 2000; Shiundu & Omulando, 1992).

③ 교육의 목적은 역량, 돌봄, 사랑, 사랑하는 사람을 육성해야 한다. 성인과 마찬가지로 학습자도 관심과 열망을 가지고 있다. 학습자의 관심과 열망은 교육과정 구조와 내용을 결정하는 중요한 요소이므로 학습 효과에 영향을 미친다. 학습자의 관심과 열망의 변화에 이해는 창의성과 개성을 개발하는 데 기여한다(Shiundu & Omulando, 1992).

④ 인본주의 학습이론은 지, 정, 행의 통합을 중시한다(Kochhar, 1992). 학습은 온정적, 친화적, 민주적이어야 하며, 교사와 상호작용이 발생해야 한다. 엄격한 평가는 최소화된다. 자유로운 학습 분위기가 강조된다.

⑤ 학습자의 자아개념과 자존감은 학습에 있어서 필수적인 요소이다. 인본주의 학습이론에서는 학습자의 잠재력 개발에 관심이 있다. 학습자의 긴장 상태는 준비도에 영향을 끼친다(Shiundu & Omulando, 1992). 학습자의 자아개념과 자존감을 높이려면 동기 부여가 필수적이다. 동기란 개인이 일을 수행하면서 느끼거나 보여주는 원동력이다. 동기가 부여된다는 것은 어떤 일을 하도록 움직이는 것을 의미한다. 동기가 부여된 사람들은 그렇지 않은 사람에 비하여 일이 끝날 때까지 활력이 넘치고 활성화되는 경향이 있다. 학생들에게 자신감을 형성할 수 있도록 학습환경을 조성하고(Henson, 2001: 271), 학습자가 스스로 문제를 찾고 해결할 수 있는 자기주도적인 학습자가 될 수 있도록 교육과정을 구성해야 한다(Gabler, Schroeder, & Curtis, 2003).

## 2 듀이(Dewey)의 경험과 교육과정

### 가. 교육적 경험의 두 원리: 계속성과 상호작용

듀이는 교육을 경험의 끊임없는 재조직, 변형의 과정으로 개념화한다. 듀이는 성장의 관점에서 교육적 경험과 비교육적 경험을 구분한다. 교육적 경험을 성장을 위한 경험으로 규정하고, 이와 반대되는 것을 비교육적인 경험으로 규정하였다. 비교육적인 경험이란 경험의 계속적인 성장을 저해하거나 성장 방향을 왜곡시키는 경험이다(Dewey, 1938: 108). 듀이는 이러한 교육적 경험의 판단 준거로 계속성과 상호작용의 원리를 제시하였다(박수원, 2023: 41-48).

첫째, 계속성의 원리란 이전 경험이 향후 경험에 영향을 미친다는 것을 의미한다. 경험은 구성 요소들의 계속적인 재구성 과정을 거치면 발전한다. 계속성의 원리란 과거의 경험을 수단화하여, 경험된 의미를 삶 속에 흡수하고, 현재의 경험을 확대해 가는 과정을 의미한다. 선행 경험과 후행 경험은 서로 '상호작용'하며 통합되기 때문에, 각각의 개별적 경험은 하나의 체계를 지닌 통일체를 이루게 된다(이돈희, 1992: 70-71).

둘째, 상호작용성의 원리란 경험이란 내적 및 외적 요소가 함께 작용하여 하나의 상황을 이룬다는 것을 의미한다. 경험 속에서는 내적이고 주관적인 요소와 외적이고 객관적인 요소가 함께 작용하고 있으며, 교육적 경험은 항상 두 가지 요소의 상호작용으로 이루어진다(Dewey, 1938: 137). 환경은 개인과 상호작용하여 그 개인이 하게 되는 경험에 영향을 미치는 모든 외적이거나 객관적인 조건에 해당한다. 환경과 상호작용하는 주관적이고 내적인 요소는 개인의 필요나 욕구, 목적, 능력 등이 있다(Dewey, 1938: 140). 개인과 환경의 두 가지 요소, 즉 내적 요소와 외적 요소의 상호작용을 하나의 전체로 생각할 때 경험은 비로소 '상황'(situation)이 된다. 경험은 내적이고 주관적인 요소와 외적이고 객관적인 요소가 함께 상호작용하는 '상황적인' 특성을 가진다(Dewey, 1938: 137). 한편, 개인과 환경의 상호작용 속에서 대립과 갈등이 일어난다. 이러한 대립과 갈등을 통해 변화와 해결, 균형이 이루어지고, 이 과정에서 질서가 생긴다. 이러한 과정에서 경험이 유발되고, 사고가 촉발된다(Dewey, 1934: 40).

이상에서 살펴본 것처럼, 계속성과 상호작용의 두 가지 원리는 경험의 종적 차원과 횡적 차원으로 작용하여, 서로 분리되지 않고 통합되어 있다는 특징이 있다. 경험의 성장은 연속적인 계열을 이루는 단위 경험들이 분열의 상태에 머물지 않고 상호작용을 통하여 통합되어 하나의 세계를 구성하는 과정이 된다(고영준, 2012: 39).

교육적 경험은 학습자의 내적 상태와 환경이라는 외적 상황이 상호 교섭하여 발생하는 상호작용의 경험이면서 동시에 현재의 경험이 과거 경험을 토대로 이루어지고, 앞으로 올 경험의 성장에 영향을 미칠 수 있는 계속성의 경험이라고 할 수 있다.

## 나. 교육의 목적: 반성적 주의력과 삶 그 자체에서 학습하려는 성향

교육과정으로서 경험 교육론의 교육목적은 '성장으로서의 교육'이라 할 수 있다. 듀이의 경험 교육론의 궁극적인 목적이 될 수 있는 성장을 보장해 주기 위해 필요한 조건은 '반성적 주의력 습득'과 '삶 그 자체에서 학습하려는 성향 습득'이다(박수원, 2023: 64-65).

첫째, 반성적 주의력은 사고 습관의 일종으로 반성적 사고가 습관화된 상태라 할 수 있다. 반성적 주의력에는 언제나 판단·추상·숙고가 내포한다. 반성적 주의력이란 아동이 어떤 문제에 대해 목적의식을 갖고, 그것을 탐구하고 해결할 수 있도록 자신의 행위와 심상을 통제할 수 있는 능력이라고 할 수 있다. 반성적 주의력을 습관화한 아동은 자신의 문제를 가지고 있고, 그 문제를 해결하기 위한 적절한 자료를 탐색하고 선택하는 일에 능동적으로 참여하며, 그 문제에서 요구하는 해결 방안을 숙고할 수 있게 된다(Dewey, 1916: 184). 반성적 주의력은 아동 자신의 삶의 문제에 직접적으로 참여하도록 지도함으로써 자연스럽게 갖게 되는 능력이며, 이러한 능력을 습관적으로 갖추었을 때 교육적 성장이 이루어질 수 있다(Dewey, 1916: 169).

둘째, 삶 그 자체에서 학습하려는 성향은 삶의 과정에서 지속적으로 학습해 나갈 수 있도록 조건을 만들어 나가는 성향이자 계속해서 배우려는 열망을 의미한다(Dewey, 1916: 107). 학교교육의 목적은 조직적으로 성장하는 힘을 길러 줌으로써 개인이 스스로 계속해 학습해 나갈 수 있도록 하는 데에 있다. 만약 어떤 학생이 공부에 대한 열망이 식어 버린다면, 삶의 과정에서 부딪치는 다양한 문제들을 탐구하고 해결할 수 있는 타고난 재능을 잃어버리는 것과 다르지 않다. 삶의 과정에서 계속적인 성장이 있기 위해서는 계속해서 배우려는 열망과 그런 삶의 태도가 기반이 되어야 한다. 모든 사람이 삶 그 자체에서 학습하려는 성향을 갖추도록 하는 것은 학교교육이 지향할 교육의 궁극적인 목표이자 성장으로서의 교육을 위한 조건이다(Dewey, 1938: 148).

## 다. 교육방법: 경험의 지적 탐구로서의 과학적 사고

사고는 우리가 하고자 하는 일과 그것에서 일어나는 결과 사이의 관련을 '구체적으로' 파악함으로써 서로가 연속적으로 이어지도록 하는 의도적 노력을 가리킨다(Dewey, 1916: 236). 사고는 우리의 경험 속에 담겨 있는 지적 요소를 드러내는 것이며, 우리가 목적을 가지고 행동하기 위해 반드시 갖추어야 할 조건이다(박수원, 2023: 74).

교육적 경험에서 사고는 필수 불가결하다. '사고는 경험 중에서 가장 귀중한 것'으로서, 가치 있는 경험, 즉 교육적 경험을 위해서는 반드시 사고가 필요하다. 사고가 겸비된 경험은 현재의 행동으로 발생하는 미래의 결과를 책임지고 받아들인다는 것을 의미한다. 교육은 사고를 통해 새로운 경험을 이어가는 과정이므로, 사고를 통한 경험이 곧 교육적 경험의 실제가 된다. 사고는 가치 있는 경험을 판단하는 수단이자 교육적 경험의 실제적 방법을 의미하며, 문제 인식, 상황 관찰, 잠정적 결론 형성, 논리적 정련, 능동적 실험에 의한 검증 등과 이성적 전개 과정을 거친 사고를 의미한다(Dewey, 1916: 245).

반성적 사고, 과학적 사고는 믿음을 확고한 근거 위에 확립하려는 자발적, 의식적 노력에 해당한다. 과학적 사고는 탐구를 목적으로 하는 사고로써, 특정 장소나 사물에 존재하는 사실에 근거하여 다른 사실이나 진리에 대한 가정을 세우고, 결론을 도출한다. 의식적 노력과 탐구 과정을 기반으로 하는 과학적 사고만이 진정으로 교육적 가치를 지니기 때문에, 교육적 경험의 방법으로 과학적 사고를 사용해야 한다(Dewey, 1916: 169). 과학적 사고는 ① 문제 확인, ② 문제 정의, ③ 가설 설정, ④ 가설의 정교화, ⑤ 가설 검증 및 결론 도출에 의하여 이루어진다(박수원, 2023:

77-78).

첫 번째 단계는 '문제 확인'이다. 사고의 기원은 혼란, 의심, 당혹감이다. 평형을 깨트리는 어려움은 수단이 목적에 맞지 않거나, 어떤 대상의 특성을 발견하거나, 예상치 않았던 사건을 설명하는 등의 당혹감이나 문제로 다가온다.

두 번째 단계는 '문제 정의'이다. 이 단계는 문제의 본질을 결정한다. 대체로 이 단계의 유무에 따라 과학적 사고와 그렇지 않은 사고의 차이가 생긴다. 이 단계에서는 성급하게 결론 내리는 것을 방지하기 위해 모든 상황에서 비슷한 조사와 진단이 요구된다. 판단의 유보는 문제를 해결하기 위한 시도하기 전에 문제의 본질을 결정하기 위한 탐구의 과정을 거침으로써 이루어진다.

세 번째 단계는 '가설 설정'이다. 주어진 문제의 본질이 결정되면 이에 대한 해결책에 대한 가설을 설정한다. 가설은 추론의 핵심으로서, 어떤 잠정적인 계획 혹은 문제 해결책에 대한 숙고 등이 해당된다. 가설의 원천은 과거의 경험과 기존의 지식이다. 대립 가설이 다양하게 있어야 최종 결론을 보류할 수 있다.

네 번째 단계는 '가설의 정교화'이다. 이 단계에서는 가설을 논증(reasoning)한다. 만약 가설이 즉시 받아들여진다면 탐구와 검증을 거치지 않은 무비판적 사고가 된다. 논증은 어떤 아이디어를 전개하면서 동떨어진 극단을 일괄된 전체로 통합시켜 주는 중재적인 혹은 중간적인 조건을 제공한다. 처음에는 막연하고 거친 가설도 정교화 과정을 거치면서 적절하고 생산적인 가설로 변형된다.

마지막 다섯 번째 단계는 '가설 검증과 결론 도출'이다. 결론 단계로 추정된 아이디어에 대한 일종의 실험적 검증 혹은 확증을 거친다. 과학적 사고는 가설을 발전시킬 새로운 증거나 자료를 찾고, 그 가설을 증명하거나 명백하게 만들 새로운 자료, 부가적인 증거를 탐색하는 과정이다. 마지막 단계에서는 가설에 의해 예측된 이론적 결과가 실제로 일어나는지를 확인한다. 만일 실험 결과가 이론적으로 혹은 연역적으로 추론된 결과와 일치하거나, 반증하는 사실이 나타나기 전까지는 처음에 설정한 가설로 결론을 도출할 수 있다.

### 라. 교육 내용: 논리와 심리를 통한 교과 학습 및 사고와 흥미의 유기성

듀이는 논리와 심리를 통한 교과 학습, 사고와 흥미의 유기성을 강조하였다. 먼저 듀이는 교육이 기본적으로 아동과 교과 사이의 상호작용으로 이루어진다고 가정한다(박수원, 2023: 89). 상호작용해야 하는 아동과 교과는 근본적으로 세 가지 지점에서 대립한다(Dewey, 1902: 37). 첫째, 시공간의 범위에 있어 아동의 세계는 자신이 직접 경험한 것에 한정되기에 매우 좁다. 이에 반해 교과는 과거 경험의 산물이기에 그 시간적, 공간적 범위가 매우 넓다. 둘째, 아동의 세계는 자신의 관심을 중심으로 묶여 있으므로 그 자체로 일정한 통일성을 이루고 있다. 반면 교과는 세부적이고 구체적으로 분리되어 있다. 셋째, 아동의 세계를 통일성 있게 묶어주는 것은 감정적이고 실제적인 유대이지만, 교과는 논리적으로 구성된 추상적인 지식으로 이루어져 있다. 아동과 교과의 이러한 차이로 인해, 두 요소를 분리하고 둘 중 어느 한 측면에 경도된 교육관이 등장한다. 대립하는 두 지점 중 하나만을 선택함으로써 다른 하나를 인정하지 못하고 외면하여 서로 충돌할 수밖에 없는 교육관들이 나타나기도 한다.

교육의 기본 요소인 아동과 교과가 서로 다른 성격을 지니고 있지만, 교육은 이 둘 간의 상호작용으로 이루어진다. 따라서 이들의 성격을 각각 이해하고, 둘 간의 상호작용을 파악하는 것이 중요하다. 아동의 경험과 교과는 전혀 다른 '종류상'의 차이가 아니라, 서로 연속선상에 있는 '정도상'의 차이라고 할 수 있다(Dewey, 1902: 43). 아동의 경험은 살아 움직이고, 흐르는 물처럼 끊임없이 변화하며, 새싹처럼 앞으로 성장할 가능성을 내포하고 있다. 교과는 인류가 역사를 통하여 고군분투하여 성취한 모든 결과를 축적해 놓은 경험의 총체적 산물이다. 교과는 서로 분리된 단편적인 사실들을 아무런 체계 없이 쌓아 놓은 것이 아니라, 체계적이고 조직적인 방식으로 정리하여 놓은 것이다. 그래서 교과는 아동의 경험을 안내하고 지도하는 지침이며, 아동의 경험이 앞으로 발달해 나가게 될 가능성이 될 수 있다. 그렇기 때문에 아동과 교육과정은 서로 다른 종류가 아니라, 아동의 경험과 인류 전체 경험의 집합체인 교과가 동일한 경험의 정도상의 차이만 있는 것으로 인식되어야 한다(Dewey, 1902: 43-44).

교육은 서로 연속선상에 있는 아동의 현재 경험이 인류 전체 경험의 총체적 산물인 교과로 나아가는 계속적인 재구성 과정이다. 교육을 통해 아동의 경험이 교과라는 조직된 지식의 체계로 재구성될 수 있는 이유는 아동이 가진 성격 때문이다. 아동은 삶의 경험을 통해 교과라고 불리는 조직된 지식의 체계로 움직여 가면서 점차 성장하게 된다. 이것을 '논리와 심리의 양면성'이라고 한다. 아동이 교과로 움직여 가는 과정은 아동의 경험이 논리화되고, 교과가 아동에게 심리화 되는 과정을 의미한다. 이 두 가지는 서로 다른 것이 아니며, 교육적 경험이 이뤄지는 장면의 서로 다른 두 측면을 보여준다(박수원, 2023: 91-93).

듀이는 경험을 논리적(logical) 측면과 심리적(psychological) 측면으로 구분하여 구체적으로 설명한다. 논리(logic)는 주어진 조건에서 최선의 결과를 얻을 수 있도록 이루어지는 체계적인 주의를 의미한다. 논리는 전문 기술(expert skill)로서의 인위적 사고나 의식적인 수련을 통해 얻게 된 최상의 사고를 의미하는 반성적 사고와 동의어이다. 논리는 세심한 성찰이나 철저함의 의미가 담겨 있다. 세심한 성찰은 주제가 지닌 중요한 모든 것이 살펴지도록 주제를 여러 측면에서 여러 관점에서 살펴보는 것을 의미하고, 철저함은 주제에 대해 주의와 정성을 기울이는 것을 의미한다(Dewey, 1910: 66). 경험을 논리적 측면에서 체계화한 것이 교과이고, 그 교과를 학습자가 실제적으로 경험해 가는 과정이 심리이다. 교과는 유목적적인 사태의 전개 속에서 관찰되고 회상되는 사실들이나 글이나 말을 통하여 전달되는 아이디어들로 구성된다. 교과가 결코 완벽하거나 절대적인 지혜를 담고 있는 것은 아니지만, 경험의 새로운 발전을 이루기 위하여 우리가 활용할 수 있는 최선의 것이다(Dewey, 1916: 287). 학습자의 경험 안에서 교과가 성장하는 과정은 다음과 같다(Dewey, 1916: 290-192). 첫 번째 단계에서는 친숙한 사물에 대한 직접적인 인식이 일어난다. 이 단계에서 지식은 지적인 능력이 적용될 대상 또는 내용에 대한 친숙성이나 직접적인 인식을 가리킨다. 두 번째 단계에서는 언어화된 지식이나 정보를 통하여 점차 의미가 깊고 풍부해진다. 마지막 세 번째 단계에서는 의미를 더욱 확장하고 논리적으로 조직하여 자료에 관한 전문가의 지식이 된다. 학습자의 경험 속에서 교과가 성장하는 이상의 세 과정은 경험이 논리화되어 가는 과정과 동일하다(Dewey, 1938: 192).

아동의 경험을 논리화하기 위해서는 아동의 흥미를 기반으로 교과를 '심리화' 하여야 한다. 논리적으로 조직된 교과는 '교육자의 교과'이지만, 심리적으로 조직된 교과는 '학습자의 교과'이다(김재춘, 2005: 5). 논리화된 교육자의 교과를 학습자의 교과로 재구성하는 것이 바로 '교과의 심리화'이다(김재춘, 2005: 5). 학습자의 경험에서 시작하여 거기서부터 전문가의 처리 방식으로 발달해 나가는 발달적 방법을 전문가의 '논리적 방법'에 대비하여 '심리적 방법'이라고 부른다(Dewey, 1916: 335).

듀이는 경험을 논리적 측면으로 체계화한 교과와 그 교과를 학습자가 실제적으로 경험해 가는 과정인 심리적 측면을 '완성된 지도'와 '탐험가의 메모'로 비유하였다(Dewey, 1902: 56-60). 지도는 이전의 탐험가들의 숱한 메모를 요약한 것이며 일관된 관점에 따라 질서정연하게 정리해 놓은 것으로서 논리적으로 체계화한 교육내용이자 교과라 할 수 있다. 그것은 탐험가에게 방향을 제시해 주며, 앞으로 다가올 경험을 위한 안내서이자 지침서가 된다. 탐험가는 안내서와 지침서를 바탕으로 자신의 여행을 해나가며 자신과 후대를 위해 새로운 메모를 남겨간다. 선대의 경험적 유산을 질서정연하게 정리해 놓은 교과는 학습자의 직접 경험의 방향을 제시해 줄 수 있는 안내서이자 지침서이다. 교과는 그 자체로서 목적이 아니라 새로운 경험을 위한 수단이자 도구가 된다. 따라서 교과를 구성하고 있는 내용들은 다시 경험으로 되돌릴 필요가 있다. 그것들은 원래 직접적인 경험들로부터 이론화된 것이기 때문에 경험의 영역으로 되돌아갈 때 올바른 의미를 띠게 된다. 교육 내용이 학습자의 직접적이고 구체적인 경험과의 관련 속에서 이해되고 해석되어야 한다는 개념을 듀이는 '교과의 심리화'라 명명한다.

교과의 심리화는 교육 내용이 학습자의 행동 경향성이나 현재 활동과 관련을 맺는다는 의미이다(Dewey, 1902: 65). 듀이는 교과가 심리화 되지 못할 때, 세 가지 교육적 문제에 직면하게 된다고 경고한다. 첫째, 아동의 삶과 관련 맺지 못한 교육 내용은 아동에게 순전히 상징적이고 추상적인 것으로만 보이게 된다. 교과는 과거 경험의 산물이다. 그것은 오늘날의 입장에서 보면 영원불변한 고정된 삶의 경험이 아니라 상황적 조건이 충족될 경우에만 경험될 수 있는 삶의 가능성일 뿐이다. 상징적이고 추상적인 교육 내용의 가치는 개개의 경험이나 사건이나 진실을 발견하고 표현하는 수단과 방법이 되고, 아직 탐구되지 않은 더 넓은 영역에 이르기까지 보다 확실한 앎을 가져다준다는 데 있다(Dewey, 1902: 64).

둘째, 교육 내용이 학생의 활동과는 아무 관계없이 외부에서 주어질 경우, 그 내용을 배우려는 학생의 학습동기가 결핍되게 된다. 학생들이 마음속에 품고 있는 흥미와 주어진 교육 내용 간에 긴밀한 상호 관련을 맺을 때 비로소 삶과 관련된 생생한 수업이 이루어진다. 교과가 심리화 된다면, 교사들은 지적, 윤리적, 정서적으로 교육 내용을 제대로 가르치기 위한 문제가 무엇인지 쉽게 파악할 수 있을 것이다. 그리고 파악한 문제를 극복하기 위해 교육 내용을 구체적으로 어떻게 다룰지 판단할 수 있을 것이다. 반대로 학습자들은 배워야 할 교육 내용의 분명한 목적의식을 갖게 되고, 자신의 목적을 달성하는 데 필요한 수단을 강구하기 위하여 능동적이며 자율적으로 노력하게 될 것이다(Dewey, 1902: 65-66).

셋째, 교과의 논리적인 특성만을 지나치게 강조할 경우, 실제 가르치는 현장에서 교과가 원래 가지고 있는 학문적 탐구의 성격이 그대로 유지될 수 없다. 학자들은 현상에 대한 탐구와 탐구된 사실로부터 논리적으로 이끌어 낸 결론과 같이 학문 본연의 성격을 가장 가치 있게 여기기 마련이다. 그런데, 교육 내용에 나타난 추상화된 상징 그 자체를 교육의 대상으로 삼는다면 학문의 핵심적인 가치들이 모두 생략되거나 사라져 버릴 수 있다. 학자들이 탐구 과정에서 보여주는 독창적이면서 자유로운 사고 과정은 현재 활동이나 행동 경향성과의 연결을 통해 이루어질 수 있다. 이는 학문을 탐구하는 학자나 교과를 공부하는 학습자 모두에게 공통적으로 적용된다(Dewey, 1902: 66).

## 3 슈타이너(Steiner)의 인지학적 인간론과 교육과정

### 가. 슈타이너는 인지학적 인간론

슈타이너는 인지주의 중심의 지식 위주 교육이 인간성 상실 문제와 비인간화 문제, 물질중심주의에 의한 유물론적 가치관, 개인주의 팽배 등의 현상을 초래했다고 비판하고, '인간 본성에 대한 올바른 인식'을 위해서 전인교육이 필요하다고 주장하였다. 이러한 전인교육을 실천하기 위하여 슈타이너는 인지학을 제시하였다(우창옥, 2017: 54).

슈타이너의 인지학은 인간 본성의 본질을 밝히려는 인간과 세계를 이해하는 하나의 방식이다. 인지학은 인간이 자신의 인간성을 의식하도록 '인간 영혼에게 지혜를 부여하는 것'을 의미한다. 인지학에서는 인간을 신체, 영혼, 정신의 삼원적 본질 구조로 이해한다. 삼원적 본질 중 신체는 광물, 식물, 동물 등과 같이 지각이 가능한 인간의 몸을 의미하며, 영혼은 물질적인 부분 이외의 것으로 의지·감정·사고의 활동을 하는 영역이며, 정신은 마음을 조정, 통제할 수 있는 초자연적인 영역이다. 인지학에서는 인간을 신체, 영혼, 정신 이 세 가지 본질의 통합체라고 간주한다(전일균, 2002: 172).

삼원적 본질 구조는 〈표 4-1〉과 같이 네 가지의 구성체 '물리적 신체', '에테르체'(생명체), '아스트랄체'(감정체), '자아체'로 조직된다. 물리적 신체는 눈에 보이는 것으로 물질로 이루어진 생명력이 없는 광물계의 성질을 가지고 있으며 인간이 죽게 되면 인간은 광물과 똑같은 상태가 된다. 에테르체(생명체)는 물질체를 구성하고 있는 광물적 내용물에 분명한 형태와 모습을 부여함으로써 그것의 효과를 파악할 수 있는 '어떤 것'을 뜻한다. 유기체로 하여금 하나의 개체로서 자립시키는 것을 생명체라고 할 수 있으며 에테르체의 힘이 신체를 떠나면 물질로 이루어진 신체는 죽음에 이르러 분해된다. 아스트랄체(감정체)는 고통, 쾌락, 충동, 열망 등의 감각·감정의 전달자로 생각하는 것, 느끼는 것, 의지하는 것 등 내적 체험이며 이것은 앞의 물질체나 에테르체와는 한 단계 수준 높은 차원인 것이다. 자아체는 인간에게만 존재하는 인간 고유의 것으로, 인간에게 있어 자아의 존재와 작용은 '나'라는 명칭을 통해 표현되며 우주 안에서 여타의 모든 것으로부터 구분하는 역할을 한다. 자아는 계속적인 윤회를 통해 진화하는 존재로서 개개인의 개체성을 나타내며 인간 영혼의 핵심이다(강상희, 2003: 113-118).

〈표 4-1〉 인간의 본질을 이루는 네 가지 특성(출처: 우창옥, 2017: 62)

| 물리적 신체 | 생명체(에테르체) | 감정체(아스트랄체) | 자아체 |
|---|---|---|---|
| 광물적 물질 | 생명이 있는 존재(식물, 동물, 인간) | 감정을 표현하는 존재(동물, 인간) | 내적 체험과 제어, 독립성, 자기의식을 갖는 존재(인간) |

## 나. 인간의 발달 단계

인지학적 인간론에 의하면, 인간의 가치와 자유는 인간 안에 있는 다양한 소질과 능력을 개별적으로 발달시킬 때 발전하며 모든 교육과 수업은 인간 발달의 조건에 따라 이루어진다. 슈타이너는 인간의 발달 단계에서 교육을 서두르게 되면 제대로 된 발달이 이루어지지 않는다는 의미로서 '탄생'(Geburt)이라는 용어를 사용하였다(정혜영, 1997: 9). 인간이 태어나는 과정에서 조산하게 된다면 육체나 정신이 미숙한 상태로 세상에 나오게 된다. 슈타이너는 인간의 본질을 이루는 네 가지 구성체들이 인간의 내부에 존재하다가 특정 시기에 연속적으로 나타난다고 가정하였다. 그 시기는 출생, 7세, 14세, 21세 무렵이다. 사람은 이러한 단계를 거치면서 출생에서 처음 7년간은 신체, 7세에서 14세 동안은 에테르체, 14세에서 21세 동안은 아스트랄체가 두드러지게 발달한다. 21세가 되면 비로소 자아는 아스트랄체로부터 자유로워져 나머지 세 구성체에 영향을 미치게 된다. 인지학적 인간론에 의한 발달 단계에 맞춘 교육 단계는 〈표 4-2〉와 같다.

〈표 4-2〉 인간의 발달을 통해 본 교육 단계(출처: 우창옥, 2017: 63)

| 탄생 시기 | 구분 | 보호막 | 특징 | 체험 | 교육 내용 |
|---|---|---|---|---|---|
| 출생–7세 | 생명체 (의지) | 물리적 신체 | 물리적 세계의 환경과 직접적 관계 맺는 시기 | 감각 체험 | 신체와 오감을 통해 환경에 동화시키고 모방으로 배우는 교육 |
| 8–14세 | 감정체 (감정) | 생명체 | 자유로운 상상력, 표상능력, 기억능력을 지니는 시기 | 학습 내용을 정신과 감정세계에 연결시켜 체험 | 학교 공부와 수업을 감정을 통해 교육 |
| 15–21세 | 자아체 (사고) | 감정체 | 사고력이 발달하는 시기 | 추상적 사고 능력과 세계와 인간에 대해 체험 | 자신의 판단을 분명할 수 있는 능력을 기르도록 준비시키는 교육 |

교육에 있어 첫 단계인 영유아기(0–7세)는 출생에서부터 이갈이 시기까지의 아이들이 해당되며, 이 시기는 신체적·영혼적·정신적인 것이 통일된 존재이고 그중 물질적인 신체가 가장 활발하게 발달하는 시기이다. 의식이 아직 완전히 깨어나지 않은 상태이고 주어진 환경 속에서 모방이 가능하므로 모방과 본보기가 교육방법으로 제시된다.

두 번째 단계인 아동기(7–14세)는 에테르체(생명체)가 탄생하는 시기로 신체로부터 자유로워진 영혼의 활동이 활발하다. 성향·습관·의지·성격·기억·기질이 형성되고 발달하게 되는데, 이 시기에는 상상력을 통해 세계를 인식하므로 생생한 이미지나 회화적으로 묘사하고 표현하는 방법이 중요한 학습 수단이 된다.

세 번째 단계인 청소년기(14–21세)는 사춘기를 거쳐 신체, 영혼, 정신의 세 요소가 보다 더 정교하게 분리되어 아스트랄체(감정체)가 탄생하는 시기이다. 이 시기에 비로소 추상적이고 개념적인 사고력이 발달하게 되므로 학문적 성격이 강하고 전문적인 교과의 수업이 가능한 시기이다.

앞의 3단계를 거쳐 21세경에 이르면 보호막 속에 있던 자아가 풀려나는 시기가 되고 어느 정도의 교육이 완성되어 자유로운 인간으로 준비가 되었다고 가정한다. 이상에서 볼 수 있듯이, 슈타이너의 발달론은 의지, 감정, 사고라는 영혼의 세 영역이 발달하는 데는 순서가 있으며 이 영역들의 조화로운 발전으로 인간은 완전한 자유인으로 성장할 수 있다고 본다. 그러므로 인간의 발달 단계에 적합한 유치원, 초(중)등, 상급과정의 교육이 각 각의 특징에 맞게 구성되어야 하는 것이 당연하며, 인간의 생애와 관련해서 교육을 장기적이고 전체적으로 파악하는 것이 중요하다고 역설한다.

## 다. 슈타이너 교육과정의 실천: 발도르프 학교

슈타이너는 이러한 인간의 발달 시기에 맞춰 그에 적합한 내용과 방법을 제시해야 한다고 역설한다. 이러한 교육의 목표는 자유를 이루는 것이며, 이는 성인에게서 기대할 수 있는 현상이다. 따라서 아이들이 자유를 누릴 수 있는 능력을 길러주는 훈련이 교육의 중심이 되어야 한다. 개인에 따라 시기적으로 다소간의 차이가 있긴 하지만 이 시기를 건너뛰거나 혹은 늦어지거나 지나치게 앞서가는 것을 경계한다. 만일 너무 일찍이 아이들에게 자유를 허용하면 아이들이 올바른 판단에 의한 자유를 누리는 것이 아니라 그들의 임의대로 행동하게 되어 잘못된 결과를 초래하게 된다. 어린아이들에게는 아직 판단력이 완전히 형성되지 않았기 때문에 아이들을 "자유"로 인도하는 교육은 단계에 따라 서서히 이루어지게 시간을 갖고 천천히 교육해야 한다(우창옥, 2017: 63). 발도프로 학교의 교육과정은 다음과 같은 특징이 있다.

첫째, 리듬을 중시하는 교육과정을 운영한다. 발도르프 학교에서는 리듬을 중시하기 때문에 성급하게 아이들의 능력을 개발해 내려고 애쓰지 않는다. 7년의 발달 주기에 맞춰 자연스럽게 리듬에 맞는 교육을 해야 한다고 강조하는데, 구체적으로 하루, 일주일, 계절의 변화, 일 년의 시간에 따라 교육 내용이 구성된다. 예를 들어 '아침의 시 낭송'으로 하루를 시작하는 것과 오전의 지적 교과로 주기집중 수업을 진행하고 오후의 신체적 노작 중심의 활동적인 교과를 편성하는 것은 리듬을 고려한 교육과정 편성이라고 볼 수 있다.

둘째, 8년 담임제를 운영한다. 발도르프 학교는 교육의 연속성과 학부모의 연계, 학생의 심리적 안정 등을 위하여 한 명의 교사가 8년 동안 담임을 맡는다. 이는 슈타이너가 아이의 8년을 전체 성장 단위로 볼 것을 강조한 데서 나온 제도이다. 그는 8년 담임제가 학생과 교사와의 지속적인 관계 형성을 통해 효과적인 교육을 가능할 수 있게 한다고 역설한다.

셋째, 주기집중(에포크) 수업을 운영한다. 주기집중 수업은 발도르프 학교의 수업 방법 중에서 독특하고 중요한 부분이다. 주기집중 수업은 주요 과목들을 과목별로 매일 오전 8시부터 10시 사이에 100분 정도의 시간에 학년에 맞추어서 한 과목을 집중적으로 3-5주간 매일같이 수업을 하는 것을 말한다. 주기집중 수업을 하면 한 과목의 수업을 집중적으로 한 다음에는 그 수업을 다른 시간에 하지 않는다. 그뿐만 아니라, 집중적으로 한 시간이 지나면, 또 다른 과목을 하게 되고, 전에 한 과목은 자신의 차례가 올 때까지 수업을 진행하지 않는다. 이러한 방법은 슈타이너 교육의 독특한 수업방식으로 아이의 체내 리듬이 40-50분이 아니라 그때마다 다르며, 오전 시간이 가장 집중력이 높다고 하였다. 그러므로 100분에 걸친 에포크 수업을 한다. 그뿐만 아니라 한 과목을 3-5주간 집중적으로 학습한 이후에 그 수업을 하지 않는 이유는 인간의 머리에 무의식적 부분에 저장되어 있다가 다시 그것을 접하게 되면, 더 높은 성숙도와 그사이에 자라나는 능력을 경험하게 되고, 새로운 창의적인 부분을 만들어 가게 된다.

넷째, 교과서 없는 수업을 한다. 발도르프 학교에는 교과서가 없다. 교과서 없이 진행되는 교육과정 안에서 교사와 학생이 무한한 창의성을 발휘하여 교육 내용을 채워 나간다. 이는 모두에게 만족되는 교과서는 없다는 전제 아래 교사와 학생의 필요에 따라 함께 교과서를 만들어 나가는 것이다. 학생들은 주기집중 시간에 작성한 에포크노트가 학습의 결과물로 남게 되는데, 이것이 학생 각자의 교과서가 된다. 교과서가 없기 때문에 교사들은 표준화된 교육과정의 간섭을 받지 않으며 학생과 상호작용을 통해 수업을 창조해 나가는 예술로써 교육을 전개한다. 특히 수업 시간에 많이 사용되는 교재는 예술적, 학문적 가치가 높은 원저(原著)들이 사용되며, 때에 따라 교사가 선정한 책들이 읽기 자료로 사용되기도 한다. 결국 교사 자신이 가치 있게 여기는 내용을 중심으로 자유롭게 교육과정을 편성할 수 있다는 의미이다. 그러나 전체적으로 발도르프 학교에서도 최소한의 교육과정이 제시되기도 한다.

다섯째, 학생의 발달을 돕는 평가를 활용한다. 발도르프 학교에도 성적표는 있지만 유급과 상대적 평가가 기재되지 않는다. 학년말 담임교사는 평가의 본래 목적에 따라 학생의 에포크노트를 평가하는데, 여기에는 교사가 학생에게 하고 싶은 말, 또는 학생에게 적합한 시를 적어주는 것으로 평가를 마친다. 숫자로 표시되는 줄 세우기 식의 평가는 존재하지 않는다. 또한 고학년의 담당교과의 교사들도 전문교과에 대한 내용을 서술 형식으로 적는다. 발도르프 학교에서의 평가는 선발을 위한 목적이 아닌 학생의 발달을 돕는 질적인 평가로서의 의미가 크다.

여섯째, 교육의 주체는 교사협의회와 학부모협의회이다. 발도르프 학교의 교사는 위계적인 질서 속에 업무를 수행하는 존재가 아닌 교육의 과정에서부터 학교의 행정까지 주도하는 교육의 주체이다. 교사는 교사협의회를 구성하며, 이들의 관계는 평등하고 교장, 교감이 존재하지 않는다. 다만 교사들의 직선으로 선출된 교사대표가 학교의 대표성을 갖는다. 발도르프 학교에서는 학부모 역시 적극적인 참여와 협력을 통해 교육의 주체로서 활동하고 있는데, 학부모협의회를 구성하여 학교의 예산을 관리하는 등 능동적인 참여를 하고 있다. 이와 같이 발도르프 학교는 따로 학교장이 없으며 교사의 자치, 학부모의 협력으로 조직되고 운영된다.

## 4 학습자중심 교육과정

### 가. 학습자중심 교육과정과 구성주의

학습자중심 교육과정(learner centered curriculum)이란 학습자의 다양한 교육적 경험을 활용하는 교육과정으로서, 이것은 학습자 개개인의 성장과 발달을 목적으로 한다. 학습자중심 교육과정에서는 학습자 개개인에 초점을 두기 때문에, 개별 학습자의 목표, 흥미, 관심을 강조한다. 따라서 학습자중심 교육과정에서는 표준화된 국가 수준 교육과정을 학습자의 요구, 관심, 목표를 고려한다. 학습자중심 교육과정에서는 학습자 스스로 배우고 싶은 것, 배우고 싶은 방법, 자신의 학습을 평가하는 방법을 선택하도록 함으로써, 궁극적으로 학생 주도성과 평생학습자로서의 자기주도학습 능력의 신장을 목표로 한다. 학습자중심 교육과정에서는 학생들 스스로 학습경험을 선정하고, 설계하고, 의사결정에 주도적으로 참여하는 특징을 가지고 있다(Cleveland-Innes, & Emes, 2005; Cullen, Hill, & Reinhold, 2012; Emes, & Cleveland-Innes, 2003).

이러한 학습자중심 교육과정은 구성주의와 관련이 있다. 구성주의는 객관주의와 대비되는 용어로서, 지식을 바라보는 관점, 즉 인식론에서 차이가 있다. 인식론은 지식(혹은 의미)이 어떤 과정을 통해 형성되고, 습득되며 지식의 본질이 무엇인가를 논의하는 학문 탐구 분야이다. 구성주의와 객관주의는 지식을 바라보는 관점에서 차이가 있다. 객관주의(objectivism)에서는 객관주의 인식론에 근거하여, 지식을 개인의 의지와 관계없이 독립적으로 존재하는 고정된 실체로 간주하며, 모든 상황에 적용할 수 있는 보편타당한 절대적 지식이 존재한다고 가정한다. 이와 같이 객관주의에서는 인식의 주체와 세계를 분리하며, 지식은 인간의 주체 외부에 객관적으로 존재하며 그 의미 또한 인식 주체의 경험과는 분리되어 객관적 세계 속에 존재한다고 가정한다(강인애, 1997). 반면, 구성주의에서는 상대주의 인식론에 근거하여 학습자 자신이 위치한 맥락에서 능동적인 경험을 통하여 자신에게 적합한 것들을 구성해 나가는 것을 지식이라고 간주한다. 상대주의 인식론에서는 인간은 각기 다른 인지구조를 가지고 있기 때문에 같은 지식일지라도 개개인별로 여과 및 흡수되어 그 각각의 개개인에게 의미 있는 형태로 수용된다고 가정한다. 이와 같이 구성주의에서는 지식이 개인의 인지작용과 개인이 속한 사회 구성원들 간의 사회적 상호작용에 의해 능동적으로 구성된다고 가정한다. 객관주의와 구성주의는 〈표 4-3〉과 같이 비교할 수 있다(강인애, 1997).

〈표 4-3〉 객관주의와 구성주의 비교

| 구분 | 객관주의 | 구성주의 |
|---|---|---|
| 지식 | • 인식 주체의 외부에 존재: 발견<br>• 수용하여 체계적으로 구조화됨<br>• 고정, 정형화 되어 불변<br>• 확인할 수 있는 존재<br>• 초역사, 초문화, 초우주적 | • 개인의 사회 속에서의 경험을 바탕으로 하여 개인 각자의 사회, 문화, 역사 등에 의해 형성되어 온 인지적 작용에 의해 구성되는 것<br>• 개인이 학습환경에 가져오는 사회, 문화, 역사성을 중시 여기므로 그 개인이 속한 특정 사회의 문화, 역사적 성격 반영<br>• 역동적, 사회적, 가변적 |
| 현상 세계 | • '통제', '예측'이 가능<br>• 규칙으로 설명이 가능한 실재 | • 불확실, 불안정<br>• 예측이나 통제 불가능<br>• 학습자의 경험이나 의식체계에 따라 다르게 인식될 수 있음 |
| 목표 | • 사회, 역사, 문화를 초월한 절대적이고 불변한 진리 추구 | • 개인의 사회적, 역사적, 문화적 배경을 기초로 한 경험을 통해 의미 있고 타당한 것을 진리로 간주 |

〈표 4-3〉에서 살펴본 객관주의와 구성주의는 학습자가 지식을 어떻게 인식하느냐에 대한 관점에 차이가 있기 때문에, 단위 학교에서 교육과정을 구성하고 운영하는 데 있어서 다음과 같이 영향을 끼칠 수 있다. 객관주의 교육과정에서는 사회적으로 인정받는 진리를 중심으로 교육 내용이 구성되었기 때문에 학습자가 객관적인 진리를 수용하도록 교수자 중심으로 수업이 이루어진다. 반면 구성주의 교육과정에서는 학습자 스스로 다양한 분야의 지식을 통합할 수 있도록 학습자에게 지식에 대한 특정 관점을 제시하기보다는 해당 지식과 관련하여 여러 가지 관점이 반영된 교육 내용을 제시하고, 학생 참여형 수업을 통하여 학습자가 지식을 적극적으로 능동적으로 구성할 수 있도록 한다.

## 나. 학습자중심 교육과정과 학습자중심 심리원리

학습자중심 교육과정에서 학습자중심이라는 용어는 새롭게 사용된 용어라기보다는 학생의 학습과 관련하여 과거부터 사용된 용어이다. 학습자중심 교육과정에서는 학생들이 직접 참여하여 학습경험을 형성한다는 점에서, 듀이(Dewey)의 '경험을 통한 학습'과 로저스(Rogers)의 '학생중심 학습'과 관련성이 있다. 학습자중심 교육과정에서는 학생이 일상생활의 다양한 국면에서 발생하는 문제 상황에 대응하고, 학생 스스로 유의미한 학습활동을 설계하여 참여할 수 있는 평생학습자로서 기초 능력을 함양하는 데 목적이 있다(Cleveland-Innes, & Emes, 2005; Emes, & Cleveland-Innes, 2003).

학습자중심 교육과정은 맥락에 따라 다양한 의미로 사용될 수 있다. 첫째, 학습자 중심성이 발생하는 조건에 초점을 두고 정의를 내릴 수 있다. 이것은 학습자 통제와 학습자의 필요성과 관련이 있다. 학교에서는 학습자의 개인적 특성을 중심에 두고, 교육과정을 선택, 재구성, 창안 등을 할 수 있다. 둘째, 학습자 중심성은 그 이전과 다른 것이라는 점을 강조하기 위하여 사용된다. 이러한 관점에서 학습자중심 교육과정은 기존의 전통적인 교육과정의 문제점 해결을 위한 무언가로의 전환을 의미한다. 셋째, 학습자 중심성은 학습자 개인과 학습의 두 차원을 모두 고려하는 입장이다. 학습자 측면에 의하면, 학습자중심 교육과정은 개별 학습자의 유전적 측면, 경험, 관점, 배경, 소질, 흥미, 능력, 요구 등에 관심을 갖는 것을 의미한다. 학습 측면에 의하면, 학습자중심 교육과정은 학습에 대한 최신 이론, 효과적인 교수·학습 및 평가 방법 등을 반영한 교육과정을 의미한다. 학습자중심 교육과정에서는 '학습자'와 '학습' 중에서 어디에 초점을 두는가에 따라서 교육과정 의사결정에 영향을 미치게 된다(Cleveland-Innes, & Emes, 2005; Emes, & Cleveland-Innes, 2003).

학습자중심 교육과정을 설계하고 운영할 때에는 미국심리학회(American Psychological Association: APA)의 학습자중심의 심리 원리가 유용하게 활용될 수 있다. 미국심리학회에서는 학습자중심의 심리원리를 '인지와 초인지 요인', '동기와 정의적 요인', '발달과 사회적 요인', '개인차 요인'으로 구분하고 14개의 원리를 제시하였다(권낙원, 2003). 미국심리학회에서 제시한 학습자중심 심리 원리는 〈표 4-4〉와 같다.

〈표 4-4〉 학습자중심 심리 원리(출처: APA, 1997)

| 요인 | 원리 | 내용 |
|---|---|---|
| 인지와 초인지 요인 | 학습 과정의 본질 | 복잡한 교과 학습은 정보와 경험으로부터 의미를 구성하는 내적 과정일 가장 효과적임 |
| | 학습 과정의 목적 | 성공적 학습자는 시간이 지나면서 지원과 수업의 지도를 받아 의미있고 일관된 지식을 표상할 수 있음 |
| | 지식의 구성 | 성공적 학습자는 새로운 정보를 기존의 지식과 의미 있는 방식으로 연결 지을 수 있음 |
| | 전략적 사고 | 성공적 학습자는 복잡한 학습목표를 성취하기 위해 여러 종류의 사고와 추론 전략을 창출하여 사용할 수 있음 |
| | 사고에 대한 사고 | 정신적 조작을 선정, 조절하는 고차원적 전략은 고차원적인 전략은 창의성과 비판적 사고를 촉진함 |
| | 학습 상황 | 학습은 문화, 공학, 수업의 실제를 포함한 환경 요인 등에 의해 영향을 받음 |
| 동기와 정의적 요인 | 동기와 정서가 학습에 미치는 영향 | 무엇을 얼마나 학습하느냐 하는 것은 동기에 의해 영향을 받음. 대신 동기 유발은 개인의 감정상태, 신념, 흥미, 목적, 사고습관 등에 영향을 받음 |
| | 내재적 학습동기 유발 | 학습자의 창의성, 고차적 사고, 자연적 호기심은 모두 학습동기 유발에 영향을 미침. 내재적 동기는 신기성과 난이도가 적절한 과제, 개인적 관심과 관련이 있는 과제, 개인적 선택과 통제를 허용하는 과제에 의해 자극됨 |
| | 동기 유발이 노력에 미치는 영향 | 복잡한 지식과 기술을 획득하려면 학습자의 노력과 연습 지도의 확대가 필요함. 복잡한 지식과 기술의 획득은 장기간에 걸쳐 학습자의 에너지와 전략적 노력을 요구함 |
| 발달과 사회적 요인 | 발달이 학습에 미치는 영향 | 개인이 발달함에 따라 학습에 대한 기회와 경험, 제약조건들이 서로 다르게 제공됨. 학습은 신체적, 인지적, 정서적, 사회적 영역에서 영역 내와 영역 간의 차이를 인정할 때 가장 효과적임 |
| | 사회가 학습에 미치는 영향 | 학습은 사회적 상호작용, 대인관계, 타인과의 의사소통에 의해 영향을 받음 |
| 개인차 요인 | 학습에서의 개인차 | 학습자마다 전략, 접근, 학습능력에 개인차가 존재함 |
| | 학습과 다양성 | 학습은 학습자의 언어, 문화, 사회적 배경을 고려할 때 가장 효과적이 됨 |
| | 기준과 평가 | 적절히 높고 도전적인 기준을 세우고 학습자(진단, 과정, 결과, 평가)를 평가하는 것은 학습 과정의 한 부분으로서 교사와 학습자에게 중요한 정보를 제공함 |

## 다. 학습자중심 교육과정 설계

학습자중심 교육 및 학습자중심 교수·학습에 대한 논의는 많이 있었으나, 학습자중심 교육과정에 대한 논의는 상대적으로 거의 이루어지지 않았다. 학습자중심 교육과정은 교육과정을 개발, 운영, 평가할 때 학습자의 특성을 고려해야 한다는 것을 의미한다. 학습자중심 교육과정의 특성을 명확히 이해하기 위하여, 학습자중심의 의미를 면밀하게 살펴볼 필요가 있다. 학습자중심이라는 용어는 학습자와 중심이라는 용어가 결합된 것으로서, 학습자중심 교육과정에서는 교육과정을 설계할 때 이 두 가지 용어, 학습자와 중심에 초점을 두고 이루어져야 한다는 것을 의미한다(Cleveland-Innes, & Emes, 2005; Emes, & Cleveland-Innes, 2003).

학습자중심에서 사용되는 '학습자'의 의미는 학습자 개개인의 고유한 특성이라고 할 수 있다. 또 다른 의미는 다양한 특성을 가진 학습자가 모인 집단이라는 의미를 갖는다. 따라서 학습자중심 교육과정에서는 학습자의 다양한 배경과 특성과 같은 정보를 반영하여 교육과정이 운영되며, 학습자는 학습계획, 수업 방법, 평가 방법에 대한 의사결정을 스스로 또는 교사와 상의하여 결정하게 된다. 그리고 학습자들은 각자 선택한 교육 내용, 수업 방법, 평가 방법 등을 학급 친구들과 집단 활동을 통하여 지식을 구성하는 경험을 하게 된다. 즉, 학습자들은 집단 활동에 적극적이고 능동적으로 참여함으로써 지식을 구성하거나 생성하는 경험을 하게 된다.

학습자중심에서 사용되는 '중심'은 참고점(reference)을 의미한다. 중심이라는 용어는 교육과정에 대한 의사결정을 고려할 때 참고점 또는 기준점을 의미한다. 즉, 학습자중심 교육과정에서는 교육과정 결정에 있어서 학습자가 지속적인 참고점이 된다. 따라서 학습자중심 교육과정이란 학습자에 대한 정보에 기초하여 교육과정이 설계되어 운영되는 것을 의미한다(Cleveland-Innes, & Emes, 2005; Emes, & Cleveland-Innes, 2003).

이와 같이, 학습자중심 교육과정에서는 학습자가 적극적이고 능동적으로 참여하여 지식을 구성하고 생성하는 것을 강조한다. 이에 따라 교수자는 학습자의 지식 구성 및 생성을 위한 안내자와 촉진자의 역할을 수행하게 된다.

학습자중심 교육과정은 학생에게 초점을 맞춘 교육과정 접근 방식이라고 할 수 있다. 학습자중심 교육과정은 학생 주도성에 기반하여 학습이 이루어지고, 평생학습자로서의 자기주도학습 능력을 함양하는 것을 추구한다. 학습자중심 교육과정에서는 개별 학습자에게 매력적이고 의미 있는 경험을 제공하는 것을 중시한다. 따라서 교육과정은 개별 학습자의 고유한 장점, 관심 및 요구 사항을 조사하고 학생들이 학습에 주인의식을 가질 수 있는 기회를 제공하도록 설계하는 것을 강조한다. 이렇게 구성된 학습자중심 교육과정은 학생들의 동기 부여와 참여도를 높일 뿐만 아니라 심층적이고 효과적인 학습으로 이어질 수 있다.

학습자중심 교육과정 설계는 다음과 같은 특징이 있다(Cullen, Hill, & Reinhold, 2012). 첫째, 교육과정이 학습자의 관점에서 이루어진다. 학습자중심 교육과정에서는 교육과정의 초점이 학습자에게 맞춰 있으며, 학습에 대한 학생 참여와 동기 부여가 형성되며, 학습 과정에 대한 주인의식을 형성할 수 있다. 둘째, 학습자중심 교육과정 설계에서는 학습자 맞춤형 교육과정을 추구한다. 교육과정은 각 학생의 고유한 요구, 강점 및 관심 사항을 충족하도록 설계된다. 셋째, 학습자의 능동적 학습을 촉진하도록 교육과정이 설계된다. 학습자중심 교육과정은 학생들의 체험과 활동을 중심으로 교육과정을 설계하고, 학생들의 적극적인 참여를 격려한다. 넷째, 학습자중심 교육과정은 협동학습의 기회를 제공한다. 학생들은 친구들과 함께 일하고 협력하는 가운데, 의사소통 기술, 대인관계 학습을 촉진하는 기회를 제공받는다. 다섯째, 학습자중심 교육과정에서 학습을 위한 평가가 실시된다. 평가가 교육과정과 일관되어 실시되며, 학생의 학습을 지원하고 향상을 돕기 위한 피드백을 제공하는 형성 평가를 강조한다. 여섯째, 학습자중심 교육과정에서는 기능의 통합을 중시한다. 학생들에게 다양한 학습경험을 지원하고 학생 스스로 교육과정에 접근하는 데 적절한 기능의 사용이 권장된다. 일곱째, 학습자중심 교육과정에서 교사는 단순히 정보 제공자 역할을 하는 것이 아니라 학생의 학습을 촉진하고 안내하는 역할을 수행한다. 여덟째, 학습자중심 교육과정에서는 학생들의 실제 경험과 상황과 관련되고 연결되도록 설계한다. 학생들에게 관련성과 의미가 향상되도록 교육과정을 구성한다.

## 요약

'교육과정과 학습자'에서는 교육과정의 심리학적 기초와 교육과정의 주요 원천인 학습자와 관련 있는 듀이(Dewey)의 경험과 교육과정, 슈타이너(Steiner)의 인지학적 인간론과 교육과정, 학습자중심 교육과정에 대하여 살펴보았다.

교육과정의 심리학적 기초에서는 교육과정과 수업 설계와 관련성이 높은 발달이론, 행동주의 학습이론, 인지주의 학습이론, 인본주의 학습이론을 살펴보고 교육과정에 주는 시사점을 살펴보았다. 듀이의 경험과 교육과정에서는 교육적 경험의 원리로 계속성과 상호작용을 제시하였다. 듀이는 교육의 목적으로 반성적 주의력 습득과 삶 그 자체에서 학습하려는 성향 습득을 제시하였다. 듀이는 교육방법으로서 경험의 지적 탐구로서의 과학적 사고를 제시하였다. 듀이는 교육 내용으로서 논리와 심리를 통한 교과 학습 및 사고와 흥미의 유기성을 강조하였다. 슈타이너의 인지학적 인간론과 교육과정에서는 슈타이너의 인지학적 인간론과 인간의 발달 단계를 살펴보고, 슈타이너 사상을 실천하고 있는 발도르프 학교의 교육과정을 살펴보았다. 학습자중심 교육과정에서는 학습자중심 교육과정과 구성주의 및 학습자중심 심리원리를 살펴보고, 학습자중심 교육과정 설계에 대하여 고찰하였다.

## 생각해 봅시다

1. 교육과정 개발과 실행 과정에서 발달이론이 어떻게 적용되고 있는지, 이에 대한 사례를 탐구해 봅시다.
2. 행동주의 학습이론, 인지주의 학습이론, 인본주의 학습이론이 교육과정 개발과 실행에 어떻게 영향을 주었는지 탐구해 봅시다.
3. 듀이(Dewey)의 경험과 교육과정의 원리를 실천하기 위하여 교사가 갖추어야 할 소양에 대하여 토의하고, 이러한 소양을 갖추거나 발전시키기 위한 방안에 대하여 토의해 봅시다.
4. 발도르프 학교의 교육과정 운영 사례를 조사하고, 만약 내가 근무하는 학교가 발도르프 학교라면 교육과정을 어떻게 구성하고 운영할 것인지에 대하여 상상해 봅시다.
5. 지능정보기술의 발달에 따라 학습자중심 교육과정의 실현 가능성이 높아지고 있다. 지능정보기술이 학습자중심 교육과정을 실현하는 데 어떻게 기여할 수 있을지에 대하여 토의해 봅시다.

05
Chapter

# 교육과정과 사회

**학습내용**

1. 교육과정의 사회적 기초
2. 프레이리(Freire)의 급진적 교육과정
3. 미래 사회 변화와 교육과정
4. 범교과 학습과 교육과정

## 1 교육과정의 사회적 기초

### 가. 교육과정 개발에 영향을 미치는 사회적 요인

교육과정 개발은 교육 시스템의 개선을 위한 계획적이고 의도적이며 점진적이며 체계적인 과정에 해당된다. 교육과정 개발은 학교, 학습자, 교사뿐만 아니라 사회 전반에 걸쳐 영향을 받는다. 교육과정 개발자들은 환경, 정치, 사회 경제, 빈곤, 기후 변화, 지속 가능한 발전 등과 같은 전 세계적 이슈를 고려하여 교육과정을 개발하게 된다. 교육과정을 개발할 때는 고려해야 하는 사회적 측면으로는 사회 변화, 문화 전달, 사회문제, 경제문제, 가정, 공학, 다양성, 환경, 정치적 요인 등이 있다. 교육과정은 사회의 변화와 발전에 영향을 받으며, 사회의 요구에 부응하기 위하여 개정되는 경향이 있다. 교육과정에 영향을 주는 대표적인 사회적 요인을 살펴보면 다음과 같다.

#### (1) 사회변화

교육과정은 미래 사회의 변화를 예측하여 개발한다. 교육과정이 미래 사회의 변화를 예상하지 못하고 학생들에게 미래 사회를 준비하는 데 실패하였다면, 교육을 받은 학생들에게 좌절과 혼동을 경험하게 된다. 따라서 교육과정은 미래 사회의 변화를 예측하고, 미래 사회에서 발생할 수 있는 쟁점 또는 문제를 고려하여 개발해야 한다. 교육과정 개발자는 미래 사회의 가치 변화를 예측하고, 이러한 것들이 교육과정에 적절하게 반영되어 있는지 지속적으로 점검하여 교육과정을 개정하게 된다. 또한, 교육과정은 불확실하고 무형적인 결과에 대비하여 개방적이고 유연하게 개발되어야 한다. 학생이 테러리즘, 인권, 환경 등과 같은 문제에 대하여 비판적으로 사고하여 올바른 의사결정을 내릴 수 있는 시민으로 성장할 수 있도록 교육과정이 개발되어야 한다.

### (2) 문화 전달

문화는 지식, 믿음, 예술, 도덕, 법, 관습, 그리고 사회 구성원으로서 인간이 획득한 기타 능력과 습관을 포함한 복합적 전체이다. 따라서 문화는 사회생활 곳곳에 퍼져 있으며, 함께 살아가는 사람들의 산물인 동시에 학습되는 특성이 있다(조애리 외 공역, 2014). 이와 같이 문화는 역동적이며 외부 영향에 반응하는 특징을 가진다. 따라서 문화는 교육과정 개발에 영향을 미치게 된다.

문화의 기본 측면에는 신념, 가치, 일상과 관습이 있다. 첫째, 모든 문화에는 사실로 받아들여지는 몇 가지 신념이 존재한다. 신념은 경험적 지식이 부족하거나 과학적 증거가 부족하기 때문에 미신적 믿음이라고 한다. 신념은 그 문화의 가치가 반영되어 있기 때문에, 지역 사회의 대다수 사람에게 받아들여지는 특징이 있다. 둘째, 가치는 사회에서 높은 평가를 받는 문화적 관행, 행동 또는 대상의 측면을 의미한다. 가치는 문화 보존의 성격을 갖는다. 사회는 전통적인 가치를 부여하고 세대에서 세대로 전달하려고 한다. 셋째, 일상과 관습은 문화와 관련하여 매우 중요한 측면을 반영한다. 이것은 해당 문화에서 규정한 대로 일을 어떻게 해야 하는지에 대한 아이디어와 이해를 제공한다. 예를 들어, 이름 짓기, 매장, 결혼 의식 등의 수행은 사회가 규정하는 방식을 따른다. 일상과 관습은 그러한 문화적 행동이나 요소의 실제 행동과 규칙성을 나타낸다. 관습은 사람들이 반복적인 목적을 위해 정기적으로 의지하는 기준 역할을 한다.

### (3) 가정

가정은 아이의 삶과 성장에 영향을 미치는 일차적 기관이다. 가족은 아동의 사회적, 정서적, 도덕적 발달에 중요한 영향을 미친다. 학생의 성격과 가치관은 가족의 영향을 받는다. 따라서 교육과정을 설계할 때에는 학습자 가정의 특성을 잘 알고 있어야 한다. 가정의 지적 분위기와 교육에 대한 부모의 태도는 개인의 행동과 성취에 영향을 미친다. 특히 가정의 사회 경제적 배경은 교육과정 성과에 중요한 영향을 미친다. 최근에는 가정과 관련된 저출산, 결혼, 가족 관계, 성교육, 보육, 다문화, 부모교육 등과 같은 내용이 교육과정에 반영되고 있다.

### (4) 정치적 요인

교육과정은 정치적 영향을 받는다. 우리나라에서 국가 교육과정 총론을 개발할 때에는 사회의 방향을 설정하고, 변화를 위해 국가가 개입하게 된다. 교육과정은 행위자들 간의 의사결정 과정을 통해 만들어진 결과물로서 정치적 성격을 갖는다(황수아, 2018: 13). 이러한 점에서 볼 때, 국가 교육과정 개정과 관련한 의제는 교육부나 개정 주체들이 우리 사회가 당면한 여러 문제 중 특정한 사안에 관심을 기울이면서 개정 중점 사항을 채택하는 일련의 정치적 과정에 해당된다. 교육과정 의사결정에 참여하는 주요 행위자가 누구냐에 따라 교육과정 현안 및 해결방법이 달라진다(장수빈, 2021: 241). 이와 같이 교육과정 개발은 정치적 영향을 받는다.

### (5) 과학기술의 발전

과학기술의 발전은 교육과정에 영향을 미친다. 디지털 기술의 발전과 4차 산업혁명 가속화는 교육패러다임을 구조적으로 변화시키는 역할을 하고 있다. 최근 디지털 기술 본격 활용으로 시간과 장소에 구애받지 않고 언제 어디서나 학습할 수 있는 유연한 교육환경이 구현되고 있다. 이에 따라 빠르게 변화하는 디지털 시대에 대응할 수 있도록 교육과정이 혁신되고 있다. 온·오프라인 연계 맞춤형 학습 확대 등 새로운 교수·학습 및 빅데이터 기반 평가 시스템이 도입되고 있다. 과학기술이 발전함에 따라 교육과정에 인공지능 및 매체 활용 교육, 디지털 소양 교육이 강조되고 있다.

#### (6) 사회적 문제

교육과정은 사회적 문제를 반영하고, 이러한 문제를 해결할 수 있는 능력을 형성하는 데 기여한다. 대표적인 사회적 문제에는 전쟁, 빈곤, 기아, 환경, 저출산, 편견, 위협, 가족해체, 지역주의, 생태학적 불균형 등이 있다. 이러한 사회적 문제는 대부분의 나라에서 공통적인 관심을 갖고 교육과정에 반영한다. 2022 개정 교육과정 총론에는 안전·건강 교육, 인성 교육, 진로 교육, 민주시민 교육, 인권 교육, 다문화 교육, 통일 교육, 독도 교육, 경제·금융 교육, 환경·지속가능발전 교육의 범교과 학습 주제가 제시되어 있다. 범교과 학습 주제는 국가·사회적으로 요구되는 학습 내용으로서, 사회적 문제를 다룬다는 공통점이 있다.

### 나. 교육의 역할에 따른 교육과정 유형 분류

사회 구조 속에서 교육의 역할을 어떻게 보는가에 따라 보수적 교육과정, 진보적 교육과정, 그리고 급진적 교육과정 세 가지로 나누어 볼 수 있다(김승호·김은정·박일수, 2019: 24).

#### (1) 보수적 교육과정

보수적 교육과정은 교육을 통해 사회의 지배적인 규범이나 문화를 후세대에 전달하여 줌으로써 사회를 안정적으로 유지해 나가야 한다는 입장을 대변한다(김재춘, 2012: 39-43). 이 관점에 의하면 현재의 사회와 전통은 바람직한 것이다. 따라서 교육과정은 전통적으로 내려오는 교과를 잘 전수하여 현 사회 제도와 체제를 유지하고 발전시키는 데 기능적으로 기여하기만 하면 된다. 보수적인 교육과정에서는 교육에서 지식의 기능적 효율적 전달에 보다 주안점을 두게 된다. 따라서 교사들은 일방적인 전달 방식을 교육방법으로 선호하며, 학생들의 비판적인 사고나 질문은 별로 권장되지 않는다. 앞에서 예로 든 바 있는 교과중심 교육과정과 학문중심 교육과정의 시각과 관련이 깊다고 볼 수 있다(김승호·김은정·박일수, 2019: 24).

### (2) 진보적 교육과정

진보적 교육과정에서는 보수적 교육과정과 달리 학습의 주체가 되는 학생의 경험과 성장을 강조한다. 미국의 진보주의 교육의 유명한 슬로건에도 있듯이 교육은 '교과가 아니라 아동, 즉 학생을 가르치는 것'이다. 따라서 진보적 교육과정에서는 학생들의 다양한 특성을 파악하는 것이 무엇보다도 중요하다. 학생들의 관심, 흥미, 이전의 경험, 개인의 성장과정, 인지 양식, 학습 스타일 등에 적합한 교육의 내용과 방법을 제공하고자 한다. 흔히 아동의 경험을 중시하는 교육 활동이나 학습자중심 교육은 이러한 진보적 교육과정의 관점을 요청한다(김재춘, 2012: 42). 진보적 교육과정에서 교사는 학생에게 기존의 지식 체계를 일방적으로 전수하는 보수적 교육과정의 교사와는 달리, 학생들과의 상호작용 또는 소통에 심혈을 기울인다. 수업 시간에는 문제사태 해결을 위한 학생들의 탐구 활동이나 협동 모둠이 강조되기도 한다. 여기서 수업은 학생들에게 지식을 강요해서는 안 되며, 학생들 스스로가 자발적으로 사고할 수 있도록 돕고 학생의 수준과 개인차를 고려해야 한다(김승호·김은정·박일수, 2019: 24-25).

### (3) 급진적 교육과정

급진적 교육과정에서는 보수적 교육과정이나 진보적 교육과정과는 달리, 교육의 정치적 성격을 부각한다. 급진적 교육과정에서는 사회를 보는 관점이 보수적 교육과정이나 진보적 교육과정과는 상반된 입장에 서 있다. 보수적 교육과정에서는 사회화를 통한 사회 구조의 재생산을 적극적으로 추진한다는 점에서 현상의 유지를 추구하고, 진보주의 교육과정은 아동의 관심과 흥미에 기초한 개인 아동의 경험 성장만을 논하는 가운데, 거시적으로 사회문제들을 등한시한 반면에, 급진적 교육과정에서는 아동의 교육 활동을 둘러싸고 있는 정치, 경제, 사회, 문화적 권력관계 등의 분석을 보다 중요시한다. 역사적으로 남미의 불평등 국가·사회에서 많이 불거진 것처럼 급진적 교육과정은 교육을 재건 또는 개혁활동으로 본다. 여기서 개혁활동은 기본적으로 불평등한 사회 구조가 보다 평등한 사회 구조로 바뀌는 것을 의미한다(김재춘, 2012: 42-43).

## 2 프레이리(Freire)의 급진적 교육과정

프레이리는 1960년대 후반과 1970년대 초반에 교육과정의 정치적 측면의 연구에 많은 영향을 주었다. 이후 그의 사상은 비판적 실천이나 해방적 이론화를 강조하는 애플(Apple), 파이나(Pinar), 지루(Giroux), 그루멧(Grumet) 등을 통해 더욱 이론적으로 발전하는 기초가 되었다(Schubert, 1986). 프레이리의 사상은 우리나라에서도 1970년대 중반 이후부터 1980년대 후반까지 민중 신학, 기독교 교육운동, 야학운동, 교사운동, 노동운동 등에 광범위한 영향을 주었다(홍은광, 2010).

### 가. 교육의 목적: 인간 해방

프레이리는 인간은 세계 내에서, 또 세계와 더불어 존재하는 변혁 행위의 주체로 간주한다(교육문화연구회 역, 2002; 남경태 역, 2002). 인간 없는 세계도, 세계 없는 인간도 존재할 수 없다. 인간은 성찰(reflection)과 행동(action)을 결합하여 문화와 역사에 의미를 부여하고 의미를 창조해 내는 존재이다(이흔정, 2011: 83).

프레이리는 '교육은 자유를 위한 문화적 행동'이라고 정의한다. 문화적 행동은 '자유를 위한 문화적 행동'과 '지배를 위한 문화적 행동'으로 나누어지며, 이것들은 서로 상반된 양상을 보인다. '자유를 위한 문화적 행동'은 대화를 특징으로 하며, '지배를 위한 문화적 행동'은 대화를 적대시하고 민중의 교화를 방해한다. '자유를 위한 문화적 행동'은 지배문화의 무조건적 수용이 아니라, 지배문화를 극복하고 창조적 문화를 이룩하는 비판적 의식을 위한 것이다. 그리고 지식습득 행위(act of knowing)는 자유의 실천으로 교육자와 피교육자가 대화를 통해 과거의 지식을 재창조하는 것이다(이흔정, 2011: 84).

역사적 사회적 상황의 산물로서의 인간은 억압자(oppressor)와 피억압자(oppressed)로 나누어진다. 억압자는 계속 피억압자를 구속하고 억압하려 한다. 여기에서 피억압자는 자신과 세계를 구분하지 못하고 억압된 현실에서 스스로를 해방하지 못한다. 억압자는 피억압자가 온전한 인간이 되는 것을 방해하고, 피억압자는 인간될 권리 추구로서 억압자에게 항거한다. 이러한 것을 보면, 프레이리는 교육목적의 핵심을 인간 해방으로 제시한다. 인간 해방은 자신이 처한 상황을 구체적이고 객관적인 현실로 문제화시켜 비판적으로 인식하고 행동하는 것을 뜻한다. 여기서 비판적 인식은 지배적 이념이나 행동방식, 사회적 상황을 관습적으로 받아들이지 않고 변형작업에 주체적인 역할을 담당하는 역할을 한다. 프레이리는 자신을 비인간화하는 압박의 상황을 극복하고 주체로서의 자아를 긍정하는 인간의 존재론적 사명이라고 하였다. 인간이 이 사명을 완수하기 위해서는 자신이 침몰되어 있는 압박의 상황에 대하여 비판적 의식을 가져야 하고, 교육은 근본적으로 이 목적에 합당한 양상을 띠어야 하는 것이다(이흔정, 2011: 84-85).

진정한 인간 해방을 얻기 위해서는 교육자와 피교육자 간의 끊임없는 대화가 필요하다. 특히 대화의 과정에서 교육자와 피교육자 간에는 수평적 관계를 유지해야 하며, 상호 비판적 관점을 견지할 수 있도록 해야 한다. 그러한 관계가 될 때 문제제기를 통해 세계를 비판적 시각에서 바라볼 수 있게 된다. 이러한 비판적 문제제기는 교육자와 피교육자 간의 의식을 고양해 현실 세계를 바르게 의식할 수 있는 능력을 갖게 하는 것이다. 그로 인해 인간은 현실 삶에 있어서 주체적으로 살 수 있고 역사의 주체가 되는 것이다(이흔정, 2011: 85).

## 나. 교육 내용: 신화적 지식에서 탐구적 지식으로

억압자에게 있어 지식이란 '사람들에게 내려주는 선물'이다. 억압자들은 무지한 사람들을 계몽시키기 위해 피억압자들에게 그들이 내려주는 지식을 받아들여야 한다고 말한다. 그리고 자신들의 지식만이 진리라고 이야기하며 다른 사람들에게 받아들일 것을 강요한다. 이때 지식이란 여러 사람의 상호작용을 거치면서 만들어진 것이 아니라 이미 완성된 것이다. 이러한 지식을 신화화된 지식이라고 한다. 신화화된 지식은 수정을 가할 필요도 없고 가해서도 안 되는 완전한 것이다. 이렇게 신화화된 지식은 명료하지 않은 것들을 명료하게 해주고, 사람들의 무지함을 계몽해 주는 역할을 한다고 믿게 만든다. 사람들은 이것을 열심히 외우고 머릿속에 채워 넣는다. 이런 과정을 거치면서 탈맥락적이고 비탐구적인 지식이 완전한 진리로서 신화화되어 사람들에게 받아들여지게 된다. 지식이 소유 형태로 존재할 때 지식은 탐구함으로써 얻어지는 것이 아니라 도달해야 될 것으로 존재한다. 다시 말해 어떤 대상에 대한 호기심이 발동하여 탐구하면서 그 대상의 본질에 대해 알아가고 발견해 가는 과정에서 얻어지는 것이 아니라 원래부터 그 자리에 그렇게 놓여 있는 것으로 존재하게 된다. 지식은 자기 스스로 생성해 가는 자기 형성적인 과정이 아니라 개인의 외부에서 존재하면서 부과되는 어떤 것이다. 지식을 신화화할 때 지식에 대한 논의나 토의보다는 지식을 어떻게 습득할 것인가에 초점이 맞추어진다(이흔정, 2011: 85-86).

지식이 소유 형태로 간주될 때, 지식을 소유한 자들은 자신들이 완전히 무지한 다른 인간들에게 지식을 전수함으로써 자기 존재의 필요성을 정당화시킨다. 지식의 소유자들은 학생의 주체성을 인정하지 않는다. 그들은 학생들을 받아들이기만 하면 되는 피동적인 존재로 인식한다. 그들의 역할은 정해진 길로 학생들을 인도하는 것이다. 이때 학생들은 세계에 적응해 가는 방법을 배우게 된다. 세계에 적응하는 방법을 배운 인간은 스스로 자기의 삶을 개척하고 세계를 변혁하고자 하는 의식을 가진 인간이 아니라 주변을 서성이는 구경꾼에 불과하다. 도달점이 정해져 있는 교육, 정답이 명시된 교육에서는 호기심과 탐구심은 필요하지 않게 된다. 단지 인내심과 노력, 그리고 적응하는 것이 필요하다. 의문과 정답이 별개로 존재한다. 사람들이 지배세력이 신화화시킨 지식을 열심히 외우고 저장할수록 그만큼 비판적인 의식은 무뎌지게 된다. 수동적으로 받아들이기에 익숙해져 있는 사람들은 현 세계에 적응하는 것을 당연시하게 된다. 자신들이 처한 현실을 제대로 인식할 수 없게 되어 버리면, 현실에 대한 단편적인 견해만을 가지게 된다. 프레이리는 지배세력이 사람들이 가지고 있던 창조력을 억눌러 현실에 적응하도록 만들고 무기력하게 만들수록 지배세력에게는 이익이 된다고 보았다. 왜냐하면 그들은 현실 세계가 변혁되기를 바라지 않기 때문이다. 사람들의 생각과 행동을 지배하기 위해 그들은 사람들을 현실 사회에 비판 없이 순응하는 인간으로 만들기 위해 창조력을 억누르고 자신들의 사상을 주입하려 한다(이흔정, 2011: 86-87).

참된 지식이란 누군가가 진리라고 정해 놓은 것을 열심히 채워 넣는 것이 아니라 자신이 호기심을 가지고 어떤 것을 탐구한 결과를 다른 이들과 함께 주고받는 상호작용을 통해서 만들어진다. 지식이 호기심으로부터 시작하지 않고 남이 만들어 놓은 것을 암기하는 것으로 시작한다면 생각하고 이해할 필요도 없어진다. 고민하고 탐구하면서 만들어지지 않은 지식은 삶 속에서 아무런 의미 없는 파편 조각에 불과할 것이다(이흔정, 2011: 87).

### 다. 교육방법: 은행예금식 교육에서 문제제기식 교육으로

프레이리는 피억압자를 위한 교육은 피억압자들 자신이 억압의 세계를 인식하고 그 정체를 밝혀내며, 실천을 통해서 세계의 변혁에 학습자 스스로 나서게 하는 데 초점을 맞추어야 한다고 하였다. 이를 위해 그는 그동안의 교육을 지배 엘리트의 억압적 논리에 적응하도록 하기 위한 '은행예금식 교육'(Banking Education)이라고 이름 짓고 '문제제기식 교육'(Problem-Posing Education)을 그 대안으로 제시한다(이흔정,

2011: 87).

은행예금식 교육은 교육자의 행위를 2단계로 구분한다. 첫째 단계에서 교육자는 서재나 연구실에서 강의를 준비하면서 앎의 대상을 탐구한다. 탐구의 결과 앎의 대상에 대한 지식이 형성된다. 둘째 단계에서 그는 학생들에게 그 대상에 관해 설명한다. 이때 학생들에게 요구되는 것은 대부분 교사가 설명한 내용을 아는 것이 그냥 암기하는 것이다. 또한 학생들은 어떤 반성적 성찰 행위도 하지 않는다. 왜냐하면 인식 행위의 목적이 되는 그 대상은 교사와 학생들 양측의 비판적 성찰을 야기하는 매개물이 아니라 교사의 소유물이기 때문이다. 결국 '문화와 지식의 보존'이라는 미명하에 우리는 참된 지식도, 참된 문화도 실현할 수 없는 제도를 가지고 있는 셈이다(남경태 역, 2002: 102-103).

문제제기식 교육의 목적은 비판적 의식의 함양에 있다. 문제제기식 교육방법은 교사와 학생의 행동을 이분화하지 않는다. 교사는 학생들과 함께 스스로 성찰을 하는 대상으로 생각한다. 학생들에 대해서도 단순한 학습자가 아니라 교사와의 대화 속에서 비판적인 공동탐구자가 된다. 이러한 문제제기식 교육에서 교사의 역할은 학생들과 함께 독사(doxa, 낮은 차원의 주관적 지식) 수준의 지식을 로고스(logos, 사색의 결과로 얻어지는 지식) 수준의 참된 지식으로 바꾸는 과정을 창출하는 데 있다. 문제제기식 교육은 혁명의 미래이다. 따라서 이 교육은 예언적이다. 문제제기식 교육에서는 자신을 초월할 수 있는 존재가 바로 인간이라고 본다. 따라서 문제제기식 교육은 불완전한 존재인 인간들을 참여시키는 역사적 운동과 같다(교육문화연구회 역, 2002: 30).

## 라. 교육과정 개발: 생성적 교육과정

교육과정은 새로운 세대를 현 제도의 논리 속에 순응하도록 만드는 도구이거나, 현실에 비판적이고 창조적으로 대응해서 자기 세계를 변혁하는 방법을 찾아내는 수단 가운데 하나이다. 계급구조가 엄격하게 존재하고 있고, 그러한 구조가 억압자와 피억압자 모두의 비인간화를 가져오고 있다고 생각한 프레이리의 교육적 관심은 억압자들에게 지배당해 온 가난하고 힘없고 무지한 사람들을 일깨우는 데 있었다. 이것이 프레이리가 말하는 의식화 과정이다(이흔정, 2011: 88). 의식화는 참된 지식에 이른 상태로서, '비판적 의식'의 단계에 이른 상태를 의미한다. 프레이리는 학습자가 비판적 의식 단계(의식화 단계)에 이르러서야 사회 변혁을 추구하는 주체적 인간이 될 수 있다고 가정한다.

의식화 과정은 크게 4단계로 나누어진다. 첫 번째 단계는 본능적 의식단계(intransitive)이다. 원초적인 욕구의 충족에 매몰되어 있는 단계로서, 사람들은 자신의 존재 양식이 그를 둘러싸고 있는 사회와 문화의 소산이 부재하며, 사회는 폐쇄적이고 억압적이다. 개인들은 1차원적 억압상태에 빠져 있어 그들의 삶을 형성하는 힘을 이해하지 못하고, 자신의 불행을 초자연적인 원인으로 돌린다. 두 번째 단계는 주술적 의식단계(semi-intransitivity)이다. 이는 자신들의 사회·문화적 환경을 '주어진 것'으로 받아들여, 지배문화가 묘사하는 부정적 가치를 개인들이 내면화함으로써 자기경시가 공통된 특성으로 나타난다. 지나친 감정적 종속성이 특징이다. 억압자들의 의식이 아직 현실을 객관화하여 비판적으로 인식할 수 있을 정도로 현실과의 거리를 유지하고 있지 못하다. 세 번째 단계는 소박한 대중적 의식단계(naive-transivitiness)이다. 이는 삶의 상황에 무엇인가 잘못된 것이 있다고 심각하게 느끼기는 하지만, 그 문제의식이 아직 소박하고 원시적인 상태이다. 개인은 그 삶에 가해지는 통제를 조금씩 느끼고, 사회의 지배집단에 압력과 비판을 가하기 시작한다. 그렇지만 억압된 의식이 남아 있고, 대중선동가(populist)의 조작에 쉽게 영향을 받는다. 가장 높은 단계인 네 번째 단계는 비판적 의식단계(critical consciousness)이다. 이는 자신들이 겪고 있는 비인간화 구조를 지탱해 주고 있는 이데올로기에 대한 합리적이고 격렬한 비판단계를 말한다. 비판적 의식은 의식화의 과정을 통해 획득된다. 의식화는 비인간화시키는 구조에 위협적 경고를 보내며, 인간에 의해 창조될 새로운 현실을 선포하는 것이다. 비판적 의식은 지적인 노력을 통해서가 아니라 프락시스(praxis), 즉 행동과 반성의 진정한 연합에 의해 생겨나는 것이다(이흔정, 2011: 89-90).

학교 교육과정에서도 의식화 과정은 유사하게 적용될 수 있을 것이다. 먼저 학생들의 수동적이고 침묵적인 교육 참여 태도는 교육환경이나 교사들의 논리가 교육과정을 통해 사회적으로 강요됨으로써 내면화된 결과로 볼 수 있다. 이로 인해 학생들은 자신이 처한 상황을 올바로 볼 수 없거나, 자신의 상황을 숙명으로 받아들이면서 변화가 불가능한 것으로 여기게 된다는 것이다. 그러므로 학교 교육과정은 학습자가 자신이 처해 있는 세계를 의식하고, 스스로 설정한 목적에 따라 행동하며, 자신들 내부에 세계와 다른 사람들과의 관계를 불어넣음으로써 주체가 될 수 있도록 개발되어야 하는 것이다(이흔정, 2011: 90).

프레이리의 성인 문해교육의 진행 과정은 '생성어' 추출, '주제어' 생성, '주제어'들로 문장 만들기, 대화를 통해 토론하기의 3단계로 이루어진다. 첫째, 생성어는 학습자와 지역 주민의 주제 세계를 대표할 수 있는 중심 단어를 의미한다. 학습자의 정치, 사회, 문화적 맥락 속에서의 일상에 대하여 토론을 일으킬 수 있는 단어를 생성한다. 둘째, '주제어'를 생성하고, '주제어'들로 문장을 만든다. 하나의 생성어를 음절로 분절하여 새로운 낱말들(주제어)을 만들고, 주제어들로 간단한 문장들을 만든다. 셋째, 대화를 통해 토론한다. 교사들은 '문화서클'이라는 학습공동체에서 학습자와의 대화를 통해 학습자의 구체적인 경험과의 관계 속에서 코드화된 재현물과 편찬물에 대해 토론한다. 해독활동은 코드화된 재현물/편찬물을 다른 맥락에서 읽어냄으로써 이전에는 읽어내지 못했던 현실적 맥락의 여러 사실 관계를 인식해 내는 것을 의미한다.

이흔정(2011)은 학교에서 활용할 수 있는 생성적 교육과정의 단계를 제시하였다. 생성적 교육과정이란 교육과정 개발과정을 반드시 따라야 할 객관적이고 고정적인 틀로 보기보다는 교사와 학습자가 함께 참여하여 자신들의 삶을 새롭게 만들어 가는 진화적 교육과정을 말한다. 학습자들이 이러한 생성적 교육과정을 경험함으로써 사회가 개인에게 가하는 억압적 상황을 궁극적으로 극복할 수 있는 힘을 길러 줄 수 있다(이흔정, 2011: 90-91). 생성적 교육과정의 단계는 생성적 주제 찾기, 기호화하기, 해석하기, 문서화하기의 4단계로 이루어진다.

### (1) 1단계: 생성적 주제 찾기

프레이리는 학습에서 있어서 학습자의 주체적 역할을 강조한다. 따라서 학습 내용의 선정에 있어서 교사의 일방적인 선택은 학생들을 수동적으로 이끌 수 있다. 학습 내용이 교사나 학생의 일방적인 선택에 의해 이루어지면 교육은 수직적, 하향적, 원조적인 형태를 취하게 된다(채광석 역, 2010). 대화를 통한 교육을 위해서는 먼저 학습자가 자신의 현재적 생활을 반추하여 논할 수 있는 생성적 주제를 찾아야 한다. 생성어나 생성적 주제를 찾기 위해 교사나 교육과정 개발자들은 학습자의 생활에 정통할 필요가 있다. 학습자와 함께 생활하지 않더라도 상호 간의 신뢰를 쌓으면서 학습자의 생활을 이해하려는 적극적인 노력이 필요하다. 생성적 주제는 학생들에게 실존적 의미가 있으면서 학생들의 경험과 관계있는 주제가 되어야 한다. 특히 생성적 주제의 생성어는 낱말과 그 낱말이 가리키는 사물 간의 연관, 그 낱말과 그 낱말이 지시하는 실제적 사물과의 일치도, 그 단어가 잠재적으로 수행하는 의식의 질적인 정도, 또는 그 낱말이 그것을 사용하는 사람이나 그룹 내에 생성시키는 사회문화적 반응을 충분히 결합할 가능성이 있는지를 고려해야 한다(송훈섭, 2003). 이러한 생성적 주제는 주변 상황에서 출발하여 지역적, 국가적 나아가 우주적으로 확대되어 분석 가능해야 한다. 생성적 주제를 찾을 때에는 기존의 서적이나 언론, 방송매체, 인터넷 등을 통해 제시된 내용들이 이미 이데올로기의 영향을 받았던 점을 고려하여 신중하게 선택해야 한다. 또한 생성적 주제를 찾을 때 교사들은 학생들과의 관계가 권위주의적이며 수직적이어서는 안 된다(이흔정, 2011: 91).

### (2) 2단계: 기호화하기

기호화는 학습자들이 실존 상황을 분석해야 할 생성적 주제를 문제 상황으로 표현하는 작업이다. 이 단계에서 학습자들은 구체적 현실에서 몇몇 중요한 측면들이 상징적으로 드러날 수 있도록 그림이나 사진, 포스터, 슬라이드 등을 제작하는 것이다. 이러한 기호는 해독자들이 비판적 분석을 할 때 중재 역할을 하는 객체이기 때문에 일반적인 시청각자료를 만드는 것과는 다른 원칙이 적용되어야 한다(이흔정, 2011: 91-92). 프레이리는 다음과 같은 세 가지 원칙을 제시하였다. 첫째, 기호는 주제를 검토받는 사람들 각각에게 익숙한 상황을 나타내야 한다. 그럴 때 기호가 상황과 자신과의 관계를 쉽게 이해할 수 있기 때문이다. 제시되는 기호가 사람들이 자신의 왜곡된 인식을 깨닫고 현실에 대한 새로운 인식을 심어주는 자료가 되어야 한다는 것이다. 둘째, 기호는 주제의 핵심이 지나치게 노골적이거나 난해하지 않아야 한다는 점이다. 기호가 노골적이면 단순한 선전으로 전락할 우려가 있고, 지나치게 난해하면 퍼즐이나 수수께끼처럼 보일 수 있기 때문이다. 따라서 기호는 가급적 내용이 단순해야 하며, 해독자의 비판적 성찰을 수용할 수 있는 자극이 되어야 한다. 셋째, 기호는 주제 부채(thematic fan)처럼 조직되어야 한다. 기호가 단순한 하나의 자극만 주기보다는 다른 주제로 연결될 수 있어야 한다는 것이다. 이러한 원칙에 따라 만들어진 기호는 교사와 학생이 행하는 비판적 분석을 중재하는 매체로서 역할을 하는 기능을 띠어야 한다(이흔정, 2011: 92).

### (3) 3단계: 해석하기

기호화 단계가 끝나면 학급의 모둠활동을 통해 기호를 해석하는 비판적 분석에 들어간다. 학습 내용에 따라 기호는 하나가 될 수도 있고 여러 개로 제시될 수 있다. 해석단계는 기호의 표면구조(surface structure)를 해석하는 기술적 단계와 심층구조(deep structure)를 이해하는 근본적 단계가 있다. 기술적 단계에는 기호들이 구성하고 있는 제요소들 간의 상호관계에 초점을 맞춘다. 이와 같은 표면구조의 성찰 다음에는 기호를 문제화시키는 근본적 단계로 들어간다. 학습자들은 기호의 심층구조를 이해함으로써 표면구조에서 제시된 각 요소들 간의 변증법적 관계를 파악하게 된다. 여기서 토론 및 해석 과정은 역동성을 가지며, 문제 상황을 비판적으로 분석하면서 자신의 현실과 타인 및 세계에 대한 분석을 하게 된다(이흔정, 2011: 92).

### (4) 4단계: 문서화하기

모둠활동에서 기호에 대한 해석 작업이 끝나면 교사와 함께 연구 결과를 정리하는 문서화하기 작업을 수행한다. 프레이리가 제시한 발견카드(discovery card) 개념을 차용해도 좋다. 학생들은 모둠활동의 해석과정에서 토론을 통해 알게 된 내용들을 카드 형태로 작성해서 제출하게 한 후 이를 가지고 공동토론과 비판적 분석 과정을 다시 한 번 거치는 것이다. 이러한 과정을 통해 주제의 핵심을 보다 분명히 할 수 있고, 자신이 생각하지 못했던 것이나 새로운 생성적 주제를 발전적으로 찾아낼 수도 있다. 이처럼 문서화는 학생과 교사가 생성적 주제에 대한 최종적인 결론을 도출하는 단계이다. 이렇게 만들어진 생성적 주제에 대한 최종적인 해결책은 이후 학습자들의 생각을 발전시키는 좋은 자료로써 활용될 수 있다(이흔정, 2011: 92-93).

## 3 미래 사회 변화와 교육과정

### 가. 미래 교육 변화와 도전 요인

사회의 변화는 교육과정 변화에 강력한 영향을 끼친다. 디지털 기술의 발전과 4차 산업혁명의 가속화, 미래 사회 불확실성 증가, 저출산에 따른 학령인구 감소, 학습자 성향 다양화와 교육과정 도전 요인을 살펴보면 다음과 같다.

첫째, 디지털 기술의 발전과 4차 산업혁명 가속화는 교육패러다임을 구조적으로 변화시키고 있다. 디지털 기술이 본격적으로 활용되면서 시간과 장소에 구애받지 않고 언제 어디서나 학습할 수 있는 유연한 교육환경이 구현되고 있다. 빠르게 변화하는 디지털 시대에 대응할 수 있도록 교육과정의 혁신이 요구되며, 온·오프라인 연계 맞춤형 학습 확대 등 새로운 교수·학습을 위한 획기적 확산이 요청되고 있다. 또한 미래 사회에 필요한 역량을 구성하는 지식·기술·태도 및 가치가 총체적으로 융합될 수 있도록 교육과정·교수·학습의 혁신이 요청되고 있다.

둘째, 미래 사회의 불확실성 증가는 창의력 및 변화 대응에 대한 역량의 중요성을 확대하고 있다. 4차 산업혁명 시대에서의 첨단기술의 발전은 기존의 일자리가 사라지고 새로운 일자리들이 생겨날 것으로 예상되고 있다. 미래 불확실성이 증대되면서 환경 변화에 유연하게 대응할 수 있는 기본 역량과 변화대응력을 갖춘 인재 확보가 더욱 긴요해짐에 따라, 미래 사회에서 요구되는 역량이 창의력, 다양성 등 기계와 차별화된 인간 고유의 역량 중심으로 변화될 필요가 있다.

셋째, 저출산에 따른 학령인구가 감소됨에 따라 미래 대응을 위한 역량 강화의 필요성이 대두되고 있다. 기대수명 증가 등으로 전 세계적으로 고령화가 진행되고 있으며 우리나라에서도 초저출산 현상 및 급격한 고령화가 진행되고 있다. 학령인구 감소, 출산 및 가족 구성 등 삶의 양식을 둘러싼 시대적 변화와 학생들의 가치관 변화를 반영한 혁신적인 정책의 필요성이 대두되고 있다. 또한 교육 분야에서의 불평등이 심화되지 않도록 기본권으로서의 학습권을 보장하고, 교육안전망의 확대가 요구되고 있다.

넷째, 학습자 성향이 다양화됨에 따라 학습자의 개별 성장 지원을 위한 맞춤형 교육 기반의 필요성이 강조되었다. 미래 학습자들의 위한 교육은 기존 학급 단위 집합식 교육에서 개개인에 최적화된 맞춤형 교육으로 변화될 것으로 예상된다. 학습자의 삶을 중심으로 학생 스스로 진로를 설정하고 개척해 갈 수 있도록 학교 교육 체제 혁신의 필요성이 강조되고 있다.

## 나. 미래형 교육과정의 구성 방안

미래 교육 변화와 도전 요인에 따라 미래형 교육과정을 구성할 필요가 있다. 홍원표 외(2020)에서는 2030 미래 사회에 예상되는 교육의 비전과 학교 교육의 모습을 토대로 미래형 교육과정의 구성 방향을 제안하였다. 홍원표 외(2020)에서는 미래 교육의 비전, 추구하는 인간상, 교육과정 개정의 지향점(교육과정, 교수·학습, 평가), 교과 교육과정 개정의 중점, 학교급별(초·중·고) 교육과정의 개정 중점을 <표 5-1>과 같이 제시하였다.

〈표 5-1〉 미래형 교육과정 구성 방안(출처: 홍원표 외, 2020: 221-222)

| 구분 | 내용 |
|---|---|
| 미래 교육의 비전 | • 학생들의 건강과 안전, 행복을 중시하는 교육<br>• 기초소양과 학업능력의 바탕 위에 개인의 소질과 적성을 키워주는 교육<br>• 공정한 학습과 성장의 기회를 제공하는 교육<br>• 타인에 대한 존중과 공동체 의식을 갖춘 민주시민을 양성하는 교육<br>• 인류 문명과 지구생태계의 지속 가능성에 기여하는 교육<br>• 인간적 가치와 기술의 발전이 조화를 이루는 교육 |
| 추구하는 인간상 | • 자신의 삶을 스스로 계획하고 진로를 개척해 나가는 자기주도적인 사람<br>• 새로운 발상과 가치를 창출하는 창의적이고 도전적인 사람<br>• 다양한 인류 문화를 누리고 발전시키는 교양 있는 사람<br>• 나눔과 배려, 공동체 의식을 실천하는 더불어 사는 사람<br>• 인류 문명과 지구 생태계의 지속 가능성에 기여하는 책임감 있는 사람 |
| 개정의 지향점 (교육과정) | • 학생의 배움과 성장을 중심에 두는 학습자중심 교육과정<br>• 학생들의 특성과 다양성을 존중하는 학습자 맞춤형 교육과정<br>• 기초 학력의 바탕 위에 핵심역량을 함양하는 교육과정<br>• 학교의 목표와 지역의 특색이 반영하고, 교사의 전문성이 발휘되는 교육과정<br>• 교과, 학년, 학교급이 유기적으로 연계된 교육과정<br>• 대면·비대면 혼용 수업과 온라인 상호작용 등 다양한 수업 활동을 지원하는 교육과정<br>• 최신 기술과 매체에 대한 학생들의 이해와 활용력을 길러 주는 교육과정 |
| 개정의 지향점 (교수·학습) | • 학생들의 기초 소양과 학업능력을 길러 주는 교수·학습<br>• 학습 내용에 대한 심층적인 이해를 길러 주는 교수·학습<br>• 학생의 도전정신과 창의력을 길러 주는 교수·학습<br>• 학생 참여와 협력적 문제해결이 활성화된 교수·학습<br>• 원격 기술을 활용하여 시·공간을 유연하게 넘나드는 교수·학습<br>• 다양한 매체와 디지털 학습자료를 활용하는 교수·학습 |
| 개정의 지향점 (평가) | • 배움과 성장의 과정에 중점을 둔 평가<br>• 지속적인 관찰과 소통, 피드백을 통해 학생의 성장을 확인하고 지원하는 평가<br>• 비교와 서열화에서 벗어난 학생 개인별 평가<br>• 대면·비대면 혼용 수업과 온라인 상호작용 등 다양한 교수·학습에 적합한 평가 |
| 교과 교육과정 개정의 중점 | • 총론의 핵심역량과 교과 역량 사이의 연계성 강화<br>• 교과 역량과 교과 교육의 목표 및 내용 사이의 연계성 강화<br>• 핵심 개념을 중심으로 교과 교육과정 간소화<br>• 성취기준의 성격과 진술 방식의 개선<br>• 교과의 특성이 반영된 내용 체계 구성<br>• 교육과정-수업-평가-기록의 연계성 강화 |

| | |
|---|---|
| | • 대면·비대면 혼용 수업을 반영한 성취기준 해설 및 교수·학습과 평가 방안 제시<br>• 교과 간 교과-창의적 체험활동 간 연계를 통한 융·복합 교육의 활성화 |
| 초등학교 교육과정 개정의 중점 | • 학생들의 기초학업 능력 신장<br>• 기본 생활 습관과 자기주도적 학습 태도 형성<br>• 다양한 신체 활동과 체험을 통한 전인적 학습<br>• 과학기술의 발전과 사회적 변화에 대응하기 위한 기초 소양 함양<br>• 학생 맞춤형 교육을 위한 유연하고 탄력적인 교육과정 운영 |
| 중학교 교육과정 개정의 중점 | • 자유학기(년)제의 취지를 고려한 활동 영역 및 운영 방법 개선<br>• 자유학기(년) 활동, 창의적 체험활동, 학교 스포츠클럽 활동의 영역과 역할 재조정<br>• 교과 간 연계를 통합 융·복합 수업의 활성화<br>• 자기 이해와 진로탐색 및 체험 활동 강화<br>• 학생의 필요와 요구를 반영한 과목 선택의 기회 제공<br>• 단위학교의 교육과정 편성·운영의 재량권 확대 |
| 고등학교 교육과정 개정의 중점 | • 공통과목의 성격과 구성, 비중 재조정<br>• 다양한 진로·적성과 연계된 선택 과목의 이수 기회 확대<br>• 과목별 이수 기준 설정 및 고등학교 졸업 요건 명료화<br>• 교과별 선택 과목 재구조화 및 선택 과목의 학점 수 조정<br>• 고교학점제에 적합한 학생 평가 체제 구축<br>• 온라인 교육과정, 공동 교육과정, 지역 사회 학습장 활용 등에 대한 질 관리 방안 구축 |

## 4 범교과 학습과 교육과정

국가 수준 교육과정은 한 국가 교육의 나아갈 방향을 제시하고 현장의 교실과 교사에게는 수업에서 다루어질 내용과 방법 등을 제시한다. 이러한 국가 수준 교육과정은 시대적 흐름에 따라 변화하며 현재 교육이 추구하는 가치와 방향의 현주소를 대변한다. 이런 연유로 당대의 국가, 사회적 요구에 매우 민감하게 반응한다, 범교과 학습 주제들은 다양하게 구성되어 한 교과에서 다루기 어려운 범교과적인 주제들을 표현하고 있다. 이러한 성격은 학습자들이 요구하는 교과를 초월한 학습 내용을 포함하고 있다(강현석·전호제, 2014: 239-240).

범교과 학습은 사회 변화에 따라 제기되는 국가·사회적 요구와 미래 사회를 대비하기 위하여 학습자에게 필요하고 요구되는 것으로, 단일 교과 차원을 넘어서서 여러 교과에 걸쳐 교수 되어야 하는 것이다(이미숙·최홍원·박상철, 2009: 29-34). 범교과 학습 주제는 국가·사회적으로 요구되는 학습 내용이자, 여러 교과의 경계를 가로지르는 종합적이고 통합적인 학습 주제를 의미한다(교육부, 2010).

우리나라 교육과정에서 '범교과'라는 용어가 등장하기 시작한 것은 6차 교육과정 개정기이다(박순경, 2006: 161). 범교과 학습 주제의 교육과정 반영은 제1차 교육과정부터 제5차 교육과정까지 특별한 명칭이 없이 개별 학습 주제로 교육과정에 수용되었다. 제6차 교육과정의 재량활동 영역 운영과 범교과 영역으로 지칭하였던 것을 제7차 교육과정에서 범교과 학습으로 제시하고 교과 교육과정과 재량활동 및 특별활동에서 연계 지도하라고 명시하였다. 이후 2009 개정 교육과정과 2015 개정 교육과정에서는 교과 교육과정 및 창의적 체험활동 교육과정에서 범교과 학습 주제를 반영하여 재구성하고 지역 사회 및 가정과 연계 지도하도록 명시하였다(양윤정, 2016: 1008). 2015 개정 교육과정에서는 교과와 창의적 체험활동 등 학교 교육활동 전반에 걸쳐 다루도록 하고 있다(차우규 외, 2019: 7). 제1차 교육과정부터 2022 개정 교육과정까지 교육과정에 나타난 범교과 학습 주제의 내용과 주제의 수는 〈표 5-2〉와 같다.

〈표 5-2〉 국가·사회적 요구 사항 및 범교과 학습 내용과 수

| 시기 | 국가·사회적 요구 사항 및 범교과 학습 내용 | 수 |
|---|---|---|
| 제1차 | 반공교육, 도의교육, 실업교육 | 3 |
| 제2차 | 국어교육, 반공도덕교육, 건강교육 및 정서교육 | 3 |
| 제3차 | 도덕교육, 국사교육, 건강증진, 보건위생, 체력 향상, 안전교육 | 6 |
| 제4차 | 도덕, 국민정신, 언어생활, 건강과 안전, 환경교육 | 5 |
| 제5차 | 국가사회 8대 강조 사항(국민정신교육, 통일안보교육, 안전교육, 환경교육, 진로교육, 인구교육, 성교육, 경제교육) | 8 |
| 제6차 | 도덕교육, 환경교육, 경제교육, 근로정신 함양교육, 보건안전교육, 성교육 | 6 |

| | | |
|---|---|---|
| 제7차 | 민주시민교육, 인성교육, 환경교육, 에너지교육, 경제교육, 소비자 교육, 보건교육, 성교육, 안전교육, 진로교육, 근로정신함양교육, 통일교육, 한국문화정체성교육, 국제이해교육, 해양교육, 정보 및 정보 윤리교육 | 16 |
| 2007 개정 | 민주시민 교육, 인성 교육, 환경 교육, 경제 교육, 에너지 교육, 근로정신 함양 교육, 보건 교육, 안전 교육, 성 교육, 소비자 교육, 진로 교육, 통일 교육, 한국 문화 정체성 교육, 국제 이해 교육, 해양 교육, 정보화 및 정보 윤리 교육, 청렴·반부패 교육, 물 보호 교육, 지속 가능 발전 교육, 양성 평등 교육, 장애인 이해 교육, 인권 교육, 안전·재해 대비 교육, 저출산·고령 사회 대비 교육, 여가 활용 교육, 호국·보훈 교육, 효도·경로·전통 윤리 교육, 아동·청소년 보호 교육, 다문화교육, 문화 예술 교육, 농업·농촌 이해 교육, 지적 재산권 교육, 미디어 교육, 의사소통·토론 중심 교육, 논술교육 | 35 |
| 2009 개정 | 민주시민 교육, 인성 교육, 환경 교육, 경제 교육, 에너지 교육, 근로정신 함양 교육, 보건 교육, 안전 교육, 성 교육, 소비자 교육, 진로 교육, 통일 교육, 한국 문화 정체성 교육, 국제 이해 교육, 해양 교육, 정보화 및 정보 윤리 교육, 청렴·반부패 교육, 물 보호 교육, 지속가능발전 교육, 양성 평등 교육, 장애인 이해 교육, 인권 교육, 안전·재해 대비 교육, 저출산·고령 사회 대비 교육, 여가활용 교육, 호국·보훈 교육, 효도·경로·전통 윤리 교육, 아동·청소년 보호 교육, 다문화교육, 문화 예술 교육, 농업·농촌 이해 교육, 지적 재산권 교육, 미디어 교육, 의사소통·토론 중심 교육, 논술 교육, 한국 문화사 교육, 한자 교육, 녹색 교육 등 | 38 |
| 2015 개정 | 안전 건강 교육, 인성 교육, 진로 교육, 민주시민 교육, 인권 교육, 다문화교육, 통일 교육, 독도 교육, 경제·금융 교육, 환경·지속가능발전 교육 | 10 |
| 2022 개정 | 안전 건강 교육, 인성 교육, 진로 교육, 민주시민 교육, 인권 교육, 다문화교육, 통일 교육, 독도 교육, 경제·금융 교육, 환경·지속가능발전 교육 | 10 |

범교과 학습 주제는 국가·사회적 요구 반영, 교과교육과의 관계, 범교과적 통합적 운영의 세 가지 관점에서 살펴볼 수 있다(왕관은·박창언, 2015: 56-57). 첫째, 범교과 학습 주제는 국가·사회적 요구를 반영한다. 범교과 학습 주제가 국가 정책이나 사회적 압력에 영향을 받게 됨에 따라, 국가·사회적 요구의 증가는 범교과 학습 주제의 증가를 초래하게 된다. 범교과 학습 주제가 증가하게 되면, 범교과 학습 지도를 위한 수업시수와 학습량 증가의 문제가 발생한다. 둘째, 내용면에서 학습의 의미는 있으나 교과 교육과정에 반영하기에는 부차적인 학습 주제가 범교과 학습 주제로 제시되기도 한다. 예를 들어, 2009 개정 교육과정의 범교과 학습 주제로 제시한 독도교육은 개별 교과의 요구를 수용하여 각론(도덕과)을 개발할 때 반영되었

다. 셋째, 범교과 학습 주제는 교과교육 내에서 수용할 수는 없지만 여러 교과에 걸쳐 학습하거나 간학문적으로 학습이 가능한 교육 내용이다. 단위 학교에서는 범교과 학습 주제를 중심으로 교육과정을 통합적으로 운영할 수 있다(양윤정, 2016: 1008).

범교과 학습 주제와 관련하여 가장 큰 쟁점은 범교과 학습 주제의 양적 팽창이었다. 교육과정 개정 시기에 범교과 학습의 개념을 어떻게 정립하고, 범교과 학습 주제를 어떻게 통합 및 조정할 것인가, 새로운 국가·사회적 요구를 교육과정 총론에 반영할 것인가에 대한 쟁점이 지속적으로 이루어지고 있다. 범교과 학습 주제의 증가는 수업시수 및 학습량 증가, 교수·학습 내용의 중복, 교과교육 운영 방해, 학습의 질 저하 등과 같은 문제점이 제시되었다(박순경, 2006; 이미숙, 2010). 범교과 학습 주제가 증가한 이유로는 국가 교육과정 개발 과정에서 국가·사회적 요구 증가와 이익집단의 이해관계와 밀접한 관계가 있었다(양윤정, 2016: 1010).

## 요약

'교육과정과 사회'에서는 교육과정의 사회적 기초, 프레이리(Freire)의 급진적 교육과정, 미래 사회 변화와 교육과정, 범교과 학습과 교육과정에 대하여 살펴보았다.

교육과정의 사회적 기초에서는 교육과정 개발에 영향을 미치는 사회적 요인으로 사회 변화, 문화 전달, 가정, 정치적 요인, 과학기술의 발전, 사회적 문제 등을 살펴보았으며, 사회 구조 속에서 교육의 역할에 따라 교육과정은 보수적 교육과정, 진보적 교육과정, 급진적 교육과정으로 구분하여 살펴보았다. 프레이리의 급진적 교육과정에서는 프레이리가 제시한 교육의 목적, 교육 내용, 교육방법, 교육과정 개발의 절차에 대하여 살펴보았다. 프레이리는 교육의 목적을 인간 해방으로 제시하고, 교육 내용을 신화적 지식에서 탐구적 지식으로 전환하고, 교육방법을 은행예금식 교육에서 문제제기식 교육으로 전환하고, 생성적 교육과정이 개발되어야 한다고 제안하였다. 미래 사회 변화와 교육과정에서는 미래 교육 변화의 도전 요인과 미래형 교육과정 구성 방안을 살펴보았다. 미래 사회의 변화와 도전 요인은 디지털 기술의 발전과 4차 산업혁명의 가속화, 미래 사회 불확실성 증가, 저출산에 따른 학령인구 감소, 학습자 성향 다양화 등이었으며, 이에 따라 미래형 교육과정의 비전, 추구하는 인간상, 교육과정 개정의 지향점(교육과정, 교수·학습, 평가), 교과 교육과정 개정의 중점, 초등학교 교육과정의 개정 중점 등을 살펴보았다. 범교과 학습과 교육과정에서는 범교과 학습의 개념과 2022 개정 교육과정에서 제시된 10개의 범교과 학습 주제에 대하여 살펴보았다.

## 생각해 봅시다

1. 교육과정 개발에는 다양한 사회적 요인 등이 영향을 끼친다. 이 중에서 가장 영향력이 강한 요인이 무엇인지에 대하여 토의해 보고, 이러한 요인이 향후 교육과정을 어떻게 변화시킬지에 대하여 토론해 봅시다.
2. 교육의 역할에 따른 보수적, 진보적, 급진적 교육과정으로 분류할 수 있다. 이들 유형에 대하여 설명하고, 자신이 가장 선호하는 교육과정 유형을 제시하고 그 이유에 대하여 발표해 봅시다.
3. 프레이리(Freire)의 생성적 교육과정의 단계를 설명하고, 생성적 교육과정 단계에 따라 단원을 설계해 봅시다.
4. 미래형 교육과정 구성 방안에 제시되어 있는 미래 교육의 비전과 교육과정 개정의 지향점에 대하여 설명하고, 이 중에서 자신이 가장 중시하는 미래 교육의 비전과 교육과정 개정의 지향점을 각각 한 가지씩 선택하고, 그 이유에 대하여 친구들과 토론해 봅시다.
5. 범교과 학습의 의미와 중요성에 대하여 토론하고, 2022 개정 교육과정에 제시되어 있는 범교과 학습 주제 중에서 한 개를 선택하여 교수·학습 과정안을 작성해 봅시다.

PART

# II

# 교육과정의 개발과 이해

# 06 Chapter 교육과정 설계

**학습내용**

1. 교육목표의 설정과 진술
2. 교육 내용의 선정과 조직
3. 교수·학습 방법의 선정
4. 학습성과의 평가

교육과정 설계는 바라보는 시각에 따라 다양하게 전개된다. 이 장에서는 전통적이면서 전 세계적으로 광범위한 지침을 제공한 타일러(Tyler)의 합리적 개발 모형을 근간으로 교육과정 설계의 전반을 살펴보기로 한다.

또한, 예비 교사들이나 학교 현장의 관련자들에게 도움을 주고자 교수·학습 방법상에 있어 학교 현장에서 가장 많이 쓰이는 대표적인 여섯 가지의 방법들을 살펴보기로 한다.

## 1 교육목표의 설정과 진술

### 가. 교육목표의 개념체계

교육목표를 둘러싼 용어의 사용은 학자들마다 서로 다르게 사용되고 있다. 일반적으로는 해당 용어가 나타내는 포괄성의 수준을 고려했을 때, '교육이념'이 가장 상위의 개념이고 다음으로 교육목적, 교육목표의 순으로 사용하는 것이 무리가 없어 보인다. 또한, 같은 교육목표일지라도 교과목표, 단원목표, 수업목표, 수행목표의 순으로 점차 구체화하여 사용된다. 그러나 이러한 관련 용어들의 사용은 서로 상대적인 개념이지 언제 어디서나 동일하게 사용되는 것은 아니다.

기본적으로 교육의 목적은 교육의 일반적 목적을 설정하는 데 그 근거와 기준이 되며, 교육의 일반적 목표는 교육의 구체적 목표를 설정하는 데 근거와 기준이 되다. 이때 상위의 목적이 하위목표의 근거와 기준이 된다는 것은 이들 간에는 논리적 일관성이 있어야 하고 경험적인 관련성이 높아야 한다는 것을 의미한다.

우리나라의 교육목표의 개념체계는 교육기본법에서 규정하고 있는 '홍익인간'의 교육이념이 가장 상위의 수준에 해당한다. 우리나라 교육기본법 제2조는 교육이념에 대해 다음과 같이 나타내고 있다.

> 교육기본법
> 제2조(교육이념) 교육은 홍익인간(弘益人間)의 이념 아래 모든 국민으로 하여금 인격을 도야(陶冶)하고 자주적 생활능력과 민주시민으로서 필요한 자질을 갖추게 함으로써 인간다운 삶을 영위하게 하고 민주국가의 발전과 인류공영(人類共榮)의 이상을 실현하는 데에 이바지하게 함을 목적으로 한다.

교육기본법에 제시된 '홍익인간'의 교육이념을 실현하기 위하여 교육과정에서는 '추구하는 인간상'으로 이를 구체화한다. 우리나라 2022 개정 교육과정에서는 아래와 같이 네 가지의 인간상을 나타낸다.

① 전인적 성장을 바탕으로 자아정체성을 확립하고 자신의 진로와 삶을 스스로 개척하는 자기주도적인 사람

② 폭넓은 기초 능력을 바탕으로 진취적 발상과 도전을 통해 새로운 가치를 창출하는 창의적인 사람

③ 문화적 소양과 다원적 가치에 대한 이해를 바탕으로 인류 문화를 향유하고 발전시키는 교양 있는 사람

④ 공동체 의식을 바탕으로 다양성을 이해하고 서로 존중하며 세계와 소통하는 민주시민으로서 배려와 나눔, 협력을 실천하는 더불어 사는 사람

이러한 네 가지의 인간상을 추구하기 위하여 초등학교, 중학교, 고등학교 등 학교급별로 교육목표가 설정된다. 각 교과별 교육목표는 다시 1학년 교육목표, 2학년 교육목표, 3학년 교육목표 등 학년목표로 구체화되고, 학년목표는 몇 개의 단원목표로 구성된다.

단원은 일반적으로 7차시 내지 8차시로부터 많게는 20여 차시에 이르기까지의 수업 시간으로 구성된 학습단위를 말하며, 이 학습단위를 통하여 달성하고자 하는 수업목표를 단원목표라 한다. 단원목표는 단원의 내용분석을 토대로 설정되며, 이 단원목표를 달성할 수 있도록 각 차시별 수업목표가 설정된다. 이 수업목표는 교사가 매시간별 수업 시간에 수업활동을 통하여 학습자에게 성취되기를 기대하는 목표이다. 단원목표와 수업목표는 일반적으로 교사용지도서에 제시하고 있다.

이처럼 교육목표의 개념체계는 최상위의 개념인 교육이념으로부터 각 교육과정별 추구하는 인간상, 각 학교급별 교육목표, 각 교과별 교육목표, 학년별 교육목표, 단원의 교육목표, 수업목표 등의 순으로 점차로 구체화되어 간다. 따라서 교사는 이러한 교육목표들 간의 개념체계에 익숙하여야 하며, 이러한 여러 체계의 교육목표를 충분히 인식한 후, 교육 활동에 임해야 한다.

## 나. 교육목표의 의미

단위수업에서의 교육목표는 수업목표라 말할 수 있다. 수업목표란 수업을 마치고 난 후 학생들이 할 수 있을 것으로 기대되는 행위를 구체적으로 설명한 문장이다. 따라서 수업에서는 수업 후에 학생들이 이러한 기대되는 행위를 수행할 수 있도록 학생들을 지도하기 마련이다. 교사는 자신이 가르치는 학생들로 하여금 수업 후에 기대되는 수업목표를 효율적으로 달성할 수 있도록 자신의 수업을 철저하게 준비하고 열성적으로 지도하게 된다. 달리 표현하면, 교사는 자신의 수업을 준비하는 데 있어서 수업목표를 중심으로 계획한다. 이처럼 수업목표는 수업에서 중추적인 기능을 수행하게 된다. 수업목표의 기능은 다음과 같다.

① 교육 프로그램 또는 수업의 방향을 제시해 준다. 모든 수업활동은 결과적으로는 교육목표의 달성을 촉진할 수 있도록 계획되고 실행된다.
② 수업목표는 수업에서 가르쳐야 할 구체적 학습 내용을 선정하고 조직하는 데 있어서 그 기준이 된다.
③ 수업목표는 수업에서 수행되는 다양한 교수·학습 전략을 수립하는 데 기초가 된다.
④ 수업목표는 학생들의 학습성과에 대한 교육평가의 기준이 된다.

이와 같이 수업에서 중요한 기능을 수행하는 교육목표에는 어떠한 유형들이 있는가에 대하여 학자들 간에 여러 의견이 있지만 본 서에서는 대표적으로 블룸(Bloom)이 제시한 교육목표 분류학에 근거하여 살펴보고자 한다.

### 다. 교육목표의 분류

블룸(Bloom)과 그의 동료들은 교육목표를 세분화하는 작업을 수행하였다. 블룸 등은 생물학에서 동·식물을 분류할 때 사용하는 분류방식을 원용하여 인지적 영역과 정의적 영역의 교육목표를 분류하였다.

블룸 등은 1956년에 출판한 교육목표 분류학에서 인지적 영역의 교육목표를 지식(knowledge), 이해(comprehension), 적용(application), 분석(analysis), 종합(synthesis), 평가(evaluation)의 6개 하위 영역으로 분류하였다.

이에 더해 1964년에 출판한 교육목표 분류학에서는 정의적 영역의 교육목표를 감수(receiving), 반응(responding), 가치화(valuing), 조직화(organizing), 인격화(characterization) 등 5개 하위 영역으로 분류하였다.

블룸 등이 분류한 인지적 영역과 정의적 영역의 교육목표를 구체적으로 정리하면 다음과 같다.

### (1) 인지적 영역(cognitive domain)

인지적 영역의 교육목표는 해당 목표를 수행하는 데 요구되는 지적 작용의 복잡성 수준에 따라서 6개의 하위목표들로 구분하고 이를 다시 세분화하였다.

① 지식(knowledge) : 인지나 재생에 의하여 사실, 개념, 원리 등 학습한 내용을 기억해 내는 행동을 말한다.

② 이해(comprehension) : 어떤 자료에 포함되어 있는 의미를 파악하는 능력으로 번역능력, 해석능력, 추리능력이 포함된다.

③ 적용(application) : 특정한 구체적 사태에 추상적 개념을 사용할 수 있는 능력을 말한다. 즉, 구체적 개념, 원리, 아이디어를 새로운 문제사태에 적용하는 능력을 말한다.

④ 분석(application) : 자료를 상대적 위계가 뚜렷해지거나 표시된 아이디어가 분명해지도록 단순한 개념이나 문장으로 나누어 그 의미를 명료하게 하는 것이다.

⑤ 종합(synthesis) : 전체를 구성하는 여러 요소나 부분을 하나로 묶을 수 있는 능력을 말한다.

⑥ 평가(evaluation) : 어떤 목적에 비추어 자료와 방법의 가치를 판단하는 능력을 말한다.

블룸의 교육목표 분류에 관한 흔한 비판 중의 하나는 교육목표 분류 영역이 사고의 본질과 그것이 가지는 학습과의 관련성을 너무 단순화시켰다는 것이다. 이러한 문제를 개선하여 앤더슨 등(Anderson et al., 2001)은 인지적 영역의 교육목표를 기억, 이해, 적용, 분석, 평가, 창안의 6개 영역으로 수정한 신 교육목표 분류학을 제시하였다.

### 신 교육목표 분류학 살펴보기

앤더슨 등(Anderson et al., 2001)은 블룸(Bloom)의 교육목표 분류 체계를 수정·보완하여 신 교육목표 분류 체계를 제시하였다.
이들은 학교교육의 많은 부분이 사실적 지식을 기억하는 활동이지만 이것을 개념적 지식, 절차적 지식, 메타인지적 지식으로 확장하고, 인지 과정도 기억을 넘어 이해, 적용, 분석, 평가, 창안으로 확장하였다. 신 교육목표 분류 체계는 학습자중심 수업과 관련해서 유용성을 갖는데, 이는 학생이 성취할 지식과 인지적 과정뿐만 아니라 최적의 수업과 평가 방법을 지시해 준다는 점이다.

✤ 신 교육목표 분류학은 교사들에게 다음과 같은 유용성을 제공

① 학생의 관점에서 교육목표들을 검토하도록 도와준다. 특정 목표를 성취하기 위해 학생들이 알아야 하고, 할 수 있어야 하는 것이 무엇인지를 검토하도록 도와준다.
② 고등 수준의 목표들을 교육할 가능성을 높여 준다.
③ 목표에 내재한 지식과 인지적 과정 사이의 필연적 관계를 볼 수 있도록 해준다.
④ 양질의 평가 문항을 짧은 시간에 작성하도록 도와준다. 탬플릿을 통해 문항을 찾아내고 교과 내용에 따라 약간씩 수정할 수 있다.
⑤ 목표, 교수방법, 평가 간의 일관성 유무를 쉽게 파악하도록 해준다.

### (2) 정의적 영역(affective domain)

정의적 영역의 교육목표는 어떤 가치나 신념을 받아들여서 자신의 것으로 내면화해 가는 정도에 따라 5개의 하위목표들로 구분하고 이를 다시 세분화하였다.

① 감수(receiving) : 특정한 현상이나 사상에 대하여 주의를 기울이는 단계를 말한다.
② 반응(responding) : 특정 현상에 대하여 학습자가 능동적으로 반응하는 것을 말한다.
③ 가치화(valuing) : 어떤 행동에 대하여 일관성과 안정성을 가지고 가치를 지향하는 것을 말한다.
④ 조직화(organization) : 여러 가지의 가치를 하나의 체제로 조직하는 것을 말한다.
⑤ 인격화(characterization) : 특정 가치관이 학습자에게 내면화되어 그 가치에 따라 행동을 일관성 있게 유지하는 것을 말한다.

### (3) 운동·기능적 영역(psycho-motor domain)

운동·기능적 영역은 블룸 등이 완성하지 못하고 1972년에 해로우(Harrow)가 분류·제시하였다. 더러 이 용어를 직역하여 '심동적'으로 표현하기도 한다. 해로우는 특정의 운동·기능을 구분 동작으로부터 자동화해 가는 단계에 따라 다음과 같이 여섯 단계로 세분화하였다.

① 반사운동(reflex movement) : 자극에 대하여 무의식적으로 수행되는 반사적 행동으로 개인의 의지와는 관계없이 수행된다.

② 기초운동(fundamental movement) : 반사운동과 결합된 걷기, 달리기 등과 같은 행동으로서 개인의 의지에 따른 가장 기초적인 운동으로서 붙잡기, 매달리기, 달리기, 구르기 등의 운동기능이다.

③ 운동지각력(perceptual abilities) : 감각기관을 통하여 주변의 자극을 인식하고 이에 대처하고 적응하는 능력으로서 균형 잡기, 공 피하기 등의 운동기능이다.

④ 신체적 능력(physical abilities) : 민첩하고 유연한 신체적 능력으로 왕복달리기 등과 같은 숙련된 운동기능의 기초가 된다.

⑤ 숙련된 운동(skilled movement) : 다양한 신체적 기능을 통합한 비교적 복잡하고 숙련된 운동능력으로서 각종 구기운동, 수영, 무용, 체조 등이 해당된다.

⑥ 동작적 의사소통(non discursive communications) : 얼굴 표정이나 손짓, 발짓 등을 포함하여 정교한 신체적 동작이나 운동을 통하여 의사소통을 이루는 창의적 운동능력을 말한다. 축구선수가 골을 넣은 후 기쁨에 넘쳐서 세리머니를 하는 것 등을 말한다.

## 라. 교육목표의 진술

교육목표는 그것이 의미하는 바를 명확히 하기 위해서 어떻게 진술되어야 하는가의 문제가 중요하다. 타일러(Tyler)는 교육목표가 학습 내용을 선정하고, 학습활동을 안내하는 길잡이가 된다고 주장하였다. 또한, 학습성과를 평가하는 명확한 기준이 되기 위해서도 교육목표가 의미하는 바를 서로 다르게 해석하지 않도록 명확하게 진술되어야 함을 강조하였다.

### (1) 타일러(Tyler)의 행동적 목표 진술

타일러는 교육목표가 의미하는 바를 명료하게 하기 위하여 교육목표를 진술할 때 행동목표로 진술할 것을 주장하였다. 행동목표란 학습의 결과인 도착점 행동을 관찰 가능한 용어로 진술하는 것을 말한다. 그는 교육목표를 행동적 목표로 진술하기 위하여 교육목표를 진술할 때 '어떤 내용에 관한 어떤 행동'이라는 식으로 '내용'과 구체적 '행동'을 동시에 진술하여야 한다고 하여 교육목표 이원분류표를 제안하였다. 교육목표 이원분류표는 교육목표를 내용차원과 행동차원이라는 이차원 구조로 제시함으로써 보다 분명하고 간명하게 교육목표를 진술할 수 있다고 하였다. 예를 들어, 인체의 기능에서 '영양'이라는 내용차원과 '중요한 사실 및 원리의 이해'라는 행동차원을 연결하면 교육목표는 '인체의 기능 중 영양에 관한 중요한 사실 및 원리를 이해한다'라는 목표로 구체화된다. 이처럼 타일러는 교육목표를 내용차원과 행동차원으로 구분하여 제시하면 학습경험을 선정하고, 학습활동을 안내하며, 학습성과를 평가하는 데 도움을 얻을 수 있다고 강조하였다.

### (2) 메이거(Mager)의 목표 진술

메이거(1962)는 교육목표를 내용과 행동으로 진술하는 것만으로는 충분하지 못하다고 보고 타일러의 교육목표 진술방법을 보다 더 구체화하였다. 메이거는 교육목표를 진술할 때는 그 목표에의 도달 여부를 확인할 수 있는 행위 동사를 사용하여 진술하여야 하는데, 이때 그 동사가 대안적 해석이 불가능한, 다시 말하면 달리 해석될 여지가 없는 명시적 동사를 사용하여야 한다고 하여 이를 암시적 동사와 비교하였다. 메이거는 교육목표를 진술할 경우에는 진술된 교육목표를 읽고 다른 의미로 해석되는 것을 방지하기 위해서는 그 의미가 분명한 명시적 동사를 사용할 것을 권장하고 있다. 예를 들어, '강아지와 고양이를 구분할 수 있다'는 목표는 그 의미를 잘못 해석할 여지가 없어 적절한 목표가 되지만 '강아지와 고양이의 차이점을 안다'고 목표를 진술하면 그 의미를 잘못 해석할 수가 있어서 적절하지 못한 목표가 된다. 이처럼 메이거는 명시적 동사를 사용해서 교육목표를 진술해야 하지만 아울러 교육목표는 다음과 같은 세 가지 요건을 갖추고 있어야 한다고 하였다.

① 도착점 행동(performance) : 학습자가 학습목표에 도달한 증거로 확인할 수 있는 행동

② 상황이나 조건(conditions) : 그러한 행동이 일어나는 환경적 조건

③ 도달수준(criterion) : 그러한 행동을 학습 성공으로 받아들일 수 있는 수준

메이거가 제시한 이러한 요건들을 반영한 수업목표 진술의 예를 보면 다음과 같다(권낙원 외, 2011).

① 학생들은 인체 해부도가 제시되면(조건), 100% 정확하게(수락기준), 각 부분의 명칭을(수업결과) 말할 수 있다(수업행동).

② 학생들은 남북 분단의 원인에 관한 설명을 듣고 나면(조건), 분단의 직접적인 원인(수업결과)을 3개 이상(수락기준), 열거할 수 있다(수업행동).

③ 학생들은 애국가 악보가 제시되면(조건), 음계를(수업결과) 세 번 이상 틀리지 않고(수락기준) 노래할 수 있다(수업행동).

### (3) 가네와 브릭스(Gagné & Briggs)의 목표 진술

가네와 브릭스(1979)는 목표 진술의 애매성을 극복하기 위하여 다음과 같은 다섯 가지 요소가 반드시 포함되어야 할 것을 주장한다.

① 행위 : 타인이 관찰할 수 있는 성취 행동을 기술한다(글을 쓰다, 타이핑하다 등).

② 목적(혹은 대상) : 수행한 행동의 결과로써 학습자가 무엇을 달성하였는가를 기술한다. 또한 이는 성취 행동의 대상이기도 하다.

③ 상황 : 학습자의 성취 행동이 표현되는 상황을 기술한다(~이 주어지면).

④ 도구와 기타 제약 조건 : 성취 행동이 어떻게 수행되어야 하는 것으로, 도구(예컨

대 볼펜으로, 타자기로 등)와 행동에 가해지는 제한 사항(힌트를 보지 않고서)을 기술한다.

⑤ 학습된 능력: 성취 행동의 종류나 학습된 능력을 기술한다(창안한다, 분류하다 등).

이 진술 방법의 특징은 행위의 대상을 목표 진술의 구성 요소로 삼고, 학습되어야 할 능력을 세분하여 행동적 용어의 사용을 주장하고 있다. 하지만 메이거의 모형과 비교해 볼 때, 수업 행동의 수락 기준이 불명확하다는 점 등이다.

이 방식에서 무엇보다도 중요한 것은 행동적 용어의 선정이다. 수업목표를 구체적이며 명확하게 진술하기 위해서는 그에 적합한 행동적 용어를 써야 한다. 이를테면 '설명하다', '열거하다', '비교하다'등과 같이 특정 행동이 일어나는 구체적인 모습을 보는 것과 같은 용어를 활용하여야 한다. 반면에 '이해하다', '생각하다', '감상하다' 등의 비행동적 용어를 피해야 한다.

### (4) 그론룬드(Gronlund)의 목표 진술

그론룬드(1973)는 수업의 일반적 방향을 명시해 주는 기준으로서 일반 교수목표와 평가의 구체적 지침이 되는 명세적 목표로의 이원적 분류가 필요하다고 보았다. 구체적으로 일반 교수목표는 안다, 이해한다 등과 같이 직접 관찰되거나 측정될 수 없는 암시적 동사를 사용하여 교수의 방향을 지시해 주어야 한다고 강조하였다. 기존 메이거식의 목표 진술방법은 너무나 구체적으로 세분되어 그것만 가르치고, 그것만을 평가하는 문제와 너무나 많은 목표가 있으므로 수업의 방향을 지시해 주는 데 문제가 있다고 지적하였다. 또한, 명세적 교수목표는 일반 교수목표를 명세적으로 나열하는 교수목표가 된다. 예를 들어 "삼국시대의 특수 사실을 안다"라고 하는 것은 일반 교수목표이고, 이를 교수자가 조작적인 입장에서 명세적으로 나열하게 되면 첫째, 중요한 사건과 인물·장소 및 시기를 찾아낸다. 둘째, 이 시대의 중요한 특징을 열거한다. 셋째, 중요한 역사적 사건을 연대순으로 배열한다. 등으로 나열할 수 있게 되는 것이다.

그론룬드가 제시한 목표 진술 과정을 일반적으로 요약하면 다음과 같다(권낙원 외,

2011).

① 주어진 단원을 포함되도록 8~12개의 일반 교수목표를 일반동사를 사용하여 진술한다.

② 일반 교수목표를 달성했을 때 학생이 나타내는 도착점 행동인 일련의 명세적 교수목표들을 각 일반 교수목표 아래 진술한다. 여기서 명세적 목표는 관찰될 수 있는 충분한 수로 일반 교수목표와 일관성을 나타내야 한다.

③ 일반 교수목표를 명세적 교수목표로 재정의하는 과정에서 필요에 따라 일반 교수목표를 재조정한다.

### (5) 아이즈너(Eisner)의 행동적 목표 진술에 대한 비판과 대안

타일러나 메이거 및 가네와 브릭스가 주장한 행동적 목표 진술에 대하여 아이즈너는 다음과 같은 몇 가지 비판적 견해를 제시하고 있다(권낙원 외, 2011).

① 사전에 교육목표를 상세하게 규정하는 것은 실제 수업상황과 맞지 않는다. 왜냐하면 실제 수업의 과정은 매우 다양하고 역동적이기 때문이다. 사전에 교육목표를 구체적으로 설정하고 진술할 수 있는 것은 극히 일부의 예측 가능한 것에 지나지 않는다.

② 교육목표의 상세화가 모든 교과에 적합하지 않다. 교육목표를 세분하는 것이 바람직하거나 가능한지 등의 여부는 각 교과의 특성에 따라 다르다. 예컨대 예술 분야의 교과에는 교육목표의 상세화가 부적합할 뿐만 아니라 바람직하지도 않다. 미술이나 음악과 같은 교과에서는 예기치 않았던 심미안이나 창의력, 독창성, 그리고 신기성 등이 학습될 가능성이 크기 때문에 이들 교과의 목표를 사전에 세분하는 것은 바람직하지 못한 것이다.

③ 교육목표를 교육 내용보다 먼저 결정하는 것이 논리적으로 타당할 수 있으나, 심리학적으로는 그렇지 못하며, 또한, 학교교육의 실제도 그렇지 않다. 왜냐하면 교사는 종종 수업이 진행되는 과정에서도 목표나 실행 가능한 결과들을 설정할 수 있기 때문이다. 교육목표를 구체적으로 세분해 진술하는

것은 오히려 수업목표의 달성을 저해할 뿐만 아니라, 이것이 하나의 교리처럼 작용할 위험도 있다.

④ 논리적으로 정의된 행동적 목표는 그 자체의 논리 때문에 매우 제한된 범위 내에서만 가치로울 뿐이다. 우리가 진정으로 가르치려고 하는 것의 대부분은 논리적 형태로 표현되지 않는다. 예를 들면, 미묘한 경험이나 인간의 감정 등에 관한 논리는 매우 부족한 실정이다. 그럼에도 불구하고 모든 것을 언어로 기술하거나 측정하려는 사고는 옳지 못하다. 만일 교육의 모든 것을 언어로 기술할 수 있다거나 측정할 수 있으리라고 기대하는 것은 너무 적은 것만을 기대하는 꼴이 되고 만다.

아이즈너는 이러한 행동목표의 문제점을 지적하고 행동적 목표에 대비되는 것으로 '문제해결목표'와 '표현적 목표'라는 두 가지를 제안하였다. 먼저 그가 말하는 문제해결목표란 수업에서 문제해결을 요구하는 형태로 수업목표가 진술되는 것을 말한다. 즉, 문제해결목표란 어떤 문제와 그 문제를 해결할 때 지켜야 할 조건이 주어지면, 그 조건을 충족시키면서 문제를 해결해야만 하는 경우를 말한다. 따라서 이 경우에는 문제해결을 위한 조건은 분명하지만 그 조건하에서의 해결책은 다양하게 탐구될 수 있는 것이다. 행동목표의 경우처럼 미리 정해진 해결책을 학생들이 탐구해 내도록 요구하는 것이 아니라 학생들로 하여금 다양한 여러 가지 해결책들을 탐구하도록 요구하는 목표이다.

표현적 목표란 학생들이 아무런 목표를 정해 놓지 않은 상태에서도 무엇인가 재미있고 유익할 것으로 생각되는 활동을 수행하면서 학교생활을 한다는 것이다. 이처럼 목표를 미리 정해 놓지 않은 상태에서 어떤 활동을 수행하는 중간이나 마지막에 교육적으로 바람직한 어떤 결과를 얻을 수도 있는데, 이를 행동목표나 문제해결목표와는 달리 표현적 결과로 부른다.

아이즈너는 표현적 목표의 평가를 '교육적 감식안'(educational connoisseurship) 또는 '교육비평'(educational criticism)이라고 한다. 교육적 감식안이란 교사가 마치 예술가들처럼 평가하는 것을 염두에 둔 것으로 예컨대, 경험이 풍부한 전문성을 갖춘 미술

교사가 학생들의 미술작품을 보고 그 질적 차이를 구별해 낼 수 있는 안목을 말한다. 교육비평이란 이러한 감식안을 지닌 전문가가 구별해 낸 질적 차이를 일반인들도 이해할 수 있도록 언어로써 표현한 것을 말한다. 아이즈너는 이처럼 예술교과에서는 행동목표나 문제해결 목표보다는 표현적 결과가 중요시되며, 이에 대한 교육적 감식안이 필요함을 강조하였다.

## 2 교육 내용의 선정과 조직

### 가. 교육 내용의 선정

교육목표가 정해지면, 그 목표는 교육과정상의 적절한 내용으로 바뀌어야 한다. 다시 말해, 교육 내용은 교육목표를 구체적인 활동으로 전환한 것이 되는 것이다. 목표를 내용으로 바꿈에 있어 우리는 신중할 필요가 있다. 가장 기본적으로는 교육목표를 설정했던 본래의 취지를 어떻게 하면 정확히 살려서 교육 내용으로 바꿀 수 있느냐의 문제라 할 수 있다. 빼어난 교육목표도 그것을 내용으로 적절히 반영하지 못한다면 결국엔 아무런 의미가 없다고 해도 무방할 것이다. 교육 내용 선정에 있어 가장 기본적으로 고려해야 할 내용과 기준은 무엇이고, 이에 효과적으로 고려되어야 하는 원리에는 무엇이 있을까를 유념해야 할 것이다.

#### (1) 기본적인 교육 내용으로 교과와 경험을 고려

내용이란 교육목표를 달성하기 위한 것으로 교수·학습활동을 매개하는 매개체가 된다(박현주, 2005).

교육 내용의 선정은 교육이나 교육과정을 무엇으로 규정하는가에 따라 달라지며, 또한 그 조직 방식도 달라진다. 예컨대 교과중심 교육과정 이론, 경험중심 교육과정 이론, 학문중심 교육과정 이론 및 인간중심 교육과정 이론은 결국 교육관이나 교육과정을 보는 시각의 차이에 따른 결과이다. 교육과정의 핵심 화두인 '무엇을 가르칠 것인가'의 물음에 대한 서로 다른 답변의 결과인 것이다.

이 물음과 관련하여 가장 극명하게 대비되는 두 가지 답은 '교과'와 '경험'이다. 교육과정에 관한 이들 두 관점은 전통주의와 진보주의로 대별되며, 교과와 경험 중 강조점을 어디에 두느냐에 따라 변천을 거듭해 왔다. 결국 교육과정은 2개의 큰 흐름, 즉 전통적으로 지속되어 온 교과를 강조하는 입장과 그에 대한 비판으로 제기된 경험을 강조하는 입장에 따라 서로 다르게 정의되어 왔다고 볼 수 있다. 전통주의자들이 교육과정의 본질적이며 항존적 성격을 강조하는 데 반하여 진보주의 교육자들은 교육과정의 실용성과 학생들 삶과의 연계성을 강조한다.

### ① 교과를 강조하는 흐름

교육 내용이라고 할 때 전통적으로 우리의 머리에 떠오르는 것은 교과이다. 학교는 전통적으로 교과를 가르치는 일에 주력해 왔고 지금도 마찬가지이다. 교육이 '무엇인가를 의도적으로 가르치는 행위'이고, 그 '무엇' 곧 교육 내용이 교과로 편성·제시되는 것이라면 학교교육이 교과를 중심으로 이루어지는 것은 매우 자연스러운 일이다.

역사적으로 볼 때, 교과가 곧 교육 내용이라는 인식은 이미 교육이 이루어지기 시작한 초기부터 일반화되었다. 교과가 바로 지식이고, 그러한 교과들은 진리에 기초하며, 지식 자체가 인간적 미덕이고, 지식이 참된 삶의 결정적 요소라는 논리가 정당화되면서 점차 견고해져 왔다. 예컨대 르네상스 시대에 인문교과를 강조한 것이나 피터스(Peters)나 허스트(Hirst) 등이 강조한 관점이 그것이다. 허스트 등은 고대 그리스 시대의 자유교육을 교육의 전형적 모습이라 보고 이를 다시 구체화하여 교과를 '지식의 형식'으로 규정하였다(1974). 이들은 지식을 '인간과 사물을 보는 방식이나 안목'으로 규정하며, 주요 지식의 형식들을 각기 독특한 중심 개념, 논리적 구조, 표현 방식, 검증 방식에 따라 수학, 자연과학, 인문과학, 역사, 종교, 문학과 예술, 철학 등으로 구분하고 있다.

교과를 강조하는 입장에서는 내용의 조직에서도 논리성을 강조한다. 이른바 논리적 조직(logical organization) 원칙을 중시한다. 예컨대 계속성의 원칙이나 계열성의 원칙이 바로 그것으로, 학문중심 교육과정을 주장하는 사람들이 제안하였던 나선형 교육과정(spiral curriculum)이 이를 잘 대변하고 있다.

② 경험을 강조하는 흐름

진보주의 교육자들은 전통주의자들처럼 학생들의 삶과 거의 관련이 없거나 적은 교과를 가르치기보다 학생들의 삶에 도움이 되는 내용을 가르칠 것을 주장하였다. 즉, 교과를 가르치되 그 내용이 학생들의 삶과 연결되어야 하며, 그들의 문제를 해결하는 데 도움이 되는 것이어야 한다고 주장한다. 교육방법 또한 교사가 전달하는 내용을 학생들이 단순히 암송하는 것이 아니라 학생들의 경험을 통한 이해와 문제해결의 방법 등을 강조하였다. 이에 따라 교과의 가치를 판단하는 기준으로 생활영역에서의 유용성을 들고 있다.

특히 듀이(Dewey, 1938)는 교육을 생생한 삶의 경험(life-experience)이라는 관점에서 이해하고자 하였다. 그는 교육을 계획하거나 기획하는 일은 당연히 '경험'을 근거로 이루어져야 한다고 주장하면서 만약 경험적 토대가 형성되지 못한 상태에서 교육이 이루어진다면 교육은 마치 바람에 날리는 나뭇잎처럼 우연히 생겨난 지적인 유행에 불과하다고 하였다. 그리고 그는 교육이 인간의 사회적 삶을 영속시키기 위한 것이라는 측면에서 볼 때 교육은 함께 살아가는 과정 그 자체를 의미하는 것으로 교육과 삶은 같은 맥락에서 이해되어야 한다고 주장하였다.

인간의 삶과 경험을 교육과 동일한 맥락에서 이해한 듀이의 시각은 교육이란 삶의 연속성에 내포된 환경에 대한 계속적인 재적응이며 교육의 과정은 경험의 끊임없는 재구성으로 본 것이다. 삶 그 자체에서 학습하려는 성향, 모든 사람으로 하여금 삶의 과정에서 학습할 수 있도록 삶의 조건을 스스로 만들어 가려는 성향은 학교교육이 가져올 수 있는 최상의 결과물인 것이다. 듀이가 말하는 '교육적 경험'도 이러한 성향의 발전에 기여할 수 있는 것이어야 한다. '교육적 경험'은 삶과 교육이 동일시될 때, 그가 말하는 완전한 경험인 '하나의 경험'과도 같은 개념으로 볼 수 있다.

경험을 중심으로 가르치자고 주장하는 입장에서는 그 조직 방식도 논리적 조직보다 심리적 조직(psychological organization)을 더 선호한다. 다시 말해, 학습자들의 발달 단계나 흥미 등을 고려한 조직을 강조하는 것이다. 또한, 교과의 유형도 학문영역별로 분리된 것보다는 통합된 것을 더 중시한다. 경험중심 교육과정에서 제안하는 통합 교육과정이 바로 그것이다.

### (2) 교육 내용을 선정하는 기준

교육목표를 어떻게 하면 가장 효과적으로 구체화할 수 있을 것인가? 이와 관련해 우리는 크게 다음과 같은 기준들을 떠올릴 수 있다.

#### ① 내용의 유의미성

교육목표를 구체화하는 교육 내용 선정의 기준으로 작용하는 유의미성은 일정한 내용이 그 학문분야에서 얼마나 본질적인 내용을 다루는가를 따져보는 것이다. 여기서 본질적인 내용이란 하나의 학문분야에만 국한되는 것이 아니라 다른 학문분야를 학습함에도 기초가 되는 경우를 포함하는 것이다. 이러한 기준은 1960년대 학문중심 교육과정의 출현과 더불어 내용 선정에 있어 가장 합리적인 기준으로 여겨지고 있다.

#### ② 내용의 타당성

교육목표를 구체화하는 교육 내용 선정의 기준으로 작용하는 타당성은 우리가 가르치고 배워야 할 모든 내용을 골고루 그리고 적절히 다루느냐와 관련된다. 이러한 타당성은 다수의 전문가가 논리적으로 중요하다고 여기는 공통적인 부분을 다루고 있느냐의 문제와 밀접히 관련된다. 또한, 선정하려는 교육 내용이 학습자의 수준을 고려하여 적절한 폭과 깊이를 다루고 있느냐와 관련된다.

③ 내용의 유용성

교육목표를 구체화하는 교육 내용 선정의 기준으로 작용하는 유용성은 우리가 가르치고 배워야 할 모든 내용이 현실 세계에 어떻게 전이될 수 있을까와 관련된다. 학습자의 요구와 사회적 필요에 부합하는 교육 내용으로 유용성을 확보하는 것은 학습자의 흥미를 일깨우고, 삶에 도움을 주는 중요한 가치라 할 수 있다.

④ 내용의 효율성

교육목표를 구체화하는 교육 내용 선정의 기준으로 작용하는 효율성은 학습자들이 가장 효율적인 방식으로 최대한의 성취를 이뤄낼 수 있도록 내용을 선정하는 것을 의미한다. 가용된 시간에 다양한 자원을 활용하여 최대한의 성취를 거두도록 비용 대비 가장 효과적인 상황을 산정하여 교육 내용이 선정되어야 함을 강조하는 것이다.

⑤ 내용의 균형성

교육목표를 구체화하는 교육 내용 선정의 기준으로 작용하는 균형성은 교육 내용이 학습자의 요구에만 치우칠 것이 아니라 사회의 요구나 교육과 관련된 다양한 집단의 요구가 골고루 반영되어야 한다는 것을 의미한다. 물론 사회 통합의 차원에서 보편적 가치의 습득은 매우 중요하다. 하지만 이와 더불어 오늘날은 다양한 문화와 인종의 역사성이 공존하기 때문에 그에 상응하는 균형성을 반영하여 교육 내용이 선정되어야 함이 마땅하다.

### (3) 수업 내용 선정의 원리

교육 내용은 교육과정 문서에 반영되고, 우리나라의 경우 각론에서 각 교과별 성취기준으로 나타나며, 이는 일정한 구속성을 지녀 교사들이 임의로 수정할 수 없는 것으로 인식되고 있다. 이에 비해 수업 내용은 수업에서 교사가 학생들에게 제시하는 내용이라 할 수 있다. 이러한 점을 감안할 때, 수업 내용에는 교과서에 실린 내용 외에도 여러 참고자료에서 다루는 다양한 것들이 될 수 있다. 본 서에서는 앞서 다룬 교육 내용을 선정하는 기준을 염두에 두고 수업 내용을 선정하는 원리를 따져보고자 한다.

① 타당성의 원리

㉠ 이는 수업 내용이 교육 내용을 반영해야 함을 의미한다.

㉡ 이는 단순히 수업 내용과 교육 내용의 일치하는 것이 아닌 수업 내용은 교육 내용에서 강조하는 지식, 기능, 가치를 잘 전달할 수 있는 최적의 수단이어야 함을 말한다.

㉢ 만약 교육 내용이 민주시민의 자질을 함양하는 것이라면 수업 내용은 이에 관한 적절한 자질을 사례들로 담고 있어야 하는 것이다.

② 확실성의 원리

㉠ 이는 수업 내용이 믿을 수 있는 것이어야 함을 의미한다.

㉡ 새롭게 발견되는 지식과 사실들에 민감하게 반응하여 절대적인 진리를 다시 살펴보고, 학문의 지속적인 발전에도 관심을 기울여야 하는 것이다.

③ 명확성의 원리

㉠ 이는 수업 내용이 전달하는 의미가 분명해야 한다는 것을 의미한다.

㉡ 수업자료로 쓰이는 글은 맞춤법에 맞아야 하고, 삽화 등은 분명한 메시지를 담고 있어야 한다.

㉢ 단락의 구성은 사실들의 단순한 나열을 넘어 인과관계나 결과를 뒷받침하는 다양한 증거를 제시하는 방식으로 명확하게 기술되어야 한다.

④ 가능성의 원리

㉠ 이는 수업 내용이 학습자의 능력 수준을 고려하여 알맞게 기술되어야 함을 의미한다.

㉡ 학습자의 능력 수준에 맞는 어휘 선정, 문장 길이, 단락 구분이 필요하고, 교육 내용은 압축하고, 교과서를 포함한 수업자료의 분량은 충분히 확보하여 교과서를 읽는 것으로도 교육 내용을 이해할 수 있도록 해야 한다.

㉢ 예를 들어, 수업자료에 실린 어휘가 사용하지 않는 어려운 용어이거나 수업자료에 할당된 면수에 비해 지나치게 많은 교육 내용이라면 학생들은 이를 이해할 수 없게 된다.

⑤ 균형성의 원리

㉠ 이는 특정 집단의 이익에 도움을 주는 내용을 담아서는 안 된다는 것을 의미한다.

㉡ 수업 내용이 학생들에게 성별, 직업, 계층, 특정 지역 등에 관한 편견을 심어주는 것이어서는 안 될 것이다.

㉢ 예를 들어, 수업자료의 삽화가 남성을 여성에 비하여 우월한 존재로 묘사한다든지, 수업자료의 내용이 도시 지역을 농촌에 비하여 살기 좋은 곳으로 묘사하는 내용은 피하는 것이 좋다.

⑥ 흥미의 원리

㉠ 이는 수업자료의 내용이 학생들의 흥미를 유발할 수 있어야 함을 의미한다.

㉡ 교육 내용을 전달하기 위한 수업자료의 내용은 매우 다양할 것이다.

㉢ 예를 들어, 여러 가지 도형이라는 교육 내용을 전달하기 위해서는 평면 그림, 입체 그림, 사진 등 다양한 수단이 동원될 수 있으나, 이들 중에서 학생들의 흥미를 가장 크게 유발하는 수단이 수업 내용이 될 자격이 충분하다고 말할 수 있다.

⑦ 연계성의 원리

㉠ 이는 수업 내용들이 서로 관련되고 일관성을 가져야 한다는 것이다.

㉡ 같은 교과의 학년별 수업자료에 실린 내용 간에 모순을 없애고 같은 내용을

다른 용어로 표현하는 것은 피해야 한다.

㉢ 같은 학년에 사용되는 수업자료(교과서)의 내용들도 서로 관련지어 기술하고, 같은 현상을 다르게 표현하는 용어나 진술들은 서로 간의 관련성을 밝혀두는 것이 좋다.

### (4) 학습활동 선정의 원리

학습자는 수업의 과정에서 다양한 활동을 하고, 그 성격과 유형에 따라 색다른 경험을 하게 된다. 이와 관련해 교사들은 무한한 상상력을 동원해야 하고, 효과적인 학습경험을 제공하는 것은 무척이나 어려운 일일 수밖에 없다. 이와 관련해 타일러는 『Basic Principles of Curriculum and Instruction』(1949)을 통해 다섯 가지의 원리를 제시했고, 마지막 유용성의 원리는 1981년에 제시하였다.

① 기회의 원리

㉠ 수업목표에서 의도하는 행위를 학생들이 실제로 해 볼 수 있는 기회가 충분히 제공되어야 한다는 원리를 말한다.

㉡ 소설을 읽고 문학에 흥미를 느끼는 것이 목표라면 소설을 읽을 기회를 제공해야만 목표가 달성된다. 또한 수업목표가 문제해결력을 기르는 데 있다면 학생은 여러 가지 새로운 문제들을 스스로 풀어보는 기회를 가질 수 있어야 할 것이다.

② 만족의 원리

㉠ 수업목표에서 의도하는 학습경험을 통해 학생들이 만족감을 느껴야 한다는 원리를 말한다.

㉡ 좋은 건강을 유지하는 것이 수업목표라면 학습경험을 통해 건강유지를 위한 유쾌하고 만족을 느끼는 경험이 필요하다.

㉢ 만약 경험이 불만족스러운 것이면 수업에서 기대하는 목표를 달성하기가 어

려울 것이다. 따라서 학습경험을 계획하는 교사에게는 학생들의 필요와 흥미뿐만 아니라 인간의 만족감의 원리나 통제에 대한 기본적인 이해가 요구된다.

③ 가능성의 원리

㉠ 학습경험에서 바라는 반응이 학생이 도달할 수 있는 능력 범위 내에 있어야 한다는 원리이다. 즉, 학습경험은 학생의 현재 능력, 학습 성취, 발달정도 등에 알맞아야 한다.

㉡ 학생들이 도무지 이해하기 어려운 내용이나 다른 사람들이 대신해 주지 않으면 불가능한 것들은 처음부터 학습경험 선정에서 제외되어야 한다.

㉢ 300개의 영어 낱말을 알고 있는 학생에게 셰익스피어의 희곡을 읽고 느낀 점을 작성시키려는 것은 가능성의 원칙에 어긋난다고 할 수 있다.

④ 일(一)목표 다(多)경험의 원리

㉠ 하나의 목표를 달성하는 데 수많은 학습경험을 사용할 수 있음을 나타내는 원리이다. 이론적으로 볼 때 특정의 수업목표를 달성하는 데는 거의 무한대에 가까운 다양한 학습경험이 있을 수 있다.

㉡ 논리적으로 사고하기 위해서는 언어영역에서 언어를 논리적으로 조직하고 구사하는 경험을 하게 하고, 수학에서 순서를 밟아 문제를 해결하는 경험을 하도록 하고, 과학에서 탐구 활동을 통해 원인과 과정 및 결과를 추론해 보는 등 다방면의 경험을 생각해 볼 수 있다.

㉢ 일목표 다경험의 원리는 여러 교사가 같은 수업목표를 추구하면서도 얼마든지 다양하고 생동감 있는 수업을 펼칠 수 있는 아이디어를 제공해 준다.

⑤ 일(一)경험 다(多)성과의 원리

㉠ 한 가지의 학습경험이 반드시 한 가지의 목표 달성에 유용하거나 한 가지의 학습성과만을 가져오는 것이 아니라 동시에 여러 가지 목표를 달성하거나

여러 가지 학습 결과를 가져온다는 원리이다.

㉡ 건강 관련 학습을 통해 건강상에 관한 지식뿐만 아니라 태도 및 흥미와 실천 요령도 길러진다. 수학 학습이 만족을 주지 못하면 수학을 아예 싫어하고 수학교사를 피하게 되고 학교생활에 흥미를 잃을 수도 있다.

㉢ 이 원리는 수업에서 긍정적인 측면과 부정적인 측면 모두를 가져올 수 있음을 시사한다. 긍정적인 면에서는 한 가지의 학습경험으로 여러 가지 학습성과를 가져올 수 있어 효과적이지만 원래 의도하지 않았던 좋지 못한 부산물을 가져올 수도 있는 위험성도 있음을 주지해야 한다.

⑥ 협동의 원리

㉠ 협동의 원리는 학생들에게 함께 활동할 수 있는 기회를 주는 것이 좋다는 것을 나타내는 원리이다.

㉡ 교육목표가 학생들의 협동적인 작업을 필요로 할 때는 말할 것도 없지만 같은 목표를 달성하는 활동이 여러 가지가 있다면 가급적 학생들에게 협동할 기회를 제공하는 것이 바람직하다.

㉢ 협동은 학생들에게 흥미를 불러일으키고 학습동기를 지속시키는 데도 도움을 주며 서로 간에 부족한 점을 보완하는 효과를 지니고 있기 때문이다.

## 나. 교육 내용의 조직

교육 내용이 선정되면 무엇을 먼저 지도하고 어떤 것을 나중에 지도할 것인가 등 순서를 결정해야 할 것이다. 보통 시퀀스(sequence)란 용어로 표기하기도 하는데, 학습 내용(경험)을 조직하는 원리에 대해 타일러(Tyler)는 계속성의 원리, 계열성의 원리, 통합성의 원리 등 세 가지 원리를 제시하고 있다. 이 원리들은 기본적으로 수직적 원리(계속성, 계열성)와 수평적 원리(통합성, 범위)로 나뉜다.

## (1) 교육 내용의 조직 원리

### ① 계속성의 원리

계속성의 원리는 교육 내용의 종적 관계에 관한 문제로서 반복의 원리라고 할 수 있다. 교육 내용 조직에 있어서 중요한 개념, 원리, 사실 등의 학습을 어느 정도 계속해서 반복학습을 할 수 있도록 하기 위한 것이다. 즉, 이 원리는 학습심리 면에서 지각의 법칙이 근거가 되는 것으로 학습자가 학습한 내용을 망각(忘却)되지 않을 정도까지 학습되게 하기 위해서는 학습목표와 직결된 지식이나 과정 또는 행동양식이 어느 기간 동안 계속 반복학습이 되도록 조직해야 한다는 것이다.

계속성의 계획은 대체로 첫째는, 교과내용 분야에서의 계속성을 기하는 일과, 둘째는 각급 학교 수준 간에, 그리고 동일한 수준에서의 교과목 상호 간에 연계성(articulation)을 기하는 일, 셋째는 개개 학습자의 경험 속에서 계속성을 기하는 세 가지 방식으로 전개될 수 있다.

### ② 계열성의 원리

이 원리는 교육 내용 조직의 종적 관계에 관한 점으로는 계속성과 같으나, 계속성의 원리가 개념, 원리, 사실 등의 단순한 반복에 관한 원리임에 비추어 계열성에는 질적인 심화성(深化性)과 양적인 확대성(擴大性)에 관한 문제를 주로 한다. 따라서 계열성에서는 선행학습과 후행학습의 순서를 정하는 데 있어 선행학습의 내용을 기초로 하여 다음 내용은 학습량이 보다 많아지고 그 수준도 높아지도록 조직해야 한다는 원리이다. 교육 내용 조직의 계열성을 살리기 위하여 그 기반이 되는 여러 가지 요인으로는 학습자의 성숙, 경험의 배경, 정신연령, 흥미, 실용성, 곤란성 등이며, 실제로 이러한 여러 가지 요인에 따라 교육 내용을 계열화할 때에는 논리성(선수학습에 기초해서 그다음 학습으로), 연대순(사상의 역사적 발생 순서대로), 구체적인 것에서 추상적인 것으로, 단순한 것에서 복잡한 것으로, 사회권의 확대 친숙한 내용에서 새로운(낯선) 내용으로, 현재에서 과거로(과거에서 현재로) 등의 원칙이 고려되어야 한다.

### ③ 통합성의 원리

통합성의 원리는 한 영역의 한 가지 내용이나 경험, 능력들이 다른 여러 영역의 그것들과 어떻게 상호 관련을 갖도록 하느냐의 문제를 다룬다. 이는 여러 교과의 여러 학습 상황에서 얻어진 내용이나 경험들이 서로 독립적으로 관계없이 단절되어 있는 것이 아니라, 개개의 경험들이 상호 연결되어 통합됨으로써 보다 효율적인 학습과 성장·발달을 촉진할 수 있도록 조직하자는 것이다. 교육 내용의 조직에 있어 통합성이 부족하다면 교육 내용이나 경험 간에 불균형, 부조화가 생기며, 또 내용의 중복, 누락, 상극의 결과를 가져오게 된다. 학습경험의 통합을 보다 용이하게 해주기 위한 시도로서 논리적 방법, 심리적 방법, 절충적 방법 등의 내용조직 방법이 있다.

논리적 방법은 교육 내용을 배열함에 있어서 학습자의 심리적 특성을 기초로 하는 방법이다. 따라서 학습자의 성숙이나 성장·발달의 특징, 심리적·정신적인 경험의 민감성, 흥미와 필요, 또는 관심, 학습의 곤란도, 그리고 성공이나 실패가 학습에 미치는 영향 등을 연구하여 교육 내용을 조직하려는 방법이다.

절충적 방법은 위의 두 가지 방법을 절충한 것으로 학습자의 심리적 특성을 최대한으로 살리면서 한편으로는 교재의 논리적 순서와 그 발전이 보장되도록 배열하는 방법이다. 그리고 학습자의 활동에는 논리적인 발전의 순서가 있으며, 또 논리적인 교과나 교재에도 그 학습의 특유한 심리적 요소가 있다는 것을 인정하고 학습자의 발달 순서와 교재의 논리적 발전을 조화적으로 추구한다.

### ④ 범위의 원리

교육과정 조직의 원리에서 범위의 문제는 교육과정 내용의 폭과 깊이에 관련된다. 즉, 교육과정은 어떠한 내용을 어느 만큼이나 폭넓고 깊이 있게 다루어야 하느냐의 문제이다. 많은 교과목을 그냥 옆으로 쭉 나열해 놓기만 한다고 해서 교육과정이 조직되는 것은 아니다. 그렇다고 해서 아주 소수의 제한된 과목만을 가지고 한없이 파고 들어갈 수도 없는 것이다. 폭이 넓어질수록 깊이는 얕아지고, 깊이가 깊어질수록 폭이 좁아질 수밖에 없다. 이러한 폭과 깊이의 딜레마는 교육과정 조직에서 언제나 그 의사결정이 어려운 문제 중의 하나이다.

범위의 원리 가운데 고려해야 할 또 한 가지의 문제는 일반 교과와 특수 교과, 필수 교과와 선택 교과 등을 우리가 어떻게 균형 있게 화합을 시키느냐의 문제이다. 단일 교과 속에서 지적, 정의적, 운동 기능적 영역의 균형 있는 배합도 범위와 관련된 문제이다.

### (2) 교육 내용의 조직 방법

교육 내용의 조직 방법으로 널리 쓰이는 방법을 소개하면 다음과 같다.

#### ① 논리적 방법

논리적 방법이란 교과나 교재 내용의 논리적인 구조에 따라 '쉬운 것으로부터 어려운 것으로', '간단한 것으로부터 복잡한 것으로', '구체적인 것으로부터 추상적인 것으로', '가까운 것으로부터 먼 것으로'의 순으로 배열하는 방법으로서 주로 교과를 중심으로 한 교과과정 구성에서 적용된다.

이 방법은 좀 더 구체적으로 그 내용으로 보아 두 가지로 나눌 수가 있는데, 하나는 현행 교과서에 따라 논리적으로 조직 내용을 배열하는 방법이고, 다른 하나는 전문가에 의하여 논리적 순서, 시간적 장소와의 관계, 개념의식, 기능의 발달 등을 판단하여 학습경험을 배열하는 방법이다.

#### ② 심리적 방법

이 방법은 학습자들의 심리적인 특성을 토대로 교육 내용을 배열하려는 방법이다. 학습자의 성숙과 성장·발달의 특징, 심리적·정신적인 경험의 민감성, 흥미와 필요, 학습의 곤란도 또는 성공이나 실패가 학습에 미치는 영향 등을 고려하여 교육 내용을 배열하려는 것이다.

이 방법은 학습자의 심리적 특성이 토대가 되는 만큼 종래의 방법에 비하면 진보적인 방법이라고 생각할 수 있으나, 그 나름대로 난점을 내재하고 있다. 즉, 학습자 집단의 실태를 보면 그들의 흥미나 능력이 다양하고 변화가 많다는 것, 각 학습자의 흥미도에 따라 곤란을 극복하는 데 영향이 많다는 것 등 여러 가지 문제점이 개재되어 있으므로 이 방법도 그 원칙에만 의존할 수는 없는 것이다.

③ 절충적 방법

이는 위의 두 가지 방법을 절충한 것으로 학습자의 흥미를 중심으로 하면서도 한편으로는 교재의 논리적 순서와 그 발전이 보장되도록 배열하는 방법이다. 앞에서 본 논리적 방법이나 심리적 방법은 다 같이 동일한 내용을 서로 다른 측면에서 강조한 것이나, 실제에 있어서는 양 측면의 극단보다는 종합적인 견지에서 연구되어야 한다고 주장하는 학자들도 다수 존재한다.

학습자의 활동에는 논리적인 발전의 순서가 있으며 또 논리적인 교과나 교재에도 그 학습의 특유한 심리적 요소가 개재되었다는 것을 인정하고 학습자의 발달순서와 교재의 논리적 발전을 조화적으로 추구하는 방법이 절충적 방법이다.

현대 교육과정의 경향이 교과서나 교재 내용을 중심으로 하는 것보다 학습자의 생활경험의 확대를 위한 방법을 취한다면 학습자의 경험 과정을 중시하는 계열이 설정되어야 한다. 그리고 학습자의 이해도, 또는 경험의 장으로서의 생활환경을 충분히 고려하여야 할 것이다.

따라서 교육 내용을 조직함에 있어서는 교재나 교과보다도 학습자의 발달을 중심으로 한 입장에서 '생활권의 확대', '흥미활동으로 이동', '역사의식의 발달', '사회의식의 확대', '사회과정의 복잡성', '사회이념의 현실에로의 접근' 등을 생각해야 한다는 의견이 제기된다.

## 3 교수·학습 방법의 선정

교육 내용을 선정하여 조직하였으면 이것을 학생들에게 효과적으로 가르치기 위한 교수·학습 방법을 선정하여야 한다. 이때 가장 중요하게 고려할 요인이 바로 교육 내용 그 자체이다. 교육 내용의 성격에 적합한 수업 방법의 선정이야말로 교육목표 달성의 지름길이다. 이 밖에도 학습자들의 특성, 교사의 교육관이나 능력, 그리고 수업이 이루어지는 상황 등을 다양하게 고려하여야 한다.

이 과정에서 대부분의 교사는 "특정 교육 내용을 전달하는 데 어떠한 방법이 가장 효과적인 교수·학습 방법인가?"라는 고민에 부딪히게 되며, 이의 해결을 위하여 다양한 교수·학습 방법을 습득하고자 노력한다. 그러나 교사의 노력에도 불구하고 이상적인 교수·학습 방법과 관련한 물음은 쉽게 대답하기가 어렵다. 왜냐하면 최선의 교수·학습 방법을 선택하기 위해서는 학생의 능력, 학생의 수, 교수·학습 내용, 교수·학습 목표, 환경 등 여러 가지 수업 변인들을 고려해야 하기 때문이다.

이러한 관점에서 교수·학습 목표, 내용, 학습자 등의 다양한 수업 변인들을 고려한 여러 형태의 교수·학습 방법에 관한 연구는 끊임없이 이루어져 왔으며, 교사의 수업활동을 체계적이고 조직적으로 돕기 위하여 여러 가지 경쟁적인 교수·학습 방법들이 제안되고 있다. 현재까지 알려진 교수·학습 방법만 60여 개 이상이며, 새로운 교육 사조와 더불어 새로운 교수·학습 방법이 계속해서 개발되고 있다.

## 가. 교수·학습 방법 선정 기준

어떠한 교수·학습 방법이 특정 수업에 적합한지를 결정하는 데 있어 교사는 교수 상황의 맥락(시간과 장소), 학생 수, 학생 수준, 흥미, 사전 경험, 교육 내용, 교사의 능력 및 교육철학, 교사가 교수에서 강조하고자 하는 것(기능, 지식, 또는 가치)과 같은 교수 상황을 고려해야 한다.

교사는 또한 자신이 선택한 방법과 관련하여 그 방법에 요구되는 시간, 그 방법이 교사 및 학생에게 요구하는 것, 방법 사용 시 요구되는 자료, 방법이 초래할 결과 등과 같은 사항들도 고려해야 한다.

이렇듯 다양한 교수의 상황과 맥락 속에서 어떠한 방법이 적합한지를 결정하기 위하여 교사는 방법 선정에 관한 기준을 필요로 한다. 이러한 기준들은 효과적인 교수·학습 방법 선정에 도움을 제공할 뿐만 아니라 자신의 선택에 대한 당위성을 제공하기도 한다. 하이먼(Hyman, 1968)이 제시하는 교수·학습 방법 선정 기준은 다음과 같다.

① 교수·학습 방법은 교사의 능력, 교과목에 대한 지식, 흥미에 적합해야 한다.
② 학생의 능력, 즉 언어적 능력과 심동적 능력에 적합해야 한다.
③ 방법 가르치기(기능 지향), 내용 가르치기(지식 지향), 또는 행위 가르치기(가치 지향) 등의 교수·학습 목표에 적합해야 한다.
④ 시간 및 장소와 같은 교수 상황에 적합해야 한다.
⑤ 현재 가르칠 교과목에 적합해야 한다.
⑥ 가르칠 학생 수에 적합해야 한다.
⑦ 학생의 흥미와 경험에 적합해야 한다.
⑧ 학생과 교과목의 관계에 적합해야 한다.
⑨ 교사와 학생 간의 관계에 적합해야 한다.

## 나. 학교 현장에서 많이 쓰이는 교수·학습 방법

가르치려는 교육목표와 내용, 교사의 선호, 학생의 흥미와 준비도 등에 따라 학교 현장에서는 매우 다양한 교수·학습 방법들이 쓰인다. 대표적인 교수·학습 방법 여섯 가지를 살펴보면 다음과 같다.

### (1) 강의법

강의법은 인류의 역사상 가장 많이 사용되어 왔으며, 현재도 교육 현장에서 가장 많이 사용되고 있는 방법이라 할 수 있다. 강의법은 많은 지식을 다수의 학생에게 체계적으로 전달하기 위해서는 어떤 방법보다도 효과적이다. 시간을 절약할 수 있고, 유능한 교사가 강의하는 경우에는 학생들의 적극적인 참여와 더불어 감명 깊은 경험을 줄 수 있다.

그러나 강의법은 학생들의 흥미보다는 이미 존재하는 지식의 체계를 전달하는 데 기울어지기 쉽고, 학생들은 수동적으로 지식을 전달받기 때문에 문제해결력과 같은 차원 높은 정신력을 발전시키기가 어렵다. 교사의 강의를 필기하고 암기하거나 이해하는 정도에 그치게 되는 경우가 많고, 시간이 지나면 강의의 내용을 망각하기 쉽다.

### (2) 문답법

교사와 학생 사이에서 서로 질문을 주고받으면서 수업을 전개하는 형태가 문답법이다. 대개의 경우 교사가 발문을 하면 학생들이 응답하는 경우가 보통이지만, 학생들이 질문하고 교사가 응답하는 방법도 있다. 문답법의 역사는 그리스의 소크라테스(Socrates)가 아테네의 청년들을 모아 놓고 나무 밑을 거닐면서 대화의 형식으로 교육을 전개한 것에서 유래한다. 소크라테스는 지식의 체계를 학생들에게 전달하려고 하지 않았다. 소크라테스는 그가 기대하는 대답이 학생들에게서 나올 때까지 계속해서 질문을 하였다. 소크라테스가 자기 자신을 학생들이 진리를 인식할 수 있도록 도와주는 산파와 같다고 하여 소크라테스의 문답법은 산파술이라고도 불린다.

문답법은 학습하려고 하는 문제에 대하여 학생들의 흥미를 자극하고 이해를 도와주는 장점이 있다. 학생들은 강의법에서보다는 훨씬 더 능동적인 위치를 가지게 된다. 그러나 학생들이 학습해야 할 부분을 미리 예습하지 않거나 학습에 적극적으로 참여하려는 높은 동기를 가지지 못하는 경우, 또는 교사가 경험이 부족하거나 폭넓은 지식을 가지고 적절하게 수업을 유도하지 못하는 경우에는 수업이 충실하게 되지 못하는 단점이 있다(권낙원 외, 2011).

### (3) 토론(토의)법

토론이란 하나의 문제에 관련된 의견이나 제안에 대하여 찬반의 입장이 분명한 사람들이 나서서 그것에 대한 의사결정을 위해 함께 논의하는 말하기 방식이다.

원칙적으로 2인 이상이 서로 대립되는 쟁점을 제시하여 문제를 해결하는 과정이다. 토의가 참가자들의 협력적인 사고를 통해 문제해결을 지향하는 과정이라면, 토론은 참가자들의 대립적인 주장을 통해 결론에 도달하는 과정이라는 점이 다르다. 토론이 궁극적으로 의사결정 과정을 지향한다는 면에서는 넓은 의미에서 토의의 일종이라고 볼 수 있어서, 토의과정에서 토론과정이 포함되는 경우도 있다.

토론학습은 특정 주제에 대해 찬성과 반대의 의견을 가진 학생들의 상반된 구두발표를 바탕으로 해서 달성하고자 하는 학습성과를 학생 스스로 발견하여 알게 하는 일종의 교수·학습 방법이다. 토론의 과정은 문제를 확인하고 쟁점을 부각해서 각 주장이 갖는 장단점을 확인하고 합리적이고 실현 가능한 해결책을 찾기 위한 것이므로, 토론학습에서 자신의 의견과 상반된 의견으로 토론에 임한다고 해도 학생들은 그 나름대로 효과를 거둘 수가 있다. 논쟁을 주제로 수업을 할 때는 말 그대로 논쟁으로 끝나 버릴 가능성이 크다. 그러므로 논쟁 수업의 구체적 목표를 분명히 하는 것이 중요하다(권낙원 외, 2011).

토론법은 학생들이 능동적으로 토론을 전개해 감으로써 학습과제를 풀어 나가는 교수·학습 방법이다. 토론에는 교사가 참여하는 경우도 있지만 대개는 학생들끼리 토론하고, 교사는 토론을 이어가는 중재자 역할을 수행하는 것이 보통이다.

토론학습은 지식의 전달을 목표로 하는 것이 아니라 주어진 과제를 학생들이 스스로 해결해 나가도록 하는 방법이다. 태도, 가치의 문제나 정책의 방향에 대하여 서로 다른 의견을 가지고 있을 때 그러한 의견을 발표함으로써 일정한 방향을 모색하는 데에는 가장 효과적인 학습지도 방법의 하나이다.

### (4) 문제해결학습

문제해결학습은 주체학습에 입각한 형태로서 학습자의 생활 현실적 요구와 동기 유발에 의해 추진되는 학습이다. 문제해결이란 의문에 직면하여 과거의 경험이나 지식을 유효하게 활용하여 창조적 활동이나 반성적 사고를 통해 의문을 제거하고 명료하게 하는 것을 말한다. 즉, 반성적 사고에 의해 문제의 의혹이나 곤란을 제거하고 현실과 가능과의 사이의 대립을 없애며, 그 조화적 통일을 얻는 것이 문제해결인 것이다. 이와 같은 문제해결의 과정을 통해서 이루어지는 학습은 통합된 학습이 아니라 통합되는 학습이며, 학습자는 항시 수동적이 아니라 능동적, 생산적으로 문제와 대결하여 창조적, 합리적인 사고력을 길러 나갈 수 있다.

듀이(Dewey)는 이 점에 대하여 현대와 같이 급변하고 지식이 폭발적으로 증가하는 사회에 있어서는 스스로 주체적으로 대처, 적응해 갈 수 있는 능력을 배양해야 하는데, 그러기 위해서는 모든 사회사상을 문제로 포착해서 그에 대한 사회적 지식, 기능, 태도를 습득하도록 훈련시키지 않으면 안 된다고 말하였다. 듀이의 반성적 사고 5단계를 소개하면 다음과 같다.

① 제1단계: 곤란의 자각, 즉 곤란하다는 막연한 불안이나 당황함을 느끼게 되는 단계이다. 지금까지 알고 있는 것(이미 가지고 있는 지식), 자신의 경험 등과 당면한 문제사태와의 사이에 간극이 일어나서 모순이 생겨 곤란을 느끼는 단계이다.

② 제2단계: 그 곤란의 소재를 추궁하여 무엇이 문제인가를 명확히 한다. 말하자면 곤란을 명확히 하는 단계이다. 동물은 제1단계에서 불안을 느꼈다면 곧 충동적으로 행동을 일으키나 인간은 여기에서 문제점을 명확히 파악하기까지 결론을 보류한다. 즉, 생각나는 대로 행동하기 전에 결론을 보류하고 신중히 문제사태를 검토하는 단계인데 인간의 특징은 바로 여기에 있다.

③ 제3단계: 명확히 된 문제를 해결하기 위하여 가능하다고 생각되는 몇 가지의 대안적 방법(가설·예견·억측이라 말하는 것)을 착상하는 단계이다. 이것은 새로운 아이디어(idea)를 생각해 내는 것이나 물론 단순한 생각 정도의 것으로서 틀린 부분도 혼재해 있을 수도 있는 것이다.

④ 제4단계: 3단계에서 생각된 해결방법이 적절한 것인가의 추론(reasoning)에 의하여 검토, 확인하는 단계이다. 이 단계에서 부정되어 버리는 것도 있으므로 검토의 결과 선정한 것만이 남는다. 만약에 전부 부정되었다면 다시 제3단계로 돌아가야 한다. 말하자면 검증의 단계인 것이다.

⑤ 제5단계: 이와 같이 하여 선정된 가설을 다시 더 나아가 관찰이나 실험·행동

에 의하여 타당성 여부를 검증하여 보는 단계이다. 즉, 3단계에서 생각한 바를 믿을 것인가를 결단한다. 그것이 긍정되었을 때 문제해결은 종료된다. 만약에 부정되었다면 다시 3단계로 돌아가야 한다.

문제해결학습에서 교사는 학생이 자발적으로 문제를 해결하는 의욕을 갖도록 고취해 주며, 문제가 쉽게 풀리지 않는다고 포기하지 말고 끝까지 버티는 인내심을 길러 주어야 한다. 또한, 교사와 학생이 함께 토론하면서 문제해결 단계 및 전략을 익히고 나서 학생을 소집단으로 나누어 각 집단별로 문제를 해결해 보도록 한다. 즉, 교사와 함께 문제를 해결하는 훈련을 쌓은 다음에는 학생들을 몇 명씩 소집단으로 나누어 앞서 학습한 문제해결 단계 및 전략으로 학생 스스로 문제를 해결해 보도록 한다. 이때 교사는 각 소집단을 순회하며 필요한 도움을 준다. 각 소집단별로 해결이 되면 발표를 시키고 정리·요약한다. 여기서 유의할 점은 각 집단의 구성원 모두가 적극적으로 수업 활동에 참여하도록 세심한 지도가 있어야 한다는 점이다.

소집단 학습이 성공적으로 이루어진 후, 유사한 문제를 만들어 풀도록 하고 정답을 확인한다. 그리고 각자 유사한 문제를 만들어 풀어 보도록 한다. 이때 학습 부진 학생은 소집단 구성원들과 함께 만들어 풀게 한다.

### (5) 발견학습

발견이란 전에는 깨닫지 못했던 관계의 규칙성과 여러 가지 상호 간의 유사점을 찾아내는 것을 뜻한다. 발견학습이란 학생으로 하여금 이러한 발견의 방법으로 학습하도록 하는 것을 가리키는 것이다.

현대적인 의미의 발견학습이 등장하게 된 것은 앞에서도 살핀 바와 같이 계통학습은 지식 면(지식결과)에는 강하나 사고 면(지식과정)에는 약한 데 반해 문제해결학습은 사고 면은 강하나 지식 면이 약하기 때문에 두 입장을 상보하여 내용 면에서는 모든 지식에서 기본적, 본질적인 사항을 구조화하고, 방법 면에 있어서는 발견적 과정을 통하여 습득할 수 있도록 해야 된다는 필요에서다.

그런데 여기서 말하는 발견학습이라는 것은 엄밀히 말하자면 재발견의 학습인 것이다. 즉, 하나의 지식이나 기술의 원 발견은 그때그때의 사람들이 여러 가지 고비를 겪으면서 수년간에 이르는 고투의 결정으로서 겨우 이루어 낸 것이다. 이와 같은 원 발견의 과정을 어린이나 학생들에게 거치게 하는 것은 근본적으로 불가능한 것이다. 따라서 발견학습은 원 발견의 과정을 교육적으로 재편성하여 보통의 어린이도 거칠 수 있도록 쉽게 하여 이루어지는 학습방법이라 말할 수 있다.

브루너(Bruner)는 지식의 기본적인 원리나 개념의 명확한 이해와 그것의 응용 및 새로운 지식을 발견해 내는 데 필요한 학문의 탐구 방법과 창의력 등의 신장이 무엇보다도 선행되어야 한다고 주장하고 있다. 또한, 그는 발견적 행위라는 논문에서 "정확히 말하자면 설명적 교수와 가설적 교수의 두 가지가 있는데, 발견에 도움을 많이 주는 것은 후자이다"라고 말하고 있다. 그는 이제까지의 교수방법과 견주어 볼 때 그 자체 속에 귀납적 추리과정을 내포하고 있으며, 몇 가지의 적은 사례를 바탕으로 하는 직관(intuition)에 의한 '가설'을 세우고 이를 정확하게 증명해 나가는 것이 곧 발견학습이라고 말하면서 다음과 같은 네 가지 과정을 암시하고 있다.

① 사실이나 문제의 파악

도입단계는 발견해야 할 과제를 학생들에게 명확하게 붙잡아 주는 단계이다. 발견학습의 출발은 구체적인 사실을 감성적으로 인정하는 데서부터 비롯되는 것이며, 여기서 다루어지는 교재는 가능한 한 기본적이며 구체적 사실이어야 한다. 여기서 특히 주의해야 할 점은 이 같은 과제가 '문제해결'에서의 학습과 같이 생활장면에 속해 있는 문제를 다루는 것이 아니라 교과와 학문의 구조이어야 한다는 점이다.

② 문제해결을 위한 가설의 설정

파악된 과제를 해결하기 위하여 임시의 해결방향을 설정하는 단계이다. 이 가설은 직관적 사고에 의존하는 것이므로 문득 떠오르는 호기심에 찬 통찰적인 활동인 것이다. 따라서 이 과정은 어떤 일정한 형식으로 통일되어 있다기보다 내부적인 비교·유추·착상이 역동적으로 움직이면서 이루어지는 것이라고 보아야 할 것이다.

③ 가설의 검증·확인

앞서 착상한 가설은 아직 주관적인 상념의 상태를 벗어나지 못한 하나의 예상이다. 이 예상은 객관적인 논리 아래 하나의 이론으로 증명되지 않으면 안 된다. 무엇보다도 논리적 모순이나 갈등을 고쳐야 하며, 주어진 사실과 대조하고 음미함으로써 가설이 확실성을 타진하여야 한다. 여기에는 분석적 사고와 주도면밀한 논리성이 작용하여야 하며, 하나의 객관적 법칙을 찾아낼 수 있어야 한다. 따라서 사실의 분석과 가설의 종합적 확인이 이루어지며, 체계적으로 중요한 사고가 진행되어야만 한다. 교사는 부족한 점을 보완해 주고 사고의 진행을 돕지만 앞의 단계에서보다는 훨씬 적은 간섭을 하여야 한다는 데 이 단계의 특징이 있음을 주의해야 한다.

④ 실제에의 적용

앞의 단계에서 성립된 이론은 일반적이고 추상적이어서 이를 실제로 활용하고 자신의 것으로 정착시키기 위해서는 구체적·현실적인 장면에 적용하고 이를 활용할 수 있는 창조적 태도를 갖추도록 하여야 한다. 이때 교사는 하나의 종합평가로서의 활용 여부를 가리면서 학생들의 행동적인 결과를 주시하고 지도해야 할 필요가 있다.

본질적으로 문제해결학습은 학생의 생활 장면에서 어떤 문제부터 설정하고 이를 해결하기 위하여 필요한 사고과정을 활용하는 것이지만, 발견학습은 이미 하나의 구조화된 내용을 놓고 이로부터 원리와 내용을 터득하도록 한다는 점에서 근본적인 차이가 있다.

### (6) 협동학습

협동학습은 1970년 중반 미국의 존스 홉킨스 대학의 연구진에 의해 최초로 개발되었다. 슬라빈(Slavin)이라는 교육학자가 주도적인 연구와 소개를 해왔다. 현재는 세계 각국의 교육 현장에서 협동학습에 관심을 갖고 있으며, 국내에서도 예외는 아니다. 특히 학생의 창의성을 계발하고, 스스로 탐구하는 능력을 기르며, 교사중심에서 벗어나 학생중심으로 수업이 진행되어야 한다는 국내 교육계의 요구사항이 반영될 수 있어 더욱 주목해야 하는 모형이다.

협동학습이란 명칭은 처음에는 '모둠별 학습'(student team learning)이라 불렸다. 약어로 STL이라 표시했다. 그 후 이 모형이 개발되면서 그 명칭이 '협동학습'(cooperative learning), 약어로 CL로 바뀌었다. 국내의 교육 현장에서는 협동학습이란 용어가 널리 사용되고 있다.

협동학습은 '협력학습'(collaborative learning)이란 용어와 혼동되어 사용되기도 한다. 그러나 협동학습은 협력학습과는 달리 체계화된 절차적인 요건을 갖고 있다. 협동학습 모형이 갖추어지려면 의도적인 팀 구성, 팀 상호작용의 연속성, 팀원 사이의 상호 의존 관계, 개인의 책무성, 사회성 발달 중시, 교사의 격려 등과 같은 독특한 요건이 있어야 한다. 예를 들어, 수업 중에 짧은 시간 동안 소집단으로 협력이 이루어지면 협력학습에 해당한다. 협력학습은 소집단으로 함께 도와주며 배우는 형식을 말한다. 이와는 달리 협동학습은 수업을 진행하는 공식적인 절차를 갖춘 일종의 수업전략이라 할 수 있다. 협동학습 모형이 슬라빈이 제시한 구체적인 수업전략과 절차를 갖춰야 하기 때문에 단순한 소집단 학습이나 협력학습과는 구분된다. 단순히 학생을 소집단으로 묶어 같이 연습하는 것만으로는 협동학습이 될 수 없다는 것이다.

## 4 학습성과의 평가

일련의 교수·학습이 이루어지는 과정이나 끝부분에서는 애초에 설정하였던 교육목표의 달성 여부를 확인할 필요가 있다. 이른바 교육평가로 불리는 것이 그것으로, 이는 평가 대상이나 시기, 목적, 방법 등의 기준에 따라 매우 다양하게 불리고 있다. 이때 평가의 준거는 교육과정상에 제시된 목표일 수 있으며, 혹은 교과의 목표나 단원의 목표, 그리고 단위 시간별 학습목표가 될 수도 있다. 학교 수준의 교육과정 개발에서는 학습성과의 평가를 곧 학생들의 학업 성취도 평가로 볼 수 있다.

학습성과의 평가를 교육과정 전개의 모든 것으로 보기에는 다소 어려움이 있을 수 있다. 그러나 교육평가는 올바르게 사용된다면 학생들의 학습을 향상하거나 촉진하는 데 도움을 주기 때문에 학습성과의 평가는 교육과정의 전개와 동떨어진 별도의 활동이기보다 교육과정의 전개 절차 속에 내재하는 필요불가결의 활동이라고 보아야 할 것이다(권낙원 외, 2008). 평가의 유형이나 방법 등에 관해서는 '교육과정 평가' 부분에서 구체적으로 살펴보기로 한다.

## 요약

'교육과정 설계'에서는 교육과정 설계에 있어 광범위한 지침을 제공한 타일러(Tyler)의 합리적 개발 모형을 근간으로 교육목표의 설정과 진술에서부터 교육 내용의 선정과 조직을 거쳐 학습성과의 평가로 이어지는 합리적 단계에 대해 살펴보았다.

또한, 예비 교사들이나 학교 현장의 관련자들에게 도움을 주고자 교수·학습 방법에 있어 학교 현장에서 가장 많이 쓰이는 대표적인 여섯 가지의 방법인 강의법, 문답법, 토의법, 문제해결학습, 발견학습, 협동학습에 대해 살펴보았다.

## 생각해 봅시다

1. 블룸(Bloom)의 교육목표 분류에 근거하여 인지적 영역의 교육목표를 설명해 봅시다.
2. 블룸(Bloom)의 교육목표 분류에 근거하여 정의적 영역의 교육목표를 설명해 봅시다.
3. 메이거(Mager)가 제시한 교육목표 진술에 포함되어야 할 요소 세 가지와 구체적인 방법을 설명해 봅시다.
4. 학습활동을 선정하는 원리를 설명해 봅시다.
5. 교육 내용을 조직하는 원리를 설명해 봅시다.
6. 다음에 제시된 학습방법들의 특징을 설명해 봅시다.
   ① 강의법 ② 문답법 ③ 토론법 ④ 문제해결학습 ⑤ 발견학습 ⑥ 협동학습

Chapter 07

# 교육과정 개발 모형

**학습내용**

1. 교육과정 개발의 기초
2. 교육과정 개발 모형

교육과정 개발이란 학습자들에게 무엇을, 어떻게 가르치고, 평가할 것인가에 관한 전반적인 의사결정 과정을 의미한다. 좀 더 구체적으로 말하면, 새로운 교육과정을 만들고자 할 때 교육과정 개발을 누가 할 것이며, 어떠한 절차를 따를 것이고, 교육과정의 의미와 성격 및 방향을 어떻게 설정하며, 일반적인 교육목표를 무엇으로 설정하고, 이에 따른 교육 내용의 선정과 조직을 어떻게 할 것인가, 그리고 교육과정 운영과 평가를 어떠한 원칙과 방침에 따라 진행할 것인가 등을 결정하는 다양하고 복잡한 과정을 의미한다.

이 장에서는 교육과정 개발의 개념을 명확히 하고, 결정방식을 살펴본 후, 현존하는 대표적인 교육과정 개발 모형들을 살펴보기로 한다.

## 1 교육과정 개발의 기초

### 가. 교육과정 개발의 개념

교육과정 개발의 개념은 교육과정 개발의 범위와 수준에 따라 다르게 이루어질 수 있다. 일반적인 의미로 보면, 교육과정 개발은 '무엇을, 왜, 어떻게 가르치고 배워야 하는지에 대한 결정 과정'이라고 설명할 수 있다. 바꾸어 말하면, 교육과정의 구성 요소인 교육목표, 교육 내용, 교육방법 및 교육평가에 관한 체계적인 조직을 도모하는 활동이라고 할 수 있다.

교육과정 개발 활동수준은 그 나라의 교육과정 결정체제에 따라 달라진다. 즉, 국가에서 교육과정을 개발하여 지역이나 학교에서 교육과정 운영역할을 담당하는 중앙집권형 교육과정 체제와 교육과정의 개발, 운영, 평가의 모든 활동이 지역이나 학교를 중심으로 이루어지는 지방분권형 교육과정 체제로 나뉜다. 이러한 두 가지 교육과정 결정체제의 장·단점을 비교하면 다음과 같다.

| 구분 | 중앙집권형 결정체제 | 지방분권형 결정체제 |
|---|---|---|
| 장점 | • 전국적으로 통일된 교육과정을 가짐<br>• 학교 급 및 학교 간 교육과정의 연계성을 충족시킬 수 있음 | • 지역과 학교의 특수한 상황에 부응하는 교육과정을 개발할 수 있음<br>• 교사들이 교육과정 개발에 주인의식을 갖게 됨<br>• 급격한 변화에 대응하여 교육과정을 신속하게 수정할 수 있음 |
| 단점 | • 교육과정 운영이 획일화, 경직화되기 쉬움<br>• 권위주의적인 교육풍토를 조성할 가능성이 높음<br>• 교사가 교육과정으로부터 소외되기 쉬움 | • 학교 급, 학교 간 교육과정의 연계가 어려움<br>• 지역 간 교육과정의 질에 있어서 수준 차이가 있을 수 있음 |

그러나 오늘날 많은 국가는 각각의 결정체제가 갖고 있는 단점을 보완하기 위해 이들의 절충형태를 취하고 있다. 우리나라 역시 교육과정의 분권화를 표방한 제6차 교육과정 이후 절충형태의 교육과정 결정체제를 채택하고 있다.

또한, 교육과정 개발은 의사결정의 주도권 수준에 따라 크게 국가 수준, 지역 수준, 학교 수준 교육과정으로 나눌 수도 있다. 이러한 수준에 따라 교육과정 개발에 참여하는 집단이 다르다. 즉, 국가 수준 교육과정 개발에는 교육행정기관의 주무부서, 각종 교육과정 위원회, 국가 지원 교육과정 정책연구기관 등이 참여한다. 또한, 지역 수준의 교육과정 개발에는 교육청의 교육과정 담당 부서 및 교육과정위원회 등이 참여하며, 학교 수준 교육과정 개발에는 학교장, 교육과정 부장, 학교 교육과정 편성·운영위원회가 주도하지만 가장 이상적인 것은 모든 교사가 참여하는 것이다. 이러한 교육과정 개발활동과 그 산물의 형태는 교육과정 개발활동에 참여하는 사람들이 교육과정에 대해 어떠한 관점을 갖고 있느냐에 따라 달라질 수 있다.

## 나. 교육과정 개발 모형 분류

교육과정 개발에 대한 정의와 유사용어 등과 마찬가지로 교육과정 개발 모형의 구분도 학자마다 다양하다. 포즈너(Posner, 1998)는 교육과정 개발 접근모형에 대해 절차적 물음, 기술적 물음, 개념적 물음, 이데올로기적 물음 등으로 나누어 설명하였다. 절차적 물음이란 교육과정을 계획할 때 따라야 할 단계에 대한 물음이고, 기술적 물음이란 교육과정을 계획하는 사람들이 어떻게 그 일을 수행하는지에 대한 물음이다. 또한, 개념적 물음은 교육과정 계획의 요소들이 무엇이며 서로 어떻게 관련되어 있는지에 대한 물음이고, 누가 적합한 지식을 정의하는지 또는 사회 재생산과 의식화 교육을 실현하는 데 어떻게 기능하고 있는지에 대한 것이 이데올로기적 물음이라고 제시하였다.

국내에서는 교육과정 개발 모형의 분류에 대해서 권낙원 외(2008)는 합리적 모형, 순환적 모형, 역동적 상호작용 모형 등으로 구분하고 있다. 합리적 모형은 대표적으로 타일러(Tyler)와 타바(Taba)의 모형을 설명하고, 순환적 모형은 휠러(Wheeler), 니콜스와 니콜스(Nicholls & Nicholls)의 모형을, 역동적 상호작용 모형은 워커(Walker)와 스킬벡(Skilbeck) 모형을 예로 들었다.

이 장에서는 교육과정 개발 모형의 역사에서 시대적 패러다임을 대표했던 학자들을 중심으로 각각의 특징 및 성격 등을 설명하고자 한다.

# 2 교육과정 개발 모형

## 가. 보비트(Bobbitt)의 활동분석 모형

보비트는 1918년에 출판된 『교육과정(The Curriculum)』에서 학교교육과정을 공장에서의 작업공정에 비유하면서 학교교육의 목적을 이상적 성인이 되는 데 필요한 것들이라고 주장하였다. 즉, 공장에서는 원재료를 가지고 작업공정을 통하여 최종 생산품을 생산하게 되는데, 여기에서 원재료는 학생으로, 작업공정은 교육과정으로, 최종 생산품은 이상적 성인으로 비유한 것이다. 따라서 작업공정에 해당하는 교육과정은 원재료인 학생을 최종 생산품인 이상적 성인으로 기를 수 있도록 계획되어야 한다고 보았다.

또한, 그는 1924년에 출판한 『교육과정 구성법(How to Make a Curriculum)』에서 과학적인 교육과정 개발방법을 소개하였다. 당시로서는 새로운 접근법이라 할 수 있는 사회조사법을 통하여 아동이 습득해야만 할 이상적 성인의 활동영역을 확인하여 교육과정을 개발하는 방법을 적용하였다. 사회조사법을 통하여 이상적 성인들의 활동영역이 확인되면 이들 활동영역에서 이상적 성인으로서 역할을 훌륭하게 수행하기 위해서 어떤 구체적인 활동들이 필요한가를 분석한다. 분석된 구체적 활동들은 학생들이 학교에서 이상적 성인으로 자라기 위해서 학습해야 할 구체적 교육목표로 전환된다.

보비트의 교육과정 개발이론은 이처럼 이상적 성인들의 활동영역들을 확인하고 이들 영역에서의 구체적 활동들을 분석한 다음 이를 아동들이 학습해야 할 교육목표로 전환하는 과정으로 진행된다. 이와 같은 그의 교육과정 개발이론을 '활동분석법'(activity analysis)으로 부르기도 한다. 보비트는 이상적 성인들의 활동영역을 확인하기 위하여 교양 있고 잘 교육받은 2,700명의 성인을 조사하여 이상적 성인들이 참여하는 활동영역을 다음과 같이 열 가지로 구분하였다.

① 언어활동(language activities)
② 건강활동(health activities)
③ 시민활동(citizenship activities)
④ 친교활동(general social activities)

⑤ 여가활동(spare-time activities) ⑥ 정신건강활동(keeping oneself mentally fit)
⑦ 종교활동(religious activities) ⑧ 부모로서의 활동(parental activities)
⑨ 비전문적-비직업적 활동(unspecialized or non vocational activities)
⑩ 직업활동(the labor of one's calling)

## 나. 타일러(Tyler)의 합리적 교육과정 개발 모형

8년 연구를 통해 교육과정과 수업에 대한 총체적 접근에 익숙했던 타일러는 그간의 아이디어를 『Basic Principles of Curriculum and Instruction』(1949)라는 소책자 속에 담았다. 그에 따르면 교육과정과 수업은 하나의 과정이며, 이를 계획하기 위해서는 다음의 네 가지 질문에 대답해야 한다고 한다.

첫째, 학교가 달성하려고 하는 교육목표는 무엇인가?
둘째, 이러한 교육목표를 달성하기 위하여 어떤 학습경험이 제공되어야 하는가?
셋째, 이러한 학습경험은 어떻게 효과적으로 조직될 수 있는가?
넷째, 교육목표의 달성 여부는 어떻게 평가할 수 있는가?

이러한 질문과 관련된 문제들은 각각 교육목표의 설정, 학습경험의 선정, 학습경험의 조직, 평가와 관련된 것이고, 이 네 가지 질문이 바로 타일러가 제시한 교육과정 구성의 네 가지 요소이다. 따라서 타일러가 제시한 교육과정 개발이론은 이상의 질문들에 대한 합리적인 해결방안을 찾아나가는 과정이라고 볼 수 있다.

그의 교육과정 개발 모형은 합리적 모형, 목표중심 모형, 평가중심 모형 등 다양한 이름으로 불린다. 때로는 목표-수단 모형이라고도 불리는데 그 이유는, 목적으로서 목표의 설정이 목표 달성에 가장 도움이 될 만한 활동과 조직의 종류 선택에 큰 영향을 끼치기 때문이다. 또한, 목표를 세울 때 몇몇 종류의 사실들만 잘 고려하면 목표는 보다 의미 있고, 타당하고, 누구라도 납득할 만한 것이 될 수 있다고 한다. 그다음으로 교육목표 선정에서의 교육철학의 이용과 학습심리학의 이용은 잠정적 목표를 명세적 목표로 정련시키는 체의 역할을 한다. 교육철학을 통해 잠정적 교육목표의 바람직성과 우선순위를 정하고, 학습심리학을 통해 학습 가능성과 교수 가능성을 따져서 보다 명세적 교육목표를 수립하는 것이다. 이러한 타일러의 교육과정 개발 절차를 그림으로 제시하면 다음과 같다.

[그림 7-1] 타일러(Tyler)의 목표중심 모형

20세기 후반 교육과정 개발에 가장 지속적이고 강력한 영향을 끼친 타일러의 개발 모형에 대한 많은 공헌 가운데 몇 가지를 언급하면 다음과 같다.

첫째, 타일러의 교육과정 개발 모형은 어떤 교과, 어떤 수업에서도 활용 가능하고 적용할 수 있는 폭넓은 유용성이 있으며, 논리적이고 합리적인 일련의 절차를 제시하고 있어 교육과정 개발자나 수업계획자가 이를 따라 하기가 비교적 쉽다는 것이다.

둘째, 학생의 행동과 학습경험을 강조함으로써 평가에 매우 광범한 지침을 제공해 주었다.

셋째, 교육목표를 구체적으로 밝히는 일을 강조함으로써 교육목표를 둘러싼 교육과정 관련자들 사이의 의사소통을 원활하고 정확하게 하는 데 기여했다.

넷째, 교육과정과 수업을 구분하지 않고 통합적으로 목표 - 경험선정 - 경험조직 - 평가를 포괄하는 광범위한 종합성을 띠고 있다.

타일러의 교육과정 개발 모형은 이러한 많은 공헌과 장점이 있음에도 불구하고 여러 가지 비판의 목소리가 있다. 이를 열거하면 다음과 같다.

① 목표의 원천은 제시하고 있으나, 무엇이 교육목표이고 그것은 왜 다른 목표를 제치고 선정되어야 하는지 그 이유를 분명하게 밝혀 주지 못한다.

② 목표를 분명히 미리 설정한다는 것은 수업진행 과정 중에 새롭게 생겨나는 부수적·확산적 목표의 중요성을 간과한 것이다.

③ 목표를 내용보다 우위에 두고, 내용을 목표 달성을 위한 수단으로 전락시킨 면이 있다.

④ 무엇을 가르쳐야 할 것인가에 대한 대답을 회피하고, 교육과정의 실질적 내용이 어떤 것인가를 가르쳐 주지 않고, 그것을 확인하는 절차를 제시하고 있다.

⑤ 겉으로 평가할 수 있는 행동만을 지나치게 강조함으로써 잠재적 교육과정이나 내면적 인지구조의 변화, 가치와 태도 및 감정의 변화를 확인하는 데 약하다.

⑥ 교육과정 개발 절차를 지나치게 절차적, 체계적으로 처방하여 제시함으로써 교육과정 개발 활동과정의 연속성과 실제 교육과정 개발과정에서 일어나는 많은 복잡한 것들에 대한 기술을 간과했다는 것이다.

## 다. 타바(Taba)의 교사참여 교육과정 개발 모형

타바는 타일러와 함께 8년 연구를 통해 교육과정에 대한 이론적이고 실제적인 연구개발을 익혔으며, 당시 공교육에 대한 비판적 진단을 기반으로 『교육과정 개발(Curriculum Development)』(1962)을 저술하였다. 그는 학교의 사회적 기능을 탐색하고 사회와 문화, 학습자의 발달과 지능, 학습의 성격, 지식의 성격탐색을 기초로 하는 교육과정 개발과정을 제시하였다.

타바는 교사에 의한 교육과정 개발을 주장하였고, 교사가 교육과정의 구체적인 측면에 관한 실험을 행하였으며, 그 실험을 기반으로 하여 틀이 개발되면 교육과정 개발은 새로운 역동성을 갖게 될 것이라고 보며 교사에 의한 교육과정 개발을 강조하고 있다. 즉, 그는 교육과정 개발을 외부 전문가들이 주도적으로 수행하거나 혹은 위에서 아래로 하향식으로 적용되는 형태보다 현장교사들에 의해 만들어지는 현장지향적인 것이 되어야 한다고 여겼다. 타바의 교육과정 개발 모형을 그림으로 제시하면 다음과 같다.

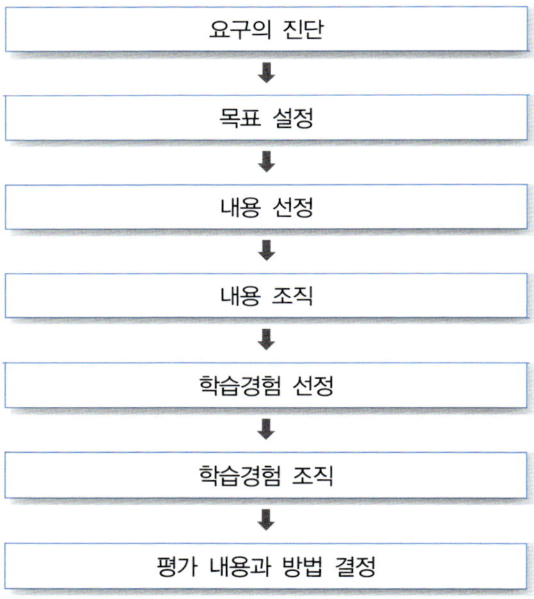


[그림 7-2] 타바(Taba)의 교사참여 교육과정 개발 모형

그림에서 보는 바와 같이 타일러가 전체적인 학습자, 사회, 교과의 요구나 의견을 분석한 것에 비해서 타바는 보다 좁은 범위에서 학습자에게 무엇이 요구되는가를 분석한다. 구체적인 수업을 염두에 두고 만들어진 수업 계획서 작성에 가깝다

고 볼 수 있다.

## 라. 니콜스와 니콜스(Nicholls & Nicholls)의 순환적 교육과정 개발 모형

니콜스(Nicholls) 부부는 순환적 교육과정 개발의 필요성을 주장하면서 교육과정의 구성 요소들은 논리적 절차를 중시하던 기존의 방법에서 벗어나 역동적이고 순환적인 과정을 거쳐야 한다고 설명한다. 즉, 그들에 따르면 순환적 교육과정 개발 모형은 상황의 변화에 따라 새로운 교육과정을 필요로 하는 교육과정 개발의 논리적 접근방법을 강조하였다.

또한, 니콜스 부부는 그림에서 보는 바와 같이 교육과정의 개발과정을 상황분석, 목표의 설정, 내용의 선정 및 조직, 방법의 선정 및 조직, 평가로 설명한다. 교육과정 개발은 한 번에 끝나는 것이 아니라 계속적인 과정이라는 것이다.

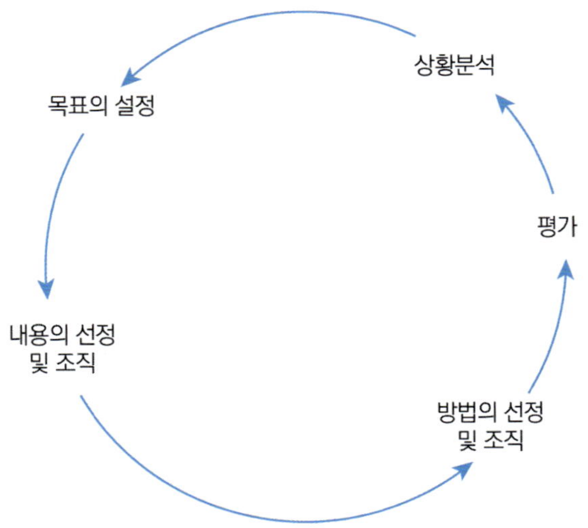


[그림 7-3] 니콜스와 니콜스(Nicholls & Nicholls)의 순환적 교육과정 개발 모형

## 마. 워커(Walker)의 실제적 교육과정 개발 모형

워커(1971, 2003)의 교육과정 개발 모형은 직접적으로는 1969년에 아이즈너(Eisner)에 의해서 수행된 미술과 교육과정 개발 프로젝트의 경험에서 나온 것이지만, 간접적으로는 슈왑(Schwab)의 영향을 받은 것이다. 워커는 교육과정은 보다 실제적이며 구체적인 장면에서 연구되고 개발되어야 한다는 슈왑의 주장과 그가 독특하게 사용하는 '숙의'의 개념을 받아들여 교육과정 개발을 위한 주요 구성 요소를 추출하였다. 이 구성 요소를 근거로 [그림 7-4]와 같은 자연주의적 모형(naturalistic model)을 개발하였다.

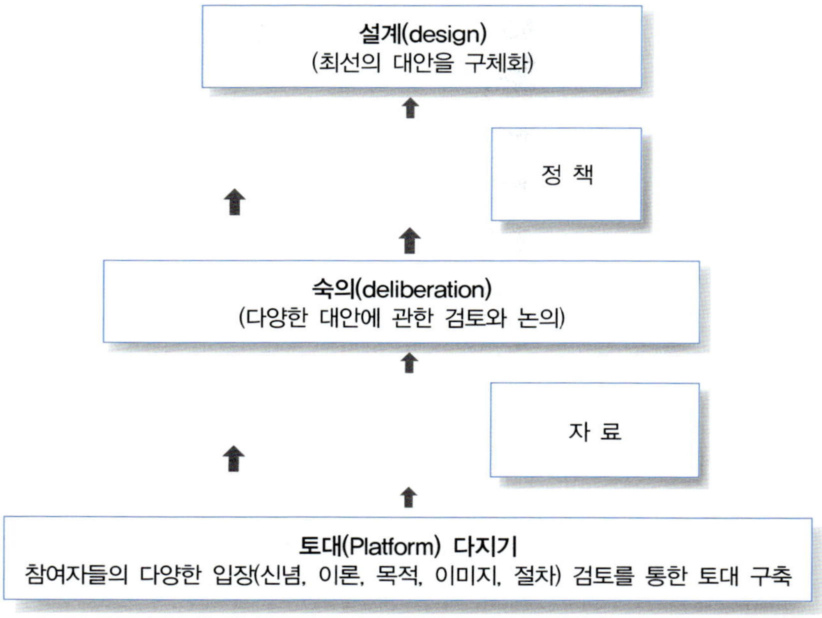


[그림 7-4] 워커(Walker)의 자연주의적 교육과정 개발 모형

위 모형의 단계를 좀 더 자세하게 살펴보면 다음과 같다.

### (1) 토대 다지기(platform, 강령)

워커는 교육과정 개발활동에 참여하는 사람들은 저마다 서로 다른 믿음이나 가치를 가지고 접근한다고 본다. 그들은 교육과정 개발에 관한 각기 다른 가치나 신념을 갖고 있으며, 서로 다른 기대수준이나 문제의식, 주장 및 관여정도를 가지고 있다고 한다. 따라서 교육과정을 개발하는 시작단계에서는 참여자들이 각자의 다양한 생각이나 아이디어 등을 자유롭게 표현할 수 있어야 하며, 모종의 합의를 도출할 수 있는 의식의 공감대나 인식이 필요하다고 한다. 이를 워커는 토대(platform) 다지기라고 한다.

이처럼 교육과정 개발의 초기 단계에서는 참여자들이 교육과정 개발의 목적이나 이론 및 절차 등에 관하여 공감대를 형성하고 있어야 한다. 공감대 형성을 위해서는 과업에 대한 참여자들의 적극적인 토론과 논의가 필요하다. 그가 토대라는 용어를 사용하는 이유는 그것이 앞으로의 토론에서 기준 또는 기초 혹은 합의의 발판이 되기 때문이다. 그러나 워커의 모형은 언제 토대 다지기 활동을 끝내고 언제 숙의활동을 시작할 것인가가 분명치 않다.

### (2) 숙의

교육과정 연구에서 숙의(熟議)의 개념은 1969년에 슈왑이 '교육과정 연구가 빈사상태에 처해 있다'는 충격적인 발표를 한 후 널리 사용되기 시작하였다. 이후 이 용어는 리드(Reid, 1999), 워커(Walker, 2003)를 비롯한 많은 학자에 의해 사용되고 있는데, 이는 주로 이론에 치중하기보다는 교육의 실제에 기반을 둔 교육과정의 실천적인 연구를 지향하는 것이다. 숙의를 통한 교육과정 개발은 타일러(Tyler) 이후에 대안으로 제시된 것으로 기존의 목표모형과 전혀 다른 형태로 이루어진다.

슈왑이 주장하는 숙의의 개념은 오늘날 교육과정 이론가들이 구체적이고 일상적인 교육과정의 문제에 대한 해답을 추구하기보다는 교육과정 개발의 일반적인 이론에만 열중함으로써 교육과정의 연구가 제 길을 잃고 있다고 주장한다. 이와 같은 관점에서 워커(1971, 2003)도 교육과정안을 구성하기 위하여 참여자들의 실천적 탐구와 사유 및 숙의 과정을 강조한다. 즉, 교육과정을 개발하기 위하여 참여자들이 탐구하고, 판단하며, 의사결정을 내리는 지적 과정에서 볼 수 있는 논쟁이 숙의라고 규정한다. 숙의가 기초하고 있는 정보는 과학적, 경험주의적이기보다는 교육과정 개발에 참여하는 사람들의 일상적인 경험이다. 또한 구체적인 관찰로부터 자료를 얻을 때 그 관찰은 참여자의 작업과정 중에서 우연히 이루어지는 것이지 학생이나 학교 외의 다른 외적인 대상에 의해 인위적으로 이루어지지 않는다. 이러한 생각은 그의 연구에서 교육과정 계획의 자연적인 과정이라는 아이디어에 반영되어 있다.

워커가 말하는 숙의의 과정에는 ① 교육과정 개발을 위한 목적과 수단에는 어떠한 것이 필요한지, ② 대안들을 마련하고 이전의 여건이 어떠하였는지를 고려하며, ③ 대안으로부터 야기된 결과를 검토하고, ④ 대안에 필요한 비용과 이 대안들의 결과 간에 비중이 어떠한지, ⑤ 최선의 대안이 무엇인지를 선정하는 일이 포함된다. 여기서는 전통적인 목표모형에서처럼 사전에 정해진 일련의 직선적인 단계나 절차를 거치지 않는다. 오히려 참여자들 간의 불규칙적인 다양한 상호작용, 특히 대화나 토론 및 열정적인 논쟁을 통하여 대안을 탐색한다.

### (3) 설계

자연주의적 모형의 마지막 단계로서 숙의의 결과를 구체화하는 단계이다. 교육과정을 구체적으로 적용하고 실행할 수 있는 조치를 취하는 단계이다. 바꾸어 말하면, 설계단계는 교육과정 개발에 따른 교과의 선정, 수업 방법이나 자료의 확정, 그리고 이들을 효과적으로 실행하기 위한 행·재정적인 지원과 절차 등을 자세하게 계획하는 단계이다. 워커는 교육과정의 설계를 특수한 상황에 맞추어야 할 필요성을 강조하는데, 결국 설계단계에서의 궁극적인 활동은 특정 교수자료를 생산하는 것이다.

이상에서 살펴본 워커의 교육과정 개발 모형은 교육과정의 설계를 특수한 상황에 맞추어야 할 필요성을 강조하며, 합의를 이루지 못했을 경우에도 교육과정 계획이 어떻게 진행될 수 있는가를 잘 진술해 주고 있다. 특히 교육과정 계획 측면을 상세히 제시하여 교육과정 참여인사들이 처음부터 다른 토대와 입장에서 출발하고 있음을 보여주고, 교육과정을 계획하는 동안 실지로 일어나는 것을 아주 정확하게 묘사해 줄 수 있는 장점을 갖고 있는 모형이다. 또한 참여자들이 다른 입장에 반응하고 숙의하기 위해 대화에 상당한 시간을 보내야 할 필요성을 강조한다는 것이 중요한 특징이라 할 수 있다.

그러나 이러한 워커의 모형은 거의 전적으로 교육과정 계획에만 초점이 맞추어져 있고, 교육과정 설계가 완성된 뒤에 무슨 일이 어떻게 일어나야 할지에 대한 언급이 부족하다. 따라서 대규모의 교육과정 프로젝트에는 적절한 계획이나 소규모, 학교중심 교육과정 계획에는 적절하지 않을 수도 있다.

## 바. 스킬벡(Skilbeck)의 학교중심 교육과정 개발 모형

스킬벡은 학교중심 교육과정 개발 모형을 제안하고 있다. 스킬벡의 모형은 다음과 같이 5단계로 구성되어 있다. 다섯 단계의 어느 단계에서부터도 계획을 시작할 수 있으며, 어떠한 순서라도 허용되며, 심지어 서로 다른 단계를 동시에 고려해도 괜찮다고 주장한다. 다만, 교육과정 개발팀에서는 교육과정 구성 요소와 개발과정의 여러 측면을 충분히 고려하고 그 과정을 하나의 유기적 전체로 파악하며 비교적 체계적인 방식으로 작업할 것을 권장하고 있다(1976).

이 모형은 학생, 교사, 지역환경, 학부모들의 요구와 필요에 따라 발전적으로 수정할 수 있기 때문에 매우 융통성 있고 상호작용적인 교육과정 개발방식이라고 볼 수 있다. 각 단계에 대한 구체적인 설명은 다음과 같다.

### (1) 상황분석

상황을 구성하고 있는 요인들의 분석단계로 외적 변화와 내적 변화로 나누어 분석한다. 즉, 외적 변화는 학부모의 기대, 고용주의 요구, 지역 사회의 가치와 문화

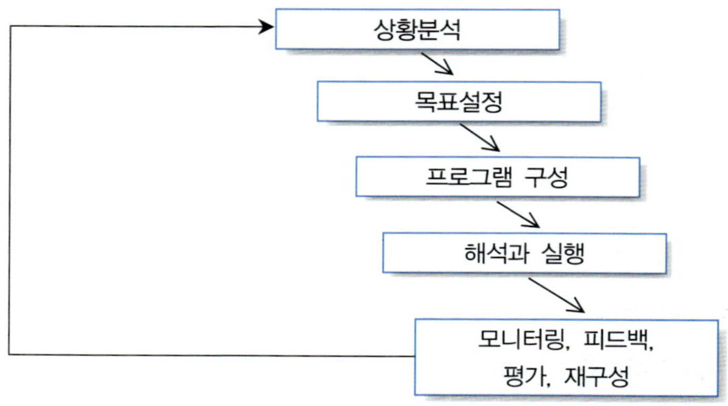


[그림 7-5] 스킬벡(Skilbeck)의 학교중심 교육과정 개발 모형

적·사회적 변화 등이다. 내적 변화는 교사의 태도와 교수기술, 학생의 능력, 학교 기대와 교육자료 및 자원 등의 변화를 말한다.

### (2) 목표설정

목표의 설정은 교사와 학생의 행동을 구체화하고 기대되는 학습성과에 대한 견해를 담고 있다. 목표는 또한 상황을 수정하기 위한 기준이 되기도 한다. 또한 수정의 중요한 방법을 판단한다는 점에서 의미가 있다. 즉, 목표는 앞으로의 교육 활동 방향에 대한 선택, 가치, 판단을 암시하고 진술한다.

### (3) 프로그램 구성

프로그램 구성은 교수·학습 활동의 설계, 필요한 수단과 자료의 기술, 적절한 제도적 장치와 현장 연구 장면의 설계, 교직원의 역할분담과 발령, 학습시간표 및 규정 등을 계획한다.

### (4) 해석과 실행

교육과정의 변화를 일으킬 수 있는 문제를 중심으로 과거의 경험을 검토하고,

교육과정 개혁에 관한 연구와 관련이론을 분석하며, 예측을 통하여 미리 해결해야 한다.

### (5) 모니터링, 피드백, 평가, 재구성

이 단계는 상황파악과 의사소통 체제의 설계, 평가일정의 준비, 과정의 강화계획 등이 포함된다.

이상에서 살펴본 스킬벡이 제안한 학교중심 교육과정 개발 모형은 다른 모형에 비해 학교 현장을 가장 잘 반영하는 교육과정 결정방식이며 현실적이고 실행 가능성이 높은 교육과정 개발 절차라는 평가에도 불구하고 실제로 이 모형을 적용하는 데에는 다음과 같은 문제점이 있다.

첫째, 교육과정 결정을 분권형으로 전환해야 함은 물론이고 실질적인 권한을 학교 수준에 위임해야 되는데, 학교교육은 정치적인 영향을 많이 받고 있기 때문에 학교중심 교육과정 개발은 정치적인 통제를 완전히 벗어나지 않고서는 실행되기 어렵다는 것이다.

둘째, 교육과정 개발자들이 교육과정 결정 과정에 얼마나 관심을 가지고 참여하느냐와 교육과정 결정을 위한 기초 자료로서 학생들의 요구를 파악할 수 있는 대화기술을 갖고 있느냐가 문제가 된다.

셋째, 교사들이 교육과정 결정에 관한 전문성과 책무성을 어느 정도 발휘할 수 있는가가 문제가 된다.

넷째, 학교의 지원체제와 관련된 문제로 학교장이나 자문기관의 교육과정 지도성, 의사소통, 교육과정 개발자들의 집단토의 능력, 교육과정 결정에 필요한 전략의 개발, 교사들이 교육과정을 계획하고 반성하며 개발하는 데 소요되는 시간 확보, 학교조직 구조, 재정지원 등의 문제이다.

## 사. 아이즈너(Eisner)의 예술적 교육과정 개발 모형

아이즈너의 주된 관심은 예술교육과 교육과정이다. 그는 전통적인 경험·분석적 연구형태의 단점을 규명하고, 질적인 연구양식을 개발할 필요성을 지적하였다. 교육과정에 대한 의사결정을 하는 사람은 실재에 대한 다양한 시각을 표현하는 예술가와 같은 사람이라는 것이다. 다음은 아이즈너(1985)가 창안한 예술적 교육과정 개발 절차이다.

〈표 7-1〉 아이즈너(Eisner)의 예술적 교육과정 개발 절차

| |
|---|
| ① 목표설정<br>명백한 교육목표뿐만 아니라 잘 정의되지 않은 목표(목적, 목표, 학습목표 구분)도 고려함<br>목표의 중요성을 토의하는 과정을 중시함 |
| ② 교육과정의 내용 선정<br>교육과정 선택 시에 영 교육과정을 고려함 |
| ③ 학습기회의 유형<br>목표와 내용을 학생에게 의미 있는 학습활동으로 변형함 |
| ④ 학습기회의 조직<br>학생들의 다양한 학습 결과를 유도할 수 있는 비선형적 접근방법을 강조함 |
| ⑤ 내용영역의 조직<br>다양한 교과들 사이를 꿰뚫는 내용조직을 강조함 |
| ⑥ 제시양식과 반응양식<br>학생의 교육기회를 넓혀주는 다양한 의사소통양식을 사용함 |
| ⑦ 다양한 평가 절차의 적용<br>교육과정 개발과정의 다양한 단계에서 종합적인 평가 절차를 사용함 |

교육과정은 계획자가 미리 설정한 목표를 달성하는 데 공헌할 때만 가치가 있다는 논리하에서 이루어지는 일련의 불변한 단계를 설정한 타일러의 교육과정 개발 모형과는 달리, 아이즈너의 개발 모형은 교육과정 계획, 개발과정을 끊임없이 계속되는 과정으로 묘사한다.

또한, 숙의의 과정을 중시했다는 측면에서는 워커와 아이즈너의 모형이 비슷하다고 할 수 있으나, 워커는 오로지 계획된 교육과정을 만드는 문제상황에서 숙의

과정을 설명하고 있는 반면, 아이즈너는 숙의과정에서 예술성이 계획된 교육과정, 실행된 교육과정, 학생이 경험한 교육과정의 내재적 가치를 어떻게 강화시켜 주는가를 설명하고자 하였다.

그러나 아이즈너는 사회적 실재란 단순히 그 자체로서 존재하는 것이 아니라 사회적 실재 안에 살고 있는 사람들에 의해 끊임없이 구성, 재구성되는 것이라고 생각한다. 여기에서 사회적 실재는 협의된 것으로서 사회적 실재를 기술하는 데 사용되는 심벌(symbol)에 의해 의미가 한정되는 구성체이다.

따라서 아이즈너는 교육과정 계획에 대한 지나친 합리주의적 접근방법을 적절히 비판하였다는 측면에서 인정을 받고 있지만, 실제적인 대안을 제시하는 데에는 아직 미흡하다는 단점을 보인다(홍후조, 2011).

## 아. 파이나(Pinar)의 자서전적 교육과정 개발 모형

파이나는 교육과정 분야가 개발의 문제에 매몰되어 인간의 존재를 잊었다고 비판하고, 교육과정을 사람들이 살아가는 과정에서 생각하고 고민하여 존재의 의미를 자각하고, 다른 사람과 더불어 사회를 변화시키는 과정에 초점을 맞춰야 한다고 하였다. 파이나가 말하는 교육과정의 재개념화란 교육과정에서 개발보다는 이해를 강조하는 것으로 교육과정 개발에 개인의 교육체험을 나타내는 자서전적 서술방법을 도입하는 것을 구체적인 방법으로 삼았다. 또한, 파이나는 교육과정은 다양한 입장(역사적, 정치적, 심미적 텍스트)에서 이해되고 탐구되어야 한다고 주장했다.

다음은 파이나가 제시한 교육과정 재개념화의 강조점이다.

첫째, 학습자 경험의 개별성을 존중한다. 학생 개인의 경험이 갖는 개별성을 존중하는 것으로 인식 주체인 학생이 경험하는 바의 의미와 해석이 각자 다르므로 모든 학생에게 동일하게 주어지는 표준화된 과정을 지양하고 실제적인 삶의 맥락 속에서 교육적 경험을 분석한다.

둘째, 학습자는 능동적, 주체적으로 학습활동에 참여하는 학습 주체로 자기 개인의 경험 속에서 지식을 재구성한다.

셋째, 지적인 학습 과정인 동시에 자신을 이해하고 실현하는 과정을 중시하여 자신에 대한 이해 수준을 높이고 아는 것과 삶, 자아실현의 연관성을 강조한다.

넷째, 학습의 과정에서 학생이 능동적인 주체가 되어 자신의 경험을 충분히 드러내고 분석한다.

다섯째, 교사와 학생, 학생과 학생 간의 개방적이고 신뢰로운 분위기 속에서 지식과 경험을 공유함으로써 서로가 동료로서 학습 공동체를 형성한다.

파이나는 자서전적 서술방법을 도입하면서 구체적인 방법론으로 쿠레레(Currere) 방법론을 제시하였는데, 이는 크게 다음의 네 가지를 활용하는 것이다.

첫째, 회귀로 자신의 실존적 경험을 회상하면서 기억을 확장하고, 과거의 모습을 상세히 묘사한다.

둘째, 전진으로 자유연상을 통해 아직 현실화되지 않은 미래의 모습을 상상한다.

셋째, 분석으로 과거, 현재, 미래라는 세 장의 사진을 놓고, 이들 간의 복잡한 관계를 탐구한다.

넷째, 종합으로 생생한 현실로 돌아가 자신의 목소리를 주의 깊게 듣고, 현재의 의미가 무엇인지를 자문한다. 이상을 구체적으로 적용하면 〈표 7-2〉와 같다.

**〈표 7-2〉 쿠레레(Currere) 4단계 방법론의 적용**

| 단계 | | 활동유형 | 학습자 활동 |
|---|---|---|---|
| 1단계 | 회귀 | • 과거 경험 회상하기<br>• 자유로운 연상을 통한 기억 확장하기 | • 회상하는 글쓰기<br>• 인생연보 그리기 |
| 2단계 | 전진 | • 자유연상을 통한 미래 회상하기 | • 자서전적 글쓰기<br>• 마인드맵 작성<br>• 앙케트/질문표 |
| 3단계 | 분석 | • 1, 2단계를 통해 회상한 것에 비평적으로 반성하기<br>• 과거·미래·현재라는 세 장의 사진을 놓고, 이들 간의 복잡한 관계 탐구하기 | • 집단토의, 토론<br>(현상학적 질문, 해석학적 읽기)<br>• 테이블 대화 |
| 4단계 | 종합 | • 새로운 해석 정리, 느낌 말하기<br>• 새롭게 발견한 모습, 변화 찾기 | • 한 문장 정리<br>• 자전적 에세이 쓰기 |

## 자. 백워드(Backward) 교육과정 개발(설계) 모형

1970년대 이후 교육과정 개발에서 교육과정 이해로 교육과정의 패러다임이 전환된 이후 교육과정 개발에 대한 논의가 줄어들었으나 위긴스와 맥타이(Wiggins & McTighe)가 백워드 설계 모형을 주장하며 다시 교육과정 개발에 대한 관심이 고조되었다.

백워드 설계 모형은 학문의 핵심적인 내용에 대한 학생들의 이해와 학습한 것을 효과적으로 전이하도록 돕는 데 초점을 두는 모형이다.

백워드 설계 모형은 전통적인 타일러(Tyler)의 목표 모형을 근간으로 하고, 상위 수준의 교육목표가 하위수준까지 체계적으로 잘 연결되어야 하며, 교사는 책무성을 가지고 이를 교실에 적용하여야 할 것을 강조한다. 또한, 그 내용으로 브루너(Bruner)의 지식의 구조 이론에서 학문의 기본적 아이디어, 개념 혹은 원리 등을 차용하여 '영속적 이해'로 구성되어야 함을 주장한다. 하지만 큰 틀에서 보면 이 모형은 타일러와 브루너의 모형을 혼합한 것으로 두 이론이 갖는 비판점이 모두 이 이론에 적용된다. 백워드 개발 모형의 특징은 다음과 같다.

첫째, 성취기준을 강조한다. 성취기준은 그동안 학습자가 반드시 알아야 하고, 수행하여야만 하는 일반적 정보 혹은 기능의 기준, 범주로 이해되어 왔다. 그러나 최근 성취기준 중심의 교육개혁운동은 그러한 성취기준이 고정적인 것이 아니라 학습의 방향성 내지는 지향점이라는 것으로 인식을 변화시키고 있다.

둘째, 영속적 이해를 강조한다. 브루너가 제시한 지식의 구조에 해당하는 것을 위긴스와 맥타이는 '영속적 이해'라고 부른다. 영속적 이해란 학습자들이 비록 아주 상세한 것들을 잊어버린 이후에도 머릿속에 남아 있는 큰 개념(big ideas) 혹은 중요한 이해를 가리킨다.

셋째, 교육과정 개발에서 평가의 기능과 역할의 중요성을 강조한다. 수업을 위한 학습 내용의 선정에 앞서 '수용할 만한 증거의 결정'으로 구체적인 평가 계획안을 마련하도록 한다. 즉, 선 평가 후 교육의 모형이다. 학습자의 고등정신능력을 계발시키기 위해서는 실제 그 분야의 전문가와 같이 학습자가 문제를 탐구해 보고, 설득과 주장을 해보는 과정이 필요하며, 이에 역순적인 평가계획 절차가 강조되었다.

백워드 모형의 개발 절차는 다음과 같다.

### (1) 제1단계 : 학습목표 설정 및 기대하는 학습 결과 확인(단원 목적과 질문 개발)

☀ 이 단원에서 어떤 핵심원리를 배우고 학습 후 학생들은 어떻게 되어야 하는가?

첫 번째 단계는 '영속적 이해'(enduring understanding)의 추구이다. '영속적'이란 학문의 중심부에 있는 기본적이고 중요한 아이디어, 개념 혹은 원리로 시간이 지나도 그 가치가 그대로 있는 불변의 지식을 말하고, '이해'란 어떤 실질적이고 응용적인 수행을 학습자가 직접 보여줄 수 있게 되는 것을 말한다.

> ✤ 영속적 이해
> • 개념(기존 단순한 이해의 개념에서 탈피)
> 학습자가 습득한 지식을 바탕으로 맥락 속에서 의미를 파악하고 새로운 상황 속에서 유연하게 적용하여 내면화한 것(2022 개정 교육과정에서는 깊이 있는 이해를 강조하며, 교과 간 연계, 실생활 연계, 학습 과정의 성찰을 중요하게 여김)
> • 여섯 가지 측면의 이해
> ① 설명하다 : 왜, 어떻게와 관련된 서술
> ② 해석하다 : 정보, 자료, 텍스트의 의미, 추론, 행간의 의미 파악
> ③ 적용하다 : 다른 상황에 응용
> ④ 관점을 갖다 : 관점을 전환, 다양한 관점을 고려, 비판적 자세
> ⑤ 공감하다 : 다른 사람의 입장에서 생각하기
> ⑥ 자기지식(상위인지능력)을 갖추다 : 학습에 대한 성찰과 반영

### (2) 제2단계 : 수용 가능한 다양한 이해의 증거 결정하기(평가계획)

☀ 어떠한 평가와 평가 결과를 통해 단원 목표가 달성된 것을 확인할 것인가?

두 번째 단계인 평가단계에서는 여섯 가지 이해의 종류에 상응하여 평가계획을

수립한다. 즉, 구체적인 이해의 특성에 맞추어 적절한 평가계획을 세워야 학습자가 지금 어느 정도의 이해 수준에 도달했는지 가늠할 수 있다. 이는 평가의 타당도 확보와 직결된다.

> ✤ 수행과제에 따른 평가준거 결정 및 루브릭 작성
> - 수행과제에 포함되어야 할 요소
>   GRASPS – 목표(Goal), 역할(Role), 청중(Audience), 상황(Situation), 실행(Process), 기준(Standard)
> - 평가의 준거 결정 및 루브릭 작성(과정중심 수행평가표의 작성)

### (3) 제3단계 : 학습활동 계획 및 계열화(학습경험과 수업계획)

☀ 어떤 수업 – 활동 – 경험을 통해 목표에 도달하고 평가를 성공적으로 할 것인가?

세 번째 단계인 학습경험과 수업 내용의 계획은 WHERETO의 절차적 원리를 따른다.

| | |
|---|---|
| W | 첫째, 교사는 높은 기대수준 및 학습방향을 제시한다(Where are we headed?).<br>• 어디를 향하고 있는가?<br>• 무엇을 기대하는가? |
| H | 둘째, 학습자들의 도전 의식을 고무하며 관심을 이끈다(Hook the students).<br>• 어떻게 아이들의 관심을 불러일으키고 유지할 것인가? |
| E | 셋째, 수행과제를 투입하면서 주제를 넓게 탐구시킨다(Explore & Equip).<br>• 어떻게 아이들이 중요한 개념과 본질적 질문을 탐구하게 할 것인가?<br>• 기대되는 수행과제에 대해서 어떻게 아이들을 준비시킬 것인가? |
| R | 넷째, 높은 성취수준을 수행하고 있는지를 점검한다(Review & Rethink).<br>• 아이들이 다시 생각하고 수정하도록 어떻게 도울 것인가? |
| E | 다섯째, 성취의 증거들을 발표하고 전시한다(Exhibition & Evaluation).<br>• 아이들이 자기평가를 하고 자기학습을 돌아보게 할 방법은 무엇인가? |
| T | 여섯째, 개인적인 재능, 흥미, 필요를 반영할 수 있도록 설계한다(Tailor).<br>• 학습을 어떻게 다양한 요구, 관심, 스타일에 맞춰서 조정하는가? |
| O | 일곱째, 진정한 이해를 최적화하기 위하여 조직한다(organize).<br>• 어떻게 학습은 재조직하고 순서를 세울 것인가? |

## 요약

'교육과정 개발 모형'에서는 교육과정 개발의 개념을 명확히 하고, 두 가지의 결정방식을 살펴보았다.

또한, 현존하는 대표적인 교육과정 개발 모형들로 합리적인 관점의 모형 계열과 경험주의 관점의 모형 계열, 재개념주의 관점의 모형 계열, 책무성을 강조하는 모형의 특징을 살펴보았다.

## 생각해 봅시다

1. 보비트(Bobbitt)가 제시한 교육과정 개발 모형의 특징을 설명해 봅시다.
2. 타일러(Tyler)가 제시한 교육과정 개발 모형의 특징을 설명해 봅시다.
3. 타바(Taba)가 제시한 교육과정 개발 모형의 특징을 설명해 봅시다.
4. 니콜스와 니콜스(Nicholls & Nicholls)가 제시한 교육과정 개발 모형의 특징을 설명해 봅시다.
5. 워커(Walker)가 제시한 교육과정 개발 모형의 특징을 설명해 봅시다.
6. 스킬벡(Skilbeck)이 제시한 교육과정 개발 모형의 특징을 설명해 봅시다.
7. 아이즈너(Eisner)가 제시한 교육과정 개발 모형의 특징을 설명해 봅시다.
8. 파이나(Pinar)가 제시한 교육과정 개발 모형의 특징을 설명해 봅시다.
9. 백워드(Backward) 교육과정 개발 모형의 특징을 설명해 봅시다.

# 08 Chapter 교육과정 재개념화

학습내용

1. 교육과정 재개념화의 출현과 의미
2. 교육과정 재개념화의 접근 관점에 따른 분류
3. 교육과정 재개념화의 성격
4. 파이나(Pinar)의 실존적 재개념화 이론
5. 애플(Apple)의 사회적·문화적 재개념화 이론
6. 밴 매넌(van Manen)의 현상학적 재개념화 이론
7. 교육과정 재개념화의 의의와 비판

교육과정의 재개념화(reconceptualization)란 일반적으로 전통적인 교육과정의 의미나 연구방법에 대하여 회의와 이견을 제시하면서 그 의미를 새롭게 규정하고 새로운 연구 관점을 제시하는 일련의 활동을 의미한다. 교육과정의 재개념화는 교육과정이 하나의 연구 분야로 성립되기 시작한 1910년대 이후 계속 진행되었던 것으로 볼 수 있다. 그렇지만 오늘날 교육과정의 재개념화는 1970년대 초부터 대두된 일군의 재개념주의자들(reconceptualists)의 활동결과를 말한다.

이 장에서는 교육과정 재개념화의 의미와 접근 관점, 공통된 성격 및 비판점을 중심으로 살펴보기로 한다.

## 1 교육과정 재개념화의 출현과 의미

교육과정의 재개념화를 주도한 인물로는 대표적으로 파이나(Pinar)를 들 수 있다. 그는 1975년에 『Curriculum Theorizing: The Reconceptualists』에서 '재개념주의자'라는 용어를 제시하면서 전통적으로 실천지향적 관점을 유지하였던 타일러(Tyler)

모형에 대하여 통렬한 비판을 가하였다. 그는 종래의 교육과정 연구가 교육과정을 개발하고 설계하며, 실행하고, 평가하는 일에 몰두하였으며, 학교에 종사하는 사람들을 위한 실용적 지침을 제공하는 일에 치중하였다고 비판하였다.

파이나는 앞으로의 교육과정 연구는 교육과정 개발과 실천보다 이해 그 자체에 초점을 둘 것을 제안하였다. 이른바 '실천지향적 연구 패러다임'으로부터 '이해지향적 연구 패러다임'으로의 전환을 시도하고 있는 것이다.

주지하다시피, 교육과정 연구의 재개념화는 전통적 교육과정 연구 패러다임인 기술공학적 접근을 비판하는 것으로부터 출발한다. 파이나는 전통적 접근을 취하는 사람들을 '전통주의자'(traditionalists)로 부르면서 재개념화를 시도하는 사람들을 '재개념주의자'(reconceptualists)로 불렀다. 이들 간의 가장 큰 차이점은 교육과정 연구를 보는 시각이다. 전통주의자들은 교육과정 연구의 목적을 교육과정의 개발(development)과 실천에 두고 있는 데 반하여, 재개념주의자들은 교육과정의 이해(understanding)에 두고 있다. 전자는 학교교육과정의 개발과 처치에 따른 일반적 원리와 모형 개발에 주력한다. 반면에 후자는 교육과정 내용의 의미를 이해하거나 그 현상을 분석하는 것에 치중한다. 이러한 차이가 결국 교육과정 연구의 대상과 초점은 물론 연구방법과 이론적 배경까지도 서로 다르게 하는 것으로 볼 수 있다. 따라서 전통주의자들이 제기하는 질문과 재개념주의자들이 제기하는 질문은 매우 이질적일 수밖에 없다.

요컨대 교육과정의 재개념화란 교육과정 연구를 주도해 왔던 전통주의자들의 탈역사적이며, 탈정치적이고, 실증주의 일변도의 좁은 관점에서 벗어나 교육과정 탐구의 영역을 확대하고 방법을 다양화하는 것이다. 특히 교육과정 개발문제에만 얽매이지 않고 교육적 경험을 정치나 문화, 그리고 역사적 관점 등에서 이해하는 학문적 노력을 지칭하는 것으로 본다. 이러한 의미의 재개념화는 결코 완성된 것이 아니다. 그것은 끊임없이 다시 정의될 성질이다(Pinar, 1979). 그러면 교육과정의 재개념화 움직임은 어떠한 배경으로부터 나온 것인가? 이에 관하여 김민환(1991)이 제시하였던 내용을 재정리하면 다음과 같다.

교육과정에 대한 재개념화의 역사적 뿌리는 카운츠(Counts), 러그(Rugg), 듀이

(Dewey) 등의 철학에 두고 있다. 이들의 교육과정 이론화 노력에서 그 연원을 찾을 수 있다. 그렇지만 교육과정의 이론화를 위한 재개념주의자들의 움직임이 구체적이며 집단적으로 일어난 것은 1973년 이후의 일이다(Benham, 1981). 재개념주의자들의 회합이 처음으로 열렸던 곳은 1973년에 로체스터 대학에서이다. 이 회합에서 재개념주의자들의 아이디어들이 제기되었으며, 이것이 재개념주의적 접근의 새로운 활력소가 되었다. 이 이후 재개념주의자들의 모임은 정기적인 연례행사로 이루어지고 있다. 재개념주의자들의 견해가 공식적으로 제기된 것은 1975년에 파이나가 『Curriculum Theorizing: The Reconceptualists』를 출판하면서부터라고 볼 수 있다.

재개념주의는 주로 현상학, 해석학, 실존주의, 마르크스 이론, 정신분석학, 비판이론 등에 뿌리를 두고 있다. 그들은 모두 지난 반세기 동안 교육과정 연구를 압도해 왔던 탈정치적, 탈역사적, 기술공학적 접근에서 벗어나 교육과정 탐구의 개념적 지평을 확대하고자 하는 의식을 가지고 있었다(Pinar, 1978).

교육과정의 재개념화가 1970년대에 일어나게 된 배경에 대해 벤햄(Benham, 1981)은 다음과 같이 요약하고 있다. 당시는 사회의 현 상태 유지보다는 급진적인 개혁 분위기가 팽배한 상태였다. 그 분위기 속에서 몇몇 교육과정 연구자들은 급진적 비판이론으로 무장하기 시작하였다. 그러면서 이들은 전통적인 교육과정 연구가 주제 설정이나 접근방법에서 매우 잘못되었음을 신랄하게 비판하기 시작하였다. 또한, 그들은 브라질의 교육을 비판적인 입장에서 바라본 프레이리(Freire)의 시각에서 영향을 받기 시작하였다. 프레이리의 교육을 보는 관점은 물론 그의 연구방법마저 재개념주의자들에게 적극 수용되었다. 특히 이론을 실천에 옮기는 문제에 있어서는 프레이리의 제안이 하나의 전형으로 인식되기도 하였다.

오늘날 교육과정 분야에서 '재개념화'란 말이 쓰이기 시작한 것은 1970년대 초부터이다. 이 말은 종래의 교육과정 연구전통, 즉 전통주의자들의 기술공학적 패러다임을 비판하면서 교육과정 연구를 근본적으로 재인식하는 것을 지칭하기 위해 사용되고 있다. 혹자는 이 말 대신 재개념주의(reconceptualism)란 말을 쓰기도 하는데, 재개념화(reconceptualization)란 말이 더 적합하다. 재개념화란 말은 원래 맥도널드(MacDonald)가 사용한 것으로 재개념주의자들이 보여주는 새로운 교육과정 연구를 총칭하는 말이다.

파이나는 교육과정 분야를 재개념화시키는 연구가 다양하다고 보고, 교육과정 분야의 개념이나 접근방법 형태를 근본적으로 변화시키는 데 기여하는 것은 모두 재개념화 문헌으로 볼 수 있다고 한다. 이는 다양한 교육과정 연구자들이 수행하였던 기존 연구방향으로부터 근본적인 변화, 즉 패러다임 변화를 기술하기 위한 용어이다. 재개념화란 용어는 성격상 역사적이기 때문에 그 적절성의 유효기간도 한시적이라고 한다. 그가 보기에 재개념주의 이론이란 없으며, 재개념주의도 없는 것이다. 이렇게 보면, 재개념주의자들의 접근이란 기술공학적 패러다임을 비판하면서 이와는 근본적으로 다른 탐구 관점과 방법으로 교육과정을 인식하고 연구하려는 것으로 볼 수 있다.

## 2 교육과정 재개념화의 접근 관점에 따른 분류

재개념주의자들마다 기반하고 있는 이론적 배경과 접근 방식이 다양하기 때문에 재개념주의자들의 접근 논리를 한마디로 요약하기란 쉽지 않다. 그렇지만 큰 틀에서 바라보면 재개념주의자들의 지식을 바라보는 관점과 관심영역, 그리고 접근방법 상의 유사점도 엄연히 존재한다. 마짜(Mazza, 1980)는 다음과 같이 네 가지의 관점에서 교육과정 재개념화를 분류하였다.

첫째, 종래의 기술공학적 패러다임에 대한 역사적 비판이 그것이다.

둘째, 주로 교육목표에 대한 비판을 가하는 미학적·철학적 접근이 그것이다.

셋째, 교육의 비인간화 현상에 관한 정신분석학적 비판이 그것이다.

넷째, 교육과정의 사회적 기능에 관하여 비판하는 사회적·정치적 접근이 그것이다.

이 접근유형들은 제각기 이론적 기반을 달리하고 있으며, 지향점도 서로 달리하고 있다.

재개념주의자들은 교육과정 연구에 대한 기존의 전통적인 방식에서 벗어나, 자신들의 관심영역과 탐구영역에 따라 각기 다른 접근 방식으로 교육과정 문제에 대한 해결책을 모색하였다(소경희, 2017; 허숙, 1995; Pinar et al., 1995). 재개념주의자들은 탐구영역과 이론적 배경에 따라 그 성격이 다양하지만, 인간적 내적 주관에 관심을 가지며 모순된 구조나 체제를 해체하고자 한다는 점에서 공통점을 갖는다. 본 서에서는 재개념주의자의 탐구영역을 일곱 가지로 구분하여 살펴보았다.

## 가. 사회적·문화적 재생산 이론/정치적 텍스트

이 접근은 사회·문화와 학교 교육 간의 관계를 분석하는 데 관심을 두고, 사회에서의 학교의 역할을 탐구한다. 학교 교육이 사회의 불평등한 구조를 재생산하고, 이러한 교육 체제 속에서 취약 집단들이 억압되고 있음을 비판한다. 교실 실제에 관심을 두고, 학교와 사회 간의 일상적 관계에 내재하여 있는 문제를 논의하였다. 이러한 접근의 대표적인 인물로는 애플(Apple), 지루(Giroux), 프레이리(Freire) 등이 있다.

## 나. 실존적 재개념화/전기적 텍스트

이 접근은 학습자가 교육과정을 어떻게 경험하고 있는지를 탐구한다. 파이나(Pinar)는 교육과정의 어원인 쿠레레의 관점에서 자서전적 방법론을 제시하였다. 쿠레레란 제도적 구성물에 대한 개인의 실존적 경험을 의미한다. 쿠레레는 개인이 자신의 경험을 좀 더 충분하고 더 명확하게 직면할 수 있게 하는 자아 성찰 전략이다. 이러한 접근의 대표적인 인물로는 파이나(Pinar), 굿슨(Goodson), 코널리(Connelly) 등이 있다.

## 다. 현상학적 이론화/현상학적 텍스트

이 접근은 개인이 갖는 경험 그 자체, 즉 개인이 경험한 교육과정이 무엇인지를 밝히는 데 관심이 있다. 각 개인은 자신이 경험한 구체적 상황에 대한 개인적이고 특별한 의식을 형성하게 된다. 그리고 개인의 경험에는 상황에 대한 정의적이고 인지적이며 생리적 반응을 수반한다. 이 접근은 연구 대상이 되는 개인들에게 스스로 보고, 느끼고, 믿는 것에 대해 깊이 성찰할 기회를 제공함으로써, 개별적인 경험을 드러낸다. 이러한 접근의 대표적인 인물로는 아오키(Aoki), 밴 매넌(van Manen), 휴브너(Huebner) 등이 있다.

## 라. 미학적 이론화/심미적 텍스트

이 접근은 미학적인 관점에서 교육과정을 분석하고 비판한다. 이들은 교수와 학습의 과정이 단순히 목표와 방법을 연결하는 기계적이고 공학적인 관계가 아니라, 개인의 의미 형성을 통한 실존적이고 창의적인 과정이라는 것을 강조한다. 이러한 접근의 대표적인 인물로는 아이즈너(Eisner), 발란스(Vallance), 피긴스(Figgins) 등이 있다.

## 마. 페미니스트 이론화/젠더 텍스트

이 접근은 젠더와 성적 지향으로 인한 불평등한 취급 방식을 분석하고, 젠더에 대한 사회의 지배적인 가정에 따라 지식과 가치가 어떻게 개발되었는지를 분석하는 데 관심을 둔다. 이 접근에서는 젠더와 성적 지향에 따른 불평등을 명확히 드러냄으로써 궁극적으로 정의를 위한 이론을 창출하고자 한다. 이러한 접근의 대표적인 인물로는 그루멧(Grumet), 밀러(Miller), 파가노(Pagano) 등이 있다.

## 바. 인종적 이론화/인종적 텍스트

이 접근은 학교 교육에서 인종에 따른 불평등한 취급을 이론화하는 데 관심을 둔다. 이 접근에서는 인종 및 이와 관련된 개념들, 즉 다문화주의, 정체성과 억압, 인종적 재현, 교육과정 정치학, 주변화, 차이 등과 같은 개념들을 교육과정과 관련지어 논의한다. 이러한 접근의 대표적인 인물로는 왓킨스(Watkins), 매카시(McCarthy), 영(Young) 등이 있다.

## 사. 포스트모던 이론/포스트모던 텍스트

이 접근은 학교 교육 및 교육과정에 대한 근대적인 가정이나 접근을 해체하고 새롭게 재구성하는 데 관심을 둔다. 포스트모더니즘에서는 세계를 유동적이고 생성적이며 혼란스럽고 개방적인 실재로 이해하며, 세상사는 지속적으로 해체되고 재구성되는 과정으로 간주한다. 이 접근에서는 교육과정을 한 가지 방식으로 해석하거나 이론화하지 않으며, 고정화하지 않고 생성적인 것으로 간주한다. 이러한 접근의 대표적인 인물로는 돌(Doll), 킨체로(Kincheloe), 스타인버그(Steinberg) 등이 있다.

# 3 교육과정 재개념화의 성격

위에서 살펴본 내용들을 종합적으로 정리해 볼 때, 교육과정 재개념화의 성격은 다음과 같이 정리될 수 있다.

① 재개념주의자들은 교육과정의 개발보다는 교육과정의 이해에 초점을 맞추고 있다. 교육과정을 보는 시각 자체를 달리하고 있는 것이다. 따라서 교육과정의 재개념화에 따른 제반 논의는 바로 교육과정을 보는 시각의 전환을 요구

한다.

② 비판적 자세를 견지한다. 재개념주의자들은 비록 서로 관심영역과 접근방법은 다르지만, 기술공학적 연구가 잘못되었다는 점을 들어 다 같이 비판하고 있다. 이들의 비판은 단지 비판을 위한 비판이기보다는 종래와는 다른 연구영역과 관점, 그리고 연구방법을 지향하는 것이다.

③ 재개념주의자들은 대부분 반실증주의적 입장을 나타낸다. 이들은 지식이 객관적으로 존재하는 것이 아니라는 점을 확실하게 하고 있다. 그것은 인식 주체의 내부에 존재하는 것(철학적 현상학이나 실존주의 등의 철학적 관점)이며, 사회적으로 구성되는 것(현상학적 사회학이나 신마르크스주의 관점)이다. 그렇기 때문에 학교에서 다루어지는 지식, 즉 교육과정 내용은 실증주의적 관점에서처럼 누구에게나 가치 있거나 더 이상 의문을 제기할 필요가 없는 것으로 보아서는 안 되는 측면을 피력한다.

④ 재개념주의자들의 학문적 배경이 매우 다양하다는 점이다. 이 점은 기술공학적 패러다임이 주로 행동주의 심리학 등의 행동과학과 자연과학으로부터 연구 관점과 기술을 빌려오는 현상에 비추어 보면, 재개념주의자들의 다양한 학문적 배경은 자연스러운 것이다. 현상학, 실존주의, 미학, 인류학, 지식사회학, 신마르크스주의, 그리고 정신분석학 등이 그것으로, 이 중에서도 현상학적 관점은 실증주의적 관점과는 매우 대립적 입장을 취한다.

⑤ 재개념주의자들은 현상 유지보다는 변화 지향적 교육과정 연구를 추구한다. 따라서 학생을 비롯한 모든 피억압자를 모두 변화를 위한 대상으로 간주한다.

⑥ 재개념주의자들은 교육과정을 이해하기 위하여 새로운 용어를 만들거나 타학문으로부터 차용하기도 한다. 예컨대 파이나(Pinar) 등은 curriculum 대신 currere란 용어 사용을 제안하며, 애플(Apple), 지루(Giroux) 등은 교육과정의 사회적·정치적 성격을 분석하기 위하여 헤게모니, 이데올로기, 문화적·경제적 재생산 등의 신마르크스주의자들의 용어를 활용한다.

## 4 파이나(Pinar)의 실존적 재개념화 이론

### 가. 쿠레레로서의 교육과정

쿠레레(currere)란 교육과정을 '목표 또는 학습 결과를 기술하거나 규정하는 활동'으로서가 아니라, '코스에서 학생이 달리면서 갖게 되는 교육적 경험'으로 재해석한 것이다(정성아, 2006). 파이나는 교육과정의 라틴어 어원인 쿠레레에 주목하고 교육과정을 의미하는 쿠레레는 '달리는 경주로'라는 명사적 의미뿐만 아니라 실제로 '그 경주로를 달리는 행위나 과정'을 뜻하는 동사적 의미도 포함하고 있음을 강조하였다(이근호, 2006; 정미화, 2011; Pinar et al., 1995).

쿠레레는 교육 활동 속에서 학생 개개인이 갖는 경험의 본질이다. 쿠레레는 외부에서 제공된 교육 내용을 단순히 수용하는 것이 아니라, 자신이 살아온 경험 속에서 지식을 발견하도록 하는 교육과정 재개념화의 과정에 해당한다(최연주, 2011). 즉, 교육과정은 학생들이 경주로를 달리는 과정에서 경험하고 성장하는 인생의 여정과 같다(이근호, 2006).

동사적 의미로서의 쿠레레는 교육과정연구 과정과 결과에 대해 자기 소외 및 연구 대상들과의 분리 문제를 극복하고자 하였다(정미화, 2011). 학생이 코스를 달릴 때 한 가지 방법으로 달려와 몇 등을 하였는지는 중요하지 않다. 개인의 경험은 고유하고 반복할 수 없는 가치 있는 것으로, 쿠레레는 학교 안과 밖 나아가 우리의 인생 경험 그 자체를 말한다(김영천, 2004). 교육과정은 계획된 실체로서보다는 삶의 경험에 대한 분석과 사적인 경험을 탐구하는 분야이다. 즉, 교육과정은 개인의 경험을 특수한 사회적 맥락 속에서 느끼고 생각하는 매우 사적이고 개인적인 것으로 이해되어야 한다(이흔정, 2002).

## 나. 인간의 실존적 해방

파이나의 교육과정이론은 오늘날 우리가 처하고 있는 사회적, 문화적 현실 속에서 개인이 갖는 경험과 그 의미를 탐색하여 이해하는 것에 초점을 둔다. 우리가 처한 사회적 현실이란 1900년대 후반의 기계문명 발달과 산업화에 따른 인간 소외, 경제적 불안정, 사회적 갈등, 그리고 관료 체제의 문제 등을 의미한다.

파이나는 억압된 사회 속에서 인간의 실존적 해방을 목표로 삼았다. 그가 말하는 해방(liberation)이란 "정치적, 경제적, 심리적 불공정성으로부터 자신과 타인을 자유롭게 하는 과정"을 의미한다. 해방의 과정은 다면적이고 연속적인 과정이기 때문에 어느 한 가지 조건이 해결된다고 해서 한순간에 완성되지 않는다. 개인이 자신을 구속하고 있는 거짓된 현상이나 인식을 걷어내고 자신의 진실한 본래의 모습을 회복할 때 해방될 수 있다. 인간의 해방은 추상화된 이론과 표준화해 놓은 관념에서 벗어나, 생동적이고 구체적인 개인의 직접적 경험의 세계를 회복할 때 가능하다.

파이나는 교육과정연구를 실존적 접근을 통해 이해하고자 하였으며, 각 개인이 갖는 경험의 개별적 특수성을 강조하였다. 파이나는 교육과정에서의 '개인'(individual)에 관심을 두고, 각 개인이 교육 속에서 갖는 내적 경험의 탐구를 중시하였다. 교육과정 이론가나 실천가들은 자신이 갖는 편견과 가치 그리고 개인적인 행동에 대한 자기 비판적인 성찰이 요청된다. 이러한 자기 성찰(self-critical awareness)의 과정은 자신의 생활이나 교육 경험을 되돌아보는 기회를 제공하고, 이것은 자기 자신의 진정한 내적 의식의 세계를 알게 해준다. 또한, 이것은 자기를 구속하는 여러 가지 문화적, 사회적 제약을 깨닫게 하고, 자기 자신뿐만 아니라 타인까지도 진정한 인간의 모습으로 해방하는 데 기여한다. 이때, 인간의 정신적, 실존적 해방이 이루어진다(Pinar, 1974).

## 다. 학교 교육의 정신 분석

파이나(1975a)는 그의 논문 “Sanity, madness, and the school”에서 학교 교육이 학생들을 어떻게 비인간화하고, 정신적인 파괴를 초래하는지 제시하였다. 파이나는 학교 교육의 문제점을 다음과 같이 열두 가지로 제시하였다(허숙, 1995).

① 공상적인 세계로의 도피와 거부: 학교 교육의 특성인 통제성과 엄격성은 모든 아동에게 획일적으로 적용된다. 따라서 그러한 제약에 견딜 수 없는 일부 아동들은 학교생활 중에 많은 시간을 개인적인 공상의 세계로 도피하게 되는 경험을 갖게 되고, 또 다른 일부 아이들은 자신의 자연스러운 공상까지도 억누르면서 억지로 현실에 집착하고자 애쓰게 된다. 그 어떤 경우이든 아동들이 완전한 개인으로 성장해 가는 데 도움이 되지 못한다.

② 타인의 모방을 통한 자아의 분열과 상실: 학교생활을 통하여 아동들은 끊임없이 타인을 모방하도록 강요받는다. 한 아동이 다른 사람을 모방하는 일은 자기 자신에 대한 불만족과 거부를 강화한다. 아동들은 학교에서 자신을 타인의 눈으로 보는 법을 배운다.

③ 자율성의 위축과 의존성의 증대: 아동들이 학교에서 가장 먼저 배우게 되는 것은 자기 자신은 아무것도 모른다고 생각하도록 하는 것이다. 따라서 아동들은 당연히 교사로부터 교육을 받아야 한다고 생각하게 되고, 그러한 생각은 자기 자신의 필요나 욕구 자체도 잊어버린 채 맹목적인 의존과 복종의 심리만을 증대시키도록 만든다.

④ 타인으로부터의 평가와 자기애의 상실: 학교생활은 끊임없는 평가와 비판의 연속으로 이루어진다. 학생들은 시험에서 자신이 옳다고 생각하는 답을 찾는 것이 아니라, 선생님이 옳다고 생각하는 답을 찾아내야만 한다. 학교 교육의 체제는 모든 아동이 모든 분야에서 동시에 ‘수’(A)를 받을 수 없게 되어 있으므로, 아동들은 학교에서 실패를 경험할 수밖에 없다. 계속된 실패의 경험은 결국 아동들에게 자아 존중감, 자기애(self-love)를 상실하게 한다.

⑤ 인간관계 욕구의 왜곡: 아동들이 갖는 자연스러운 인간관계의 욕구는 학교생

활 속에서 무참히 억압되고 있다. 교사와 학생 간의 인간관계는 수직적이고 제한적이며, 협동보다는 경쟁이 강조된다. 교육 활동 속에서는 애정보다는 훈육이나 벌이 더 좋은 교육방식으로 여겨지기도 한다. 이러한 상황은 결국 분노를 표출하고, 반대로 표출될 수 없는 분노는 자기 자신과 동료에 대한 심리적 공격으로 전환된다.

⑥ 자기 소외와 감각마비 현상: 학교생활은 아동들에게 신체적, 정신적인 고통을 유발한다. 끝없이 계속되는 이러한 고통은 아동들의 신체적, 정신적 감각을 마비시키고 결국 잠재적인 불안을 생성하게 된다. 지적 긴장은 아동들의 감정을 무시하고 머리만을 중시하게 함으로써 자신의 내면세계로부터 들려오는 소리에 무감각해지도록 만들고 있다.

⑦ 자기 기준의 상실과 타인 지향성: 학교생활을 통하여 아동들은 자기 기준을 버리고 타인 지향적인 행동을 배우게 된다. 따라서 행동의 내적 동기는 사라지고 외적 동기가 지배하는 동기의 전도 현상이 발생한다. 그 결과로 아동들은 부모나 선생님을 위해서 공부하고, 점수를 따기 위해 책을 읽는다. 돈 보고 결혼하고, 출세를 위해 공부해야 한다고 생각하는 것은 이러한 타인 지향성이 누적된 학습 결과이다.

⑧ 참된 자아의 상실과 객관화된 자아의 수용: 학교생활 속에서 아동들은 참된 '자기'가 되기보다는 '착한 학생', '공부 잘하는 학생', 또는 '문제아' 등으로 불리고 취급된다. 이러한 분류와 명칭은 참된 주관적 존재로서의 아동을 객관화된 사물로 전환한다. 한 사물로서 객관화된 인간은 자기 자신의 주체적인 목적을 갖지 못하고, 오직 다른 사람의 지시에 응해 움직일 뿐이다.

⑨ 지배자의 논리 수용과 거짓된 자아 정체감의 형성: 학교생활 속에서 아동들은 교사와의 사이에서 생기는 갈등과 마찰을 피하고 그로부터 자기 자신을 보호하기 위해 교사의 논리를 일방적으로 받아들이거나, 혹은 가면을 쓰고 거짓된 행동을 해야 한다. 그것은 아동들에게 있어서는 교사와 벌이는 한판의 게임과도 같은 것이다. 학교생활의 이러한 연속적인 게임적 특성은 아동들에게 거짓된 자아 체제를 형성하도록 만들며, 나아가 인생 전체를 진지한 참

여의 관계가 아닌 하나의 가식적인 게임으로 여기게 만드는 원인이 된다.

⑩ 학교 교육의 집단성과 개인적 세계의 상실: 아동들의 학교생활은 교사에 의해 주도되는 집단 속에서 이루어진다. 이러한 집단 속에서 아동들은 개인적인 세계를 가질 수 없으며, 집단에서 맘대로 벗어날 수도 없다. 무리 속에서 조용히 외롭게 부지런히 쫓아다녀야만 하는 아동들로서는 자신을 되돌아볼 겨를도 없고, 동료들과 친근한 관계를 맺는 일도 어렵게 된다.

⑪ 무관심과 존재 확인의 기회 상실: 한 인간이 타인으로부터 인정을 받을 때, 그것은 자기를 알고 자기에 대한 애정을 갖도록 하는 데에 결정적인 도움이 된다. 그러나 학교생활은 아동을 무시하고, 의심하며, 일방적으로 지시하거나 심지어 체벌을 가하는 일이 빈번히 일어난다. 아동들은 교사로부터 관심을 끌기 위하여 전략적인 행동을 하지만, 그것은 자신의 참된 모습이 아니다. 학교에서는 아무도 자신을 알아주지 않으며, 아동들은 심지어 벌을 받으면서 자신의 존재를 확인하기도 한다.

⑫ 미적, 감각적 지각 능력의 둔화: 미적 측면을 고려하지 않고 효율성만을 고려하여 만든 학교 건축물, 딱딱한 의자와 직선들, 획일적이고 기계적인 교과 학습 등의 계속적인 반복은 아동들의 미적이고 감각적인 감수성을 둔화시킨다. 오늘날 학교 교육은 모든 것을 생명 없는 객관화된 사물로만 취급하고, 모든 지식은 죽어 있는 돌과 같은 것으로만 다루고 있다.

이러한 학교 교육 경험으로 아동에게 누적된 결과는 인간의 파괴, 즉 상실을 유발한다. 학교 교육이 이러한 인간 파괴적인 '광기'(madness)로부터 벗어나기 위해서는 먼저 우리 자신의 의식 속으로 관심을 돌려야 한다. 자기 이해를 바탕으로 할 때만이 자신을 둘러싸고 있는 사회적, 정치적, 교육적인 문제에 대한 보다 종합적인 이해가 가능해진다(Pinar, 1975a: 384).

## 라. 자서전적 방법론

자서전적 방법론은 파이나가 학교 교육의 병폐를 치유하려는 방법으로 제안한 것이다. 파이나는 학교 교육 병폐의 근본적 원인을 '객관성 강조로 인한 주관성 혹은 참자아의 상실'로 규정하고, 이것의 치유는 교육 출발점의 전환, 즉 "안으로부터 시작"(Pinar, 1975b: 10)이 필요하다고 제안하였다. 이때까지 학교 교육이 학생들 자신과 동떨어진 객관적인 지식을 가르치는 데에서 출발했다면, 이제는 각 학생의 '주관적 내면'에서 출발해야 한다. 학생들의 주관적 내면에서 출발하여 학생들이 자신의 주관성을 회복하기 위해서는 자서전적 방법이 필요하다. 자서전적 방법은 회귀(regressive), 전진(progressive), 분석(analytic), 종합(synthetical)의 4단계로 이루어진다.

첫 번째 단계는 회귀이다. 회귀는 과거의 경험을 되돌아보는 기회를 제공하는 것을 의미한다. 이것은 학생들에게 현재 가지고 있는 생각과 성향이 과거의 어떤 경험을 통하여 형성된 것인지, 다른 방법으로 유도될 수는 없었는지, 가치 없다고 버려진 경험들은 없는지, 어떤 점이 왜곡, 억압, 은폐되었는지 등을 알도록 유도한다. 이처럼 회귀 단계에서는 과거의 모든 경험을 의식의 표면으로 하나하나 끄집어 올리며, 이를 위해 인간의 삶 혹은 실존적 경험을 회귀의 자료로 사용한다. 학생들은 자유로운 연상을 통하여 과거를 회상하고 자신의 기억을 확장한다. 과거 속에서 일어나는 것을 관찰하는 것이 이 단계의 핵심이다.

두 번째 단계는 전진이다. 이것은 과거의 경험을 현재로 불러서, 그 과거의 경험과 현재 자신이 가지고 있었던 지적 관심을 자신의 의식 속에서 자유롭게 생각하게 한다. 전진의 단계에서는 아직은 존재하지 않지만, 현재에 스며 있는 미래에 주목한다. 자신의 1년 후, 10년 후, 30년 후의 모습을 연상한 후 아직 현실화되지 않는 모습, 즉 미래가 현재가 되는 장면을 조망해 본다.

세 번째 단계는 분석이다. 이것은 회귀와 전진 단계에서 가져온 개인적 경험을 제도와 역사의 배경 위에 놓고, 그것을 개념화함으로써 과거와 현재와 미래가 어떻게 복잡하게 얽혀 있는지를 이해하는 단계이다(한혜정, 2005). 이 단계는 과거, 현재, 미래라는 세 장의 사진을 동시에 펼쳐놓은 후 이들을 연결하고 있는 복잡한 관계를 분석하는 과정이다. 그리고 과거의 교육적 경험으로 인해 형성된 자신의 삶을 분석하게 한다(Pinar, 2004).

네 번째 단계는 종합이다. 종합은 자신의 과거 경험과 현재의 지적 관심, 앞으로의 비전에 대한 새로운 안목을 얻는 단계이다. 자신의 생생한 현실로 돌아가 내면의 목소리에 귀를 기울이고, 자기에게 주어진 현재의 의미가 무엇인지를 자문하는 단계라고 할 수 있다.

## 5 애플(Apple)의 사회적·문화적 재개념화 이론

### 가. 인간의 정치적 해방

학교에서 가르치는 지식·문화 등은 보편적인 지식이나 비정치적인 성격의 문화 자산이 아니라, 특정 계층이나 범주에 소속된 집단의 이익을 옹호하는 정치적 성격을 띠고 있다. 교육과정은 더 넓은 문화의 부분을 선택하여 가르치게 되는데, 이때 학교에서 전수하는 지식·문화 등은 보편적인 지식이나 성격의 문화 자산이 아니라 특정 계층이나 범주에 속하는 집단의 이익을 옹호하는 정치적 성격을 갖게 된다. 교육과정은 보편적이며 불변의 진리·사실로 구성된 학습 내용이 아니라, 특정한 시대적 상황 속에서 형성되어 온 지배 계층의 이익과 관심을 반영한 역사적 산물이다.

애플은 신마르크스주의 이론에 바탕을 두고 그러한 의식을 형성하게 하는 외부적인 조건과 제약이 무엇인지를 따지는 데에 더욱 관심을 두고 있다. 인간 활동의 이해는 그를 둘러싸고 있는 정치적, 경제적, 사회적, 이념적 상황과 갈등을 고려할 때 가능해진다. 따라서 교육의 문제를 해결하기 위한 노력은 교육과 관련되는 지식의 문제, 이데올로기의 문제, 경제 체계의 문제, 그리고 권력관계의 문제 등에 대한 상호 관련을 분석하는 일에서 시작해야 한다(Apple, 1978).

이러한 분석을 통하여 우리는 학교의 교육과정에 있는 지배적 이데올로기가 무엇이며, 그 이데올로기는 우리의 사회적, 경제적 삶을 어떻게 통제하고 있는지, 그리고 그것이 학교 교육을 통하여 어떻게 재생산되고 있는지를 이해하게 된다. 그리하여 교육과정의 이론과 실제에 대한 숨은 의미를 사회와의 관련 속에서 평가하게 함으로써 교육 문제의 사회적·정치적 배경을 이해하는 도구를 제시해 주고, 우리를 지배하는 신화적인 믿음들을 비판적으로 볼 수 있게 한다. 이것은 결국 불평등한 사회 구조 속에서 정치적, 경제적, 사회적으로 구속받고 있는 인간의 삶을 해방하는 중요한 과제가 되는 것이다.

## 나. 학교 교육과 교육과정에 대한 비판

애플(1979)은 이데올로기와 교육과정에서 오늘날의 학교는 기성세대가 갖는 사회 체제와 권력관계를 다음 세대에 그대로 전달해 주는 '문화 재생산'의 기능을 하고 있다고 비판한다. 애플이 보기에 현대의 사회 질서는 자본과 경제력이 지배하는 체제이다. 따라서 자본주의 사회는 자본을 갖는 대기업의 이익을 위해 움직이게 되고, 대기업들은 매체를 통제하고 재화의 생산은 물론 분배와 소비까지도 조정할 수 있게 된다. 이러한 자본의 힘은 자신들의 이익을 위해 지배나 권위를 의미하는 '주도권'(hegemony)를 행사함으로써 그 사회의 구성원들에게 큰 영향력을 미치게 되는데, 학교가 그 역할을 대행하고 있다고 가정한다.

애플은 오늘날의 학교가 불공정하게 왜곡된 사회 권력의 배분 관계를 그대로 유지 계승시키는 역할을 하고 있다고 비판한다. 즉, 학교 교육은 권력을 가진 사람에게는 그 권력을 더 오래 유지할 수 있도록 도와주고, 권력을 갖지 못한 사람에게는 그들의 무능함을 스스로 인정하고 받아들이도록 훈련시키고 있다는 것이다. 이러한 일은 학교에서 지식을 선택적으로 배분하여 가르침으로써 이루어지는데, 부분적이고 편파적인 지식이 마치 완전하고 중립적이고 진리인 것처럼 제공되기도 한다. 예컨대 역사는 지도자를 따르는 사람은 찬양하고 그렇지 않은 사람은 비방하도록 가르쳐지며, 과학은 기술공학적인 경제 체제에 적합한 노동자를 양성하기 위해 가르쳐진다.

학교의 조직 구조 자체도 은연중에 이러한 기능을 수행하고 있다. 교사와 학생들이 일상적인 일로 바쁘게 움직이다 보면 자기도 모르게 관료적인 통제 속에 익숙해지게 되고, 권위의 주체가 요구하는 대로 행동하게 된다. 만약 이러한 맡은 바 임무와 지위에 대해 의문을 품거나 도전하는 학생이 있다면 그들에게는 곧 제재와 훈육이 가해지고, 나쁜 평점이 매겨지거나 징계가 주어진다. 따라서 학생들은 학교로부터 인간의 사회적 관계를 형성하는 근원적인 논리를 배우기보다는 기존의 권위 체제 속에서 자신에게 주어진 역할이 무엇인지를 배우게 되고, 그로 인해 그들은 다시 그 사회의 기계적인 한 부분이 되고 만다.

애플에 의하면, 지식은 문화적 자본에 해당한다. 학교는 형식적인 교육과정을 통하여 특정한 지식을 적법화해 준다. 교육과정은 모든 사람이 배우도록 요구되는 지식을 선정하면서 지배 집단의 이익에 도움이 되는 지식에는 특수한 지위를 부여하고, 그렇지 않은 지식은 하찮은 것으로 규정하여 무시해 버린다. 따라서 오늘날 학교의 교육과정에서는 예술이나 공예보다는 과학이나 직업교육 교과가 중시되고, 역사나 사회과학의 내용에서는 갈등 상황보다는 조화와 합의가 강조된다. 그 결과 학생들은 사회의 모든 사람이 만족스럽게 행복하며 거의 모든 문제에 있어 의견의 일치를 보인다고 믿게 된다. 학교는 결국 이러한 식으로 그 사회의 지배적인 경제 세력이 갖는 문화 자본을 유지·계승시키는 일에 핵심적인 역할을 하고 있다.

학교는 잠재적 교육과정을 통하여 그 사회가 갖는 기존의 권력관계를 유지하는 데 기여한다. 아동들이 학교에서 처음으로 배우게 되는 중요한 기능은 역할을 분배받는 일, 조용히 듣는 일, 물건을 제자리에 치우는 일, 그리고 학급의 일과를 따르는 일이다. 이러한 역할과 기능은 아동들에게 가르쳐야 할 표면적인 내용이라기보다는 이들을 통제하고 사회화시키기 위한 통제 과정이라고 할 수 있다. 아동들은 학급 활동을 조직하는 일에 참여하는 경험을 제공 받지 못하였으며, 아동들에게 흥미로운 자료가 제공되더라도 교사가 지시하는 시간과 활동의 통제 속에서 개인적인 의미를 상실하게 된다. 학생들은 시간이 지나면서 학급에서의 일과 놀이를 구분하게 되었다. 놀이는 자기가 원해서 자유롭게 선택한 활동이며, 일은 누군가가 시켜서 감독을 받아가며 마지못해서 하는 것으로 여기게 되었다.

애플(1982)은 교육과 권력에서 교육과정의 내용과 형식의 문제를 사회의 정치적, 경제적 구조와 관련하여 분석하였다. 교사는 기업 경영의 이데올로기와 실제가 교육과정에 어떻게 침투되어 있는지에 대해 세심한 자각이 있어야 하며, 그것이 어떻게 우리의 사고와 행동을 기술적으로 통제하고 있는지에 대하여 의문을 제기해야 한다. 애플은 비판적 대화를 통하여 학교를 포함한 여러 사회적 문화적 기관들이 민주적으로 재건되어야 함을 제시하였다.

## 다. 기술공학적 논리의 비판과 교육과정 탐구

학교 교육과정의 설계나 연구에서 많은 사람의 사고와 행동을 지배하고 있는 무의식적 가정은 소위 '과학적 방법'이라고 일컬어지는 실증주의적이고 기술공학적인 논리이다. 이러한 기술공학적 논리에 따르면 인간의 모든 행동은 일정한 법칙관계로 이해되고 설명된다. 그러므로 교육의 중요한 역할은 학생들의 행동을 결정하는 일반적인 원리를 찾아 그것을 과학적으로 조직하고 통제하는 일로 간주된다. 교육연구에서는 가치중립적인 객관성이 강조되며, 실증적이고 수량적인 방법이 선호된다. 교육에서 기술공학적 논리를 가장 잘 대변하고 있는 것이 '체제적 관리'이다. 체제적 관리에서는 학생들이 성취해야 할 학습경험의 결과가 목표로서 사전에 분명하게 제시되고, 그러한 목표 달성을 위한 최적의 환경과 조건, 행동들을 찾아 조직적으로 통제함으로써 최상의 목표 달성의 추구를 강조한다. 기술공학적 논리에서는 주어진 목표 달성을 위한 효율성과 생산성의 추구가 유일한 중요 관심사이기 때문에, 그 자체가 가지는 논리나 가치에 대해 성찰하거나 비판하는 일은 허용되지 않는다. 애플은 인간의 허구적인 의식과 제도에 대한 비판을 통해 인간 해방을 목적으로 하는 비판적 과학을 중시하였다.

애플은 학교 교육 속에서 갈등의 역할을 중시하였다. 갈등은 사회의 변화와 발전, 그리고 교육의 개혁을 위해 중요한 요소로 간주된다. 그러나 오늘날의 학교 교육과정에서는 자연과학이나 사회과학 모두가 이러한 갈등을 무시하거나 배척하도록 명시적 또는 묵시적으로 강조함으로써 기존 사회 체제의 유지와 조화만을 꾀하고 있다. 즉, 오늘날 학교의 교육과정은 가치 수용적이고 가치 전달적인 측면은 강조하지만, 가치 변화적이고 가치 창조적인 측면은 도외시하고 있다. 이러한 가치 전달적인 교육과정에서는 지식은 학생들에게 판매되는 상품으로 여겨지며, 가르치는 일은 지식을 전달하는 단순노동으로, 그리고 학생들의 학업성취는 제품 생산의 결과로 이해되기도 한다. 이러한 생각은 기업의 경영이나 공장의 생산 논리가 교육에 그대로 적용되어 나타난 결과인데, 특히 현대 산업사회에서는 기업의 요구와 논리가 단지 교육과정의 내용만 아니라 교육과정이 조직되고 운영되는 형태까지를 지배하고 있다.

기업에서는 생산성의 제고를 위하여 노동자를 통제한다. 이러한 통제는 탈기술화와 재기술화의 과정을 거쳐 이루어지게 되는데, 학교에서도 이러한 과정이 그대로 적용되고 있다. 국가에서 개발된 표준화된 교육과정의 학교 현장의 도입과 사용이 여기에 해당한다. 표준화된 교육과정은 사전에 제시된 목표에 따라 외부 전문가가 교육 내용을 선정 및 구성하고 그것을 프로그램하여 교사에게 제공하면, 교사는 규정된 절차에 따라 이를 학생들에게 제공하고, 미리 마련된 기준에 의하여 학생들의 성취도를 평가한다. 이러한 과정에서 교사는 교육과정에 대한 지식이나 관점이 불필요하게 되는 탈기술화의 기제를 경험하게 되고, 과학적 교수 활동이란 미명하에 외부에서 마련된 지침에 따라 자료를 전달하는 기법으로 재기술화된다. 이러한 과정에서 교사는 스스로 교육의 실천자가 되기보다는 일종의 관리자로 전락하여 학생들이나 동료 교사들로부터 소외되고, 심지어는 교육 자체로부터 점점 소외되고 있다.

이러한 기술적 통제와 탈기술화의 현상은 학생에게도 나타난다. 기술적 통제를 받는 교육과정 자료에서는 학생들의 반응과 행동도 사전에 상세하게 계획되고 명시된다. 구체적으로 명시된 교육의 목표와 학생의 활동은 곧 일정한 능력이나 기술의 습득으로 생각되고, 그것은 교육과정 자료를 생산하는 기업체의 중요한 상품이 된다. 만약 교육과정에 제시된 모든 지식이 상품화될 수만 있다면, 경제적 자본처럼 지식도 자본이 될 수 있다. 따라서 이러한 교육과정의 기술적 통제 과정의 관점에서 우수한 학생이란 다양한 지식과 기술을 축적한 결과 많은 자본을 소유한 상태이다.

이러한 문제를 해결하기 이해서는 한 사회 속에서 이루어지는 교육의 구조와 그 속에 있는 이데올로기나 권력관계를 밝히는 것이 중요하다. 학교의 사회적, 경제적 체제 분석을 넘어서, 학교 교육 속에 존재하는 계층 간, 성별 간 또는 세대 간의 불평등을 확인하고 개선하는 일이 요구된다. 왜냐하면, 갈등과 모순의 원칙에 입각한 비판적 교육과정 탐구만이 사회 현실 속에서 인간에게 주어지는 억압의 굴레를 벗어날 수 있는 길이기 때문이다(Apple, 1986).

## 6 밴 매넌(van Manen)의 현상학적 재개념화 이론

### 가. 현상학적 탐구와 의식 이해

현상학적 탐구는 인간의 지각과 경험, 그중에서 인간 경험의 심미적인 질을 중시하는 설명적 탐구 형태이다. 현상학적 탐구의 가장 기본적인 형태는 개별적 인간의 독특한 인식을 탐구하는 것이고, 다른 사람의 인식에 직접 나타나는 그러한 인식에 대한 진술이다. 따라서 현상학과 해석학은 서로 분리할 수 없는 형태이다(김복영 외, 2001: 510).

현상학은 경험을 더욱 깊이 있고 진실되게 이해하려고 하는 체계적이고 엄격한 노력이다. 현상학은 현실의 기반은 논리라는 '합리주의'와 현실의 기반은 통계에서의 수학적 표현이라는 '경험주의'를 거부한다. 왜냐하면, 그것들은 인간에 의하여 경험되어진 세계를 설명하는 데 실패하였기 때문이다. 합리주의와 경험주의는 '내적' 시간 또는 살아 있는 그 자체로서 일어나는 사고를 표현할 수 없다. 현상학자들은 어떻게 현상(그 자신)이 개인의 살아 있는 경험 안에서 그들을 나타내는지, 특히 바로 그 시각에 그들 자신을 드러내는지에 관심이 있다.

의식은 현상학자들에게 매우 중요한 영역이다. 의식이란 용어는 대상, 사건, 그리고 다른 인간 존재들의 인식, 판단, 믿음, 기억 그리고 상상 등의 분명한 인간의 과정을 통하여 나타내는 다양한 방법이다. 의식이라는 현상학적 개념은 '경험되는 맥락' 또는 생활 세계를 의미한다(김복영 외, 2001: 510-511). 현상학은 우리가 실제로 먹고, 마시고, 슬픔을 느끼고, 관심을 기울이는 공간으로서의 세계와의 직접적인 소통을 도모한다. 이러한 소통을 통해서 세계의 본질, 그 세계와 우리 인간 사이의 관계 맺음의 양상에 관하여 심도 있는 통찰을 획득하고자 노력한다. 이와 같이 우리 삶의 일상적 맥락이면서 또한 우리의 모든 지식과 이해와 통찰의 근원이기도 한 세계를 '생활세계'라고 한다(이근호, 2006: 9).

밴 매넌(1984)은 현상적인 연구의 특징을 다섯 가지로 제시하였다(김복영 외, 2001: 512-513). 첫째, 현상학적 연구는 살아 있는 경험을 탐구한다. 현상학적 탐구자들은 우리가 그것을 무의식적으로 개념화하기 이전에 즉각적으로 경험한 대로의 생활 세계를 연구한다. 현상학자들은 더욱 직접적인 경험과 세계를 만나기를 원한다. 둘째, 현상학적 연구는 '자연적 태도'를 '괄호 치기'(bracket) 하거나 사물에 대한 개인의 당연시되고 상식적인 견해를 고찰하기 위하여 '주관적 직관상의 환원'(eidetic reduction) 경험의 본질을 추구한다. 자연적 태도란 세계는 우리와 별 상관없이 당연히 존재하는 것이며 그 세계를 인식하는 데도 일상적이고 상식적인 견해, 즉 당연시함을 특징으로 한다. 반면 현상학적 태도란 인간과 세계의 관련을 완전히 드러내기 위해서 자연적 태도를 일단 유보하고, 관성적 사고를 잠시 묶어두려는 태도를 의미한다. 환원은 일상적이고 자연적인 태도 속에서 이루어지는 모든 종류의 앎과 이해를 자명한 것으로 받아들이지 않고 그러한 앎과 이해 자체에 대해 심각하게 숙고하고 검토하는 일을 뜻한다. 환원은 일체의 편견과 선입견을 중지하고, 모든 상정들을 괄호로 묶고, 제반 주장들을 해체하며, 우리가 관심을 두는 현상과 경험에 대한 개방적 태도를 회복하는 것이다(이근호, 2006: 6-7). 셋째, 현상학적 연구는 '사려 깊음'의 의식적 실천이다. 사려 깊음이란 무엇처럼 느끼는 어떤 것, 그리고 그것이 살아 있도록 만드는 어떤 것으로 정의된다. 넷째, 현상학적 연구는 인간에게 무엇을 의미하는가를 들어내기 위한 지식을 만든다. 현상학적 연구자는 세계 속에서의 존재의 의미를 남자로서, 여자로서, 아동으로서 이해하고자 노력한다. 다섯째, 현상학적 연구는 언제나 시와 같은 특징을 갖는다. 시를 이해하려면 '시가 무엇을 의미하느냐'에 대하여 참여해야 한다. 현상학적 언어는 세계를 '노래하는 것'이라고 할 수 있다.

현상학적 연구는 어떤 사태가 일어나는 맥락의 즉시성을 넘어서 복잡하게 촘촘히 짜인 순간들에 대한 주의 깊은 탐구에 참여할 때 가능하다. 밴 매넌(1984)은 다음의 네 가지 절차적 활동을 통하여 현상학적 연구가 가능하다고 제시하였다. 첫째, 현상학적 탐구자들은 그에게 심각하게 흥미가 있고 동시에 그를 세상 안으로 끌어내리는 현상을 선택해야 한다. 둘째, 현상학적 연구자는 그 현상이 단지 이론화되는 것이기보다는 살아 있는 것으로 정의되는 현상을 탐구한다. 셋째, 현상학적 연구자는 현상을 특징짓는 본질적 주제나 구조를 재고한다. 넷째, 연구자는 현상을 글쓰기라는 작업을 통하여 묘사한다(김복영 외, 2001: 513).

## 나. 교육과정과 수업의 현상학적 탐구

밴 매넌은 아오키(Aoki)와 함께 교육과정을 현상학적으로 이해하려고 노력한 학자로서, 교육과정연구 영역으로서 현상학적 탐구에 대한 이론적 토대를 형성한 학자이다. 밴 매넌은 교육과정의 전통적인 영역인 교육과정 개발의 측면 문제점을 비판하고, 교육의 실제에 주도적인 역할을 담당하는 교사의 교육과정 실행, 즉 수업을 현상학적 관점에서 탐구하였다. 또한, 기술공학적인 연구방법에서 벗어나 현상학적 글쓰기를 통하여 교육의 실제에 참여하는 교사, 학생, 학부모의 의식을 분석하고 이해하였다.

밴 매넌은 현상학적 관점에서 가르치는 행위를 '존재를 향한 지향'으로 간주하였다. 이러한 관점에 의하면 모든 학생에게 같은 수업목표를 설정하고, 획일적인 교육 내용을 제공하는 것은 좋은 수업이 될 수 없다. 즉, 수업을 '하는 것'(교수 행위)으로서 가르치는 것과 '존재하는 것'(사람됨)으로서의 가르치는 것은 차이가 있다. 교사가 '존재'에 초점을 두고 수업을 진행하면, 과목의 내용을 가르치는 것뿐만 아니라 학생과 동료 그리고 자신이 무엇을 경험하는가에 관심을 두게 된다.

밴 매넌은 교육적 사려 깊음을 중시한다. 대다수 교사나 예비교사들은 일반적인 교수·학습의 원리를 익히는 데 시간을 투자하지만, 교육의 실제 장면에서 학생들을 올바르게 대처하는 교수 민감성, 즉 사려 깊음을 소홀히 한다. 사려 깊음은 학습자 개개인의 주관적 특성과 독특성, 주변 환경을 고려하여, 교사가 학생의 교육적 요구에 올바르게 반응하고 대체할 때 발생한다. 따라서 이것은 상황 맥락적이고 즉각적이기 때문에 교수법에 대한 이론적 원리를 학습한다고 해서 달성되는 것은 아니다.

교육적 순간에 행해지는 교사의 행위는 실천적이고 체험적인 성격을 지니는 것으로 언제나 상황 특수적인 인간 경험을 내포하고 있다. 실천적 교육행위를 잘하는 훌륭한 교사는 아이와 그 아이의 삶의 관계 속에서 아이의 구체적인 존재를 깊고 완전하게 느끼며, 그 속에서 아이의 삶 전체에서 나타나는 개별적이고 구체적인 현상의 의미를 의식하고 숙고할 수 있다. 이때 교사에게 요구되는 능력은 개별적인 사례에서 적용할 수 있는 일반적이고 추상적인 법칙이 아니라 아이들의 삶의 내용 전체에 대한 감수성이며, 체화된 존재(whole embodied being)를 의미하는 반성적 사려 깊음과 즉각적이고 민감한 대체 능력인 '감각'(tact)으로 충만한 행위 능력이다. '감각'으로 충만한 교사는 교육적 순간에 즉각적으로 행동할 수 있다. '감각'은 교육적 이해와 교육적 공감을 실천하는 것이며 사려 깊은 숙고를 하는 것을 의미한다. 따라서 '감각'을 지닌 교사는 교육에 대한 해박한 지식을 소유하고 있는 존재라기보다는 학생과 함께 존재하고 인식하는 존재, 즉 특정한 상황에서 특정한 아동을 위해 가장 적절한 교육행위가 무엇인지를 인식하는 존재이다. 따라서 교육적 '감각'으로 충만한 교육행위는 가르침의 본질이다(Aoki, 1992; van Manen, 1991). 교육적 감각에는 아동의 공간을 확보하고, 방어하고, 상처받는 것을 방지하고, 개인적 성장과 학습을 지원하는 것을 포함된다. 이러한 교육학적 감각은 언어, 침묵, 눈, 동작, 환경, 사례들을 통해서 학생들에게 전달된다. 교사와 학생 사이의 실존관계를 형성하려면 아동의 시각에서 현상을 관찰하는 것이 중요하다. 아이의 시각에서 관찰하게 되면, 특정 상황에서 학생 개개인이 선호하거나 필요한 것을 발견할 수 있기 때문이다.

밴 매넌은 교수의 어조(tone of teaching)에서, 교육 내용과 교수법에 대한 지식과 함께 학생을 위한 사려 깊음의 중요성을 제시하였다. 학생들은 기계적으로 가르치는 교사를 진심으로 받아들이지 않는다. 교과를 안다는 것은 교과가 알려지는 방식, 교과가 사랑받고 존중받을 수 있는 방식으로 교과의 지식을 습득한다는 것을 의미한다. 교사는 자신이 가르치는 과목을 체험하고, 내면화하며, 그 과목에 대한 감각이 있는 사람으로 존재해야 한다. 우리는 다양한 교과로부터 수많은 지식을 습득하지만, 우리가 체화한 지식만 우리 존재의 일부가 된다. 이러한 체화된 지식이 바로 앞에서 이야기한 '존재'에 초점을 두고 하는 수업을 의미한다. 좋은 국어 교사는 읽고 쓰는 것을 사랑할 뿐만 아니라 그 사랑 자체가 국어처럼 느껴진다. 학생들의 반응을 살피고 좋은 교육을 하려면, 교사는 학생과 관계하는 방법을 알아야 한다. 관계하는 방법을 안다는 것은 학생을 한 사람의 인격자로 대해야 한다는 것을 의미한다. 교사는 학생이 요구하는 것을 알아야 하고, 숙제를 도와주어야 하고, 학생들을 위한 시간을 주어야 한다. 학습지만 제공하고 교실을 나가거나, 오래 참아야 하거나, 아이를 포기해서는 안 된다(정광순·김선영, 2012: 98-106).

## 다. 해석학적 현상학

밴 매넌(1997)은 20세기 후반 들어 학문적 패러다임이 행동주의적, 기술공학적, 실증주의적 접근으로 치우치면서, 인간과 삶과 앎의 문제에 근본적으로 접근하며 그 의미를 해석하고자 하는 학문적 지향이 모호해졌음을 인식하였다. 그리하여 그는 현상학적 연구방법을 그 어떤 '가치중립적인' 것으로 가정되는 기법으로 제시하기보다는, 경험사태에 대한 의미를 물어가며 해석하고 그것을 자신의 삶으로 살아가는 연구자의 민감한 존재론적 감각과 학문탐구자의 실존적 자세를 강조하였다.

밴 매넌(1997)의 현상학적 연구방법론은 단지 현상을 나타낼 뿐만 아니라 의미를 해석하고 가치를 논하는 '해석학적 현상학'의 특성을 보이게 된다. 그의 접근은 '사태가 드러나는 방식'에 주의를 기울임으로써 '사태가 스스로에 관해 무엇인가 말할 수 있도록' 사태를 기술한다는 점에서 현상학적이다. 한편 하이데거(Heidegger, 1962)의 해석학적 현상학에서 주장되듯이 모든 현상은 해석된 것으로 드러난다는 것, 즉 '스스로 드러나는 것'은 '현상 자체의 의심할 여지없는 해석으로서 드러나는 것'(Spiegelberg, 1984)이라고 본다는 점에서 이미 해석적이며 이는 곧 해석학의 관심사임을 말한다. 다시 말해서 체험되는(현상학적) 사실들은 항상 이미 어떤 형태의 의미이든, 그 어떤 의미로 체험된다고 본다는 점에서 해석학적이라는 뜻이다. 더욱이 연구자는 이를 인간의 '언어'로 포착하여야 하는데, 언어가 지닌 근본적인 해석적 기능으로 인하여 현상학적 연구는 필연적으로 해석학적 성격을 띠게 된다.

해석학적 현상학은 '실천 현상학'(phenomenology of practice)을 표방한다. 해석학적 현상학은 크게 세 가지 특징이 있다(이근호, 2006: 16-18).

첫째, 해석학적 현상학은 체험에 관한 연구이다. 해석학적 현상학은 체험에 관한 연구이다. 해석학적 현상학의 출발점은 실제로 우리가 겪어 나가는 것으로서의 '체험'(lived experience)의 세계이다. 해석학적 현상학은 모든 지식, 앎의 기반으로서의 일상생활의 세계로 돌아가 우리가 그 세계와 맺고 있고 본래적이고 원초적인 접촉을 되살리려고 노력한다. 이것은 우리가 세계와 더욱 직접 접촉할 수 있는 통찰을 가능케 해준다.

둘째, 해석학적 현상학은 연구 실제가 갖는 해석적, 기술적 측면 모두에 충실히 하고자 하는 시도이다. 사물이 드러나는 방식에 주의를 기울임으로써 사물이 스스로에 관해 무엇인가를 말할 수 있도록 내버려 두기를 원한다는 점에서 '기술'을 지향하는 현상학적 방법론이다. 한편 이 세상에 해석되지 않는 현상은 없다고 주장한다는 점에서 해석학적 방법론이다. 여기에 함축된 갈등의 요소는 우리가 체험에 관한 현상적 사실들을 항상 의미 있게 해석학적으로 경험된 것을 일컫는다는 점을 수긍한다면 해결할 수 있다.

셋째, 해석학적 현상학은 반성적 실천으로서 글쓰기 활동을 통해서 수행되며 텍스트가 가진 호소력을 극대화하고자 한다. 해석학적 현상학은 세계와의 직접적이고도 원초적인 관련을 회복하고자 하는 노력이며, 환원이라는 방법론적 원리를 통해서 세계와 매개되지 않은 만남을 성사하고자 한다. 체험 연구를 통해 얻어지는 현상학적 이해는 명백한 용어로 표현되거나 분명하게 파악할 수 있는 것들이 아니다. 오히려 현상학적 이해는 실존적, 정의적, 상황 의존적, 그리고 체화된 것으로 드러나며, 실제적 또는 직관적 능력에 호소하는 경우가 많다. 현상학적 글쓰기는 텍스트가 가진 공명하는 힘에 의지하여 '보여주고자' 하는 시도로 나타난다. 텍스트를 통하여 무엇인가를 말한다기보다는 텍스트가 우리의 입을 빌려 스스로 드러낸다는 말이 성립하게 된다. 그러므로 해석학적 현상학에서는 어떻게 하면 그 의미를 텍스트를 통해서 표현할 수 있을 것인가를 고민하도록 요구한다.

해석학적 현상학에서 사용되는 연구방법으로는 경험 요소의 분석과 일화 분석이 있다(이근호, 2006: 18-19). 이들에 대하여 살펴보면 다음과 같다.

첫째, 해석학적 현상학에서는 반성의 지침에 작용하는 네 가지 경험 요소들을 중시한다. 이것은 체험된 것으로서의 공간, 시간, 몸, 인간관계를 지칭한다. 즉, 체험의 실존체(실존적 주체)는 개별적이고 특수한 행위 주체의 활동을 포괄하는 개념인데, 그것은 체험적 공간, 체험적 신체, 체험적 시간, 체험적 관계로 나뉜다(김영진·현남숙, 2017: 152-153). ① 체험적 공간(공간성)은 우리가 직접 지각하고 느끼는 공간이다. 공간이라고 하면 일반적으로 수학적 공간이나 길이, 높이, 깊이의 차원을 먼저 떠올리지만, 체험적 공간은 언어나 개념에 앞서서 우리가 그 안에 실제로 거주하면서 활동하는 원초적 장이다. ② 체험적 신체(신체성)는 우리가 언제나 세계 속에서 신체적으로 존재한다는 현상학적 사실을 가리킨다. 어떤 사람을 만날 때, 우리는 무엇보다도 먼저 그의 신체를 통해 세상과 만난다. ③ 체험적 시간(시간성)은 시계가 나타내는 객관적이고 물리적인 시간과 정반대되는 주관적 시간이다. 예컨대 과거에 겪은 일은 기억으로든 혹은 그 어떤 방식으로든 나의 존재에 자취를 남기는 경험으로써 현재의 나에게 들러붙어 있다. ④ 체험적 타자성(관계성)은 한 자아의 삶이 본래적으로 타인과의 관계 속에서 이루어진다는 점을 일컫는다. 체험적 타자성은 우리가 타자와 공유하는 대인적 공간에서 타자들과 유지하는 체험적 관계이다. 우리는 눈앞의 타자들만이 아니라 공동체, 신과 같은 다양한 타자들과 관계를 맺는다. 이들 네 가지 경험 요소들은 시대, 역사, 사회적 문화, 문화를 뛰어넘어 인간의 생활 세계 전반에 스며들어 있다. 우리의 체험은 더욱 실존적인 영역에 속해 있으며, 따라서 각각의 경험들이 놓여 있는 실존적 상황을 드러내고 파악하는 일은 체험 연구의 기본 과제이다.

둘째, 일화 분석을 활용한다. 해석학적 현상학은 구체적이면서 의미 있는 일화를 제공함으로써 독자들의 주의를 환기하고, 후속되는 해석적 노력에 어떤 맥락성을 부여한다. 그러므로 어떤 의미 있는 일화를 구성할 것이며, 그 소재를 어디에서 발견할 것인가 하는 문제는 해석학적 현상학에서 중요한 방법적 고려사항이 된다.

## 라. 해석학적 현상학 글쓰기

밴 매넌(1990)은 인간 과학에서 해석학적 현상학적 연구가 지향하는 방법들을 네 가지 단계로 구조화해 이들 사이의 역동적인 상호작용을 강조하였다. 그가 제시하는 연구 과정을 간략하게 소개하면 다음과 같다(van Manen, 1990). 이 연구 단계는 ① 체험의 본질에 집중, ② 실존적 탐구, ③ 해석학적·현상학적 성찰, ④ 해석학적·현상학적 글쓰기의 4단계로 이루어진다.

첫째, 체험의 본질 단계는 연구자가 관심이 있는 현상에 주목하고 그 현상에 대해 현상학적으로 질문한다. 예를 들어 '어떤 것이 정말로 어떤 것인가?', '그것이 무엇인가?'라는 물음을 제기하면서 체험에 꾸준히 관심을 쏟는 과정이다. 현상학적 연구가 결코 현실과 동떨어져 이루어지는 것이 아니라 특수한 개인적, 사회적, 역사적 생활환경 속에 내던져진 인간 실존을 이해하려는 태도와 연결된다.

둘째, 실존적 탐구 단계는 연구하고자 하는 현상을 실제로 조사하고 다양한 형태의 체험 자료를 수집하는 단계이다. 경험을 개념화하기보다는 겪은 대로 탐구한다. 즉, 체험의 현상으로 돌아간다는 것이 세계에 대한 기본적인 경험을 다시 일깨움으로써 세계를 보는 법을 다시 배운다는 것을 의미한다. 후설(Husserl)의 표현대로 그것은 '사태 자체'로 돌아가는 것이다. 현상학적 연구를 진행할 때 연구자는 타인과 더불어 살아가는 공동세계에 그 자신을 던지고 거기에서 발생하는 사태들을 경험한 대로 기술해야 한다. 연구자 자신의 체험을 기술하거나 현상 관련 어원 및 관용 어구를 탐색한다. 현상을 경험한 연구 대상자를 심층 면담하고 관찰하며, 현상학적 문헌과 문학 및 예술로부터 자료를 수집하는 과정을 통해 그 현상에 대한 깊은 이해와 통찰을 얻는 과정으로 현상의 포괄적 이해를 돕는다. 이 단계는 현상학적 기술은 '나'의 체험이 '너' 혹은 '우리'도 체험할 수 있다는 상호주관성, 보편성을 지닌다는 전제를 기본으로 한다.

셋째, 해석학적·현상학적 성찰의 단계는 주제 분석 과정을 통해 현상의 본질적인 주제를 파악하는 과정이다. 밴 매넌(1990)은 다차원적, 다층적 본질의 의미 구조는 주제 분석을 통해 얻어진다고 하였다. 주제는 체험의 의미를 파악하게 하는 수단이고, 다양한 방식으로 체험의 본질을 표현하지만, 개념을 환원시킨 것으로, 어떤 개념의 경험적 의미의 깊고 완전한 모습을 드러내지는 않는다(정우정, 2015). 이때 어떤 현상의 주제를 드러내기 위해서 세 가지 접근방법, 즉 전체론적 글 읽기 방법, 선택적인 글 읽기 방법, 그리고 세분법 혹은 추행법을 사용한다. 이 단계 활동은 수집된 자료를 분류하고, 그 속에서 묘사된 주제를 노출하여 주제 진술을 분리하며 언어적 변형 구성 과정을 거친다. 그 후 예술작품에서 주제 진술을 수정하여 비로소 본질적 주제를 추출하게 된다(김명자, 2015). 인간의 실존을 구성하는 신체, 타자, 공간, 시간에 관한 경험에 대해서 과연 이러한 체험의 본성이 무엇인지를 성찰적으로 접근하는 것이다.

넷째, 해석학적·현상학적 글쓰기와 고쳐 쓰기는 핵심 연구방법으로 연구의 마지막 단계이자 연구 과정의 목적이다. 참여자의 일상 언어에 집중, 다양한 예제, 그리고 글 고쳐 쓰기를 통하여 연구 참여자의 경험 의미를 밝히는 과정으로 체험의 실존적 구조 발견을 가능케 한다. 또한, 생활 세계 체험을 추상화시키고 체험의 핵심을 드러냄으로써 일상 세계에 대한 이해를 구체화한다. 글쓰기는 단지 연구결과를 작성하는 기술방법에 지나는 것이 아니라 본연의 모습대로 자신을 스스로 보여주는 것, 즉 현상에 언어를 적용하는 것이다. 하이데거(Heidegger, 1962)의 말처럼, '우리가 사물을 사물이 자신을 스스로 보여주는 그대로 보게 하는 것'이 바로 현상학적 글쓰기의 주된 활동이다.

## 7 교육과정 재개념화의 의의와 비판

지금까지 살펴본 바와 같이 교육과정 재개념화는 공통적으로 다음과 같은 부분에서 그 의의를 찾을 수 있다.

① 그동안의 전통적인 접근과는 달리 영구영역을 확대하고 있다는 점이다. 전통적인 접근에서는 주로 학교나 교실 내에서 다루어지는 교육목표의 설정과 내용의 선정 및 조직, 그리고 평가에 관한 합리성 제고에만 국한되어 왔다. 바로 이러한 점이 재개념주의자들의 주요 비판대상이 되었으며, 그들로 하여금 연구영역의 확대와 함께 새로운 연구 방법을 채택하도록 하였다.

② 연구방법의 다양성이다. 재개념주의자들이 배경으로 삼는 학문적 배경과 연구 주제에 따라 매우 다양한 접근을 하고 있음을 볼 수 있다.

③ 재개념주의자들의 접근은 종래의 전통적 접근의 대안이 될 수 있다. 이 접근이 비록 전통주의자들에게는 하나의 보잘것없는 비판적 관점으로 치부되기도 하지만 기존의 전통주의자들이 무시하였거나 간과하였던 부분을 들추어내고, 비판하며, 새롭게 조명하는 점에서는 확실히 대안적 성격을 나타낸다.

위와 같은 의의에도 불구하고 이 접근은 다음과 같은 비판들에 휩싸이는 것이 사실이다.

① 교육과정 재개념화에 가해지는 비판 중 가장 먼저 직면하는 것이 이러한 접근이 비판하는 것만큼 그에 대한 대안의 제시가 풍부하지 못하다는 점이다. 이 지적은 사실 재개념주의자들이 공통적으로 안고 있는 숙제이다. 재개념주의자들이 전통적 접근을 비판하고 있지만, 전통주의자들이나 개념적·경험적 접근을 시도하는 사람들처럼 교육과정의 계획과 실천에 뚜렷한 아이디어나 모형을 제시하지 않는 데서 오는 연구 성격상의 한계점이다.

② 재개념주의자들이 사용하는 기본 가정이나 이론적 기초, 그리고 연구방법 등이 불확실하거나 잠정적인 것이 많다는 점이다. 특히 연구방법이 객관적이거나 양적이기보다 주관적이거나 질적인 경우가 더 많은 관계로 연구 결

과 자체가 또 하나의 이데올로기나 편견으로 그칠 수 있다는 점이다.

③ 재개념주의자들의 시도는 아직 미흡한 수준에 머물고 있다. 예컨대 교육과정을 헤게모니나 이데올로기, 그리고 문화적·경제적 재생산과 같은 개념으로 설명하려고 한다. 그런데 이 과정에서 사용되고 있는 저항(resistance), 실천(praxis), 해방(emancipation)과 같은 개념은 거의 명확하게 이해되지 않은 채 사용되고 있다.

④ 재개념주의자들이 나름의 이론적 관점을 확고하게 구축하지 못하고 있다는 점이다. 재개념주의자들이 기존 교육과정이론의 기술공학적 합리성과 과학적 성격이 잘못되었다고 비판한다. 그러면서도 이들은 그들 자신의 관점을 과학적으로 제시하지 못하고 있는 실정이다.

⑤ 재개념주의자들은 전통주의자들이 실천지향적인 측면에서 기술적인 개선문제만을 끊임없이 추구한다고 비판한다. 그러면서도 그들은 정작, 파이나(Pinar)의 연구만을 제외하고는, 교육과정 이론과 실천의 관계가 어떻게 이루어져야 하는가에 관한 철학적인 재개념화 논의를 하지 못하고 있다.

## 요약

'교육과정 재개념화'에서는 교육과정 재개념화가 출현한 배경과 의미를 살펴본 후, 다양한 접근 관점을 살펴보았다.

구체적으로 교육과정 재개념화를 둘러싼 다양한 관점들이 나타내는 공통된 성격을 정리하면서 파이나(Pinar), 애플(Apple), 밴 매넌(van Manen)이 제시한 재개념화 이론에 대해 알아보았다.

마지막으로는 교육과정 재개념화의 비판점에 대한 논의를 정리하였다.

## 생각해 봅시다

1. 교육과정 재개념화의 의미를 설명해 봅시다.
2. 교육과정 재개념화의 다양한 관점(사회·문화적 관점, 실존적 관점, 현상학적 관점, 미학적 관점, 페미니스트 이론화 관점, 인종적 이론화 관점, 포스트모던 이론 관점)을 설명해 봅시다.
3. 파이나(Pinar)의 실존적 재개념화의 자서전적 방법론을 설명해 봅시다.
4. 애플(Apple)이 말하는 학교교육과 교육과정에 대한 비판점을 설명해 봅시다.
5. 밴 매넌(van Manen)의 현상학적 재개념화 이론에서 교육과정과 수업의 현상학적 탐구가 의미하는 바를 설명해 봅시다.
6. 교육과정 재개념화의 비판점을 설명해 봅시다.

# PART III

# 교육과정의 실행과 평가

Chapter 09

# 교육과정 실행

**학습내용**

1. 교육과정 실행의 개념
2. 교육과정 실행의 관점
3. 교육과정 실행 모형
4. 교육과정 실행 요인

## 1 교육과정 실행의 개념

교육과정 실행이란 교육과정의 실제적 사용 또는 교육과정이 실제로 이루어지는 것을 의미한다(Fullan & Pomfret, 1977). 교육과정 실행에 대한 탐구는 1960년대 후반에서 1970년대 초반에 이루어지기 시작하였다(김민환, 1999: 221). 교육과정 실행에 대한 연구는 질 좋고 우수한 교육과정 개발이 교육과정 개혁의 성공을 보장하지 않는다는 반성에서 시작되었다. 1957년 소련이 인공위성을 발사한 후 1970년대까지 미국은 소위 교육과정 개혁의 시대(The Curriculum Reform Era)라고 불릴 만큼, 탐구학습, 팀티칭, 열린교육, 교육방송 등과 같은 교육과정 개혁 프로그램들이 다양하게 도입되었다. 이러한 교육과정 개혁 프로그램의 효과는 학생의 학업 성취도를 중심으로 평가하였다. 만약 교육과정 개혁 프로그램이 학생의 학업 성취도에 효과적이지 않으면 프로그램 실행을 중단하고, 새로운 프로그램을 개발하여 보급하기를 반복하였다(조성민, 2006: 14).

그러나 1970년대 시작된 교육과정 개혁 프로그램에 대한 대규모 평가와 교실 관찰 연구 결과가 발표되면서 대부분의 교사가 교육과정 개발자의 의도대로 실행하기보다 예전에 해 오던 자신의 방식을 고수하여 학생들의 학업 성취도만으로는 교육과정 개혁 프로그램의 효율성을 입증할 수 없음이 밝혀지게 되었다(조성민, 2006: 14). 이러한 현상에 대하여 굿래드(Goodlad, 1983)는 "종종 실패했다고 여겼던 교육과정 프로그램이 사실은 실패한 것이 아니었다. 왜냐하면 그것들은 시행조차 되지 않았기 때문이었다"고 지적하였다. 이것은 개발된 교육과정이 제대로 실행되지 않는 문제점을 단적으로 표현한 대표적인 사례이다. 이 시기에 많은 연구자는 계획된 교육과정이 학교 현장에 무리 없이 적용될 수 있을 것이라는 가정에 의문을 제시하였다. 교육과정의 변화와 혁신은 계획대로 실행되지 않으며, 여기에는 학교 체제가 지니고 있는 여러 가지 구조적인 요인들이 작용하고 있다는 것을 인식하기 시작하였다. 이로 인해 교육과정 개발 못지않게 교육과정이 실행되는 구체적인 맥락에 대한 정보를 수집하는 것이 중요하게 되었다(김민환, 1999: 221).

풀란과 폼프렛(Fullan & Pomfret, 1977)은 교육과정 실행 연구의 중요성을 다음과 같이 제시하였다. 첫째, 무엇이 변화하였는지 알기 위해서는 직접 변화를 측정해야 한다. 둘째, 많은 계획된 교육변화의 실패에 대해 알기 위해서는 변화를 일으키는 가장 실제적인 측면에 대해 연구해야 하며, 셋째, 실행이 소홀해지거나 채택(adoption)과 같은 변화 과정의 다른 측면들과 혼동되지 않기 위해서이다. 넷째, 학습 결과에 대해서 이를 해석하고 가능한 결정요인들과 관련시키기 위해서 독립적으로 교육과정 실행에 대해 연구할 필요성이 있다(성열관, 2006). 교육과정 실행에 관한 연구는 교육과정이 어느 정도 실행되었는가, 교육과정 실행을 촉진하거나 억제하는 요인은 무엇인가, 그리고 교육과정 실행을 연구하기 위한 방법론의 문제는 무엇인가 등의 문제를 다루기 시작하였다(김민환, 1999: 221-222; Synder, Bolin, & Zumwalt, 1992).

우리나라에서 교육과정 실행(curriculum implementation)이라는 용어는 교육과정 이행, 적용, 실천, 운영, 시행 등의 용어로 혼용되어 사용되고 있다(권낙원·추광재·박승렬, 2006: 89). 이들 용어가 혼용되어 사용될 뿐만 아니라 동일한 것으로 이해하여 사용되기도 한다(조성민, 2006: 14).

풀란(Fullan, 1989: 196)은 교육과정 실행을 교육과정이나 교과목의 실제적인 사용과 더불어 학교 현장의 변화와 학생들의 바람직한 교육목표 달성을 위해 현재의 상태를 변화시키는 과정으로 규정하고, '실제 속에서의 변화'가 포함되어야 한다는 것을 강조하였다. 쇼트(Short, 1993)는 교육과정 실행과 교육과정 실천(curriculum practice)을 구분하여 교육과정 실행의 개념을 명료화하였다. 교육과정 실천이란 교육 프로그램을 창안하여, 개발하고, 표현하며 만들어 가는 활동에 해당된다. 반면 교육과정 실행이란 개발된 교육과정을 학교 현장에 적용하여 교육과정 목표를 달성하는 과정에 해당된다. 교육과정 실행은 문서상의 교육과정 내용을 학생들에게 가르치는 과정이자 활동에 해당된다(이경진·김경자, 2005). 마시와 윌리스(Marsh & Willis, 2003)는 교육과정 실행을 교육과정 실천으로 확대하여 계획된 교육과정의 내용을 이행하는 과정뿐만 아니라, 만들어진 교육과정을 학습의 실제에서 해석하는 것으로 정의한다. 교육과정 실행은 교사가 자신이 직면하는 교실과 학생들의 상태와 여러 가지 상황 등 수업에 영향을 줄 수 있는 실제적인 여러 요인을 고려하여 교육과정을 이해하고, 해석하며, 재구성하여 실행하는 과정으로 정의하였다. 포즈너(Posner, 1994)는 어떤 교육과정이든지 교사들에 의해 실제로 실행될 수 있는 교육과정으로 해석되지 않는 한 교육과정으로서 의미를 가질 수 없다고 하였다. 교육과정 실행이란 개발되고 계획된 교육과정이 교사에 의해 수업활동으로 실제적으로 나타날 뿐만 아니라, 교사와 학생, 교육환경의 요인들이 상호작용하여 교실장면에서 해석되고, 재구성되어 실천되는 과정이라고 설명한다.

이상에서 볼 수 있듯이, 교육과정 개발의 산물인 교육과정이 학생들에게 의미 있는 영향을 주기 위해서는 이것이 교실 안에서 실행되어야 한다. 이러한 연유로 교육과정 실행이란 반드시 가르치는 행위의 실제를 반영한다. 따라서 교육과정 실행은 계획된 교육과정을 실천하는 과정으로 개념화할 수 있다. 즉, 교육과정 실행은 문서로서의 교육과정을 교실에서 실천으로 번역하는 과정이라고 할 수 있다(Marsh & Willis, 2007). 이와 같이 교육과정 실행을 계획된 교육과정을 실천하는 과정으로 개념화하는 것에는 실행된 교육과정이 계획된 교육과정과 동일한 것이 되어야 한다는 점을 가정한다. 이것은 계획된 교육과정에 담긴 의도의 충실한 실행(curriculum implementation)에 초점을 둔다. 그러나 교실에서 전개된 교육과정이 계획된 교육과정과 일치한다는 것은 현실적으로 불가능하다. 왜냐하면, 계획된 교육과정은 추상적인 문서로 존재하지만, 전개된 교육과정은 교사와 학생들이 실제로 함께 만들어 내는 특징이 있기 때문이다. 교육과정 실행이 계획된 교육과정의 실천 과정으로 확대한다면, 교육과정 실행은 학교와 교실에서 교사와 학생들에 의하여 실제로 전개되고 경험된 교육과정을 의미한다. 이것을 교육과정 생성(curriculum enactment)이라고 부른다.

이러한 교육과정 실행(implementation)과 생성(enactment)은 교육과정 개발자와 실천자의 일치 여부에 따라서 구분이 가능하다. 첫째, 교육과정 '실행'은 보통 전문가 집단들이 개발한 교육과정을 학교와 교실에서 교사들이 실천에 옮기는 것이므로 '적용'이라고 부르기도 한다. 이것은 실천자가 직접 참여하여 개발한 교육과정을 실천에 옮기는 것이 아니므로, 개발자와 실천자가 서로 다르다. 이때 교육과정 실행은 교육과정 개발과는 분리된 별개의 과정이 된다. 계획된 교육과정은 연극의 대본에 비유되며, 실행되는 교육과정은 연극의 실연에 비유된다(Marsh & Willis, 1995). 연출자와 배우는 연극을 공연할 때 어느 정도 대본에 '충실'(fidelity)해야 하지만, 텍스트를 해석하여 행위를 표출하는 과정에서 어느 정도의 '조정'(adaptation)이 요구된다. 우리나라의 학교 교육과정은 외부 전문가들에 의해 개발된 국가 수준 교육과정을 학교에서 그대로 적용하거나 수정 혹은 재구성하기 때문에 교육과정의 실행 측면이 중시되는 경향이 있다. 둘째, 교육과정의 '생성'에서는 교육과정을 개발한 사람이 직접 교육과정을 실천에 옮기기 때문에, 교육과정 개발자와 실천자가 일치하며, '창안'이라고 부르기도 한다. 우리나라의 창의적 체험활동 및 학교자율시간은 실천자 자신이 직접 교육과정을 참여하여 개발하여 운영한다는 점에서 생성에 해당된다. 이것은 교육과정 개발자와 실천자가 일치한다는 점에서 교육과정 실행이 교육과정 개발의 연속선상에 있게 된다.

이상의 논의에서 살펴볼 수 있듯이, 교육과정의 실행은 교육의 변화를 이루기 위해 새로운 교육 프로그램이나 교육과정이 개발된 이후에, 학교 현장에서 교사들에 의해 학생들에게 투입되는 새로운 프로그램의 실제적인 실천이라고 할 수 있다. 교육과정 실행의 성격은 다음과 같다(윤남순, 1997: 23-24). 첫째, 교육과정 실행은 학생들의 학습 결과를 보다 효과적으로 성취하기 위하여 실재를 변화시키는 과정이며, 교육목적 달성의 수단으로서 의미를 가지고 있다. 따라서 교육과정 실행 여부는 교육목적 달성의 성공 여부를 가늠하는 척도가 된다. 둘째, 교육과정 실행은 교사들이 교육과정을 수업 등 다양한 교육 활동을 통하여 학생들에게 투입하는 과정으로 점진적이며 지속적으로 일어난다. 셋째, 교육과정의 효율적인 실행은 교사의 교육과정에 대한 관심과 실행 의지가 중요하며, 교육과정에 대한 사고의 변화가 수반되어야 한다. 넷째, 교육과정의 실행은 학교 현장의 학생, 교사, 교육행정가 등 교육에 참여하는 모든 사람의 자아 혁신적 노력과 협력이 있을 때 성공적으로 이루어진다. 다섯째, 교육과정의 실행은 외부에서 개발된 교육과정의 의도하는 바를 충실하게 적용하는 형태로 나타나기도 하고 또는 교사들에 의해 재해석되고 수정되어 다양한 전개의 형태로 나타난다. 여섯째, 완전한 실행은 어떤 경우에서든지 불가능하지만 효과적인 실행계획을 수립함으로써 바람직한 결과를 얻을 수 있다. 일곱째, 교육과정의 실행은 실행을 가능하게 하는 여러 가지 조건들을 만족시켜야 바람직하게 일어난다.

## 2 교육과정 실행의 관점

마시와 윌리스(Marsh & Willis, 2007)는 교육과정 실행을 '충실도 개념'과 '적응성 개념'으로 구분하였다. 충실도란 교사가 개발자의 의도에 따라 계획된 교육과정을 수동적으로 수용하여 충실히 실행하는 것을 의미하며, 적응성이란 교사가 처한 환경에 따라 적극적으로 재구성하여 실행하는 것을 의미한다. 한편, 충실도와 적응성을 양극단으로 놓았을 때 교육과정의 계획을 일정 부분 수용하되 교육과정이 적용되는 현장에서 타협과 조정을 하는 중간 정도 교육과정의 실행을 생각해 볼 수도 있다(이태석, 2015: 33).

스나이더, 볼린과 줌월트(Snyder, Bolin, & Zumwalt, 1992)는 교육과정 실행 관련 연구를 종합하여, 교육과정 실행의 접근 방식을 '충실도 관점'(fidelity perspective), '상호적응 관점'(mutual adaptation), '생성 관점'(curriculum enactment)으로 제시하였다(김대현, 2011;

김재춘, 2016). 교육과정 실행에 대한 최초의, 그리고 가장 지배적인 접근은 '충실도' 관점이다. 이 관점은 제안된 교육과정이 의도되거나 계획된 대로 이루어지고 있는가와 이러한 실행을 촉진하고 방해하는 요인들이 무엇인지를 밝히려는 데 관심이 있다. 두 번째 접근은 충실도 관점으로부터 발전된 것으로, '상호적응' 관점이 있다. 이 관점에서는 제안된 교육과정이 계획된 대로 실행되었는지보다는, 그 교육과정이 실행 과정에서 어떻게 적응되었는지에 관심을 둔다. 세 번째 접근은 '교육과정 생성' 관점으로, 이 관점에서 초점은 제안된 교육과정의 실행과 적응으로부터 교육과정 생성으로 전환된다. 따라서 이 관점에서는 교사와 학생들이 어떻게 교육과정을 공동으로 구성해 가는가에 관심을 둔다(소경희, 2017: 335).

## 가. 충실도 관점

충실도 관점은 교육과정 실행 연구의 가장 지배적인 관점으로, 대부분의 교육과정 실행 연구가 충실도 관점에서 이루어졌다(Fullan & Pomfret, 1977). 충실도 관점은 특정 교육과정이 의도한 대로 얼마나 실행되었는가를 측정하고, 교육과정의 실행을 촉진하거나 방해하는 요인들의 규명에 초점을 맞춘다.

충실도 관점에서는 교육과정은 외부 전문가 집단에 의해 개발되는 것이며, 교사는 전문가가 개발한 교육과정을 전문가의 의도대로 그대로 실행하기만 하면 교육과정 개정의 취지가 실현될 수 있다고 간주한다. 따라서 충실도 관점에서는 사전에 계획된 교육과정이 중요한 위치를 차지한다. 충실도 관점에서는 계획된 교육과정이 잘 만들어지고, 교사들에게 홍보가 잘 이루어지면, 대부분의 교사가 이를 수용하여 실행할 것이라고 가정한다. 이와 같이, 충실도 관점에서는 교사는 개발자의 의도대로 충실하게 교육과정을 전달하는 역할을 하게 된다. 충실도 관점에서는 교육과정에 대한 교사의 소양이 부족하다고 가정한다. 교육과정에 대한 교사의 소양이 부족할수록 교육과정을 체계적으로 계획하여 구체적인 지침을 만들어서 제공해야 한다. 왜냐하면 교육과정을 처음부터 치밀하게 계획하여 제공해야만 소양이 부족한 교사들이 제시된 지침이나 매뉴얼에 따라 교육과정을 실행할 수 있기 때문이다. 이상에서 볼 수 있듯이, 충실도 관점에서는 학교나 외부에서 개발하여 보급한 교육과정을 교실의 상황과 맥락을 반영하여 교사 스스로 재구성할 수 있는 능력이 없다고 간주한다. 이러한 교육과정의 유형을 '교사 배제 교육과정'(teacher-proof curriculum)이라고 한다. 교사 배제 교육과정에서는 교사가 교실 상황이나 맥락을 반영한 교육과정 재구성을 필요로 하지 않는다. 이와 같이 충실도 관점은 교사 배제 교육과정을 가정하거나 지향한다는 점에서 '기술공학적 과정에 대한 강한 신념'을 지닌 관점이라고 볼 수 있다(김재춘, 2016: 226; House, 1979).

교육과정 실행에 대한 충실도 관점은 교사가 개발자의 의도를 정확하게 이해하는 것이 중요하기 때문에 새로운 교육과정이 도입될 때 무엇보다도 교사 연수를 중시한다. 교사 연수는 교사의 교육과정 재구성 능력 등에 관한 것이라기보다는 개발자가 개발하여 제공하는 자료들을 이해하고 실행할 수 있도록 돕는 데 목적이 있다. 예컨대, 교육부 또는 시도교육청에서는 교육과정 운영 지침, 교육과정 관련 자료, 교육과정 운영 매뉴얼 등을 매우 구체적으로 만들어 제공하고, 교사들이 이를 활용할 수 있는 방법 등을 연수한다(김재춘, 2016: 226-227).

이상에서 볼 수 있듯이, 충실도 관점은 교육과정의 실행이 얼마나 원래 계획된 교육과정대로 이루어지고 있는지를 파악하고자 하는 관점이다. 이 관점에서는 교사들이 새 교육과정을 제대로 이해하고 개발자의 의도대로 실행하는 것이 중요하다. 그러나 현장 교사들은 교육과정을 개발자의 의도대로 받아들이기만 하는 수동적인 실행자가 아니라는 점이 점차 드러나고 있다. 교사들은 교육과정을 자신의 관점에서 해석하여 받아들이는 경향이 있다.

## 나. 상호적응 관점

상호적응 관점은 교육과정 개발자의 최초 의도나 계획을 중시하면서도 실행과정에서의 변형에 초점을 맞춤으로써 교육과정 개발자들에 의하여 만들어진 교육과정이 학교에 적용되는 과정에서 조정될 수 있다고 가정한다. 상호적응 관점에 따르면 교육과정이 적용되는 상황이나 문맥의 다양성과 복잡성으로 인하여 교육과정 실행 중 수정은 불가피하다고 간주한다. 상호적응 관점에서는 교육과정에 대한 융통성과 교육과정 개발자와 교사 사이의 조정이 가능하다는 것을 전제한다.

교육과정 실행에 대해 상호적응 관점을 취하는 학자들은 계획된 교육과정이 교육과정 실행자에 의해 조정 및 변화되는 과정에 주된 관심이 있다. 이 관점은 의도된 교육과정은 실행에 참여하는 사람들의 맥락에 맞게 조정되는 것이 불가피하다고 본다. 따라서 교육과정 실행에 대한 상호적응 관점은 미리 계획된 교육과정을 일방적으로 보급하는 것보다는 개발자와 실행자 간의 상호작용에 기초한 조정과 변화의 과정을 중시한다. 교육과정 실행에 영향을 주는 학교 안팎의 요인이 매우 많다는 점을 생각하면, 개발된 교육과정은 원안대로 실행되기보다는 학교 안팎의 요인에 영향을 받아 변화되어 간다는 주장은 설득력을 지닌다(김재춘, 2016: 227-228).

상호적응 관점은 교육과정이 계획된 대로 실행되기보다는 상황에 적응하여 변형되어 실행되기 때문에 교육과정이 실행되는 실제 상황에 많은 관심을 갖는다. 교육과정은 충실도 관점이 가정하는 것처럼 새로운 교육과정이 보급된다고 해서 기계적으로 실행되지는 않는다. 교육과정 실행은 여러 환경적 맥락에서 다양한 요인들과 상호작용하는 복잡한 과정이기 때문에 상호적응 관점은 교육과정 실행에 영향을 미치는 상황적 요인을 밝히는 것을 특히 중시한다.

상호적응 관점은 다음과 같은 세 가지에 주된 관심을 갖는다. 첫째, 교육과정의 실행 과정 그 자체에 관심을 둔다. 교육과정의 실행에 영향을 미치는 요인을 파악하고, 이를 측정하는 일에 관심을 둔다. 둘째, 특정 교육과정 프로그램이 실행하는 사람들에게 미치는 효과에 관심을 둔다. 교육과정 실행자의 시각 및 개발자와 실행자 간의 상호작용 등을 관찰하고 분석하는 것에 관심을 갖는다. 셋째, 교육과정 실행자들의 지각과 행동과 관련된 의미를 시대적, 정치적 상황에 비추어 분석하는 것에 관심을 둔다. 교육과정을 실행할 시공간의 제반 상황적 조건들이 교육과정을 실행할 시공간의 제반 상황적 조건들이 교육과정 실행에 미치는 영향력을 고려하고자 한다(김재춘, 2016: 228).

이상에서 살펴보았듯이, 상호적응 관점은 교육 현장의 다양성 및 특수성 등으로 인하여 계획된 교육과정이 실행자의 맥락에 맞게 조정되는 것은 불가피하며, 따라서 교육과정 개발자와 실행자 모두가 상당한 정도의 융통성과 협상의 여지를 가질 필요가 있음을 강조한다. 이런 상호적응 관점은 교육과정이 실행되는 과정에 대한 가치 있는 정보를 제공해 줄 수 있다.

## 다. 생성적 관점

교육과정 실행에 대해 생성적 관점을 취하는 학자들은 개발된 교육과정의 실행보다는 교사와 학습자가 교육과정을 만들어 가는 과정에 주된 관심이 있다. 이 관점은 외부 전문가가 개발한 교육과정을 학생들의 교육 경험을 계획하는 기반으로 간주하며, 학교에 실재하는 교육과정은 교사와 학생이 상호작용하면서 갖게 되는 교육 경험이라고 본다. 생성적 관점은 학생들의 주관적인 지각이나 느낌, 교사와 학생 간의 상호작용 과정 등이 교육과정 실행에 영향을 미치기 때문에 이들을 구체적으로 분석하고 이해하고자 노력한다(김재춘, 2016: 228-229).

생성적 관점에 따르면 교사는 외부에서 개발된 교육과정을 수동적으로 받아들여 학생에게 전달하는 '소비자'가 아니라 학생과 함께 교육과정을 구성하는 '개발자'이다. 교육과정은 교사의 신념이나 해석, 사고의 변화 등에 따라 달리 이해되기 때문에 교사는 교육과정 실행에서 매우 중요한 변인이다. 따라서 교육과정의 성공적인 실행을 위해서는 교사의 주관적인 생각과 느낌, 교육적 가치 등을 이해하고 수용할 필요가 있다.

이상에서 볼 수 있듯이, 생성적 관점은 교육과정은 외부 전문가가 개발하여 학교나 교사에게 전해 줄 수 있는 것이 아니라 교사와 학생이 교수·학습 장면에서 생성해 가는 것이라고 본다. 외부 전문가가 개발한 교육과정은 교사와 학생이 생성할 교육과정인 교육 경험의 기반일 뿐이다. 이 관점에 따르면 교육과정은 문서라는 형태보다는 경험이라는 형태를 띠게 된다.

이상에서 살펴본 교육과정 실행에 대한 세 가지 접근의 특성을 정리하면 〈표 9-1〉과 같다.

〈표 9-1〉 교육과정 실행에 대한 세 가지 관점 비교

| 관점 | 충실도 관점 | 상호적응 관점 | 생성적 관점 |
|---|---|---|---|
| 교육과정 실행의 의미 | • 계획된 교육과정에 충실한 실행 정도 | • 학교와 교실 상황에 맞게 교육과정의 융통성 있는 실행 | • 교실 수업에서 교사와 학생의 교육적 경험의 창출 |
| 교육과정 변화 | • 변화는 선형적인 것으로, 계획된 대로 교실에서 실행하면 일어날 수 있음 | • 변화는 예측하기 어려운 복잡한 과정으로, 계획대로 실행이 일어나지 않을 수 있으며, 실행 과정이 변화에서 중요함 | • 교사와 학생들의 사고와 실천에서의 변화가 진정한 변화임 |
| 교육과정 개발 주체 | • 외부 전문가 | • 외부 전문가<br>• 교육과정 실행자 | • 교사와 학생 |
| 교육과정의 개념 | • 교사가 수행해야 할 구체적인 어떤 것으로서 미리 계획된 것 | • 계획된 것<br>• 교사에 의해 실제로 전개된 것 | • 교사와 학생들에 의해 창안되고 경험된 것 |
| 교육과정 지식 | • 교실 밖의 교육과정 전문가에 의해 만들어진 것 | • 교실 밖의 교육과정 전문가에 의해 만들어진 것<br>• 교실 실행 과정에서 재구성될 수 있는 것 | • 교실 밖의 전문가들이 만든 산물이 아니라, 교실에서 교사와 학생들이 지속적으로 창안하고 있는 것 |
| 지식관 | • 객관적, 절대적 지식 | • 절충적 지식 | • 주관적, 상대적 지식 |
| 교사의 역할 | • 계획된 교육과정의 전달자 혹은 소비자(전달자) | • 계획된 교육과정의 적극적인 재구성자(조정자) | • 교육과정 창안자 혹은 개발자(이론가) |
| 교육과정의 엄격함 | • 높음 | • 중간 | • 낮음 |
| 교사의 자율성 | • 낮음 | • 중간 | • 높음 |

## 3 교육과정 실행 모형: 교사의 관심에 기반한 채택 모형

교사들은 대체로 새로운 교육과정이 계획되면 이를 적극적으로 수용하기보다는 무관심하거나 배척하는 경향이 있다. 교사는 자신이 늘 해 오던 교육방식과 잘 들어맞지 않는 교육개혁 방안을 무시하고 늘 해 오던 식대로 하는 경향이 강하다(Cuban, 1993; Fullan, 1993). 따라서 어떻게 하면 교사들이 새로운 교육과정에 관심을 갖고 실행하도록 만드느냐가 새로운 교육과정의 성공적인 실행의 관건이다. 홀과 호드(Hall & Hord, 2006)는 새로운 교육과정에 대한 교사들의 관심 수준을 분석하여 실행 정도를 높이기 위한 방안으로 교사의 '관심에 기반한 채택 모형'(Concerns-Based Adoption Model: CBAM)을 제안하였다.

홀과 호드(2006)가 제안한 이 모형은 교육과정의 충실도 관점과 관련이 깊다. 이 모형에는 관심 정도, 실행 수준, 실행 형태라는 세 가지 도구를 사용하여 교육과정 실행에 대한 교사의 관심과 실행 수준 및 형태를 진단하고 그 결과에 따라 지원책을 개발하여 변화를 촉진하는 내용이 들어 있다.

### 가. 교사의 관심 정도

아무리 좋은 교육과정이라도 교사가 관심을 갖지 않는다면 실행될 수 없다. 교육과정 실행의 전제 조건은 우선적으로 교사의 관심을 얻는 것이다. 여기서 관심이란 교육과정의 실행과 관련하여 교사들이 가지는 느낌을 말한다. 교육과정 실행에 대한 교사의 관심이 교육과정의 변화나 실행에 커다란 영향을 미친다. 홀과 호드에 따르면 교육과정 실행에 대한 교사의 관심은 주로 자기 자신, 업무, 결과의 세 가지에 대한 관심으로 나누어지며, 〈표 9-2〉와 같이 7단계로 세분화된다(김재춘, 2016: 230).

〈표 9-2〉 새로운 교육과정에 대한 교사의 관심 정도(출처: 김재춘, 2016: 231)

| 관심 정도 | 주요 관심 내용 | |
|---|---|---|
| 결과 | 6. 강화 단계 | 새 교육과정을 보완하거나 수정하여 보다 좋은 결과를 얻는 데에 관심이 있다. |
| | 5. 협동 단계 | 새 교육과정의 실행을 위해 다른 교사들과 협동하는 데 관심이 있다. |
| | 4. 결과 단계 | 새 교육과정이 학생들에게 미칠 영향에 대해 관심이 있다. 새 교육과정의 학생에 대한 적절성, 학생들의 성취에 대한 평가, 학생의 성취를 향상시키기 위한 방안 등에 관심이 있다. |
| 업무 | 3. 실행 단계 | 새 교육과정의 실행과 관리에 관심이 있으며, 정보와 자원의 활용에 관심이 많다. 효율성, 조직화, 관리 방안, 시간 계획, 이를 구현하기 위한 교재를 준비하는 데 관심을 둔다. |
| 교사 자신 | 2. 개인 관심 단계 | 새 교육과정이 자신과 주변에 미치는 영향을 알고 싶어 한다. 새 교육과정 실행과 관련하여 자신의 역할, 필요한 의사결정, 기존 조직에 야기할 갈등 등을 알고 싶어 한다. |
| | 1. 정보 단계 | 새 교육과정에 대해 약간 알고 있으며 좀 더 깊이 알고 싶어 한다. 새 교육과정의 특징, 효과, 실천 관련 사항 등을 알고 싶어 한다. |
| | 0. 지각 단계 | 새 교육과정에 대해 관심이 전혀 없다. |

〈표 9-2〉에서 볼 수 있듯이, 학교에 도입되는 새로운 교육과정에 대한 교사들의 관심 정도는 다르다. 교육과정 개발자나 실행자는 새로운 교육과정에 대한 교사들의 관심 정도를 파악할 필요가 있다. 왜냐하면 교사들의 관심 정도가 새로운 교육과정의 실행 수준이나 형태에 영향을 미치는 방식이나 정도가 다르기 때문이다(김재춘, 2016: 231).

홀과 호드에 따르면 일반적으로 경험이 적은 교사들은 지각 단계에서부터 실행 단계에까지는 관심이 많지만, 결과 단계에서부터 강화 단계까지는 관심이 적다. 경험이 많은 교사들은 경험이 적은 교사들과 반대되는 경향을 보인다. 그리고 개인 관심 단계나 실행 단계에 있는 교사들은 새로운 교육과정이 학생에게 미치는 영향에 그다지 큰 관심을 갖지 않는다. 따라서 이들에게는 새로운 교육과정이 학생에게 도움이 될 것이기 때문에 충실하게 실행할 필요가 있다는 주장은 그다지 설득력을 지니지 못한다. 오히려 이들이 관심을 갖는 개인적이고 실행적인 정보를 제공하는 것이 새로운 교육과정 실행을 위해 더 적절하다(김재춘, 2016: 231).

## 나. 교사의 실행 수준

실행 수준이란 새로운 교육과정을 실행하는 동안 교사가 실제로 하는 행동의 수준을 말한다. 홀과 호드(2006)는 오랜 기간의 연구를 통하여 교사들의 새 교육과정 실행 수준을 세 단계의 비실행 수준(0, 1, 2단계)과 다섯 단계의 실행 수준(3, 4a, 4b, 5, 6단계)으로 나누었다(김재춘, 2016: 232). 그들이 제시한 실행 수준은 〈표 9-3〉과 같다.

〈표 9-3〉 새로운 교육과정에 대한 교사의 실행 수준

| 실행 수준 | | 주요 특징 |
|---|---|---|
| 실행 수준 | 6. 갱신 | 교육과정을 재평가하고, 학생에게 미치는 효과를 강화하기 위해 미비점을 보완하고, 근본적인 개정 방향을 탐색한다. |
| | 5. 통합화 | 학생에게 미치는 효과를 극대화하기 위하여 교육과정 실행 과정에서 동료 교사들과 협동한다.<br>[변환점 E] 현재 실행하고 있는 새 교육과정의 대안을 찾거나 대폭적인 수정을 시도하고자 한다. |
| | 4b. 정교화 | 새 교육과정이 학생에게 미치는 장단기적 효과를 높이기 위해 학생에게 적합한 형태로 교육과정을 변형시켜 실행한다.<br>[변환점 F] 동료들과 협력하여 학생들에게 맞도록 새 교육과정의 실행을 변화시켜 나간다. |
| | 4a. 일상화 | 새 교육과정을 처방된 대로 실행한다.<br>[변환점 D-2] 학생의 학습 결과를 향상시키기 위해 공식적 혹은 비공식적인 평가에 근거하여 교육과정의 실행을 수정한다. |
| | 3. 기계적 운영 | 새 교육과정을 단기적으로 운영한다. 새 교육과정 실행이 대체로 체계적이지 못하고 피상적이다.<br>[변환점 D-1] 한 가지 실행의 형태가 일상화된다. |
| 비실행 수준 | 2. 준비 | 새 교육과정의 실행을 위한 준비를 하고 있다.<br>[변환점 C] 새 교육과정을 실행하기 시작한다. |
| | 1. 오리엔테이션 | 새 교육과정에 대해 알고 있거나 정보를 얻고 있다. 새 교육과정이 지 |

| | | |
|---|---|---|
| | | 향하는 바와 실행에 필요한 조건들을 탐색하고 있다.<br>[변환점 B] 새 교육과정을 운영할 시점을 계획함으로써 교육과정 실행을 결정한다. |
| | 0. 비운영 | 새 교육과정에 대해 거의 혹은 전혀 알지 못하고 실행도 하지 않는다.<br>[변환점 A] 새 교육과정에 대해 보다 자세한 정보를 얻고자 한다. |

〈표 9-3〉에서 볼 수 있듯이, 교사의 교육과정 실행 수준을 구분하는 것은 매우 중요하다. 실행 수준이 중요한 이유는 교사가 새 교육과정을 실행하는 데 어느 단계에 있는가를 알려 주기 때문이다. 교사 중에는 새로운 교육과정을 실행하지 않는 자들도 있으며, 기계적으로 실행하는 자들도 있고, 새로운 교육과정을 통합적이고 창의적으로 실행하는 자들도 있다. 교사의 실행 수준을 파악함으로써 우리는 교사들이 새로운 교육과정을 실행하는 수준에 적절한 지원을 할 수 있으며, 이를 통해 교사들의 실행 수준을 높일 수 있다, 교사의 각 실행 수준은 다음 수준으로의 이행을 표시해 주는 '변환점'(decision point) 행동에 의해 해당 수준의 한계가 결정된다. 예컨대, 새로운 교육과정을 실행하기 시작하게 될 때 '변환점 C'에 도달하고 '실행 수준2'에서 '실행 수준3'으로 이동하게 된다. 이처럼 한 수준에서 다음 수준으로 넘어가게 해주는 각 실행 수준의 변환점을 고려해야 한다(김재춘, 2016: 232-233).

교사의 실행 수준에 대한 이런 논의들은 교육과정 실행과 관련하여 다음과 같은 시사점을 제공한다. 첫째, 교사들의 실행 수준이 다양하기 때문에 각 실행 수준에 대한 맞춤형 연수가 필요하다. 예컨대, '준비' 수준인 교사에게는 새로운 교육과정의 실행 준비에 대한 연수가 필요하며, '정교화' 수준인 교사에게는 학생에게 적합한 형태로 교육과정을 변형시키는 방식에 대한 연수가 필요하다. 둘째, 새로운 교육과정의 성공적인 실행을 위해서는 교사에게 시간을 충분히 주고 기다릴 필요가 있다. 교사들이 정교화, 통합화, 갱신의 수준에 이르기까지는 상당한 시간이 걸린다. 따라서 교사들이 새로운 교육과정에 익숙해지면서 실행 수준을 높일 때까지 인내하며 기다릴 필요가 있다. 셋째, 교사들이 교육과정을 운영하는 방식에 차이가 있고 거기에 따라 적절한 지원 조치 및 연수 프로그램을 실행함으로써 교사들의 실행 수준을 높일 수 있다. 넷째, 실행의 각 단계는 교사 행동의 영역을 포괄해 주고 있지만, 다음 수준으로 이해하고 있음을 표시해 주는 결정점(decision point) 행동으로 그 수준의 한계가 결정된다(김재춘, 2016: 233; 이길주, 2020: 32).

## 다. 교사의 실행 형태

호드 등(Hord et al., 2006)은 새로운 교육과정의 실행이 교육과정 개발의 의도와 얼마나 일치하는가를 알아보기 위하여 실행 형태를 조사하는 것 또한 필요함을 주장하였다. 이들에 의하면, 실행 형태를 조사하는 것은 새로운 교육과정의 구성 요소나 특징 등을 확인하고, 교육과정의 실행에서 이러한 구성 요소나 특징 등이 얼마나 수용되고 있는지를 확인하는 것을 의미한다. 호드 등(2006)은 실행 형태의 사례를 〈표 9-4〉와 같이 제시하였다. 구성 요소별로 실행 형태는 a~f 등 여러 가지로 나타나며, 개발자의 의도에 어느 정도 일치하는가에 따라 수용할 만한 실행 형태와 그렇지 않은 실행 형태를 구분한다(김대현, 2017: 441).

〈표 9-4〉 호드 등(Hord et al., 2006)이 제시한 교사의 실행 형태(출처: 김대현, 2017: 442)

| 구성 요소 1: 초등 과학 프로그램 자료<br>(차원: 프로그램 교재, 프로그램 보충 자료, 교사 제작 자료, 다른 자료들) | | | | |
|---|---|---|---|---|
| a | b | c | d | e |
| 교실과 실험실에서 프로그램 교재와 보충자료를 이용한다. | 교실과 실험실에서 프로그램 교재만 이용한다. 보충자료는 전혀 이용하지 않는다. | 실험실과 교실에서 프로그램 교재와 교사가 만든 자료를 이용한다. | 교사는 오래된 교과서와 자신이 만든 자료를 이용한다. | 교사는 자신이 만든 자료만을 이용한다. |

| 구성 요소 2: 과학 수업에 할애하는 시간(차원: 매일, 주별) | | | | | |
|---|---|---|---|---|---|
| a | b | c | d | e | f |
| 매일 과학을 가르친다. | 일주일에 2~4회 과학을 가르친다. | 한 주에 한 번 과학을 가르치지만 오랜 시간 동안 가르친다. | 한 주에 한 번 과학을 가르친다. | 한 주에 한 번 미만으로 과학을 가르치지만 정기적으로 가르친다. 예를 들어, 2주마다 | 시간이 있을 때만 가끔 과학을 가르친다. |

| 구성 요소 3: 실험실 활동 시 학생 집단(차원: 소집단, 개별적으로, 대집단) | | | | |
|---|---|---|---|---|
| a | b | c | d | e |
| 학생들이 개별적으로 실험을 수행하도록 한다. | 학생들을 3~4명의 소집단으로 묶는다. 학생들은 돌아가면서 실험을 한다. | 학생들을 6~8명의 대집단으로 묶는다. 학생들은 돌아가면서 실험을 한다. | 특정 학생들만 골라서 실험하도록 하고 나머지는 보고 있도록 한다. | 학생들은 대집단으로 지켜보고 교사가 실험을 수행한다. |

이상과 같은 관심에 기초한 교육과정 실행 모형은 교육과정 실행에 대한 교사들의 관심 정도, 실행 수준, 실행 형태를 밝혀 줌으로써 실행 수준을 높일 수 있는 방안을 찾는 데 도움을 준다. 그러나 교사들의 태도와 행동을 지나치게 강조한 나머지, 학교 조직의 특성뿐만 아니라 학교가 존재하는 사회적 맥락을 경시하였다는 지적도 있다(김대현, 2017: 441-442).

# 4 교육과정 실행 요인

교육과정 실행이 개정된 교육과정을 학교에서 자체 상황에 맞게 원형 유지, 수정, 재구조화하여 행동으로 옮기는 과정이라면, 이러한 활동에 영향을 미치는 요인을 파악하고 이에 근거하여 성공적 운영을 위한 방안을 모색할 수 있다. 교육과정 실행에 영향을 미치는 요인은 다양하게 존재하며, 이들 요인을 분류하는 준거도 매우 다양하다. 또한 학교에 따라 교육과정 운영에 영향을 미치는 요인은 다르며, 같은 요인이라도 영향력에 차이가 있을 수 있다. 교육과정 실행에 영향을 미치는 요인에 대하여 살펴보면 다음과 같다.

슈왑(Schwab, 1978)은 교육과정 실행에 영향을 주는 요인을 학습자, 교사, 교과, 환경의 4차원으로 구분하였다. 〈표 9-5〉에서 볼 수 있듯이, 슈왑은 학습자 요인의 하위 요소로 학습자 일반에 대한 지식(이전의 학습경험, 학습준비도, 학습 포부 및 불안 등)과 당면 학습자에 대한 지식(태도, 역량, 성향, 미래 경제 지위 전망, 미래 가정과 사회에서의 역할) 등을 제시하였다. 교사 요인의 하위 요소로는 지적 능력, 새로운 자료와 교수법에 대한 관심, 인성과 성격(학생, 동료, 학교장 등과의 관계), 배경(편견, 정치적 성향) 등을 제시하였다. 교과 요인의 하위 요소로는 교과의 내용과 형식, 교과 학습매체 등을 제시하였다. 환경 요인의 하위 요소로는 학교와 교실(학습자 간 관계, 교사 간 관계), 가정/지역 사회/종교집단(포부, 삶의 방식, 교육관, 윤리적 규준 등의 학부모와 학습자에의 영향), 지역 간 관계 등을 제시하였다.

**〈표 9-5〉 슈왑(Schwab)의 교육과정 실행 요인 및 하위 요소**(출처: 김두정·김소영, 2017: 41)

| 요인 | 하위 요소 |
|---|---|
| 학습자 | 학습자 일반에 대한 지식(이전의 학습경험, 학습준비도, 학습 포부 및 불안 등), 당면 학습자에 대한 지식(태도, 역량, 성향, 미래 경제 지위 전망, 미래 가정과 사회에서의 역할) |
| 교사 | 지적 능력, 새로운 자료와 교수법에 대한 관심, 인성과 성격(학생, 동료, 학교장 등과의 관계), 배경(편견, 정치적 성향) |
| 교과 | 교과의 내용과 형식, 교과 학습매체 |
| 환경 | 학교와 교실(학습자 간 관계, 교사 간 관계), 가정/지역 사회/종교집단(포부, 삶의 방식, 교육관, 윤리적 규준 등의 학부모와 학습자에의 영향), 지역 간 관계 |

풀란(Fullan, 1989)은 교육과정 실행의 영향 요인으로 <표 9-6>과 같이 '교육과정 자체의 특성', '지역교육청 수준의 특성', '학교 수준의 특성', '학교 외부의 특성'의 네 가지를 제시하였다. '교육과정 자체의 특성'으로는 변화에 대한 요구, 변화의 명료성과 복잡성, 자료의 질과 실용 가능성 등을 제시하였다. '지역교육청 수준의 특성'으로는 교육과정 혁신 시도의 역사, 기대와 교장의 훈련, 교사연수와 참여, 각종 위원회와 지역 사회 지원, 실행시기와 감독, 업무부담 등을 제시하였다. '학교 수준의 특성'으로 교장의 활동, 교사 간의 관계와 교사활동을 제시하였다. '학교 외부의 특성'으로는 교육부서의 역할을 들고 있다. 이러한 요인들은 새로운 교육과정을 실행하는 과정에서 서로 독립적으로 작용하지 않고, 역동적으로 상호작용하여 교육과정 실행에 영향을 미친다. 즉, 몇 개의 요인들이 부정적으로 작용하거나 충족되지 못하면 실행에 부정적인 영향을 미치게 되고, 역으로 모든 요인이 긍정적으로 작용하게 되면 매우 효과적으로 실행될 수 있다.

<표 9-6> 풀란(Fullan, 1989)의 교육과정 실행 요인 및 하위 요소

| 요인 | 하위 요소 |
|---|---|
| A. 교육과정 자체의 특성 | 1. 변화에 대한 요구<br>2. 변화의 명료성, 복합성<br>3. 자료의 질과 실용 가능성 |
| B. 지역교육청 수준의 특성 | 4. 교육과정 혁신 시도의 역사<br>5. 기대와 교장 훈련<br>6. 교사 연수와 참여<br>7. 각종 위원회와 지역 사회 자원<br>8. 실행시기와 감독<br>9. 업무부담 |
| C. 학교 수준의 특성 | 10. 교장의 활동<br>11. 교사 간의 관계와 교사 활동 |
| D. 학교 외부의 특성 | 12. 교육부서의 역할(정부와 교육기관) |

한편, 스나이더, 볼린과 줌월트(Snyder, Bolin, & Zumwalt, 1992)는 교육과정 실행에 관한 풀란(Fullan)의 연구에 기초하여 교육과정 실행에 영향을 미치는 영향 요인을 〈표 9-7〉과 같이 제시하였다. 이들은 교육과정 실행 요인을 교육과정 변화의 특성, 지역 수준, 학교 수준, 학교 외부 요인으로 구분하고 각각을 세분화하여 교육과정 실행을 위한 15가지의 요인을 추출하였다. '교육과정 변화의 특성과 관련된 요인'에는 교육과정 변화의 적절성과 필요성, 명료성, 복잡성, 자료의 실용성과 질 등을 포함하고 있다. '지역 수준의 특성과 관련된 요인'에는 혁신적인 시도에 관한 지역의 역사, 채택 과정, 지역 수준의 행정 지원, 교수요원 전문성 개발과 참여, 일정과 정보체계, 위원회와 지역 사회의 특징 등을 포함하고 있다. 또, '학교 수준의 요인'에는 학교장의 역할, 교사 간의 관계, 교사의 특성과 적응성 등을 포함하고, '학교 외부 요인'에는 정부 대행기관, 외부지원 등을 포함하고 있다.

**〈표 9-7〉 스나이더, 볼린과 줌월트(Snyder, Bolin, & Zumwalt, 1992: 416-417)의 교육과정 실행 요인 및 하위 요소**

| 요인 | 하위 요소 |
|---|---|
| A. 교육과정 변화의 특성 | 1. 교육과정 변화의 적절성과 필요성<br>2. 명확성<br>3. 복잡성<br>4. 자료의 실용성과 질 |
| B. 지역 수준의 특성 | 5. 혁신적인 시도에 관한 지역의 역사<br>6. 채택과정<br>7. 지역 수준의 행정 지원<br>8. 교수요원 전문성 개발과 참여<br>9. 일정과 정보체계<br>10. 위원회와 지역 사회의 특징 |
| C. 학교 수준 | 11. 학교장의 역할<br>12. 교사 간의 관계<br>13. 교사의 특성과 적응성 |
| D. 학교 외부 요인 | 14. 정부 대행기관<br>15. 외부지원 |

권낙원, 추광재, 박승렬(2006)은 교사의 교육과정 실행에 영향을 미치는 요인을 교사를 중심으로 하여 교사 내적 특성(심리적 요인, 인지적 요인)과 교사 외적 특성(교육과정, 학생, 환경)으로 구분하여 제시하였고, 자세한 내용은 〈표 9-8〉과 같다.

**〈표 9-8〉 교사의 교육과정 실행에 미치는 요인**(출처: 권낙원·추광재·박승렬, 2016: 10)

| 요인 | | | 하위 요인 |
|---|---|---|---|
| 교사 내적 | 교사 | 심리적 요인 | 교사 인성, 신념과 태도, 교육과정에 대한 관심, 참여, 반성적 사고 |
| | | 인지적 요인 | 교사 능력(교수방법/교수기술), 일반적 지적 수준, 교과내용 인지 수준(교육과정 이해 수준), 학력, 경력 등 |
| 교사 외적 | 교육과정 | | 교육과정 내용의 명확성과 복잡성, 필요와 타당성, 자료의 질, 실용성 |
| | 학생 | 심리적 요인 | 정서적 태도, 교사에 대한 호감, 수업 및 학습, 자신감 |
| | | 인지적 요인 | 교과목에 대한 인지적 이해(학업성적, 학습능력) |
| | 환경 | 환경적 요인 | 교실환경, 학교환경, 지역과 학교의 특성, 학교장의 리더십, 교원 간 협력 관계, 사회적 요구 등 |
| | | 제도적 요인 | 입시제도, 교육과정 결정체제, 정책 결정, 교육과정에 대한 홍보 및 정보 제공, 재정적 지원, 장학 |

김두정과 김소영(2017)은 교육과정 문서 특성, 학교 특성, 학교 외부 특성을 교육과정 실행 기준으로 제안하였다. 교육과정 문서 특성은 교육과정 실행에서 국가수준 교육과정과 관련된 기준으로 필요성, 명료성, 복잡성, 자료의 질과 실용성을 말한다. 학교 특성은 교육과정 실행에서 주로 학교의 구성원과 관련된 기준으로 학교장의 역할(리더십, 학교 분위기), 교사의 성향(성격, 경험, 정치적 성향) 및 역량(교육과정 이해, 학습매체 활용), 학생의 인지적 특성(선수학습, 인지적 수준) 및 정의적 특성(자신감, 학습 포부, 교사에 대한 호감, 문화적 배경), 교사 간 협력 및 상호작용을 말한다. 학교 외부 특성은 교육과정 실행에서 교육행정기관 및 지역 사회와 관련된 기준으로 교육부(또는 교육청)의 교육정책 및 지원정도와 지역 사회의 요구 및 지원을 말한다. 김두정과 김소영(2017)은 교육과정, 학교, 학교 외부 특성에 따른 교육과정 실행 기준은 〈표 9-9〉와 같이 제시하였다.

〈표 9-9〉 교육과정 실행 요인 및 하위 요소(출처: 김두정·김소영, 2017: 44)

| 요인 | 하위 요소 |
|---|---|
| 교육과정 특성 | • 필요성<br>• 명료성<br>• 복잡성<br>• 자료의 질과 실용성 |
| 학교 특성 | • 학교장의 역할(리더십, 학교 분위기)<br>• 교사 간 협력 및 상호작용<br>• 교사의 성향(성격, 경험, 정치적 성향)<br>• 교사의 역량(교육과정 이해, 학습매체)<br>• 학생의 정의적 특성(자신감, 학습 포부, 교사에 대한 호감, 문화적 배경)<br>• 학생의 이해력(선수학습, 인지적 수준) |
| 학교 외부 특성 | • 교육청 정책 결정의 질(의사소통, 교사 연수, 재정적·기술적 원조, 교육청 이전 경험 반영)<br>• 교육부(교육과정 결정 체제, 입시제도)<br>• 지역 사회의 지원과 관여<br>• 사회적 요구(지역 사회 문화 등)<br>• 학부모 요구 |

이상에서 살펴본 교육과정 실행 요인을 교사, 학생, 환경, 교육과정의 네 가지 차원으로 구분하면 〈표 9-10〉과 같다(김영석, 2020).

〈표 9-10〉 교사, 환경, 학생, 교육과정에 따른 교육과정 실행 요인(출처: 김영석, 2020: 26)

| 요인 | 하위 요소 |
|---|---|
| 교사 | • 인지적 요인: 교사 능력(교수방법, 교수기술), 일반적 지적 수준, 교과내용 인지 수준(교육과정 이해 수준), 학력, 경력, 교사의 역량, 교수 지식, 실행능력<br>• 심리적 요인: 교사 인성, 신념과 태도, 교육과정에 대한 관심, 참여, 반성적 사고, 교사의 성향(성격, 경험, 정치적 성향), 교수적성, 교수태도, 실행의지 |
| 학생 | • 인지적 요인: 교과목에 대한 인지적 이해(학업성적, 학습능력), 선수학습<br>• 심리적 요인: 정서적 태도, 교사에 대한 호감, 수업 및 학습, 자신감, 문화적 배경 |
| 환경 | • 학교 요인: 교실환경, 학교환경, 학교장의 리더십, 교원 간 협력 관계<br>• 학교 외부 요인: 교육제도, 사회적 요구 등 |
| 교육과정 | • 교육과정 내용의 명확성과 복잡성, 필요와 타당성, 자료의 질, 실용성 |

## 요약

'교육과정 실행'에서는 교육과정 실행의 개념, 관점, 모형, 요인에 대하여 살펴보았다. 교육과정 실행은 교육과정의 실제적 사용 또는 교육과정이 실제로 이루어지는 것을 의미한다. 교육과정 실행의 관점은 충실도, 상호적응, 생성 관점으로 구분할 수 있다. 충실도 관점은 제안된 교육과정이 어느 정도나 의도되거나 계획된 대로 이루어지고 있는가와 이러한 실행을 촉진하고 방해하는 요인들이 무엇인지를 밝히려는 데 관심이 있다. 상호적응에서는 제안된 교육과정이 실행 과정에서 어떻게 적응되었는지에 관심을 둔다. 생성 관점에서는 교사와 학생들이 어떻게 교육과정을 공동으로 구성해 가는가에 관심을 둔다.

교사의 관심에 기반한 채택 모형(Concerns-Based Adoption Model: CBAM)은 교육과정 실행의 대표적인 모형이다. 이 모형은 교육과정 실행에 대한 교사의 관심 정도, 실행 수준, 실행 형태를 진단하고 그 결과에 따라 지원책을 개발하여 변화를 촉진하는 데 목적이 있다. 관심 정도는 교사 자신(지각, 정보, 개인 관심), 업무(실행), 결과(결과, 협동, 강화) 단계로 구분되며, 실행 수준은 비실행(비운영, 오리엔테이션, 준비), 실행(기계적 운영, 일상화, 정교화, 통합화, 갱신) 단계로 구분된다. 실행 형태는 새로운 교육과정의 구성 요소나 특징 등을 확인하고, 교육과정의 실행에서 이러한 구성 요소나 특징 등이 얼마나 수용되고 있는지를 확인하는 것을 의미한다.

교육과정 실행이 개정된 교육과정을 학교에서 자체 상황에 맞게 원형 유지, 수정, 재구조화하여 행동으로 옮기는 과정이라면, 이러한 활동에 영향을 미치는 요인은 다양하게 존재한다.

## 생각해 봅시다

1. 교육과정 실행 탐구가 중요한 이유를 계획된 교육과정, 전개된 교육과정, 실현된 교육과정의 관점에서 논의해 봅시다.
2. 교육과정 실행에 대한 세 가지 관점을 설명하고, 이와 관련하여 학창 시절에 경험한 것을 떠올려 보고, 자신이 가장 이상적이라고 생각되는 교육과정 실행 관점에 대하여 논의해 봅시다.
3. 교육과정에 대한 관심 정도를 파악할 수 있는 문항을 개발해 봅시다.
4. 새로운 교육과정에 대한 교사의 관심 정도는 교사교육에 영향을 미친다고 할 수 있다. 교사의 관심 정도에 따라 교사교육의 교육 내용과 교육방법을 어떻게 적용해야 하는지에 대하여 논의해 봅시다.
5. 교육과정의 실행 수준을 파악할 수 있는 문항을 개발해 봅시다.
6. 교육과정 실행 수준에 따라 교사교육의 내용을 어떻게 구성해야 하는지에 대하여 논의해 봅시다.
7. 학교 현장에서 이루어지는 교사의 교육과정 실행 형태를 조사하고, 이러한 실행 형태가 나타나게 된 원인에 대하여 발표해 봅시다.
8. 학교 현장에 방문하여 교육과정 실행에 영향을 미치는 요인에 대한 사례 분석을 하고, 그 결과를 발표해 봅시다.

# 10 Chapter 교육과정 평가

학습내용

1. 교육평가의 유형
2. 교육평가의 일반적 절차
3. 과정중심평가
4. 프로그램 평가

## 1 교육평가의 유형

교육평가의 유형은 여러 가지 기준에 따라 다양하게 분류할 수 있다. 교육평가의 유형은 평가 내용, 평가 목표의 수준, 평가 체제, 교수·학습 과정(평가 기능), 자료 수집 방법, 평가 영역, 평가 결과 해석의 참조 근거 등에 따라서 다양하게 구분될 수 있다(김승호·김은정·박일수, 2019: 282-283).

첫째, 교육평가의 유형은 평가 내용에 따라 학생평가, 수업평가, 교육과정평가, 학교평가, 기관평가, 인사 및 행정가 평가 등으로 구분할 수 있다. 학생평가는 학생의 능력이나 특성의 가치를 판단하는 평가이며, 수업평가는 수업이 진행되는 중에 학생들의 성취도를 판단하는 평가이다. 교육과정평가는 교육과정의 효과를 판단하며, 학교평가는 학교의 제반 부분의 기능을 평가한다. 기관평가는 행정의 종합적 역량을 평가하며, 인사 및 행정가 평가는 교육 종사자를 평가한다.

둘째, 교육평가의 유형은 목표 수준에 따라서 최소필수 학력평가, 최대학력 성취평가로 구분할 수 있다. 최소필수 학력평가는 수업을 통해 최소필수 학습목표가 달성되었는지를 평가하는 것을 의미한다. 최대학력 성취평가는 심화발달과목 목표를 최대한 어느 정도까지 달성했는지를 평가하는 것을 의미한다.

셋째, 교육평가의 유형은 평가 체제(system)에 따라서 투입평가, 과정평가, 산출평가로 구분할 수 있다. 투입평가는 학습에 투입되는 내용과 조건(학습 내용, 학습자 특성, 교사자질 등)의 적절성을 평가한다. 과정평가는 수업 과정의 적합성(수업 방법, 매체 등)을 평가한다. 산출평가는 교육 성과(학업 성취도, 학습 태도)를 평가한다.

넷째, 교육평가의 유형은 교수·학습 과정, 즉 평가의 기능에 따라서는 진단평가, 형성평가, 총괄평가로 구분할 수 있다. 진단평가(diagnostic evaluation)는 학생들의 출발점 행동을 파악하기 위하여 수업 전에 실시하며, 형성평가(formative evaluation)는 수업 시간에 다루는 학습 내용에 대한 이해도 확인 및 교사의 수업 개선을 위하여 수업 중에 실시하며, 총괄평가(summative evaluation)는 사전에 설정한 교육목표 도달도를 평가하기 위하여 교수·학습이 종료된 이후에 실시한다.

다섯째, 교육평가의 유형은 자료 수집 방법에 따라서 양적 평가와 질적 평가로 구분할 수 있다. 양적 평가는 측정을 통해 평가 결과를 수치화하여 자료를 수집하는 평가 방법이며, 질적 평가는 관찰이나 면담 등을 통하여 획득한 자료를 기록하여 서술화하여 자료를 수집하는 평가 방법이다.

여섯째, 교육평가의 유형은 평가 영역에 따라서 인지적 영역, 정의적 영역, 심동적 영역의 평가로 구분할 수 있다. 인지적 영역의 평가는 학생의 학업 성취도, 사고력 등과 같은 지적인 사고 능력을 평가하고, 정의적 영역의 평가에서는 학생들의 성격, 태도, 사회성, 도덕성 등과 같은 정의적인 특성을 평가하며, 심동적 영역의 평가는 학생의 신체 능력이나 운동 활동 등을 평가한다.

일곱째, 교육평가의 유형은 평가 결과 해석의 참조 근거에 따라서 규준참조평가, 준거참조평가, 능력참조평가, 성장참조평가로 구분할 수 있다. 규준참조평가는 한 개인이 속해 있거나 혹은 속해 있지 않더라도 비교가 되는 집단 속에서 다른 사람보다 얼마나 더 성취했느냐 하는 상대적인 비교를 통해서 평가 결과를 해석한다. 준거참조평가는 평가대상자가 사전에 결정된 어떤 성취기준 또는 교육목표를 달성하였는가 혹은 달성하지 못하였는가에 초점을 두고 평가 결과를 해석한다. 능력참조평가란 학생들이 지닌 능력에 비추어 얼마나 최선을 다하였느냐에 초점을 두고 평가 결과를 해석한다. 성장참조평가는 교육 경험 이전에 비해 얼마나 성장하였느냐에 관심을 두는 평가 방법으로서, 교육과정을 통하여 얼마나 성장하였느냐에 관심을 두고 평가 결과를 해석한다.

## 2 교육평가의 일반적 절차

교육평가는 일반적으로 평가 목적의 설정, 평가장면의 선정, 평가도구 제작 및 선정, 평가 실시 및 결과 처리, 평가 결과의 해석 및 활용 등의 단계로 이루어진다 (김승호·김은정·박일수, 2019: 284-285).

### 가. 평가 목적의 설정

평가에서는 먼저 '무엇'을 평가할 것인가를 분명히 해야 한다. 평가 목적은 교육목표에서 도출된다. 평가자는 평가 목표를 분석하고 그 개념을 정확히 규정해야 한다. 이원분류표를 활용하여 교육목표를 구성하는 가장 핵심적인 요소인 내용 요소와 행동 요소의 차원을 포괄적이고 종합적으로 분석할 필요가 있다.

### 나. 평가장면의 선정

평가 목적이 결정되면 이를 평가하는 데 적합한 자료나 증거를 어디서 구할 것인가를 결정해야 한다. 학습 결과가 구체적으로 제시되고 행동의 증거로서 나타날 수 있는 장면이나 조건 및 기회를 마련해야 한다. 평가장면으로는 지필검사, 질문지, 행동관찰, 면접, 기록물 분석, 작품 분석, 현장실습 측정, 사례연구, 투사법 등이 있다.

평가 목적에 부합한 평가장면을 선정하는 것이 중요하다. 평가장면은 자연적인 장면과 인위적인 장면에서 이루어질 수 있다. 자연적 장면이란 일상생활의 장면에서 자연스럽게 학생을 평가하는 것을 의미하며, 인위적 장면이란 자연적인 장면에서 자료를 수집하기 어려울 때 간접적으로 평가하는 것을 의미한다. 평가장면은 한 가지 방법으로만 평가하기보다는 종합적인 입장에서 고려하고 선정해야 한다.

## 다. 평가도구의 제작 및 선정

평가장면이 선정되면, 이것을 측정할 수 있는 평가도구를 제작한다. 평가도구는 타당도, 신뢰도, 객관도, 실용도가 모두 양호해야 한다. 타당도(validity)는 평가도구가 무엇을 재고 있느냐를 나타내는 것으로, 평가 목표와의 일치도를 나타낸다. 신뢰도(reliability)는 측정하려는 것을 얼마나 안정적으로 일관성 있게 측정하였느냐의 문제로, 평가도구가 얼마나 정확하게 오차 없이 측정하였느냐의 정도를 말한다. 객관도(objectivity)는 검사의 채점자가 주관에 이끌리지 않고 객관적인 입장에서 신뢰롭게 채점하느냐의 정도를 의미한다. 실용도(usability)는 경비, 시간과 노력을 적게 들이고도 소기의 목적을 달성할 수 있는지의 정도를 나타낸다.

평가도구의 유형은 지필 평가와 수행 평가로 구분하여 살펴볼 수 있다. 지필 평가는 선택형 문항과 서답형 문항이 있으며, 수행 평가는 관찰법, 면접법, 토론법, 프로젝트법, 자기평가, 동료평가, 서술형 및 논술형 평가 등이 있다.

## 라. 평가 실시 및 결과 처리

평가 실시의 시기, 횟수, 방법, 대상 등을 고려하여 평가를 실시한다. 평가도구 자체에 대한 조건을 사전에 확인하는 것이 가장 중요하다. 평가 후에 수집된 자료의 결과를 채점하고 필요한 통계처리를 하여 분석하고 기록한다. 평가 결과에 대한 자료의 분석은 자료의 특성을 파악하여 그에 맞는 분석방법을 적절하게 선택하여 이용한다. 이 단계에서 특히 중요한 것은 채점과 문항의 양호도 검증, 검사 결과의 통계적 처리 및 성적 표시 방법 등이다.

### 마. 평가 결과의 해석 및 활용

학생들의 교육목표 달성도, 즉 학습 결과를 개별 또는 집단으로 해석한다. 평가 결과는 교육목표 도달도 확인 및 교수·학습 활동 개선의 자료로 활용한다.

## 3 성장과 발달을 지원하는 과정중심평가

### 가. 교육과정 재구성 – 수업 – 평가 – 기록의 일체화

교육과정, 수업, 평가에 대한 연계 또는 일체화에 대한 논의는 중등교육에서 혁신교육이 확산되면서 본격화되었다. 경기도교육청에서는 지역 수준의 교육과정 편성 및 운영 지침인 「경기도교육과정 총론(2014)」에 학생의 핵심역량 계발을 위해 교육과정을 학생중심의 수업과 피드백을 목적으로 한 질적인 과정중심의 평가인 학생의 성장을 돕는 평가를 해야 한다는 것을 제시하였다(김덕년, 2017: 1). 교육과정 - 수업 - 평가의 일체화'는 그동안 왜곡되고 파행적으로 이루어졌던 교육형태를 바로 잡기 위한 '기본적이고 원칙적인 교육시스템으로의 회귀'의 실천적인 개념으로 볼 수 있다(김덕년, 2017: 6).

최근에는 학교생활기록부(이하: 학생부) 기록의 중요성 및 기록 방법에 대한 인식이 전환됨에 따라 교육과정 - 수업 - 평가 - 기록의 일체화로 확대되고 있다. 일체화에 기록이 포함된 이유는 학생부가 학생 성장의 기록의 자료로 기능하고, 학생부 기록에 대한 대학의 인식 변화, 학생부종합전형의 확대, 교육과정, 수업, 평가의 결과를 진학으로 연계시키고자 하는 노력과 연관이 있다. 이에 따라 고등학교에서는 수업과 평가가 연계된 학생활동의 중요성을 인식하기 시작했고, 학생부종합전형에서 기본적으로 살펴보게 되는 학생부가 기록되는 과정을 통해 학생들의 성장을 보고 싶어 하는 대학에서 이를 받아들이면서 대학에서도 '교육과정 - 수업 - 평가 - 기록의 일체화'라는 용어가 확산되고 있다(김덕년, 2017: 5-6).

충청남도교육청(2018: 1)에서는 일체화를 "교사들이 협력하여 가르칠 내용을 새롭게 구성하는 교육과정 재구성, 학생들 스스로 배움의 욕구가 일어나 참여하고 협력하는 배움중심 수업, 수업 과정 중 학생들의 역량을 키우는 과정중심평가, 학생들의 성장발달을 점검하고 지원하는 학교생활기록부 기록이 서로 유기적으로 작용하여 가르침과 배움이 일체화되는 것"으로 정의하고 있다. 일체화의 핵심 요소는 교육과정 재구성, 배움중심의 수업, 과정중심평가, 학생부 기록의 네 가지로 볼 수 있다.

## 나. 과정중심평가의 개념 및 특징

현대 평가의 방향은 학업 성취의 서열화와 학습 결과 위주의 판단에서 벗어나 학습을 돕는 평가로 그 목적이 변화되고 있다. 이를 위해 수업과 평가의 통합에 대한 모색이 진행되고 있으며, 다양한 평가 방법의 활용이 권장되고 있다. 또한 평가의 혜택이 미래의 학생들뿐만 아니라 현재의 학생들에게 많이 돌아갈 수 있도록 그 방법을 모색하고 있다(이경화 외, 2016).

이런 방향에 맞추어, 2015 개정 교육과정에서는 교육과정 - 수업 - 평가의 연계를 강조하고 있다. 이것은 교육과정, 수업, 평가의 일체화라고도 한다. 이것은 교육과정의 목표에 기초하여 수업을 전개하고, 수업의 과정에서 평가가 이루어져야 함을 의미한다. 이것을 달리 표현하면, 교육과정에 제시된 핵심역량과 교과 역량을 달성할 수 있는 방향으로 교육과정을 재구성하고, 핵심 개념과 원리 중심의 학습자 참여형 수업이 진행되고, 이러한 수업의 과정에서 학생들의 역량 형성 여부를 지속적으로 평가되어야 함을 의미한다.

교육과정 - 수업 - 평가의 연계를 통한 창의·융합형 인재가 양성되기 위해서는 평가 방법의 개선이 수반되어야 하는데, 이러한 것을 반영하여 등장한 용어가 과정중심평가라고 할 수 있다. 과정중심평가에 대한 정의가 다양하게 제시되고 있지만, 대체로 과정중심평가의 핵심 의미 요소로 학생들의 배움과 성장을 제시하고 있다. 교육부와 한국교육과정평가원(2017)에서는 과정중심평가를 교육과정의 성취기준을 기반으로 한 평가계획에 따라 교수·학습 과정에서 학생의 변화와 성장에 대한 자료를 다각도로 수집하여 적절한 피드백을 제공하는 평가로 규정하고 있다.

과정중심평가의 특징은 다음과 같다(교육부·한국교육과정평가원, 2017; 백은미, 2018).

첫째, 과정중심평가는 평가 패러다임의 확장을 반영한 평가 방식이라 할 수 있다. 즉, 과정중심평가는 평가의 패러다임이 '학습 결과에 대한 평가'에서 '학습을 위한 평가, 학습으로서의 평가'로 확장됨에 따라 등장한 개념으로서 학생의 학습 과정과 수행 과정을 평가대상으로 포함하는 동시에 평가 결과의 활용 범위를 확장하고 평가를 학습의 도구로써 사용하고자 의도를 내포하고 있다.

둘째, 과정중심평가는 학생이 지식을 알고 있는지에 대한 여부를 평가하는 종래의 결과 중심적인 평가와 대비되는 개념으로서 학생들의 수행 과정에 주안점을 두고 있는 평가 방식이라 할 수 있다. 그러므로 학생의 참여와 협력이 있는 수업 활동이 전제되어야 한다. 과정중심평가는 수업 방법의 변화를 전제로 하고 있으며 이러한 변화 속도를 촉진하는 평가라고 할 수 있다.

셋째, 과정중심평가는 교과서 제시된 단편적인 지식 중심의 평가에서 벗어나 교육과정에 제시된 성취기준을 기반으로 교수·학습 활동 및 평가계획을 세우고, 교수·학습의 과정에서 다양한 평가 방법으로 자료를 수집하고 학생들의 건전한 성장과 발달을 위한 적절한 피드백을 제공할 것을 강조하고 있다. 이처럼 과정중심평가는 교육과정 - 교수·학습 - 평가의 순환적 연계를 중시한다.

넷째, 과정중심평가는 교사의 피드백이 즉각적이고, 지속적으로 이루어진다. 학생의 성장과 발달을 위해서는 개별 학생의 학습 과정과 평가 결과에 대한 즉각적이고 지속적인 피드백이 제공되어야 한다. 피드백은 후속 학습을 위한 방향 제시, 학습 문제점 개선 및 진단, 학습동기 제공, 자아 효능감 향상을 위하여 제공되어야 한다.

다섯째, 과정중심평가는 누가적 기록 방식의 평가를 통해 일련의 변화를 확인할 수 있어야 한다. 학습은 지속적으로 이루어지는 과정이고, 수업마다 이루어지는 학생의 모든 활동이 평가의 대상이 될 수 있다는 점에서 어떤 부분이 어떻게 변화되고 있는지는 교사나 학생 모두에게 중요한 정보이다. 이를 확인하기 위해서는 교사 나름의 누가적인 기록 방식을 통해 교사와 학생이 모두 현재의 학습 상태나

도달도를 확인할 수 있도록 해야 한다.

## 다. 과정중심평가의 절차 및 방법

과정중심평가는 [그림 10-1]의 절차에 따라서 이루어진다(교육부·한국교육과정평가원, 2017).

|  |  |
|---|---|
| 성취기준 분석 | • 교육과정 – 수업 – 평가의 일관성 확보를 위한 성취기준 분석<br>• 학생들이 달성해야 하는 지식, 기능, 태도 확인 |
| 평가계획 수립 | • 교육과정, 학업성적관리지침, 생활기록부 작성 및 관리지침<br>• 수행평가의 영역, 방법, 횟수, 기준, 반영 비율 결정<br>• 성적 처리 방법 및 결과 활용 방안 |
| 수행평가 과제 개발 | • 실제적인 맥락, 통합적인 사고 능력, 가치 있는 경험, 비구조화된 문제 등을 평가할 수 있는 방향으로 수행평가 과제 개발<br>• 토의·토론 수업, 협동학습, 프로젝트 학습 등과 같이 학습자 참여형 수업을 통한 산출물의 형태 등을 고려하여 세부 수행과제 작성 |
| 수행평가 채점 기준 개발 | • 수행평가 과제 수행의 판단 준거인 지식, 기능, 태도의 구체적인 평가 요소 설정<br>• 성취기준의 준거를 평정하기 위한 평가 요소별 배점<br>• 평가 요소에 근거하여 학생의 수행 수준을 구별할 수 있는 세부적인 내용 진술 |
| 수행평가 실시 및 채점 | • 수업의 흐름과 내용, 수업평가 과제, 채점 기준의 사전 안내<br>• 교수·학습과 연계한 수행평가 실시<br>• 수행과정에 대한 교사의 관찰평가, 학생의 자기평가 및 동료평가 |
| 수행평가 피드백 | • 학생의 현재 수준과 학생이 도달해야 할 수행 수준 간의 차이 제시(학생의 학습과 성장 지원 및 교사의 수업의 질 개선)<br>• 수행 결과 및 과정, 인지적 측면과 정의적 측면에 대한 피드백 |
| 수행평가 결과 기록 및 통지 | • 학생의 학습과 성장을 돕는 방향으로 평가 결과 제공<br>• 학습동기의 긍정적 신장 |

[그림 10-1] 과정중심평가의 절차

과정중심평가의 단계는 ① 성취기준 분석, ② 평가계획 수립, ③ 수행평가 과제 개발, ④ 수행평가 채점 기준 개발, ⑤ 수행평가 실시 및 채점, ⑥ 수행평가에 대한 피드백, ⑦ 수행평가 결과 기록 및 통지 등의 절차로 이루어진다.

[그림 10-1]에서 볼 수 있듯이, 과정중심평가는 수행평가에 의하여 주로 이루어진다. 과정중심평가에서 활용할 수 있는 수행평가는 다음과 같다. ① 서술형 및 논술형 평가는 학생들이 개인의 생각이나 주장을 창의적이고 논리적이면서도 설득력 있게 조직하는 평가 방법이다. 문제 해결 과정 및 생각과 주장의 독창성과 논리성 등을 평가한다. ② 구술평가는 학생으로 하여금 특정 내용이나 주제에 대해서 자신의 의견이나 생각을 발표하도록 함으로써 학생의 준비도, 주제에 대한 이해력, 의견이나 생각에 대한 표현력, 의사소통능력, 주어진 문제에 대한 판단력 등을 평가한다. ③ 토론법은 개인적으로 서로 다른 의견을 제시할 수 있는 주제를 가지고, 개인 또는 집단별로 찬·반 토론을 한 다음, 찬성과 반대 의견을 토론하는 과정에서 준비성, 성실성, 논리성, 반대 의견에 대한 태도, 토론 진행 방법 등을 평가한다. ④ 실기평가는 과학이나 예·체능 분야에서 주로 사용하는 방법으로, 학생들의 지식이나 기능을 직접 행동으로 나타내도록 하는 평가이다. 학생 스스로 작품을 만들거나 스스로 행동을 나타내는 평가 방법이다. 실기평가는 실제 상황에서의 수행능력을 평가한다. ⑤ 실험·실습법은 어떤 과제에 대해서 학생들로 하여금 직접 실험·실습을 하게 한 다음 그 결과 보고서를 제출하게 하는 것이다. 실험실습 과정과 보고서 작성 등을 평가한다. ⑥ 면접법이란 평가자와 학생이 서로 대화를 통해서 얻고자 하는 정보나 자료를 수집하여 평가한다. 즉, 평가자가 학생과 직접 대면하여 질문하고 대답하는 과정을 통해 지필평가나 보고서만으로 알 수 없는 사항들을 알아보고 그것을 평가한다. 이것은 교사와 학생의 대화를 통하여 평가한다. ⑦ 관찰법은 학생을 이해하고 평가하는 가장 보편적인 방법으로써 개별 학생 단위 또는 집단 단위로 관찰하여 평가한다. 어느 특정한 장면이나 상황에서 발생하는 행동체계를 가능한 한 상세하게 탐구한다. 학생들의 작품이나 행동을 평가하는 데 사용되며, 일화기록법, 체크리스트법, 평정척도법 등이 사용된다. ⑧ 자기평가 보고서법이란 특정 주제나 교수·학습 영역에 대해서 자기 스스로 학습 과정이

나 학습 결과에 대한 자세한 평가 보고서를 작성 및 제출하도록 하여 평가하는 것이다. 자기평가 보고서는 특정 주제나 영역에 대한 학습자 자신의 준비도, 학습동기, 성실성, 만족도 등을 작성하고 제출하여 평가한다. ⑨ 동료평가 보고서법은 동료 학생들이 상대편을 서로 평가하도록 하여 그 결과를 보고 평가한다. ⑩ 연구 보고서법은 여러 가지 연구 주제 중에서 학생의 능력이나 흥미에 적합한 주제를 선택하여 학습 나름대로 자료를 수집하고 분석, 종합하여 연구보고서를 작성하고 제출하는 방법이다. 연구 주제나 범위에 따라 개인 또는 단체로 할 수 있다. 연구 주제에 대한 자료의 종합 및 분석 능력, 보고서 작성 능력을 평가한다. ⑪ 프로젝트법은 학생들에게 특정한 연구 과제나 개발 과정 등을 수행하도록 하고, 그 과정과 결과물을 이용하여 평가한다. 결과물과 함께 계획서 작성 단계에서부터 결과물 완성 단계에 이르는 전 과정이 함께 중시된다. ⑫ 포트폴리오란 자신이 만든 작품을 지속적으로 모아 둔 작품집을 이용한 평가 방법이다. 자기 자신의 변화와 발전 과정을 스스로 파악할 수 있다. 학생의 작품으로는 그림, 글짓기, 시, 독서기록, 과제기록물, 연구보고서, 실험실습 결과 보고서 등이 포함되며, 학생들의 학습활동을 기록한 오디오나 비디오 등도 포함된다. 포트폴리오는 지속적, 체계적으로 수집된 개별 작품집 평가를 의미한다(김승호 · 김은정 · 박일수, 2019: 290-291).

## 라. 과정중심평가의 통지방법

과정중심평가에서는 학생의 수행과정에 대한 상시 관찰 및 누가기록을 바탕으로 학생의 성취수준의 특성 및 학습활동 참여도 등 특기할 만한 사항을 학교생활기록부 교과학습 발달 상황의 과목별 세부능력 및 특기사항란에 기록한다. 기록할 때는 활동만 나열하기보다는 활동을 통해 아이가 어떻게 성장했는가를 기록한다. 이에 대한 예시는 다음과 같다(김승호 · 김은정 · 박일수, 2019: 292).

□ 한국지리: 드림아카데미의 일환인 '학생명예교사제'의 지리 과목 교사로서 '교수학습과정안'을 작성하고 수업을 진행함. '농촌체험마을의 발전 방향, 슬로시티(Slow City) 운동과 우리나라의 슬로시티'를 주제로 의미 있는 동영상 자료와 사진 등 시청각자료를 효과적으로 사용하여 학생들의 관심을 이끌어 냈음. 우리나라의 농촌과 관광산업을 동시에 살리고, 사람들의 삶의 질 향상을 꾀할 수 있는 농촌체험마을과 새로운 삶의 방식인 슬로시티 운동에 대해 고민한 결과를 재미있고 깔끔한 수업으로 잘 전달하였음. 특히 가장 한국적인 것이 무엇인가에 대한 고민이 엿보이는 깊이 있는 수업을 진행하였음. 순발력과 센스가 돋보이는 학생으로 첫 번째 수업 후 부족한 부분을 빠르게 보완하여 2시간 후 이어진 두 번째 수업에서 놀라울 정도로 훌륭한 수업을 보여줌. 퀴즈를 준비하여 끝까지 학생들의 주의를 집중시키고 효과적으로 수업을 진행하였으며, 시종일관 세련되고 정중한 태도로 호감도 높은 수업을 진행함(김덕년, 2017: 15).

평가 결과는 학생 입장에서는 자기 이해와 성장 동기의 역할을 하고 교사에게는 교수 활동의 오류를 진단한 성찰과 반성의 자료가 되며 학부모에게는 학생의 성취도를 확인하여 자녀의 진로 및 가정학습에 대한 자료로 활용될 수 있다. 평가 결과를 안내하는 통지표는 학생의 성취수준을 안내해 주는 메신저 역할을 한다. 평가통지표의 가장 중요한 역할은 정보 제공이자 소통이다. 평가 결과를 통지하거나 학교생활기록부에 기재할 때는 영역별 성취수준을 참고하여 기술할 수 있다. 영역별 성취수준은 각 단원 또는 영역에 해당하는 교수·학습이 끝났을 때 학생이 성취하기를 기대하는 지식, 기능, 태도에 도달한 정도를 수준별로 '종합적'이고 '포괄적'으로 기술한 것이다. 이 성취수준은 단원/영역별 교수·학습의 계획 수립을 비롯하여 학생의 성취 정도 평가, 학생 및 학부모와의 의사소통 등에 도움이 될 수 있다. 미술과 3-4학년 체험 영역의 3단계 성취수준의 예시는 〈표 10-1〉과 같다(김승호·김은정·박일수, 2019: 292-293).

〈표 10-1〉 미술과 3~4학년군 체험 영역의 3단계 성취수준(출처: 한국교육과정평가원, 2016)

| 성취수준 | 일반적 특성 |
|---|---|
| A | 몸의 다양한 감각을 활용하여 자연물과 인공물 등 주변 대상의 여러 가지 특징을 적극적으로 탐색하고, 이에 대한 자신의 느낌과 생각을 글, 이미지, 소리, 영상, 사진, 행위 등의 다양한 방법으로 나타낼 수 있다. 또한 주변의 생활용품, 생활공간, 영상물 등에서 활용되고 있는 미술의 여러 가지 예를 찾을 수 있으며, 미술을 자신의 생활과 관련지어 구체적으로 설명할 수 있다. |
| B | 몸의 다양한 감각을 활용하여 자연물과 인공물 등 주변 대상의 특징을 탐색하고, 이에 대한 자신의 느낌과 생각을 글, 이미지, 소리, 영상, 사진, 행위 등의 다양한 방법으로 나타낼 수 있다. 또한 주변의 생활용품, 생활공간, 영상물 등에서 활용되고 있는 미술의 예를 찾을 수 있으며, 미술을 자신의 생활과 관련지어 설명할 수 있다. |
| C | 몸의 감각을 활용하여 자연물과 인공물 등 주변 대상의 특징을 탐색하고, 이에 대한 자신의 느낌과 생각을 나타내는 데 관심을 갖는다. 또한 주변의 생활용품, 생활공간, 영상물 등에서 미술이 활용됨을 알고 있으며, 미술을 자신의 생활과 관련짓는 데 관심을 갖는다. |

## 4 프로그램 평가

피츠패트릭, 샌더스와 워든(Fitzpatrick, Sanders, & Worthen, 2004)의 프로그램 평가 접근방법은 교육과정 평가에 활용된다. 피츠패트릭, 샌더스와 워든(2004)이 제시한 목표중심, 운영중심, 소비자중심, 전문가중심, 자연주의와 참여자 중심의 프로그램 평가에 대하여 살펴보면 다음과 같다(박일수, 2022: 300-323).

### 가. 목표중심 평가 접근방법

목표중심 평가 접근방법은 구체적인 목적과 목표에 초점을 두고, 그것의 달성 여부를 결정하는 데 관심을 둔다. 이러한 평가 접근을 개념화하고 대중화시킨 대표적인 학자는 타일러(Tyler)이다. 따라서 이러한 평가 접근방법을 타일리언(Tylerian) 평가 방법이라고 한다. 목표중심 평가 접근방법으로 분류되는 평가모형으로는 타일러(Tyler)의 평가모형, 멧페셀과 미셸(Metfessel & Michel)의 평가모형, 프로버스(Provus)의 불일치 평가모형, 해먼드(Hammond)의 평가모형, 논리모형 등이 있다.

목표중심 평가 접근은 평가를 검사나 측정으로 분리함으로써, 하나의 독립된 학문영역으로 발전시켰다는 특징이 있다. 또한, 목표 측정을 위한 평가 절차와 도구 개발 연구를 촉진하고, 이에 대한 방법 및 기술을 발전시킴으로써 경험적, 실증적 연구를 촉진하는 데 공헌하였다. 목표중심 평가 접근의 장점은 다음과 같다. 첫째, 논리적이고 합리적이며 명확한 절차를 제시함으로써 어떤 상황에도 쉽게 적용할 수 있다. 둘째, 교육목표를 구체적으로 제시하고 설정하기 때문에, 명확한 평가기준에 의해 평가를 할 수 있다. 셋째, 계열성 있는 절차를 제시함으로써 교육과정과 평가 간의 논리적 일관성을 유지할 수 있다. 넷째, 목표의 중요성을 강조함으로써, 프로그램 개발자나 교사에게 자신의 교육 활동에 대한 책무성을 자극하였다.

목표중심 평가 접근은 다음과 같은 점에서 비판을 받는다. 첫째, 목표를 사전에 설정할 것을 강조함으로써 수업 중에 발생할 수 있는 부수적, 확산적 목표의 중요성을 간과하여, 목표로 설정되지 않은 부수적 결과를 평가하기가 어렵다. 둘째, 가시적인 행동만을 강조함으로써 행동 용어로 진술하기 어려운 교육목표에 대한 평가가 어려워서, 학생들의 내면적 인지구조의 변화, 가치와 태도 및 감정의 변화를 파악하는 데 한계가 있다. 셋째, 목표에 근거한 평가를 강조함으로써 수업이 평가에 종속되는 경향이 있다. 넷째, 결과에 대한 평가만을 강조하기 때문에 가르치고 배우는 과정 자체에 대한 평가를 간과할 수 있다. 다섯째, 기술적 합리성만을 강조함으로써 교육 실제의 복합적이고 복잡한 측면을 평가하기가 어렵다.

목표중심 평가 접근방법의 대표적인 평가모형인 타일러(Tyler)의 평가모형을 살펴보면 다음과 같다. 타일러의 평가모형은 진보주의 교육의 효과를 검증한 8년 연구에서 구체적인 절차가 제시되어 있다. 진보주의 교육협의회 구성원들은 30개 실험학교를 선정하고 그 교육 프로그램을 실행하였다. 이들은 실험학교에 대한 논란을 진정시키고 새로운 교육과정의 효과를 평가하기 위하여, '8년 연구'(The Eight Year Study)를 기획하였다. '8년 연구'를 담당한 스미스와 타일러(Smith & Tyler)는 교육효과면에서 실험학교 출신이 기존 고등학교 졸업생과 비교해서 크게 뒤지지 않는다는 것(실험학교 졸업생이 일류대학 진학에 불리하고 학력이 뒤진다는 매스컴의 주장과 일반인의 우려)을 반증하는 데 초점을 두고 연구를 설계하였다. 그 연구 설계에서 강조한 점은 교육목표와 그 목표 성취 정도를 측정해 내는 것이었다. 이 연구에서는 교육목표 달성도 면에서 두 종류의 학교 졸업생의 성취 정도를 비교하는 데 중점을 두었다. 이 연구를 계기로, 평가는 학교교육 목표 달성도를 결정하고 비교하는 것이라는 인식이 인정되기 시작하였다.

이와 같이, 목표중심 평가모형에서는 학생중심으로 교육목표를 상세하게 진술하고 그가 어느 정도 성취했는가를 측정하는 데 중점을 두었다. 타일러는 행동목표로 진술된 교육목표와 학생의 성취 수행 결과를 비교하고 판단 과정을 중시한다. 목표중심 평가모형에서는 교육목표 달성 정도를 측정하는 일이 이 평가적 접근에서 핵심이 된다. 이러한 측정 활동에 있어서 목표하는 바와 측정한 바를 비교하는 일이 평가 활동의 중심이 된다. 타일러는 교육과정 투입 전의 학생 행동과 투입 후의 행동을 비교하는 합리적이고 체계적인 사전-사후검사(pre-post test)설계방안을 사용하였다. 타일러(1942)는 교육목표 달성 정도를 측정 및 평가하는 전반적인 절차를 다음과 같이 7단계로 제시하였다.

제1단계: 학교의 광범한 교육목표를 설정한다.
제2단계: 설정된 교육목표를 분류한다.
제3단계: 분류된 교육목표를 행동적 용어로 정의 및 규정한다.
제4단계: 교육목표의 달성이 측정될 수 있는 평가장면을 설정한다.
제5단계: 측정방법 및 도구를 새롭게 개발하거나 선택한다.
제6단계: 측정방법 및 도구를 사전 탐색적 시행 결과를 바탕으로 개선한다.
제7단계: 측정 실시, 자료 수집 및 처리, 결과 해석: 행동 목표와 학생의 성취 자료를 비교하는 데 중점을 둔다.

## 나. 의사결정중심 평가 접근방법

의사결정중심 평가 접근방법에서는 의사결정자의 정보에 대한 요구를 확인하고 이러한 요구에 만족하는 것을 강조한다. 이 평가 접근에서는 투입, 과정, 산출이라는 체제적 접근 관점에서 의사결정자의 관심, 정보에 대한 요구 및 효율성을 평가 준거로 설정한다. 의사결정중심 접근방법으로 분류될 수 있는 평가모형으로는 스터플빔(Stufflebeam)의 CIPP 평가모형, 앨킨(Alkin)의 UCLA 평가모형 등이다.

의사결정중심 접근방법은 프로그램 개선에 초점을 두고, 의사결정을 도와주는 평가의 기능을 강조한다는 특징이 있다. 의사결정중심 접근방법의 장점은 다음과 같다. 첫째, 지속적인 평가를 통해 피드백을 제공하고, 의사결정에 유용한 정보를 제공함으로써 프로그램 개선에 직접적으로 기여할 수 있다. 둘째, 평가자에게 평가의 각 단계에서 다루어져야 할 중요한 질문들을 생성할 수 있도록 도움을 주어 평가의 초점을 명료화할 수 있다. 셋째, 프로그램 진행 과정의 어느 단계에서도 필요에 따라 평가를 실행할 수 있다.

의사결정중심 평가 접근들은 다음과 같은 점에서 비판을 받는다. 첫째, 평가자와 의사결정자의 역할이 구분됨으로써 평가자는 의사결정자의 관심과 요구에 적합한 정보만을 제공하게 되고 의사결정자는 평가자가 제공하는 정보의 수준과 범위 내에서 판단하게 되는 상호 구속적인 관계를 갖게 된다. 따라서 평가의 중요한 항목임에도 불구하고, 의사결정자의 관심이 아닌 경우 평가대상에서 제외될 수 있다. 둘째, 의사결정자에게 가치 판단을 위임함으로써 평가자의 역할이 경시될 수 있다. 평가자의 정보 제공을 위한 기능만을 강조하므로 평가자라기보다는 방법론자의 역할만을 제한적으로 수행할 가능성이 있다. 셋째, 완벽하게 실천하기에는 경비가 많이 들고 너무 복잡하다.

의사결정중심 평가 접근방법의 대표적인 평가모형인 CIPP 평가모형을 살펴보면 다음과 같다. CIPP 평가모형은 1960년대 말 스터플빔이 목표 달성 여부를 통해 프로그램의 결과만을 평가하는 기존의 평가 방식을 비판하면서 제안한 평가모형으로 이는 프로그램의 결과뿐 아니라 프로그램의 계획, 개발, 운영 과정을 종합적이고 체계적으로 평가함으로써 프로그램의 개선을 평가의 핵심적인 목적으로 한다. CIPP 평가모형은 그 명칭에서도 알 수 있듯이 전체 평가 과정을 네 가지 평가 유형, 즉 상황(Context), 투입(Input), 과정(Process), 산출(Product) 평가로 구성하고 있는 것이 가장 두드러진 특징이라고 할 수 있다. CIPP 모형의 평가 내용 및 평가 질문은 〈표 10-2〉와 같다.

〈표 10-2〉 CIPP 모형의 평가 내용 및 평가 질문 예시

| 모형의 단계 | 상황단계 | 투입단계 | 과정단계 | 산출단계 |
|---|---|---|---|---|
| 의사결정 | 계획 | 구조화 | 실행 | 순환 |
| 대답해야 하는 질문들 | • 무엇을 해야 하는가?<br>• 프로그램의 목적은 무엇인가? | • 어떻게 해야 하는가?<br>• 프로그램에 투입되는 자원은 적절한가? | • 프로그램을 계획대로 운영하고 있는가? 만약 아니라면 그 이유는 무엇인가? | • 프로그램은 효과가 있었나?<br>• 프로그램 산출 결과물은 무엇인가? |
| 평가 목적 | • 프로그램 상황 정리<br>• 목표확인<br>• 요구확인<br>• 요구제기<br>• 문제점 파악 | • 수단, 절차에 대한 정보 제공<br>• 접근방법, 전략 설계 | • 계획 적용에 대한 계속적인 검토<br>• 실천 과정, 절차의 결점 파악<br>• 효율성 점검<br>• 절차적 사안과 활동기록, 판단 | • 산출결과 측정, 해석<br>• 산출정보를 목표, 상황, 투입, 과정과 관련시켜 해석 |
| 평가 방법 | • 면담, 설문조사<br>• 기존 기록문서 검토<br>• 의견 수렴 기술 활용(델파이 기법 등) | • 문헌, 기사 검토<br>• 방문, 상담, 문의 | • 면담, 관찰<br>• 활동과 비용 모니터<br>• 실천 과정, 절차 분석 | • 사례연구<br>• 결과에 대한 견해를 알아보기 위한 전화, 편지, 면담<br>• 성과 목록들과 비교, 검토 |
| 평가 결과 활용 | • 필요, 요구, 문제, 목적 확인 | • 목표 성취를 위한 계획 및 전략 설계<br>• 예산편성 설계 | • 프로그램 계획 실행을 위한 정보 제공 | • 프로그램 종결, 지속, 수정, 시작을 위한 지침으로 사용 |

출처: 김혜숙, 교육 프로그램 평가의 이론과 실제, 교육과학사, 2014.

CIPP 평가모형을 활용한 평가가 프로그램의 개선이라는 핵심적인 목적을 달성하기 위해서는 상황, 투입, 과정, 산출 평가로 구성되는 평가 유형 측면뿐 아니라 CIPP 평가모형에 내재하는 철학, 원칙 등을 평가에 적용해야 한다(Stufflebeam, 2000). 스터플빔(2000, 2014)은 CIPP 모형에 내재하는 원리로서 철학과 윤리 강령(code of ethics)을 주장하였으며, 최근에는 이를 이해관계인의 참여와 이해관계인에 대한 봉사, 개선 지향, 객관주의자 지향, 기준과 메타평가, 평가-지향 지도자로서의 평가 의뢰인, 사전 합의 협상의 중요성, CIPP 모형의 가치 요소의 일곱 가지를 제시하였다(Stufflebeam & Zhang, 2017).

첫째, 이해관계인의 참여와 이들에 대한 봉사는 형평성과 공정성이라는 민주주의적 원칙에 기초를 두고 있다. 평가 이해관계인은 평가 결과를 활용하거나 평가에 의해 영향을 받는 모든 사람을 의미한다. 평가자는 평가 모든 단계에서 평가와 관련된 이해당사자들에게 도움이 될 수 있도록 적극 노력해야 하며, 가능한 한 지속적으로 참여시키도록 노력해야 한다. 참여방식으로는 공청회, 면담, 평가 웹사이트 운영, 포커스 그룹 인터뷰 등이 있다.

둘째, 평가 의뢰인이 평가-지향 지도자의 역할을 수행해야 한다. 평가 의뢰인은 프로그램의 최고 의사결정자나 운영 책임자이다.

셋째, 개선 지향은 CIPP 모형의 각 단계에서 이루어지는 다양한 수준의 의사결정을 지원하는 기원을 최우선으로 하는 것과 평가의 형성적 기능을 강조한다. 프로그램 개발 과정에서 나타나는 다양한 의사결정 상황에서 적합한 정보와 적절한 피드백을 제공함으로써 프로그램의 지속적인 개선과 향상을 도모하는 것을 중시한다.

넷째, 객관주의자 지향의 평가는 평가자나 다른 개인, 집단의 선호, 관점 등에 따라 옳고 그름이 바뀌는 결론이 아닌 누구에 의해 수행되던지 옳은 결론이 있다고 보고 이를 추구하는 평가이다. 평가자가 프로그램을 평가하는 데 있어 사회적으로 인정되는 적절한 준거나 전문가 집단이 제공하는 기준 등을 선정하고 타당화하며 이를 적극적으로 활용해야 한다.

다섯째, 기준과 메타평가이다. 평가는 전문가 집단에 의해 제시된 평가 수행의 기준에 부합하도록 평가를 설계 수행하여야 하며, 이는 형성적, 총합적 메타평가를 통해 확인되어야 한다.

여섯째, 사전 합의 협상의 중요성은 평가자와 의뢰인이 사전에 평가는 어떻게 수행되고, 어떤 결과물을 제시할 것이고, 평가를 위한 비용은 어느 정도이며, 평가 보고서를 누가 볼 것인지 등에 대한 계약이나 양해 각서를 협상하고 문서화해야 한다는 것이다. 사전 합의가 없을 경우 평가가 중간에 폐지되거나 왜곡될 수 있다.

일곱째, CIPP 모형의 가치 요소란 평가자와 의뢰인은 해당 평가를 뒷받침하는 핵심적인 가치를 확인하고 이를 명확히 해야 한다는 것이다.

스터플빔은 이러한 가치 요소는 평가의 핵심이며, CIPP 평가모형에서 평가의 초점인 목적, 계획, 활동, 성과의 평가 유형인 상황, 투입, 과정, 산출과 직접적으로 연계된다고 주장하면서, 이를 3개의 동심원으로 표현하였다.

즉, CIPP 모형에서 프로그램의 개선-지향의 목적(goals)을 설정하는 기반을 제공하거나 기존 목적의 명확성, 적절성을 평가하는 상황(context) 평가, 프로그램의 설계와 실행의 계획(plans)을 평가하는 투입(input) 평가, 실제 프로그램 운영 직원과 관리자의 활동(activities)을 평가하는 과정(process) 평가, 프로그램의 성과(outcomes)를 측정하고 해석하며 판단하는 것을 목적으로 하는 산출(product) 평가는 평가자와 평가 의뢰인에 의해 확인된 핵심 가치에 의해 뒷받침된다는 것이다. 또한 이러한 가치 요소는 평가 준거의 도출과 타당화의 기반을 제공하며, 평가 정보에 대한 요구를 명확히 하고, 평가 도구와 절차를 구성하고 선정하는 데 기초를 제공하게 된다. CIPP 모형을 활용한 프로그램 평가 사례는 〈표 10-3〉과 같다.

〈표 10-3〉 CIPP 모형을 활용한 프로그램 평가 사례

| 평가영역 | 평가준거 | 번호 | 평가지표 |
|---|---|---|---|
| 상황 평가 | 요구 분석 | 1 | 사회적인(지역 사회, 학교 특성 등) 요구를 분석하여 프로그램에 반영하고 있다. |
| | | 2 | 프로그램 참가자(학생 · 학부모 · 교사)의 요구를 분석하여 프로그램에 반영하고 있다. |
| | | 3 | 학교의 중점적인 발전 계획을 프로그램에 반영하고 있다. |
| | 목표 설정 | 4 | 프로그램은 취업역량 강화 목표를 명확하게 제시하고 있다. |
| | | 5 | 프로그램의 취업역량 강화를 위한 목표는 실현 가능하다. |
| | | 6 | 프로그램은 취업역량 향상을 위해 필요한 내용으로 구성되어 있다. |
| | | 7 | 프로그램의 목표가 학생, 교사, 학부모, 정부(교육부), 산업계의 요구를 반영하여 타당하게 설정되어 있다. |
| | | 8 | 문제해결(예: 취업률, 취업유지율, 학부모 인식개선 등)의 우선순위를 감안하여 목표를 설정하였다. |
| 투입평가 | 실행계획 (인적자원, 절차, 지원체제 등) | 9 | 프로그램의 외부 강사진은 수행 내용 및 목표에 적합하게 지원되었다(전문성, 역량, 섭외). |
| | | 10 | 프로그램의 외부 강사에 대한 만족도가 높았다. |
| | | 11 | 프로그램 운영에 적합한 역량을 갖춘 담당자가 배치되었다. (예: 취업처 발굴, 취업 관련 컨설팅, 관련 자격증 취득 등) |
| | | 12 | 프로그램의 운영 일정은 실시 가능한 적절한 시간대로 계획되었다. |
| | | 13 | 프로그램 운영 과정에서 담당자들에게 적합한 사전 연수나 교육이 제공되었다. |
| | | 14 | 프로그램에 필요한 예산 및 물리적 시설 지원은 충분히 지원되었다. (예: 예산배정, 공간 확보 등) |
| | | 15 | 유관기관(산업계, 교육청, 고용센터 등)과는 협조 체제를 유지하고 있다. |
| | | 16 | 취업지도 부서에 프로그램을 체계적으로 기획 · 관리할 수 있는 충분한 인력이 있다. |
| | 수행내용 | 17 | 프로그램은 요구 시기와 대상에게 적합한 내용으로 구성되었다. (예: 1학년 경우 취업 마인드 함양 등으로 구성) |
| | | 18 | 프로그램 내용은 수행목표와 일치하는 내용으로 구성되었다. |
| | | 19 | 프로그램은 요구 대상자의 수준을 고려하여 체계적인 계획을 수립하고 구성되었다. |
| | | 20 | 프로그램에 적합한 양질의 자료가 사용되었다. |

| | | | |
|---|---|---|---|
| | | 21 | 프로그램은 학교의 특성, 여건 등의 환경을 고려하여 기획되고 구성되었다. |
| 과정평가 | 프로그램 활동 | 22 | 프로그램은 계획한 대로 실행된다. |
| | | 23 | 프로그램 제공 일정은 취업을 준비하는 시기에 맞게 적절하게 제공되었다. |
| | | 24 | 지도자는 프로그램 목표와 내용, 특성에 맞는 적절한 내용으로 프로그램을 구성하고 매체를 활용한다. |
| | | 25 | 참가자의 정의적 특성(태도, 학습동기 등)의 변화가 긍정적이다. |
| | | 26 | 참가자의 참여율을 확인하고, 참여율을 높이기 위한 노력을 한다. |
| | | 27 | 프로그램 실행상의 방해요인을 확인하고, 예상하여 적절히 조치한다. |
| | | 28 | 프로그램 학습자의 건의사항을 제때 확인하고 적절한 피드백을 제공한다. |
| | | 29 | 프로그램에 대하여 긍정적, 부정적 측면을 평가하여 적절한 피드백을 제공한다. |
| 산출평가 | 프로그램 관리 · 평가 | 30 | 프로그램의 목표에 부합된 예산, 시설, 기자재 등이 활용되었다. |
| | | 31 | 프로그램 내용 및 구성에 대한 참가자의 만족도가 높다. |
| | | 32 | 프로그램의 지도자는 목표에 적합한 전문성을 갖추었다. |
| | | 33 | 프로그램 운영자는 프로그램에 대한 긍정적, 부정적 측면을 모두 평가하여 필요시 피드백을 제공한다. |
| | 프로그램 성과 (성취도, 만족도, 효과성) | 34 | 참가자는 프로그램을 통해 취업역량이 향상되었다. |
| | | 35 | 참가자가 프로그램을 통해 취업에 대한 인식이 개선되었다. |
| | | 36 | 프로그램 참가자의 결과물을 평가한다.<br>(예: 자격증 취득, 진로설계, 면접역량 등) |
| | | 37 | 프로그램 참가자의 교육성과 만족도가 높다. |
| | | 38 | 프로그램 참가자의 교육지원 만족도가 높다. |
| | | 39 | 프로그램을 통해 취업역량에 영향을 미치는 학습전이가 촉진되었다. |
| | | 40 | 프로그램의 운영 내용에 적합한 결과물(모니터링 포함)로 프로그램 운영 성과를 자체 점검한다. |
| | | 41 | 프로그램의 객관적인 운영결과를 평가한다.<br>(예: 시기, 내용, 구성 등 효과성) |

## 다. 소비자중심 평가 접근방법

소비자중심 평가 접근방법은 산출에 관한 평가적인 정보를 만들기 위한 것으로, 산출, 서비스, 선호 등을 선택할 때 소비자의 활용과 책무성을 강조하는 평가 방법이다. 이 접근방법은 프로그램의 필요성, 시장성, 유용성, 효과성 등을 분석하는 과정에서 스크리븐(Scriven, 1967)에 의해서 제안되었다. 이 접근방법은 교육을 위하여 사용되는 모든 것을 교육상품으로 보며, 교육행위도 서비스로 간주하여 교육 프로그램의 대상인 소비자가 무엇을 원하고 필요로 하는가에 관심을 두는 평가 접근방법이다. 소비자중심 접근방법으로 분류될 수 있는 평가모형으로는 스크리븐의 탈목표모형, 스크리븐의 핵심평가 검목표(Key Evaluation Checklist), 모리셋과 스티븐스(Morrisett & Stevens)의 교육과정 자료 분석 체제(Curriculum Materials Analysis System: CMAS) 점검표 등이 해당된다.

소비자중심 평가 접근은 분석체제 및 체크리스트 등을 개발하여, 이들 도구가 교육 프로그램의 평가에 유용하게 사용할 수 있는 데 도움을 제공한다는 특징이 있다. 소비자중심 평가 접근의 장점은 다음과 같다. 첫째, 정보나 시간이 부족한 교육자들로 하여금 교육 프로그램을 포함한 관련 상품에 대한 평가 결과를 구체적이고 신속하게 제공해 줄 수 있다. 둘째, 교육 프로그램 설정에 있어서 중요시해야 할 준거가 무엇인지에 대한 구체적인 지침을 제공한다. 셋째, 점검표들이 프로그램에 대한 간편하고 유용한 평가도구로 활용될 수 있다.

소비자중심 평가 접근은 다음과 같은 점에서 비판을 받는다. 첫째, 교육 프로그램의 사전 심의 및 평가를 위해 소요된 시간과 비용이 교육상품의 가격을 높이게 되어 결국에는 소비자의 부담을 증가시키는 결과를 초래할 수 있다. 둘째, 엄격한 평가 준거를 강조하게 되면 프로그램 개발 및 실행에 있어서 창의성을 저하할 수 있다. 셋째, 표준화된 준거는 학교나 지역 고유의 독창성을 제대로 반영하지 못한다. 넷째, 소비자의 입장만을 고려한 나머지 교사나 교육과정 개발자들의 의욕이 저하될 수 있다.

소비자중심 평가 접근방법의 대표적인 평가모형인 탈목표모형에 대하여 자세히 살펴보면 다음과 같다. 탈목표평가(GFE)에서는 사전에 설정된 목표 및 목표에 대한 특별한 지식이나 참조 없이 평가가 진행된다. 목표는 "프로그램의 목적 또는 예상되는 결과에 대한 광범위한 진술이며, 일반적으로 측정하기에 충분히 구체적이지 않으며, 단기적 기대보다는 장기적 기대와 관련이 있는 경우가 많다"(Weiss & Jacobs, 1988: 528). GFE에서 평가자는 프로그램의 의도성 여부를 인지하지 못하기 때문에, 프로그램과 관련된 모든 실제 결과, 효과 또는 영향을 관찰하고 측정한다. 탈목표평가에서는 양적 자료와 질적 자료를 수집하고, 목표중심 평가모형이 아니라면 어떠한 평가모형도 활용이 가능하다.

GFE에서는 다음과 같은 두 가지가 고려된다. 첫 번째는 평가자가 프로그램 및 프로그램 이해관계자(프로그램 기금자, 설계자, 관리자, 관리자, 직원, 자원봉사자, 벤더 등)와 관계없이, 외부적이고 독립적이어야 한다. 두 번째는 누군가가 심사자(goal screener)로 임명된다. 심사자는 행정 보조원, 제삼자 또는 평가 클라이언트와 같은 공정한 당사자(즉, GFE 설계 또는 데이터 수집에 할당되지 않은 사람)이다(Youker, 2005). 심사자는 평가자와 프로그램 담당자 사이에 개입하여 목표 지향적인 대화와 문서를 제거하고, 탈목표평가자에게 제공한다. 심사자는 GFE의 목적과 방법론을 기본적으로 이해하고 프로그램 목표와 목표를 식별할 수 있도록 조직과 프로그램에 비교적 친숙해야 한다.

평가자는 사전에 설정된 프로그램의 목표를 인지하지 않고 관련 효과를 확인하고, 입증하고, 논리적인 관점에서 긍정, 부정, 중립 중에서 프로그램 효과를 판정한다. 탈목표평가는 목표기반평가와 병행하여 진행되며, 목표기반평가에서 발견하지 못한 부수적인 결과 및 성과를 찾는 데 활용되는 경향이 있다. 탈목표평가의 예시는 〈표 10-4〉와 같다.

〈표 10-4〉 탈목표평가의 예시

| 프로그램명 | 수유, 옷 입기, 목욕 등과 같은 직업 치료 관련 기술에 대한 하계 캠프 프로그램 | |
|---|---|---|
| 평가 방법 | 목표기반평가 | 탈목표평가 |
| 평가 설계 | 사례 연구 | 사례 연구 |
| 준거 | • 안전성<br>• 역량<br>• 효율적인 조직<br>• 이해<br>• 지식 및 적용 | • 이해할 수 있는<br>• 교육적<br>• 조직<br>• 접근 가능성<br>• 융통성<br>• 적용 가능성 |
| 기준 | • 4수준 루브릭(5가지 모든 준거 13개) | • 5수준 루브릭(활용 가능성)(1개) |
| 측정/관찰 | • 직접 관찰(4곳 방문)<br>• 반구조화된 면접(9명)<br>• 이메일 설문지(프로그램 디렉터 1명)<br>• 학생평가자가 만든 설문지(편안한 수준, 지식 기억, 의견 반응 15개 문항)<br>• 양적 질문지(12개 응답)<br>• 사전 검사와 사후 검사 (불안, 느낌, 전이 38명)<br>• 느낌에 대한 사후 검사(36명) | • 직접 관찰(3곳 현장 방문)<br>• 반구조화된 포커스 그룹(7명)<br>• 반구조화된 면접(1명)<br>응답자)<br>• 관찰 점검표<br>• 학생 평가자가 만든 적용에 대한 설문지(30명)<br>• 사전 검사와 사후 검사 (불안, 느낌, 전이 38명)<br>응답자)<br>• 느낌에 대한 사후 검사(36명) |
| 결론 | • 개별 기준이 마련되었으나, 이들을 종합하여 한 가지 결론을 내릴 수는 없다. | • 개별 기준을 마련하고 평가 결론을 내리기 위하여 가중치를 적용하여 합산하였다. |

## 라. 전문가중심 평가 접근방법

전문가중심 평가 접근방법은 평가대상의 질을 평가하는 데 있어서 전문가의 직접적인 응용을 강조한다. 이 접근방법에서는 전문가의 판단에 의해서 교육제도, 프로그램, 교육상품, 교육 활동 등을 평가한다. 전문가중심 접근방법으로 분류될 수 있는 평가모형으로는 공식적 전문 심의 체제(formal professional review system), 비공식적 전문 심의 체제(informal professional review system), 특별전담위원회 심의(ad hoc panel review), 특별전담 개인 심의(ad hoc individual review), 교육적 감식과 교육비평 등이 해당한다.

전문가중심 평가 접근은 평가과정에서 전문가의 판단과 인간 지혜의 중요성을 강조한다는 특징이 있다. 전문가중심 평가 접근 중에서 아이즈너(Eisner, 1979)의 교육적 감식과 교육비평의 장점을 살펴보면 다음과 같다. 첫째, 평가에 대한 교육적 감식과 비평은 교육적 관찰에 대한 질적 해석을 접목하였다. 둘째, 선행 훈련, 경험, 정련된 지각 능력을 강조함으로써 다양한 교육 실제에 대한 교사의 이해력을 높이고 평가자료의 해석을 깊이 있게 할 수 있다. 셋째, 평가자의 전문적 판단 능력에 대한 강조는 교사의 평가자로서의 전문성 확보 측면에 많은 시사점을 제공한다.

교육적 감식과 비평은 다음과 같은 점에서 비판을 받는다. 첫째, 평가자의 전문성에 대한 지나친 의존은 자칫 평가의 주관성 문제를 초래할 수 있으므로 공평함과 정확함이 요구되는 공적 프로그램에는 적합하지 않다는 것이다. 둘째, 교육적 감식과 비평의 능력을 소유하고 있는 평가자가 거의 없다는 점이다. 셋째, 같은 방법론으로 광범위한 대상을 평가하는 데 제약이 있다는 것이다.

전문가중심 평가 접근방법 중에서 교육적 감식안과 교육비평에 대하여 자세히 살펴보면 다음과 같다. 아이즈너는 과학적 패러다임에 근거한 목표중심의 교육평가를 비판한다. 그는 교육평가이론은 처방적인 것이라기보다는 진단적이어야 하며, 현상의 질적 속성을 보다 잘 관찰하고 이해할 수 있도록 사고력 통찰력을 함양하는 데 기여함을 강조한다. 교육평가는 교육적 감식안의 계발 및 훈련을 지향하도록 돕는 것이어야 한다.

감식안(connoisseurship)은 대상에 대한 해박한 지식과 감정능력을 지닌 것을 의미하는데, 이를 통하여 대상의 가치를 인정하게 된다. 교육적 감식안이란 교육적 상황의 복잡성을 파악하는 능력과 그러한 복잡성을 세련되게 개념화하는 능력을 말한다. 그러나 감식안은 공식적 진술이나 판단을 요구하는 것이 아니며, 다만 감식자를 판단의 영역으로 끌어 들일뿐이다. 말하자면, 교실 수업에 영향을 미치는 질적 속성에 대한 풍부한 지식과 감상능력을 가져야만 그에 대한 가치를 발견하여 인정할 수 있게 된다. 한마디로 감식안은 가치 인정기능이라고 할 수 있다.

비평(criticism)은 일종의 폭로 기법으로서 비판적으로 파헤치고 표현함으로써 대상의 질적 속성을 생생하게 표현해 내기 위하여 활용되는데, 대상의 속성을 얼마나 언어적으로 명료하게 조명해 주느냐가 관건이 된다. 비평이란 감식안이 포착한 사상(事象)이나 사물의 질을 드러내는 예술이다. 주로 사용하는 도구는 은유(metaphor), 유추(analogy), 시사(suggestion), 암시(implication) 등의 방법이다. 비평은 부정적인 면을 평가하는 것이 아니라 평가대상이 지닌 질과 특성을 감지하게 하는 교육적 과정이라고 할 수 있다. 비평이 이루어지기 위해서는 관찰 대상에 대한 기술, 해석, 평가 활동이 필요하다. 그리고 평가자는 하나의 도구이며 자료 수집, 분석, 판단은 주로 평가자의 내면에서 이루어진다.

아이즈너에 의하면, 감식안이 비평의 대상을 제공해 준다는 점에서 감식안과 비평 간에는 상호 관련성이 있으며 감식안은 사적인 일인 한편 비평은 공적인 일이라는 구별이 있다. 감식가는 대상의 가치를 개인적으로 인정하지만 비평가는 대상의 속성을 대중에게 비평적 폭로방법으로 표현한다. 교육 프로그램에 대한 평가를 위해서 비평방법이 사용되는 것이 바람직하다고 주장한다.

일반적인 평가 절차 및 방법으로서 비평은 기술, 해석, 평가의 세 가지 측면이 있다. 첫째, 교육비평은 기술과 관련이 있다. 비평은 우선 교육현상을 사실 그대로 묘사하고 표현하는 데서 출발한다. 참여 관찰자에게 보이는 교육현상의 질적 속성을 사진술과 같이 정확하게 기술 묘사하는 데 중점을 두는 단계 활동으로서 비평을 가할 대상 자료를 수집하는 것과 같은 역할을 한다.

둘째, 해석적 차원이 있다. 교육현상의 기술 내용을 바탕으로 사회적 환경(맥락) 속에서 수행된 다양한 형태의 행동이 지닌 의미와 중요성을 이해하고 그 가치를 인정하는 활동을 말한다. 이러한 해석적 노력은 다양한 사회과학적 지식과 교육적 경험을 통한 실제적 지혜를 바탕으로 이루어진다.

셋째, 평가적 차원이 있다. 교육적 준거에 입각하여 관찰 해석한 현상에 대하여 감식 및 감정하는 단계 활동으로서, 교육적 가치를 발견 및 판단하는 데 중점을 둔다. 교실 안의 교육적 현상에 대한 교육적 가치 판단은 평가자가 교육적 가치를 변별해 내고 교육적 의미를 해석하며 교육적 기능을 설명하는 능력과 교육적 배경(이론, 철학, 역사 등 포함)을 구비해야만 가능하다. 평가자는 교육현상에 대한 관찰과 해석을 바탕으로 교육실제의 성격과 그의 개선에 관한 결론을 추출해야만 한다.

교육적 비평 결과를 어느 정도로 믿을 만한가에 대한 논의는 비평 과정상 비평가들 사이에 있을 수 있는 불일치를 중심으로 야기되었다. 이에 대처하여 보다 신뢰로운 비평을 수행하기 위한 목적으로 교육적 비평을 타당화하기 위한 노력이 요청되는데, 이 경우에 주로 활용하는 유용한 준거는 구조적 확증(structural corroboration)과 비평대상의 적합성(referential adequacy)이다.

구조적 확증이란 도출한 결론을 지지하는 현상 안에서 다양한 조건과 사실을 얼마나 제시할 수 있느냐를 과시함으로써 현상에 관한 결론을 지지하거나 타당화하는 과정을 말한다. 현상에 관한 결론을 그 현상의 맥락에 적합한 조건과 사실들을 이용하여 확인 검증하는 접근 방법으로서 하나의 구성 요소로 다른 구성 요소를 서로 확인해 가며 그 근거는 설득력이 있고 그들 구성 요소가 통합되어 하나의 구조가 생성되게 된다. 즉, 두 변호사가 한 피고의 유죄 여부를 확인하기 위하여 각기 다른 관점에서 사실을 확인하고 그 둘 간의 일치가 이루어지면 확증된 결론을 얻게 되는 경우가 그 실제적 예가 된다. 또한 다양한 관점에서 근거 확인을 통하여 확증되는 경우가 있는데, 이는 12명의 배심원이 각자의 입장에서 제시한 근거가 자신들의 의심 또는 확신을 지지해 주고 각자의 확증 결과가 모두 일치되면 배가적 확증(multiplicative corroboration)이 실현된 것을 말한다.

한편, 비평 대상의 적합성을 준거로 삼는 경우는 비평자가 비평 대상으로 기술하고 해석하고 가치 판단한 근거(referent)가 실증적으로 그 현상(비평자가 참여한 현상)에서 발견되는가를 검증함으로써 비평 대상 현상의 적합성을 확인하는 것을 의미한다. 이 검증은 현상을 직접 관찰하고 비평에서 기술한 바를 발견함으로써 이루어지는데, 효과적인 비평은 보이지 않는 교수·학습의 질적 속성을 직접 조명해야만 달성된다는 점을 유념해야 한다.

교사를 포함한 교육행정가 등이 이와 같이 비평을 통하여 교육적 삶을 조명하게 되면 교육에 관한 판단을 할 수 있게 되고 바람직한 교육 정책을 제안할 수 있게 되며, 보다 미시적으로는 교육적 의사결정을 내릴 수 있는 근거를 제공할 수 있게 된다. 그러므로 교육적 감식안과 교육적 비평은 교육현상에 대한 이해를 도모하고 교육에 관한 인식의 영역을 확장해 주며 교육의 질적 수준을 개선하기 위한 목적의 평가 영역을 확대하는 데 기여할 수 있다. 교육적 비평을 적용할 만한 잠재적 대상으로 다음과 같은 몇 가지 질문들을 열거하면 다음과 같다.

- 수업 중 학생들을 어떻게 대화에 참여시킬 것인가?
- 교사의 열성은 과장된 것인가 아니면 진실된 것인가?
- 학생들은 시간과 노력을 기울인 만큼 가치 있는 것을 학습하는가?
- 학생들 간의 관계는 경쟁적인가, 협동적인가?
- 학생들의 지적 호기심과 자율성의 발달이 어떤 방식으로 이루어지는가?

## 마. 참여자중심 평가 접근방법

참여자중심 평가 접근방법은 평가의 기준, 요구, 자료, 결론을 결정할 때 참여자의 결정을 강조한다. 이 접근방법은 복잡한 맥락 속에서 인본적인 쟁점에 대한 총체적인 접근을 시도하며, 가치 다원주의를 가정하고 있다. 참여자중심 접근방법으로 분류될 수 있는 평가모형으로는 스테이크(Stake)의 종합실상모형, 스테이크(Stake)의 반응적 평가모형, 자연주의 평가모형, 참여자 평가, 공리주의 평가, 역량 평가 등이 있다.

참여자중심 평가 접근은 과학적, 실증주의적 패러다임의 대안으로 현상학적, 해석학적, 구성주의적 패러다임을 배경으로 하는 새로운 평가 방법을 제안하여 평가의 영역을 확대했다는 점에서 의의가 있다. 이 평가 접근은 다음과 같은 장점이 있다. 첫째, 정보 수집을 위해 질적 방법을 도입하였다. 둘째, 평가과정에서의 가치관 개입, 사회정치적 영향을 숨김없이 드러냄으로써 평가 활동의 본질을 정확하게 이해하는 데 도움이 된다. 셋째, 평가관련자들의 반응을 중시함으로써, 유연한 평가를 할 수 있다. 넷째, 평가로 인해 불이익을 당할 수 있는 평가관련자들을 고르게 배려함으로써 평가 활동의 공정성과 민주성을 중시하는 계기를 마련하였다. 다섯째, 평가 자체가 교육적이고 생산적인 활동이 되어야 함을 강조함으로써 평가 활동 자체의 내재적 가치를 고양하는 데 기여하였다.

그러나 참여자중심 평가 접근은 다음과 같은 점에서 비판을 받는다. 첫째, 평가에 개입하는 주관이나 선입견을 배제할 수 없다. 둘째, 평가에서 개인적인 기준을 강조하기 때문에 전문적인 평가자가 아니고서는 평가 활동의 수행이 어렵다. 셋째, 과도한 시간과 비용뿐만 아니라 집중적인 노동력이 요구되며, 이럴 때 연구대상의 제한을 가져올 가능성이 있다.

참여자중심 접근방법에서 스테이크의 종합실상모형을 살펴보면 다음과 같다. 스테이크(Stake, 1967)는 평가에서 기술(description)과 판단(judgment)이 핵심적이라고 보고, 이 두 가지 기본적인 평가 활동을 강조하면서 자료 수집을 위한 구조화의 틀로서, 종합실상모형(The countenance of educational evaluation: 안모모형)을 제시하였다. 평가 전문가들이 완전한 기술만 강조한 나머지, 판단을 두려워하는 현상을 비판하고, 교육 프로그램이 완전히 기술되고 평가되어야 한다고 주장하였다. 스테이크의 종합실상모형은 **[그림 10-2]**와 같다.

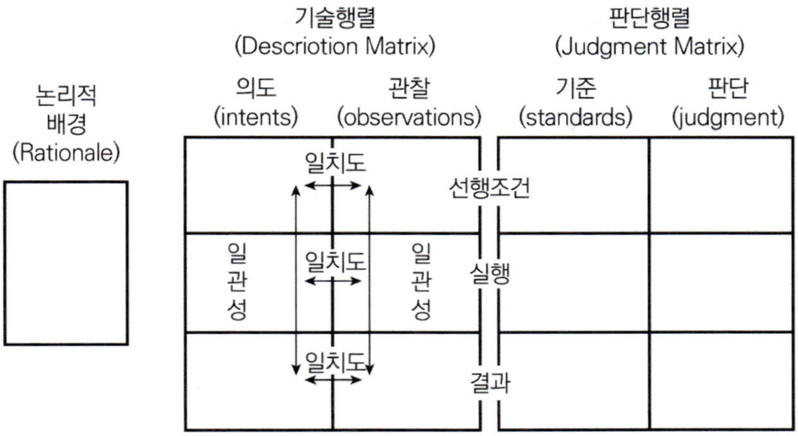


[그림 10-2] 스테이크(Stake)의 종합실상모형

스테이크는 평가 활동의 가장 기본적이고 핵심적인 활동을 기술과 판단으로 보았다. 기술은 의도와 관찰, 판단은 기준과 판단으로 구성된다. 기술과 판단 모두에서 선행조건, 실행, 결과가 평가 진술의 요소가 된다. 선행조건과 결과물과 관련될 수 있는 교수·학습 이전에 존재하는 모든 조건이며, 실행은 학생과 교사, 학생과 학생, 부모와 상담가 등이 교육의 과정을 논의하는 활동이 연속이고, 성과는 프로그램 영향의 측정을 포함한 정보체를 가리킨다. 선행조건과 결과는 정적인 반면, 실행요건은 교사와 학생, 학생과 학생, 부모와 상담가 등의 상호작용이 일어나기 때문에 동적이다. 판단적 진술은 프로그램의 질에 대한 일반적 기준과 특수한 판단으로 분류된다.

기술 자료는 의도와 관찰로 분류되는데, 이러한 형태에 따라 자료 수집 계획을 수립할 수 있다. 평가자는 교육자의 의도, 관찰자의 지각, 보호자의 기대, 가치 있는 판단의 기록을 준비하고 그 기록은 의도, 관찰, 기준, 판단이라는 네 가지 분류 안에서 선행조건, 실행, 성과를 각각 다룬다.

의도는 목적, 목표와 동의어이다. 관찰은 평가자가 주변환경과 사건들, 이어지는 결과들을 기술할 때 일어나는 현상을 의미한다. 관찰 시에는 의도하지 않은 결과도 찾아야 하며, 도구를 이용하여 관찰하기도 한다. 기준은 프로그램이 어떻게 진행되는지에 대해 일반적이고 독립적으로 프로그램을 판단하기 위한 질적 수준을 나타낸다. 판단은 현장 방문 관찰자에게 관찰된 평가대상의 질적 수준을 의미한다. 따라서 기준 자료는 프로그램에 대한 판단을 내리는 데 필요한 질적 수준을 의미하고(루브릭), 판단은 평가대상의 질적 수준에 대한 판단을 의미한다. 스테이크 모형의 틀을 재구성하면 〈표 10-5〉와 같다.

〈표 10-5〉 스테이크(Stake) 모형의 재구성

| 구분 | 의도 | 관찰 | 기준 | 판단 |
|---|---|---|---|---|
| 선행조건 | 의도한 선행조건 | 관찰한 선행조건 | 선행조건의 기준 | 선행조건의 판단 |
| 실행 | 의도한 실행 | 관찰한 실행 | 실행의 기준 | 실행의 판단 |
| 결과 | 의도한 결과물 | 관찰한 결과물 | 결과물의 기준 | 결과물의 판단 |

스테이크 모형에 따른 환경 교육 전문가 프로그램 평가 사례를 살펴보면 〈표 10-6〉과 같다.

〈표 10-6〉 환경 교육 전문가 프로그램 평가 사례

| | 의도 | 관찰 | 기준 | 판단 |
|---|---|---|---|---|
| [선행조건] 교육과정 적절성 | • 과학 내용은 정확하고 이해하기 쉬워야 한다. 교사들에게 호기심이 있는 내용이어야 하며 고등학생들에게 적용할 수 있어야 한다. | • 전문가의 의견을 반영하여 내용의 수정이 약간 있었다.<br>• 과학적 정확성과 학문의 적절성은 4.5점 이상이었다.<br>• 저널에 대한 긍정비율은 2.36이었다.<br>• 사전검사 결과 실험 설계에 대한 기본 지식은 알고 있었으나, 포트폴리오 점수 결과는 90% 미만이었다. | • 전문가 검토를 통한 수정<br>• 학업적 정확성과 학문의 적절성 3.0 이상<br>• 전문가 검토에 대한 찬성 의견이 더 많아야 함<br>• 교사가 구성 요소에 대하여 친숙하지 않아야 함 | • 실험 설계를 제외하고 교육과정은 적절함<br>• 개념 도입과 관련된 활동은 필요 없음<br>• 교사들에게 필요한 기술을 통합하는 데 적절한 심화 목표가 강조되어야 함 |

| | | | | |
|---|---|---|---|---|
| [실행]<br>상호작용 | • 교사는 연수 활동에 적극적으로 참여해야 한다. | • 교사의 흥미, 주의 집중, 집단 관계에 대하여 긍정 의견이 부정 의견보다 두 배 많았다.<br>• 부정적인 반응을 보인 교사가 있었으나, 강사와의 상호작용 및 활동에 대하여 관심을 보였다. | • 교사의 긍정적 의견이 부정적 의견보다 많아야 한다.<br>• 강사는 적극적인 참여의 증거를 제시한다. | • 교사 및 강사와의 협력 활동은 코스의 장점이었다.<br>• 교사들은 연수 과정에 적극적으로 참여하였다. |
| [결과]<br>활용도 | • 교사는 이후 수업에서 수업 전략과 구성요소를 사용하여 계획할 수 있을 것이다. | • 미래 활용에 대한 긍정 의견이 4.48점이었다. 미래 사용은 4.38점이었다.<br>• 교사들은 대다수 내용에 대하여 긍정적인 의견을 제시하였다.<br>• 현장 학습에 대한 근심을 제시하였다.<br>• 몇몇 활동은 어린 학생이나 특수아동에 대한 조정이 요구되었다. 계산기는 난이도 수준을 포함하지 않았다. | • 교사 의견 3.0점 이상이어야 함<br>• 긍정보다 부정적 의견이 많아야 함 | • 교사는 행정적인 어려움으로 인한 현장학습과 관련된 내용 이외에 모든 내용에 대하여 활용할 것이라고 하였다.<br>• 수업 시간에 교사들을 격려하는 데 좋은 프로그램이었다. |
| [결과]<br>예기치 않은 결과 | • 교과 목적과 목표를 증가시킬 수 있는 결과들을 조사한다. | • 교사는 지식 획득에 대한 자신감을 표출하였다.<br>• 수업 시간이 길면 공부하기에 적절하지 못하고 새로운 학습을 습득하는 데도 어려움이 있다.<br>• 시험에 대한 교사의 인식이 수업 시간 활용에 대한 의도를 감소시켰다. | • 긍정적인 기대효과가 부정적인 기대효과보다 높다. | • 부정적인 기대 효과가 많았다. 문제는 과정이수시간과 목표와 관련된다.<br>• 행정적인 문제가 영향을 주었다.<br>• 이러한 문제가 있었으나 전문적인 자신감이 증가하였다는 긍정적인 결과가 있었다. |

한편, 이 프로그램의 일관성을 분석한 결과는 다음과 같다. 첫째, 자원 활용 가능성이 중요한 특성이었다. 과정이 준비물과 장비에 의해서 이루어졌다. 대부분의 자원이 적절하였으나, 문제가 일부 발생하였다. 둘째, 교육과정 조정의 중요성이다. 교사는 다양한 활동과 의도에 따라 교육과정을 활용한다. 셋째, 활동의 중요성은 전문성의 요구와 관련된다. 넷째, 학습에서의 유의미한 발견은 교사의 의도 활용 여부이다. 새로운 과학기술과 방법론이 교사의 전문성 신장에 주는 효과를 살피는 것이다. 다섯째, 전문적이고 정치적인 맥락이 중요한 요소이다. 정책적 요소를 포함할 필요가 있다. 적절성에 실행 가능성을 포함할 필요가 있었다.

이 프로그램의 결론은 다음과 같다. 첫째, 실험 설계 구성 요소를 줄이고 인터넷 구성 요소 시간 등으로 대체해야 한다. 둘째, 하루 수업 시간량을 줄이고 일자를 늘리는 것이 필요하였다. 셋째, 자원 및 자료의 수정이 필요하였다. 넷째, 현장 연구를 위한 행정적인 지원을 강화해야 한다.

피츠패트릭, 샌더스와 워든(Fitzpatrick, Sanders, & Worthen, 2004)은 지금까지 살펴본 다섯 가지 평가 접근방법들을 〈표 10-7〉과 같이 비교하여 제시하였다.

〈표 10-7〉 프로그램 평가 접근방법에 관한 비교 분석

| 요소 | 목표중심 평가 접근 | 의사결정중심 평가 접근 | 소비자중심 평가 접근 | 전문가중심 평가 접근 | 참여자중심 평가 접근 |
|---|---|---|---|---|---|
| 대표 학자 | Tyler<br>Provus,<br>Metfessel &<br>Michae<br>Hammond<br>Popham<br>Taba<br>Bloom<br>Talmage | Stufflebeam<br>Alkin<br>Provus<br>Wholey | Scriven<br>Komoski | Esiner<br>Accrediatioin<br>Group | Stake<br>Patton<br>McDonald<br>Guba & Lincol<br>Rippey, Parlett,<br>& Hamilton<br>Cousins & Earl |
| 평가 목적 | 목표 달성도 확인 | 의사결정자에게 유용한 정보 제공 | 구입 또는 채택과 같은 의사결정을 위한 결과에 대한 | 질에 관한 전문가의 판단 제공 | 정보에 관한 청중의 요구에 대한 반응, 프로그램 활 |

| | | | | | |
|---|---|---|---|---|---|
| | | | 정보 제공 | | 동에 대한 복잡성 묘사 및 이해 |
| 특징 | 측정 가능한 목표 상세화, 자료 수집을 위한 객관적인 도구 활용, 목표와 수행의 간극 관찰 | 합리적 의사결정 제공, 프로그램 개발의 모든 단계 평가 | 결과 분석을 위한 점검표 활용, 산출물 검증, 소비자에게 정보 제공 | 개인적 지식과 전문성에 기초한 판단, 합의된 기준 활용, 팀/장소 방문 | 다양한 실재 반영, 귀납적 추론과 발견 활용, 장소에 관한 직접 경험, 의도된 사용자의 참여, 의도된 사용자 훈련 |
| 활용도 | 프로그램 개발, 참여자 결과 관리, 요구 분석 | 프로그램 개발, 기관 운영 체제, 프로그램 계획, 책무성 | 소비자 보고서, 산출 개발, 보급(dissemination)을 위한 결과물 선정 | 자아연구, 최상(blue-ribbon)의 패널, 위원회 관찰, 비평 | 혁신 또는 잘 알려지지 않은 변화 조사, 운영 프로그램의 문화인류학적 기술 |
| 기여도 | 수행의 사전-사후 측정, 목표의 명료화, 객관적인 도구 활용 | 요구와 객관성 확인과 평가, 다양한 프로그램 설계와 평가 고려, 프로그램 실행 관찰, 결과의 문제점 관찰 및 설명, 요구가 감소하거나 제거되는 요소 관찰, 메타평가, 기관평가 지침 제공 | 교육성과 활동 평가 리스트, 완전한 점검을 위한 기록보관서 참고, 형성-총괄평가의 기능, 편의 통제 | 주관적 비평의 제도화(legitimation), 외부 확인이 있는 자아 연구, 기준들 | 응급(emergent) 평가 설계, 귀납적 추론 활용, 다양한 실재 재인식, 연구 상황의 중요성, 자연주의 탐구에 관한 엄밀성 판단 준거 |
| 판단 준거 | 객관성 있는 측정 가능성, 측정도구의 신뢰도와 타당도 | 활용도, 편리성(feasibility), 적절성, 기술적 견고성 | 편의(bais)로부터의 자유, 기술적 견고성, 결론 도출과 조언에 활용할 수 있는 준거, 요구와 효율성에 대한 증거 요구 | 인식하고 있는 기준 활용, 전문가의 자격 증명서 | 신뢰성, 적합성, 감사능력(auditability), 승인능력(confirmability) |
| 장점 | 사용 용이, 단순, 결과 강조, 인증능력, 객관성 강조 | 종합성, 지도자 위치에서 정보 요구에 대한 민감성, 평가에 있어 | 소비자 정보 강조, 산출 개발자 영향, 비용 효과와 활용 관심, 점 | 다양한 범위, 효율성(실행 용이, 시간), 인간 판단의 이용 | 기술과 판단 강조, 상황 고려, 평가계획 노출에 대한 개방성, 다원 |

| | | | | | |
|---|---|---|---|---|---|
| | | 서 체제적 접근, 프로그램 개발 과정을 통한 평가 활용, 실행의 세부 지침이 잘 조직화되어 있음, 다양한 정보 활용 | 검표의 이용 가능성 | | 주의, 귀납적 추론 활용, 다양한 정보 활용, 이해 강조 |
| 단점 | 평가에 대한 과소평가, 결과 중심 평가, 환원주의, 직선, 결과 강조 | 조직의 효율성 강조와 산출 모형 강조, 의사결정에 대한 위계성과 예측 가능성 가정, 유지와 관리의 고비용, 지도자의 관심을 덜 강조함 | 비용과 후원자 부족, 창의성 또는 혁신 저해, 논쟁 또는 평가에 대한 개방성 없음 | 대체 가능성, 개인차 편의에 약점, 결론을 지지하는 문서화 지원 부족, 흥미 있는 논쟁에 대한 개방성, 상황에 대한 피상성, 직관 남용, "전문가" 질에 대한 신뢰성 | 비지시적, 색다르고 독특한 것에 대하여 빠져드는 경향성, 일의 긴장성과 비용이 많이 듦, 가설 생성, 결론 도출에 실패할 가능성 |

## 요약

'교육과정 평가'에서는 교육평가의 유형, 교육평가의 일반적 절차, 과정중심평가, 프로그램평가에 대하여 살펴보았다.

교육평가의 유형은 여러 가지 기준에 따라서 다양하게 분류할 수 있다. 교육평가의 유형은 평가 내용, 평가 목표의 수준, 평가 체제, 교수·학습 과정(평가 기능), 자료 수집 방법, 평가 영역, 평가 결과 해석의 참조 근거 등에 따라서 다양하게 구분된다. 교육평가는 일반적으로 평가 목적의 설정, 평가장면의 선정, 평가도구 제작 및 선정, 평가 실시 및 결과 처리, 평가 결과의 해석 및 활용 등의 단계로 이루어진다. 과정중심평가는 교육과정의 성취기준을 기반으로 한 평가계획에 따라 교수·학습 과정에서 학생의 변화와 성장에 대한 자료를 다각도로 수집하여 적절한 피드백을 제공하는 평가를 의미한다. 과정중심평가는 ① 성취기준 분석, ② 평가계획 수립, ③ 수행평가 과제 개발, ④ 수행평가 채점 기준 개발, ⑤ 수행평가 실시 및 채점, ⑥ 수행평가에 대한 피드백, ⑦ 수행평가 결과 기록 및 통지 등의 절차로 이루어진다. 교육과정 평가는 프로그램 평가 접근 방법을 활용하게 된다. 교육과정 평가에 활용되는 대표적인 프로그램 평가 접근방법으로는 목표중심, 운영중심, 소비자중심, 전문가중심, 자연주의와 참여자중심의 프로그램 평가가 있다.

## 생각해 봅시다

1. 교육평가의 유형은 평가 결과 해석의 참조 근거에 따라 규준참조평가, 준거참조평가, 능력참조평가, 성장참조평가로 구분할 수 있다. 네 가지 평가 유형을 예를 들어 설명해 봅시다.
2. 교육평가의 일반적 절차에 따라 평가계획을 수립해 봅시다.
3. 과정중심평가의 개념과 특징을 설명하고, 형성평가와의 공통점과 차이점에 대하여 토의해 봅시다.
4. 과정중심평가의 절차에 따라 과정중심평가를 계획해 봅시다.
5. 교육과정 평가에 활용되는 다섯 가지 프로그램 평가 접근방법에서 한 가지 평가 접근방법을 선택하고, 자신이 관심 있는 교육과정 또는 교육 프로그램을 평가해 봅시다(예시: 체험학습, 교육실습).

# PART IV

## 국가 교육과정과 이슈

11. 국가 교육과정
12. 교과서 제도
13. 교육과정 이슈

11 Chapter

# 국가 교육과정

**학습내용**

1. 수시 개정 체제 이전의 교육과정
2. 2007 개정 교육과정
3. 2009 개정 교육과정
4. 2015 개정 교육과정
5. 2022 개정 교육과정

우리나라 국가 교육과정의 변천을 고찰함에 있어서는 우선 두 가지 문제에 대한 규정이 필요하다(추광재·최화숙, 2010). 하나는 기점을 언제부터 잡을 것인가이고, 다른 하나는 시대 구분을 어떠한 기준에 따라 할 것인가에 대한 문제이다. 이러한 관점에서, 우리나라 국가 교육과정 변천에 대한 기준은 연구의 목적과 필요에 따라 또는 교육과정을 지배하는 교육 사조나 이론에 따라 각기 다르게 분류할 수 있는 것이다.

우리나라의 국가 교육과정은 시대 흐름에 따라 많은 변화와 발전을 거듭해 왔다. 정부 수립 후 사회적·정치적 변동이 있을 때마다 교육과정이 개정되었으며, 현재의 교육과정과 직접 관련성을 갖는 최초의 교육과정은 1945년 해방 후에 제정되었다. 그 이후 전면 개정을 할 경우에만 새로운 차수를 붙여 제1차, 제2차 등의 차수에 따른 구분 방식을 택하여 제1차부터 제7차 교육과정 시기로 구분하였다. 그러나 '교육과정 수시 개정 체제 운영 활성화 방안'이 발표되면서(교육부, 2005) 수시 개정 체제가 확립되었고, 그 이후에는 2007 개정, 2009 개정, 2015 개정, 2022 개정 교육과정으로 명명하고 있다. [그림 11-1]을 통해 우리나라 국가 교육과정 변천 시기 구분과 간략한 특징을 살펴볼 수 있다.

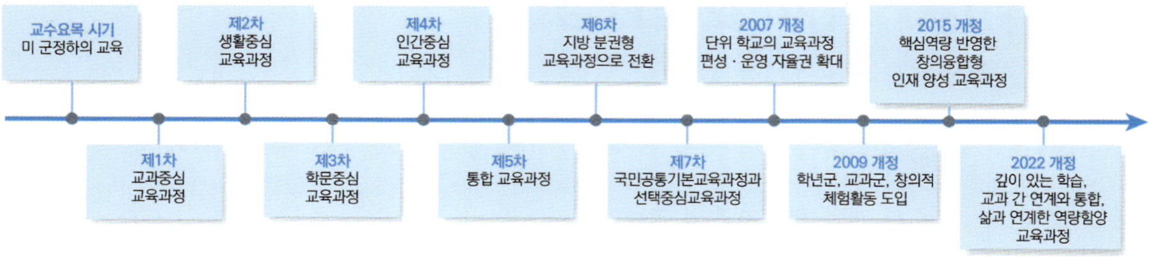


[그림 11-1] **우리나라의 국가 교육과정 변천과 주요 특징**

이 장에서는 교육과정의 변천 시기를 2007 개정 시기 이전을 수시 개정 체제 이전의 교육과정으로 명명하여 개요 및 주요 변화 내용을 중심으로 설명하고, 2007 개정 시기 이후는 각 개정 시기별 주요 변화 내용과 특징을 중심으로 살펴보고자 한다.

# 1 수시 개정 체제 이전의 교육과정

## 가. 교육에 대한 긴급 조치기(1945~1946)

우리나라는 해방과 더불어 일본의 강점하에서 벗어났으나, 미군이 우리나라의 국정을 통치하게 되었다. 미군정청 학무국에서는 '신조선의 조선인을 위한 교육 방침'을 통해 일본 제국주의적 색채를 없애도록 하고 초·중등학교 교과목 및 주당 교수 시수표를 시달하였다. 수신과를 폐지하고 새로운 민주 시민 양성을 위한 공민과를 등장시킨 점, 일본어·일본 역사 대신에 우리의 말과 글 중심의 국어 교육과 국사 교육으로 대체된 점 등 주로 일제의 황민화 교육을 탈피하고 신생 국가로서의 교육 내용을 다루고 있다는 점이 주요 특징이라 할 수 있다.

## 나. 교수요목 시기(1946~1954)

교수요목 시기는 광복 이후 서구식 민주주의 교육사조, 즉 미국의 지대한 영향을 받았기 때문에 전환적인 시기라고 할 수 있다. 임시로 교육에 관한 응급조치를 했던 미군정청 편수국에서는 교수요목을 제정하고 교과서를 편찬하였다. 이 시기는 우리나라 최초의 교육과정이 등장하기 전 단계로 교과서, 교사용 교재, 지도서 등이 체계적으로 표준화되지 않았다.

교과별 교수요목 특징은 다음과 같다. 첫째, 교육과정의 진술 체제가 교과별로 통일되어 있지 않아 사회생활과와 같이 교과의 목표와 방침, 운용법(운영상의 유의점)을 함께 제시한 교과도 있었지만, 대부분의 교과가 단원 또는 제재 명과 내용 요소만을 제시하였다. '사회생활과'는 공민, 역사, 지리, 직업, 자연 관찰(1~3학년)을 종합하여 편성한 교과로서, 사회생활을 영위하는 데 필요한 기본적인 교양을 내용으로 하며, 특히 민주 시민을 기르는 데 주안점을 두고 편제된 것이다. 둘째, 각 교과마다 단원 또는 제재 별로 이수할 시간 수를 제시하였다. 셋째, 내용 요소의 진술 형식도 설문 형식, 단순한 내용 요목 제시 형식 등 교과에 따라 달랐다.

또한, 중등학교의 경우 학제가 4년제에서 6년제로 개편됨에 따라 교수요목을 포함한 교과 편제와 시간 배당을 제정하였다. 교과 편제에서 특이한 점은 공민·역사·지리를 통합한 '사회생활과'가 등장한 점, 체육과 보건이 통합되어 체육·보건이 된 점, 필수과목과 선택과목으로 구분된 점 등이다.

## 다. 제1차 교육과정(1954~1963)

정부 수립과 교육법 제정에 따라 교육과정을 새롭게 제정하자는 요구가 높아져 정부 수립 이후 최초의 교육과정이 제정되었다. 교육법에 근거한 교육과정 시간 배당 기준령과 교과과정은 우리 손으로 만든 최초의 체계적인 교육과정이라는 점에서 제1차 교육과정으로 불린다. 제1차 교육과정은 1954년 문교부령 제35호로 제정 공포된 초등학교, 중학교, 고등학교, 사범학교 교육시간 배당 기준령과 그 다음 해 1955년 문교부령 제44호, 제45호, 제46호로 각각 공포된 초등학교, 중학교, 고등학교 교과과정을 말한다. 이 시기에는 교육과정이라는 용어 대신에 교과과정이라는 용어를 사용하여 교과 교육과정이 강조된 시기였다. 미국의 경험 중심 교육과정 사조의 영향으로 교과 외에 특별활동이 처음으로 편성되어 전인교육을 강조하였다. 또한, 광복 후의 사회적 혼란과 6.25 전쟁으로 인한 도덕적 타락 현상이 나타남에 따라 반공·도의 교육이 강조되었다.

이러한 제1차 교육과정은 교육과정 자체는 '교과중심'이었으나, 교육과정을 기준으로 편찬한 교과서는 '생활중심'을 지향하고 있었다. 이는 다음과 같은 교과서의 내용에서 확인할 수 있다. ① 계통적 학습을 중심으로 하던 종래의 교과 학습의 배열보다 생활중심의 단원 학습으로 배열한 점, ② 예전의 소단원제가 아닌 대단원제를 택하여 학습의 생활화와 학습의 효과를 가져오게 한 점, ③ 지식과 암기를 강요하는 주입식 학습을 피하고 학생의 생활과 경험을 토대로 이해와 기능 및 태도를 기르는 방향으로 변환하고자 한 점, ④ 아동의 흥미를 중심으로 하는 작업단원을 되도록 많이 설정하고, 작업을 통하여 학습자가 능동적으로 자신의 생활경험을 심화·확대하는 방향으로 개선한 점 등이다.

## 라. 제2차 교육과정(1963~1974)

미국교육사절단의 활동으로 경험중심, 생활중심 교육과정 사조가 주를 이루어 1963년 문교부령 제119호~제122호로 경험중심의 초·중등학교 교육과정이 제정·공포되었다. 교육과정을 '학교의 지도 아래 학생이 가지는 모든 학습경험'으로 규정하였다. 이를 교육과정의 개념상 '생활중심 교육과정' 또는 '경험중심 교육과정'이라고 부른다. 또한 박정희 군사 정부의 요구가 반영되어 반공·도덕 교육이 크게 강화되었고, 교육과정 내용에서는 자주성, 생산성, 유용성을 강조하였다. 각 지역사회의 학교가 국가적 기준에 의하여 각 지역 사회의 실정에 맞게 교육과정을 구성하도록 하는 교육과정의 자주성과 학습자의 주체적 활동을 강조한 학습의 자주성을 강조하고, 우리 생활을 실질적으로 향상할 수 있는 실업 및 직업, 과학기술

교육을 강화하는 생산성과 교육을 실생활과 직결시키고 학교를 사회와 접근시키려는 교육 내용의 유용성을 강조하였다.

또한, 교육과정 조직·운영에서는 합리성과 지역성이 중시되었다. 합리성을 강조하면서 학생의 성장 발달에 적용할 수 있는 통일성 있고 계통성과 발전성 있는 교육과정의 조직을 제시하였다. 당시의 '교육과정 개정의 요점'에서는 필요한 내용을 요소로 기초 학력을 충실히 할 것을 제안함과 동시에, 학교급 간의 연계성과 교과 간의 통합성도 강조하면서 교육과정의 계열화를 통해 학습할 수 있도록 하였다. 지역성을 강조하여 각 지역 사회의 모든 자원을 학습경험에 효과적으로 이용하게 하고, 학습경험의 결과는 지역 사회의 개선과 발전에 기여할 수 있도록 하였다. 즉, 교육과정에는 일반적인 기준만을 제시하고 그 구체적 운영은 지역 사회에 맞게 운영해 나가도록 하였다.

## 마. 제3차 교육과정(1973~1981)

제3차 교육과정 시기는 1968년에 선포된 국민 교육헌장의 이념과 당시의 학문중심 교육과정 사조가 반영되어 1973년, 1974년에 문교부령 제310호, 제325호, 제350호로 개정된 초·중등학교 교육과정이다. 국민 교육헌장에 나타난 창조의 힘과 개척정신, 협동정신, 국민정신 등과 학문중심 교육과정 운동에 내재되어 있는 지식의 구조와 탐구학습, 그리고 1970년대와 1980년대의 시대적 상황 등이 반영되어 ① 자아실현, ② 국가 발전, ③ 민주적 가치 등을 교육과정 일반목표로 제시하고 있다. 또한 중학교 교육과정에서 ① 도덕을 교과에 편입시켜 강화하고, ② 국사를 사회과에서 분리하여 독립시켰으며, ③ 실업·가정을 필수와 선택으로 나눠 필수에서 남학생에게는 '기술'을, 여학생에게는 '가정'을 이수하게 했다. ④ '한문'은 이미 1972년의 부분 개정(문교부령 제300호)에서 교과에 포함되어 그대로 유지되었다. 따라서 교육과정 편제는 교과와 특별활동으로 재구성되고 학생들의 이수 교과 수가 13개로 대폭 늘어났다. 수업 방법으로는 탐구와 발견학습이 크게 강조되었다.

즉, 사회의 급격한 변화 속에서 팽창하는 학문적 지식을 보다 효과적으로 습득하기 위해서는 지식의 근간을 이루는 지식의 구조를 학생들에게 가르치되, 그 구조를 학생 스스로가 발견하고 탐구할 수 있도록 해야 한다는 이론에 바탕을 둔 것이다. 이러한 제3차 교육과정은 국민적 자질의 함양 및 인간교육의 강화, 지식·기술의 쇄신 등을 기본 방침으로 가치 함양(사회면)을 교육목표로 하였다. 1979년 교육과정 체제를 정비하여 문교부 고시 제424호로 공포하였는데, 이는 교육과정의 성격이 변한 것이 아니라, 문교부령이 문교부 고시로 바뀐 것이다. 문교부령을 문교부 고시로 바꾼 것은 교육과정을 개정할 때마다 법제처의 심의를 거쳐야 하는 번거로움을 줄이기 위해서였다.

## 바. 제4차 교육과정(1981~1987)

제4차 교육과정은 5공화국의 출범과 7·30 교육개혁 조치 등을 배경으로 한다. 한국교육개발원에 위탁하여 기초 연구와 총론, 각론, 시안을 개발하도록 한 연구개발형의 성격이며, 특정 교육과정 사조에 얽매이지 않는 종합적 교육과정 모형을 제시하려 한 것이다. 제4차 교육과정에서는 ① 너무 어려운 교육 내용, ② 과다한 학습 내용, ③ 분과주의 등을 극복하고 ① 국민정신 교육의 체계화, ② 전인교육의 강화, ③ 과학기술교육의 심화, ④ 교육 내용의 양과 수준의 적정화 등을 강조했다. 실제 교육과정 편제에 있어서는 초등학교의 경우 1, 2학년 과정에서의 통합교육(바른 생활, 슬기로운 생활, 즐거운 생활) 등 중요한 변화가 있었으나, 중학교에서는 '자유선택'의 신설, 실업·가정에서의 이수 시기 조정, 2·3학년의 이수 시간 축소 등 이외에는 큰 변화는 없었다.

또한, 제4차 교육과정은 민주 사회, 고도 산업 사회, 건전한 사회, 문화 사회, 통일조국 건설에 필요한 건강한 사람, 심미적인 사람, 능력 있는 사람, 도덕적인 사람, 자주적인 사람을 길러내는 데 목적을 두었다.

## 사. 제5차 교육과정(1987~1992)

제5차 교육과정 시기는 교육과정의 적정화·내실화·지역화를 목적으로 1987년 문교부 고시 제87-7호, 제87-9호, 제88-7호로 개정된 교육과정이다. 제4차 교육과정의 골격을 유지하면서 내실화에 초점을 맞춰 ① 기초교육의 강화, ② 정보화 사회에 대응하는 교육, ③ 특별활동 강화, ④ 특수학급 운영지침 명시 등이 시도되었다. 중학교의 경우, 교육과정 편제와 시간 배당에 있어 '실업·가정'에서 남녀가 공통으로 이수할 수 있는 기술·가정 과목의 신설, 3학년의 수학과 과학 시간 증가, 자유 선택 시간 증가 등의 변화가 있었다. 교육과정 실행에 있어서는 지역화가 강조되었다.

제5차 교육과정은 교육과정 및 교과용 도서 중에서 개선이 필요한 부분만을 개정한다는 것을 기본 원칙으로 삼고, 건강한 사람, 자주적인 사람, 창조적인 사람, 도덕적인 사람을 기르는 데 목적을 두었다. 또한, 개정의 방침을 교육과정의 적정화, 내실화, 지역화에 두고, 개정의 전략으로 지속성(4차 교육과정의 기본 골격 유지), 점진성(혁명적이고 총체적인 개혁보다 현실 여건을 감안한 점진적인 개선), 효율성(교육과정이 의도한 대로 기대하는 교육적 성취를 가져오도록 하는 제반 조치의 실행)을 제시하였다. 특히 중앙집권적 교육과정 체제를 지방분권화하기 위하여 교육과정의 지역화를 강조하고, 교육과정이 실제 교육 현장에서 충실히 실현될 수 있도록 교육과정의 효율화를 중시하였다.

또한, 제5차 교육과정은 교육 내용과 운영 면에서의 개정의 중점을 기초교육의 강화, 정보화 사회에 대응하는 교육의 강화, 교육과정의 효율성 제고 등으로 두었다. 특히, 교육과정의 효율성을 높이는 것은 교육과정에서 의도한 바가 실제 교육 현장에서 그대로 실현되는 쓸모 있는 교육과정이 되도록 한다는 것이다.

## 아. 제6차 교육과정(1992~1997)

제6차 교육과정 시기는 시대적, 학문적, 개인적 요구의 변화에 따라 교육부 고시 제1992-15, 1992-16, 1992-11, 1992-19호로 1992년에 제정 공포된 유치원, 초등학교, 중학교, 고등학교 교육과정을 말한다.

이러한 제6차 교육과정은 ① 건강한 사람, ② 자주적인 사람, ③ 창의적인 사람, ④ 도덕적인 사람을 기르는 데 목적을 두고 있고, 이러한 인간상과 함께 제5차 교육과정에 대한 평가를 기반으로 개정 중점을 다음과 같이 설정하였다.

① 교육과정 결정의 분권화: 중앙집권형 교육과정을 지방분권형 교육과정으로 전환해 시·도 교육청과 학교의 자율재량권을 확대한다.

② 교육과정 구조의 다양화: 다양한 이수 과정과 교과목을 개설하고 필수과목을 축소하는 한편, 선택과목을 확대하여 교육 내용의 획일성을 줄인다.

③ 교육과정 내용의 적정화: 학습량과 수준을 조정하고 교과목 체계의 개선으로 교육 내용의 적합성을 높이고 학습 부담을 줄인다.

④ 교육과정 운영의 효율화: 학생의 적성, 능력, 진로를 고려하고, 학습과 생활의 기초능력을 신장하며, 평가 방법을 개선하여 교육과정을 효율적으로 운영할 수 있도록 한다.

제6차 교육과정에서 주목할 사항은 편성·운영 체계의 개선이다. 제6차 교육과정에서는 국가 수준, 지역 수준, 학교 수준 교육과정을 명확히 구별하고, 교육부 ↔ 시·도 교육청 ↔ 학교로 이어지는 교육과정 편성·운영체제를 강조하였다. 국가 수준 교육과정은 초·중등학교의 교육 내용에 관한 전국 공통적·일반적 기준이다. 지역 수준 교육과정은 일선 학교가 학교 교육과정을 효율적으로 운영할 수 있도록 지원하기 위하여 작성한 교육과정 편성·운영 지침이다. 학교 수준 교육과정은 국가 수준 교육과정과 시·도 교육과정 편성·운영 지침을 분석·검토하여 각 학교의 실정에 맞도록 만든 교육과정 편성·운영 지침이다.

## 자. 제7차 교육과정(1997~2007)

1995년 교육개혁위원회의 5·31 교육개혁안을 토대로 교육과정 특별위원회에 의해 추진되어 교육부 고시 제1997-15호로 제시된 초·중등학교 교육과정이다. 무엇보다도 21세기의 세계화·정보화 시대를 주도할 자율적이고 창의적인 한국인을 육성하기 위해 ① 전인적 성장의 기반 위에 개성을 추구하는 사람, ② 기초능력을 토대로 창의적인 능력을 발휘하는 사람, ③ 폭넓은 교양을 바탕으로 진로를 개척하는 사람, ④ 우리 문화에 대한 이해의 토대 위에 새로운 가치를 창조하는 사람, ⑤ 민주시민의식을 기초로 공동체의 발전에 공헌하는 사람을 목적에 두고 있다(권낙원 외, 2014).

이러한 제7차 교육과정은 ① 국민공통 기본교육과정, ② 교과군 개념 도입, ③ 수준별 교육과정 도입, ④ 재량활동의 신설·확대, ⑤ 교과별 학습량의 최적화와 수준 조정, ⑥ 고등학교 2, 3학년의 선택중심 교육과정 등 대대적인 개혁을 단행했다.

초·중등학교 교육과정을 하나의 체제 속에 통합하여 초등학교 1학년부터 고등학교 1학년까지 10년간의 국민공통 기본교육과정과 고등학교 2, 3학년의 선택중심 교육과정으로 조정하고, 국민공통 기본교육과정에는 국어, 도덕, 사회, 수학, 과학, 실과, 체육, 음악, 미술, 외국어(영어)의 10개 교과만 포함했으며, 학생들의 개인차를 고려하여 수학·영어와 국어·사회·과학 그리고 선택중심 교육과정에 수준별 교육과정을 도입했다. 교과의 특징 또는 교과가 가르치고자 하는 교육 단계의 특징에 따라 단계형과 심화·보충형으로 구분하여 운영하도록 하였으며, 학생의 자기주도적 학습활동을 촉진하고 학교의 자율적이고 창의적인 교육과정 편성·운영을 보장하기 위해 교과, 특별 활동 외에 제3의 영역으로 재량활동을 신설하였다.

초등학교 교육과정에서는 기본적 언어 능력, 수리적 사고 능력, 기초 체력, 탐구력과 창의성, 기본 생활 습관 등 기초·기본 교육의 충실을 강조하고, 1~2학년의 통합 교과 운영은 교과와 교과 간의 통합 개념에서 탈피하여 활동 중심 주제의 융통성 있는 운영이 이루어질 수 있도록 통합 교과 개념을 재정립하였다. 고교 2~3학년의 선택중심 교육과정에서는 이 기간 중에 배워야 할 모든 과목은 선택 과목으로 구성하였다. 일반계 고등학교의 경우 선택 과목 136단위 중에서 시·도 교육청과 학교가 각각 28단위 이상을 지정하고, 학생의 선택권도 최대 50%까지 보장하도록 하였다. 선택 과목은 일반 선택 과목과 심화 선택 과목으로 나누고, 일반 선택 과목은 5개의 과목군으로 나누어 각 과목군별로 반드시 1과목(교양 과목군은 2과목) 이상을 이수하도록 하여 균형적인 이수를 도모하였다. 또한 인문·사회, 자연 등의 과정은 국가 수준에서는 제시하지 않고 필요한 경우 학교가 설치하여 운영하도록 자율권을 부여하였다.

지금까지 살펴본 수시 개정 체제 이전의 제1차부터 제7차 교육과정 시기의 공포일과 시행일을 요약하면 〈표 11-1〉과 같다.

**〈표 11-1〉 수시 개정 체제 이전 국가 교육과정 공포 및 시행일**

| 구분 | 공포(고시)일 | 시행일 |
|---|---|---|
| 제1차 교육과정 문교부령 제45호 | 1955.08.01 | 공표일부터 |
| 제2차 교육과정 문교부령 제120호 | 1963.02.15 | 1965.03.01 |
| 제3차 교육과정 문교부령 제325호 | 1973.08.31 | 1974.03.01 |
| 제4차 교육과정 문교부령 제442호 | 1981.12.31 | 1984.03.01 |
| 제5차 교육과정 문교부령 제87-7호 | 1987.03.21 | 1989.03.01 |
| 제6차 교육과정 문교부령 제1992-11호 | 1992.06.30 | 1995.03.01 |
| 제7차 교육과정 문교부령 제1997-15호 | 1997.12.30 | 2001.03.01 |

## 2 2007 개정 교육과정

2007 개정 교육과정은 수시 개정 체제에 따라 개정되었다. 일시적, 전면적 교육과정 개정 방식의 비효율성을 없애고 사회의 다원화 및 급격한 변화에 대응하여 교육 내용을 지속적으로 개선하며, 국민 각계각층의 요구를 탄력적·체계적으로 반영하기 위한 목적으로 도입된 수시 개정 체제에 따라 제7차 교육과정의 기본 철학과 체제를 유지하면서 그동안 운영 과정에서 제기된 문제점을 개선하는 데 중점을 두었다(권낙원 외, 2011).

2007 개정 초등학교 교육과정은 제7차 교육과정에서 표방한 바와 같이 '학생의 학습과 일상생활에 필요한 기초적인 능력과 태도의 육성'에 중점을 두며, ① 기본 생활 습관 형성과 기초교육의 충실, ② 재량활동의 활성화, ③ 학습 부담의 경감과 교과 편제 구조의 점진적 확대, ④ 교과 학습 내용의 적정화, ⑤ 통합 교과의 견지 및 내실화를 주요 개정 내용으로 하였다.

초등학교 편제 및 시간 배당에서 1~2학년은 국어, 수학, 바른 생활, 슬기로운 생활, 즐거운 생활 및 우리들은 1학년의 5개 또는 6개 교과를 편성하였다. 3~4학년은 9개 교과를 편성하였으며 5~6학년은 실과를 포함하여 국민 공통 기본 10개 교과로 편성함으로써 학년이 올라갈수록 교과의 수를 점진적으로 확대하였다. 재량활동은 교과 재량활동과 창의적 재량활동으로 구성되나, 초등학교에서는 학생의 자기주도적 학습 능력을 촉진하기 위한 창의적 재량활동만으로 운영하도록 규정하였다. 특별활동도 이전 교육과정과 마찬가지로 그 본질적 성격과 목표, 내용을 구체적으로 선정·조직하는 데 필요한 준거가 될 수 있도록 자치 활동, 적응 활동, 계발 활동, 봉사 활동, 행사 활동으로 하였다. 또한 시간 배당 기준에서는 3~6학년의 연간 총 수업 시수는 주 5일 수업제 월 2회 실시에 따라 제7차 교육과정보다 34시간씩 감축되었다.

중학교의 경우 ① 국민공통 기본교육과정의 사회 교과에서 '사회', '역사'의 과목 분화가 이루어져 별도의 학년과 시간이 배당되고, ② 수준별 교육과정이 수준별 수업으로 바뀌고 '단계형', '심화 보충형' 등의 구분이 폐지되었으며, ③ 집중이수제가 강화되어 학기별로도 교과목 이수가 가능해졌고, ④ 주 5일 수업제 시행으로 재량활동 시간 수가 감축되었다.

고등학교의 경우, 단위 학교의 교육과정 편성·운영의 자율권을 확대하여 재량활동의 하위 영역별 단위 배당을 학교에서 편성하도록 하고, 집중이수제를 도입하여 교과에 배당된 수업 시간 수를 학기 또는 학년 단위로 집중 편성할 수 있도록 하였다. 보통 교과의 일반 선택 과목과 심화 선택 과목을 통합하여 선택 과목으로 일원화하고, 이수 단위를 6단위(교양 등 일부 과목은 4단위)로 통일하여 학교에서의 효율적 운영을 도모하였다. 5개의 선택 과목군을 6개로 조정하여 예·체능 과목군을 체육과목군과 예술 과목군으로 분리함으로써 지·덕·체의 조화로운 인성 교육이 이루어지도록 하였다.

## 3 2009 개정 교육과정

2009 개정 교육과정은 단위학교 차원에서 유연하고 창의적인 교육과정 운영을 통해 학생들의 학습 부담 경감 및 학교교육 정상화를 도모하고자 '국가교육과학기술자문회의'가 마련한 '미래형 교육과정 구상'의 현장 적응 방안으로 출발하였다.

이러한 2009 개정 교육과정의 방향은 학생의 지나친 학습 부담을 경감하고, 학습 흥미를 유발하며, 단편적 지식·이해 교육이 아닌 학습하는 능력을 기르도록 하고, 지나친 암기중심 교육에서 배려와 나눔을 실천하는 창의 인재를 육성하는 교육으로 변화를 추구하였다. 이를 위해서는 유의미한 학습과 전인적 성장이 가능하도록 교육과정이 구성되어야 하며, 학교 교육과정 편성·운영에 있어 자율성이 확대되어야 한다. 이에 ① 교육과정 편제 구조 개선을 위한 '학년군', '교과군' 접근 시도, ② 학습자들이 유의미한 학습경험을 가질 수 있도록 학습 부담 적정화 추구, ③ 학습자들의 전인적 성장을 위한 '창의적 체험활동' 신설, ④ 단위학교 교육과정 편성·운영 자율성 확대를 시도하였다. 특히 지역, 학교, 학습자의 수준 및 요구를 반영하지 못하고 일률적으로 운영되었던 '우리들은 1학년' 교과를 폐지하고 창의적 체험활동을 통하여 학교의 특수성을 반영하여 시수 및 내용을 결정할 수 있게 함으로써 학교의 교육과정 운영의 자율성을 강화하였다.

앞서 살펴본 2007 개정 교육과정과 2009 개정 교육과정의 공통사항, 초·중·고등학교와 범교과학습을 중심으로 비교하면 〈표 11-2〉와 같다.

〈표 11-2〉 2007 개정 교육과정과 2009 개정 교육과정 비교

| 구분 | 2007 개정 교육과정 | 2009 개정 교육과정 |
|---|---|---|
| 공통사항 | – | • 학년군, 교과군 개념<br>• 교과별 기준 시수 20% 증감 운영<br>• 교과교실제 운영 활성화 유도 |
| 초등학교 | • 통합교과 '우리들은 1학년' 분리 독립<br>• 정보통신 활용 교육, 보건교육 재량활동 활용하여 지도 | • '우리들은 1학년' 폐지, 창의적 체험활동에 반영<br>• 한자교육 창의적 체험활동 활용하여 지도 |
| 중학교 | • 선택 과목: 한문, 정보, 환경, 생활 외국어, 보건 등 | • 선택 과목에 진로와 직업 등 추가<br>• 학기당 이수 과목 수를 8개 이하로 편성 |
| 고등학교 | • 고1 교과는 필수<br>• 총 이수단위: 210단위<br>• 외국어 계열 고등학교: 전문교과 이수단위의 50%를 전공외국어로 하고, 전공 포함 3개의 외국어 교육 | • 고교 모든 교과 선택<br>• 총 이수단위: 204단위<br>• 학기당 이수과목 수를 8개 이하로 편성<br>• 대학과목 선수이수제 과목 개설 가능<br>• 외국어 계열 고등학교: 전문교과 이수단위의 60%를 전공외국어로 하고, 전공 포함 2개의 외국어 교육 |
| 범교과 학습 요소 | • 민주시민교육, 경제교육 등 35개 요소 | • 녹색교육, 한자교육, 한국문화사 교육 추가 |

## 4 2015 개정 교육과정

2015 개정 교육과정은 국가·사회적 측면에서 새롭게 제시된 인재상에 적합한 교육과정 체제를 구축하고, 학교 현장에서 제기되는 다양한 문제점들을 근본적으로 개선하고자 하는 목적으로 개정이 이루어졌다. 2015 개정 교육과정의 비전은 '미래 사회가 요구하는 창의융합형 인재 양성'과 '학습경험의 질 개선을 통한 행복한 학습의 구현' 두 가지로 요약된다(김경자 외, 2015; 황규호, 2015). 이러한 비전에 따라 학교 교육 전 과정을 통해 '창의융합형 인재'가 중점적으로 갖추어야 할 핵심 역량이 제시되었으며, 교과 교육과정의 교육 내용을 구조화함으로써 학습 내용의

질적 적정화를 이루고자 하였다.

2015 개정 교육과정의 구체적인 변화를 총론의 문서 체제와 세부 내용을 중심으로 살펴보면 〈표 11-3〉과 같다.

〈표 11-3〉 총론 문서 체제 변화

| 2009 개정 교육과정 | 2015 개정 교육과정 |
|---|---|
| Ⅰ. 교육과정 구성의 방향<br>1. 추구하는 인간상<br>2. 교육과정 구성의 방침 | Ⅰ. 교육과정 구성의 방향<br>1. 추구하는 인간상<br>2. 교육과정 구성의 중점<br>3. 학교급별 교육목표 |
| Ⅱ. 학교급별 교육과정 편성·운영<br>1. 초등학교<br>2. 중학교<br>3. 고등학교<br>4. 학교급별 공통 사항 | Ⅱ. 학교급별 교육과정 편성·운영의 기준<br>1. 기본 사항<br>2. 초등학교<br>3. 중학교<br>4. 고등학교<br>5. 특수한 학교에서의 교육과정 편성·운영 |
| | Ⅲ. 학교 교육과정 편성·운영<br>1. 기본 사항<br>2. 교수·학습<br>3. 평가<br>4. 모든 학생을 위한 교육기회의 제공 |
| Ⅲ. 학교 교육과정 지원<br>1. 학교 교육과정 편성·운영 지원<br>2. 특수한 학교에서의 교육과정 편성과 운영 | Ⅳ. 학교 교육과정 지원<br>1. 국가 수준의 지원<br>2. 교육청 수준의 지원 |

표에서 보는 바와 같이, 2015 개정 교육과정은 2009 개정 교육과정에 비해 총론 문서 체제에 있어서 큰 변화를 가져왔다. Ⅰ장의 2. 교육과정 구성의 중점과 3. 학교급별 교육 목표 항목이 신설되었고, Ⅱ장은 1. 기본 사항, 5. 특수한 학교에서의 교육과정 편성·운영 항목이 신설되어 2009 개정 교육과정의 내용이 재배치되었다. Ⅲ장은 2009 개정 교육과정의 Ⅱ장에서 분리되는 동시에 2. 교수·학습, 3. 평가, 4. 모든 학생을 위한 교육기회의 제공 항목이 신설되었다. Ⅳ장은 2009 개정 교육과정의 Ⅲ장에서 2. 특수한 학교에서의 교육과정 편성과 운영이 Ⅱ장으로 옮겨지고,

1. 학교 교육과정 편성·운영 지원의 내용이 두 항목으로 분류되었다.

추구하는 인간상은 2009 개정 교육과정에 비해 구체적인 각 인간상 항목 내용에 있어서 표현과 서술 방식이 변경되었고, 추구하는 인간상을 구현하기 위한 핵심역량의 내용이 추가되었다. 이렇듯, 2015 개정 교육과정의 추구하는 인간상에는 자주적인, 창의적인, 교양 있는, 더불어 사는 등의 수식어와 자아정체성을 확립, 새로운 것을 창출하는, 인류 문화를 향유하고 발전시키는, 공동체 의식을 가지고 등의 표현이 추가되었다. 또한, 추구하는 인간상에 추가적으로 서술된 핵심역량은, 자기관리 역량, 지식정보처리 역량, 창의적 사고 역량, 심미적 감성 역량, 의사소통 역량, 공동체 역량 등이다.

2015 개정 교육과정에서의 교육과정 구성의 중점은 2009 개정 교육과정에서의 교육과정 구성의 방침 내용이 일부 재구성되었고, 학생 진로에 따른 선택 학습, 학습량의 적정화, 자기주도적 학습 유도, 평가 개선, 교과 교육과정의 일관성 있는 운영, 기초역량과 직무능력 함양 등의 내용이 신설되었다.

또한, 2015 개정 교과 교육과정은 이전 교육과정과 다르게 '내용체계표'를 새롭게 구성하였다. 내용체계표는 각 교과의 영역을 포함하여 핵심 개념, 일반화된 지식, 내용 요소, 기능 다섯 가지를 포함해 재구조화한 것으로 교과 교육 내용의 전반적인 흐름을 나타내 주고 있다. 이러한 내용체계 구성 방안은 크게 두 가지 의미를 갖는다. 첫째, 교과 내용을 소수의 핵심 개념 중심으로 선정하여 그동안 지속적으로 제기되어 온 교육 내용 적정화의 문제를 질적으로 해결하고자 한 것이다. 교과의 근본적인 아이디어에 해당하는 핵심 개념과 일반화된 지식을 중심으로 내용을 선정함으로써 학습량을 적정화하였고, 각 핵심 개념을 이해하는 데 필요한 내용 요소와 기능을 나타내 주어 교과별 세부 학습 내용 간의 관련성의 의미를 깊이 있게 파악할 수 있도록 하였다. 이는 단순히 교육 내용의 양을 줄이는 차원을 넘어서 기존의 분절적인 단편지식 중심의 교육과정에 대한 문제를 개선하고자 한 것으로(황규호, 2015), 교과 학습 내용의 연계성을 강조하여 학생들의 학습경험의 질을 높여주는 데 목적을 두고 있다.

둘째, 학생들의 창의융합적 사고를 기를 수 있는 내용 체계를 구성하고자 하였다. 내용체계표에 제시된 핵심 개념과 일반화된 지식, 내용 요소, 기능은 교과 내 지식과 기능뿐만 아니라 교과 간 내용의 연결성을 나타내 주어 교과 지식의 통합을 가능하게 하고 학생들의 융합적 사고를 키워 줄 수 있다(김경자 외, 2015). 2015 개정 교육과정이 인문학과 과학기술과의 융합을 확대하여 창의적 융합인재를 양성한다는 주요 비전을 포함하고 있는 만큼 각 교과 간 지식의 구분을 넘어서 다양한 분야의 지식을 융합하여 새로운 지식과 가치를 창출해 낼 수 있는 학습이 중요하다. 이러한 맥락에서 교과 교육과정은 각 교과별 학습 내용 요소들의 상호 관련성과 교과 간 내용의 연계성을 포함하는 큰 그림으로서 내용체계표를 구성하고, 학생들이 기초소양을 균형 있게 함양하여 융합적 사고를 할 수 있는 학습을 지향하고 있다.

## 5 2022 개정 교육과정

2022년 12월 22일에 고시된 2022 개정 교육과정은 2024학년도 초등학교 1, 2학년을 시작으로 2025학년도에는 초등학교 3, 4학년과 중학교 1학년, 고등학교 1학년, 2026학년도에는 초등학교 5, 6학년, 중학교 2학년과 고등학교 2학년, 2027학년도에는 중학교 3학년과 고등학교 3학년을 대상으로 순차적으로 적용되는 교육과정이다.

이러한 2022 개정 교육과정은 미래 사회가 요구하는 핵심역량을 갖춘 '포용성과 창의성을 갖춘 주도적인 사람'을 비전으로 제시하며, 이를 구체적으로 구현하고자 추구하는 인간상과 미래 사회 변화에 대응하기 위해 핵심역량에서의 변화를 가져왔다. 2015 개정 교육과정과 2022 개정 교육과정에서의 추구하는 인간상과 핵심역량의 변화는 〈표 11-4〉와 같다.

〈표 11-4〉 교육과정이 추구하는 인간상과 핵심역량 변화

| 구분 | 2015 개정 교육과정 | 2022 개정 교육과정 |
|---|---|---|
| 인간상 | • 자주적인 사람<br>• 창의적인 사람<br>• 교양 있는 사람<br>• 더불어 사는 사람 | • 자기주도적인 사람<br>• 창의적인 사람<br>• 교양 있는 사람<br>• 더불어 사는 사람 |
| 핵심역량 | • 자기관리 역량<br>• 지식정보처리 역량<br>• 창의적 사고 역량<br>• 심미적 감성 역량<br>• 의사소통 역량<br>• 공동체 역량 | • 자기관리 역량<br>• 지식정보처리 역량<br>• 창의적 사고 역량<br>• 심미적 감성 역량<br>• 협력적 소통 역량<br>• 공동체 역량 |

표에서 보는 바와 같이, 핵심역량은 2015 개정 교육과정에서 처음 도입하였고, 2022 개정 교육과정에서는 교육과정을 통한 역량 함양을 더욱 강조한다. 구체적인 핵심역량은 다음과 같다.

- 자아정체성과 자신감을 가지고 자신의 삶과 진로를 스스로 설계하며 이에 필요한 기초 능력과 자질을 갖추어 자기주도적으로 살아갈 수 있는 자기관리 역량
- 문제를 합리적으로 해결하기 위하여 다양한 영역의 지식과 정보를 깊이 있게 이해하고 비판적으로 탐구하며 활용할 수 있는 지식정보처리 역량
- 폭넓은 기초 지식을 바탕으로 다양한 전문 분야의 지식, 기술, 경험을 융합적으로 활용하여 새로운 것을 창출하는 창의적 사고 역량
- 인간에 대한 공감적 이해와 문화적 감수성을 바탕으로 삶의 의미와 가치를 성찰하고 향유하는 심미적 감성 역량
- 다른 사람의 관점을 존중하고 경청하는 가운데 자신의 생각과 감정을 효과적으로 표현하며 상호협력적인 관계에서 공동의 목적을 구현하는 협력적 소통 역량
- 지역·국가·세계 공동체의 구성원에게 요구되는 개방적·포용적 가치와 태도로 지속 가능한 인류 공동체 발전에 적극적이고 책임감 있게 참여하는 공동체 역량

다음으로 2022 개정 교육과정 총론의 주요 개정 방향에 대해 살펴보면 다음과 같다.

첫째, 미래 사회에 대응할 수 있는 능력과 기초 소양 및 자신의 학습과 삶에 대한 주도성을 강화한다. 이를 위해 여러 교과를 학습하는 데 기반이 되는 언어, 수리, 디지털 소양 등을 기초소양으로 하여 교육 전반에서 강조하고, 디지털 문해력(리터러시) 및 논리력, 절차적 문제해결력 등 함양을 위해 다양한 교과 특성에 맞게 디지털 기초소양 반영 및 선택 과목을 신설했다.

둘째, 학생들의 개개인의 인격적 성장을 지원하고 구성원 모두의 행복을 위해 공동체 의식을 강화한다. 이를 위해 기후·생태환경 변화 등에 대한 대응 능력 및 지속 가능성 등 공동체적 가치를 함양하는 교육을 강조하고, 다양한 특성을 가진 학생이 차별받지 않도록 지원하고, 지역·학교 간 교육 격차를 완화할 수 있는 지원 체제를 마련하였다.

셋째, 학생들이 자신의 진로와 학습을 주도적으로 설계하고, 적절한 시기에 학습할 수 있도록 학습자 맞춤형 교육과정을 마련한다. 이를 위해 지역 연계 및 학생의 필요를 고려한 선택과목을 개발·운영할 수 있도록 학교자율시간을 도입하고, 학교급 간 교과 교육과정 연계, 진로 설계 및 탐색 기회 제공, 학교생활 적응을 지원하는 진로연계교육의 운영 근거를 마련하였다. 특히, 학교자율시간은 초등학교 3~6학년별과 중학교에서 학교자율시간을 편성·운영하여 학교의 특색을 살리고 지역과 연계한 교육과정을 자유롭게 설계하여 운영할 수 있도록 하였다. 따라서 학교는 학교자율시간을 교과와 창의적 체험활동의 학기별 1주의 시간을 활용하여 운영할 수 있다. 이는 교육과정을 더욱 유연하고 다양하게 운영할 수 있도록 지원하는 것이다(교육부, 2022a).

넷째, 학생이 주도성을 기초로 역량을 기를 수 있도록 교과 교육과정을 마련한다. 이를 실현하기 위해 교과별로 꼭 배워야 할 핵심 아이디어 중심으로 학습량을 적정화하고, 학생들이 경험해야 할 사고, 탐구, 문제해결 등의 과정을 학습 내용으로 명료화하여 교수·학습 및 평가 방법을 개선하였다(교육부, 2022a). 다음은 2022 개정 교육과정의 추진 배경 및 방향 설명에 대해 간략히 요약한 그림이다.

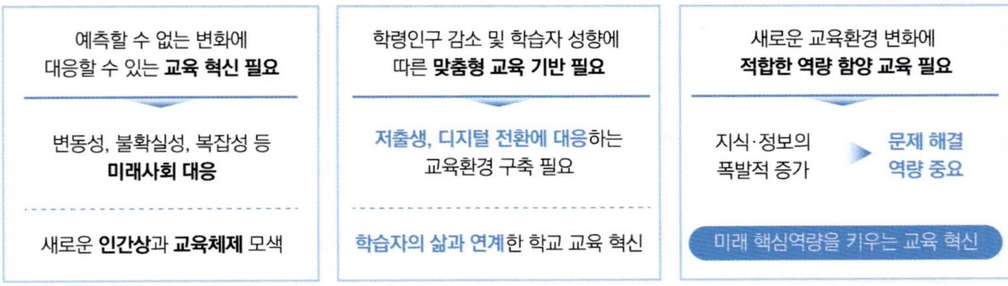


[그림 11-2] 2022 개정 교육과정의 추진 배경 및 방향(출처: 교육부, 2022a)

이러한 추진 배경 및 방향을 토대로 2022 개정 교육과정은 2015 개정 교육과정과의 큰 틀에서 연속성을 유지하면서 미래 교육의 방향에 대해 몇 가지 새로운 아이디어들을 제시하고 있으며, 총론 및 교과 교육과정의 문서 체제에서도 새로운 변화를 시도하였다(교육부, 2022a). 2015 개정 교육과정과 2022 개정 교육과정의 문서 체제를 비교하면 〈표 11-5〉와 같다.

〈표 11-5〉 2015 개정 교육과정과 2022 개정 교육과정의 문서 체제 비교

| 2015 개정 교육과정 | 2022 개정 교육과정 |
|---|---|
| Ⅰ. 교육과정 구성의 방향<br>1. 추구하는 인간상<br>2. 교육과정 구성의 중점<br>3. 학교급별 교육목표 | Ⅰ. 교육과정 구성의 방향<br>1. 교육과정 구성의 중점<br>2. 추구하는 인간상과 핵심역량<br>3. 학교급별 교육 목표 |
| Ⅱ. 학교급별 교육과정 편성·운영의 기준<br>1. 기본 사항<br>2. 초등학교<br>3. 중학교<br>4. 고등학교<br>5. 특수한 학교에서의 교육과정 편성·운영 | Ⅱ. 학교 교육과정 설계와 운영<br>1. 설계의 원칙<br>2. 교수·학습<br>3. 평가<br>4. 모든 학생을 위한 교육기회의 제공 |
| Ⅲ. 학교 교육과정 편성·운영<br>1. 기본 사항<br>2. 교수학습<br>3. 평가<br>4. 모든 학생을 위한 교육기회의 제공 | Ⅲ. 학교급별 교육과정 편성·운영의 기준<br>1. 기본 사항<br>2. 초등학교<br>3. 중학교<br>4. 고등학교<br>5. 특수한 학교 |

| Ⅳ. 학교 교육과정 지원<br>1. 국가 수준의 지원<br>2. 교육청 수준의 지원 | Ⅳ. 학교 교육과정 지원<br>1. 교육과정의 질 관리<br>2. 학습자 맞춤교육 강화<br>3. 학교의 교육 환경 조성 |
|---|---|

다음은 2022 개정 교과 교육과정의 주요 개정 내용이다.

첫째, 깊이 있는 학습, 교과 간 연계와 통합, 삶과 연계한 학습, 학습 과정에 대한 성찰을 중심으로 역량 함양 교과 교육과정을 개발하였다. 즉, 핵심 아이디어를 중심으로 학습 내용을 적정화하고 교과 내 영역 간 내용 연계성을 강화하며, 학생의 삶과 연계한 실생활 맥락 속에서 깊이 있는 학습을 지원한다.

둘째, 다양한 문제해결 상황에 대해 스스로 문제를 인식하고 해결 방법을 탐구하여 자신만의 방식으로 과정을 실천하는 학습자 주도성을 강조하였다. 이를 위해 비판적 질문, 토의·토론 수업, 협업 수업 등 자기 능력과 속도에 맞춘 학습 역량을 기를 수 있도록 다양한 학생 주도형 수업으로 개선하고, 학습 내용뿐만 아니라 준비와 태도, 학생 간의 상호작용, 사고 및 행동의 변화 등을 지속해서 평가하는 등 학습 과정을 중시하는 평가와 개별 맞춤형 피드백 등을 강화하였다.

2022 개정 교육과정의 학교급별 주요 개정 내용은 다음과 같다.

초등학교의 경우, 1~2학년(군)에 입학 초기 적응활동을 개선하고, 한글 해득 교육과 실외 놀이 및 신체활동 내용을 강화하였다. 초등학교 1학년 입학 초기 적응활동을 통합교과(바른 생활, 슬기로운 생활, 즐거운 생활)와 창의적 체험활동 시간으로 내용을 체계화하고, 기초 문해력 강화 및 한글 해득 교육을 위한 국어 34시간을 증배하였다. 1~2학년의 안전교육은 64시간을 유지하되, 통합교과와 연계하여 재구조화하고, 교과와 창의적 체험활동을 통해 학생 발달 수준에 맞는 체험·실습형 안전교육이 이루어지도록 개선하였다. 또한, 초등학생들의 발달 특성에 적합한 실질적 움직임 기회 제공을 위해 '즐거운 생활' 교과에 실내·외 놀이 및 신체활동을 강화하였다. 다음은 2022 개정 교육과정의 초등학교 시간 배당표이다.

〈표 11-6〉 초등학교 시간 배당

| 구 분 | | 1~2학년 | 3~4학년 | 5~6학년 |
|---|---|---|---|---|
| 교과(군) | 국어 | 국어 482 | 408 | 408 |
| | 사회/도덕 | | 272 | 272 |
| | 수학 | 수학 256 | 272 | 272 |
| | 과학/실과 | 바른 생활 144 | 204 | 340 |
| | 체육 | 슬기로운 생활 224 | 204 | 204 |
| | 예술(음악/미술) | | 272 | 272 |
| | 영어 | 즐거운 생활 400 | 136 | 204 |
| | 소계 | 1,506 | 1,768 | 1,972 |
| 창의적 체험활동 | | 238 | 204 | 204 |
| 학년군별 총 수업 시간 수 | | 1,744 | 1,972 | 2,176 |

특히 초등학교 1, 2학년의 경우, 2015 개정 교육과정에 비해 안전한 생활을 포함한 창의적 체험활동 및 국어, 초등 통합교과의 재구조화가 이루어졌다.

| 1~2학년 | | 2015 개정 교육과정 | | 2022 개정 교육과정 |
|---|---|---|---|---|
| 교과(군) | 국어 | 448 | | 482(+34) |
| | 수학 | 256 | | 256 |
| | 바른 생활 | 128 | | 144(+16) |
| | 슬기로운 생활 | 192 | ➡ | 224(+32) |
| | 즐거운 생활 | 384 | | 400(+16) |
| | 소계 | 1,408 | | 1,506 |
| 창의적 체험활동 | | 336(안전한 생활 포함) | | 238(−98) |
| 총 수업 시간 수 | | 1,744 | | 1,744 |

중학교의 경우는 자유학기(1학년) 편성 영역 및 운영 시간을 적정화하고, 학교스포츠클럽 활동의 의무 편성 시간을 적정화하여 학교 교육과정 편성·운영의 어려움을 해소하였다. 고등학교로 진학하기 전 중학교 3학년 2학기를 중심으로, 고등학교에서 교과별로 배울 학습 내용과 진로 및 이수 경로 등을 학습할 수 있도록 진로연계교육을 도입하고 자유학기와 연계하여 운영한다. 다음은 2022 개정 교육과정의 중학교 시간 배당표이다.

〈표 11-7〉 중학교 시간 배당

| 구 분 | | 1~3학년 |
|---|---|---|
| 교과(군) | 국어 | 442 |
| | 사회(역사 포함)/도덕 | 510 |
| | 수학 | 374 |
| | 과학/기술·가정/정보 | 680 |
| | 체육 | 272 |
| | 예술(음악/미술) | 272 |
| | 영어 | 340 |
| | 선택 | 170 |
| | 소계 | 3,060 |
| 창의적 체험활동 | | 306 |
| 총 수업 시간 수 | | 3,366 |

고등학교는 학점 기반 선택 교육과정으로 명시하고, 한 학기에 과목 이수와 학점 취득을 완결할 수 있도록 재구조화하였다. 학기 단위 과목 운영에 따라 과목의 기본 학점을 4학점(체육, 예술, 교양은 3학점)으로 조정하고, 증감 범위도 ±1로 개선하여 학생이 진로에 적합한 과목을 이수할 수 있도록 개선하였다. 학습자의 진로와 적성을 중심으로 비판적 질문, 실생활 문제해결, 주요 문제 탐구 등을 위한 글쓰기, 주제 융합 수업 등 실제적 역량을 기를 수 있도록 다양한 진로선택과 융합선택과목을 신설하고 재구조화하였다. 특수목적고에서 개설되었던 전문교과Ⅰ은 일반고

학생들도 진로와 적성에 따라 선택할 수 있도록 보통교과로 통합하였고, 특성화고 교육과정은 미래 직업세계 변화에 요구되는 기초소양 및 핵심역량을 갖출 수 있도록 전문 공통과목을 확대하고 전공 일반, 전공 실무 과목으로 재구조화하였다. 2022 개정 교육과정의 고등학교 시간 배당표를 제시하면 〈표 11-8〉과 같다.

〈표 11-8〉 고등학교 시간 배당

| 교과(군) | 공통 과목 | 필수 이수 학점 | 자율 이수 학점 |
|---|---|---|---|
| 국어 | 공통국어1, 공통국어2 | 8 | 학생의 적성과 진로를 고려하여 편성 |
| 수학 | 공통수학1, 공통수학2 | 8 | |
| 영어 | 공통영어1, 공통영어2 | 8 | |
| 사회(역사/도덕 포함) | 한국사1, 한국사2 | 6 | |
| | 통합사회1, 통합사회2 | 8 | |
| 과학 | 통합과학1, 통합과학2<br>과학탐구실험1, 과학탐구실험2 | 10 | |
| 체육 | | 10 | |
| 예술 | | 10 | |
| 기술·가정/정보/제2외국어/한문/교양 | | 16 | |
| 소계 | | 84 | 90 |
| 창의적 체험활동 | | 18(288시간) | |
| 총 이수 학점 | | 192 | |

① 1학점은 50분을 기준으로 하여 16회를 이수하는 수업량이다.
② 1시간의 수업은 50분을 원칙으로 하되, 기후 및 계절, 학생의 발달 정도, 학습 내용의 성격, 학교 실정 등을 고려하여 탄력적으로 편성·운영할 수 있다.
③ 공통 과목의 기본 학점은 4학점이며, 1학점 범위 내에서 감하여 편성·운영할 수 있다. 단, 한국사1, 2의 기본 학점은 3학점이며 감하여 편성·운영할 수 없다.
④ 과학탐구실험1, 2의 기본 학점은 1학점이며 증감 없이 편성·운영하는 것을 원칙으로 한다. 단, 과학, 체육, 예술 계열 고등학교의 경우 학교 실정에 따라 탄력적으로 운영할 수 있다.

> ⑤ 필수 이수 학점 수는 해당 교과(군)의 최소 이수 학점이다. 특수 목적 고등학교의 경우 예술 교과(군)는 5학점 이상, 기술·가정/정보/제2외국어/한문/교양 교과(군)는 12학점 이상 이수하도록 한다.
> ⑥ 국어, 수학, 영어 교과의 이수 학점 총합은 81학점을 초과하지 않도록 하며, 교과 이수 학점이 174학점을 초과하는 경우에는 초과 이수 학점의 50%를 넘지 않도록 한다.
> ⑦ 창의적 체험활동의 학점 수는 최소 이수 학점이며 ( )안의 숫자는 이수 학점을 시간 수로 환산한 것이다.
> ⑧ 총 이수 학점 수는 고등학교 졸업을 위해 3년간 이수해야 할 최소 이수 학점을 의미한다.

2022 개정 특수교육 교육과정은 기본 교육과정의 성격 확립, 장애 정도가 심한 학생을 위한 '일상생활 활동' 신설, 통합교육을 위한 교육과정 지원 확대 등을 제시하여, 학생의 장애 특성 및 교육적 요구 등을 고려한 맞춤형 교육과정을 마련하였다. 총론의 주요 내용은 다음과 같다. 첫째, 학생의 장애 특성 및 교육적 요구 등을 고려하여 기본 교육과정의 성격을 대안형 교육과정에서 학생 맞춤형 교육과정으로 확립하는 것이다. 이를 위해 현행 교과(군)별 30% 범위 시수 증감 가능 범위를 교과(군)별, 창의적 체험활동, 일상생활 활동 간 50% 범위에서 시수 증감이 가능하게 하였다. 또한 실생활 중심의 내용으로 구성된 일상생활 활동을 신설하여, 장애가 심한 학생을 위한 교육을 강화하였다. 둘째, 배치환경에 따른 교육적 지원을 강화하였다. 일반학교는 초·중등학교 교육과정을 재구성하고, 특수교육 교과용 도서를 활용할 수 있는 지침을 마련하는 등 특수교육 대상 학생의 공통 교육과정 접근을 확대하였다. 특수학교는 공통 및 선택중심 교육과정과 기본 교육과정을 병행할 수 있도록 하여 감각장애 또는 장애가 심한 학생의 교육적 요구를 반영하였다. 또한 순회교육은 시·도교육청 차원의 교육과정 편성·운영 지침을 마련할 때 순회교육 대상 학생의 교육적 요구를 고려할 수 있도록 하였다. 셋째, 학생의 장애 특성 및 교육적 요구, 고등학교 졸업 후 가정생활 및 지역 사회 적응 준비 등을 위한 과목을 신설하거나 전환하였다.

이러한 총론의 개정 취지와 각론 간의 연계성을 강화하기 위해 국가 교육과정으로서의 문서 체제 및 내용체계의 일관성은 유지하면서 학생의 장애 특성 및 교육적 요구 등을 반영하였다. 이를 위해 현행 교육과정 대비 성취기준 수를 약 20%

감축하고, 실생활 중심 교육 내용 구성으로 학습량과 수준을 적정화하여 장애 정도가 심한 학생의 학습 부담을 경감하였다(교육부, 2022a).

## 요약

우리나라의 국가 교육과정은 시대 흐름에 따라 많은 변화와 발전을 거듭해 왔다. 이러한 변화와 발전에 초점을 두고, 국가 교육과정에서는 수시 개정 체제 이전의 교육과정과 2007 개정, 2009 개정, 2015 개정, 2022 개정 교육과정을 순서대로 주요 특징을 중심으로 설명하였다.

수시 개정 체제 이전은 교육에 대한 긴급 조치기, 교수요목 시기, 제1차~제7차 교육과정 시기로 구분하여 각각의 특징을 중심으로 설명하였다. 2007 개정 교육과정은 제7차 교육과정의 기본 철학과 체제를 유지하면서 그동안 운영 과정에서 제기된 문제점을 개선하는 데 중점을 두었고, 2009 개정 교육과정은 국가교육과학기술자문회의가 마련한 미래형 교육과정 구상의 현장 적응 방안으로 출발하였다. 또한, 2015 개정 교육과정은 창의융합형 인재가 중점적으로 갖추어야 할 핵심역량이 제시되었으며, 2022 개정 교육과정은 2015 개정 교육과정의 큰 틀에서 연속성을 유지하면서 미래 교육의 방향에 대해 새로운 아이디어들을 제시하며 문서 체제에서도 변화를 시도하였다.

## 생각해 봅시다

1. 우리나라 교육과정의 전반적인 변화 흐름을 설명해 봅시다.
2. 수시 개정 체제 이전과 이후의 교육과정을 설명해 봅시다.
3. 2007 개정과 2009 개정 교육과정의 주요 특징을 중심으로 비교해 봅시다.
4. 2015 개정과 2022 개정 교육과정의 주요 특징을 중심으로 비교해 봅시다.
5. 2022 개정 교육과정의 주요 특징을 학교급으로 구분하여 설명해 봅시다.

# 12 Chapter 교과서 제도

**학습내용**

1. 교과서의 개념
2. 교과서의 유형
3. 교과서 제도
4. 교과서 발전 방향

학교교육에서 교과서는 일반적으로 교육과정에 따라 편찬된 학생용 학습자료를 의미한다(권낙원 외, 2011). 우리나라의 경우 교과서 제도의 타당성과 효율성에 대한 많은 논쟁, 시대적·사회적 변화에 따라 전자 교과서를 비롯한 교과서 형태들의 변화 등 교과서에 대한 형태와 인식이 과거와는 다르게 패러다임이 변화하고 있다. 이러한 관점에서, 이 장에서는 교과서의 역할과 기능을 포함한 개념, 유형, 체제와 제도 등의 기초개념과 교과서 발전 방향을 순서대로 살펴보고자 한다.

## 1 교과서의 개념

「초·중등교육법」 제29조 제2항에 따라 각 학교의 교과용 도서의 범위·저작·검정·인정·발행·공급·선정 및 가격결정에 관하여 필요한 사항을 규정한 「교과용 도서에 관한 규정(대통령령 제33829호)」에 따르면, 교과용 도서는 교과서와 지도서를 말한다.

「교과용도서에 관한 규정(대통령령 제33829호)」에 근거한 교과서 개념은 학교에서 학생들의 교육을 위하여 사용되는 학생용의 서책, 지능정보화 기술을 활용한 학습지원 소프트웨어(디지털교과서) 및 그 밖에 음반·영상 등의 전자저작물 등을 말한다. 또한, 지도서는 학교에서 학생들의 교육을 위하여 사용되는 교사용의 서책 및 그 밖에 음반·영상 등의 전자저작물 등을 말한다.

이러한 정의를 바탕으로 법령에 따른 교과용 도서의 종류와 교과용 도서의 분류를 주요 시기 변화에 따라 정리하면 〈표 12-1〉과 같다.

〈표 12-1〉 주요 시기별 교과용 도서의 종류와 분류

| 주요 시기 | 교과용 도서의 종류 | 교과용 도서의 분류 |
|---|---|---|
| 1950 | • 학생용도서<br>• 교사용도서(국정)<br>• 교수용 괘도 등(인정) | • 사용 주체 및 방식: 학생용, 교사용, 교수용<br>• 외형체제: 도서, 교구 |
| 1963 | • 학생용도서<br>• 교사용도서(국정) | • 사용 주체: 학생용, 교사용<br>• 외형체제: 도서 |
| 1970 | • 교과서(국 · 검정): 학생용, 교사용 도서<br>• 교과서 이외(인정): 학생용, 교사용 도서 | • 사용 주체: 학생용, 교사용<br>• 외형체제: 도서 |
| 1977 | • 지도서, 인정도서 | • 사용 주체: 학생용, 교사용<br>• 외형체제: 도서 |
| 1997 | • 교과서, 지도서, 인정도서 | • 사용 주체: 학생용, 교사용<br>• 외형체제: 도서, 음반·영상 저작물 등<br>• 중요(중심) 정도: 주된 교재, 보완 교재(음반·영상 저작물 등) |
| 2002 | • 교과서, 지도서 | • 용도(사용 주체): 교과서(학생용), 지도서(교사용)<br>• 외형체제: 서책·음반·영상 저작물 등 |

이상에서 살펴본 바와 같이, 교과서는 좁은 의미에서는 교과서·지도서 및 인정도서를 말하며, 넓은 의미로는 학교에서 교육을 위하여 사용되는 학생용의 주된 교재와 그 교재를 보완하는 음반, 영상, 전자저작물 등을 의미한다고 할 수 있다.

이렇듯 교과서의 개념과 역할은 많은 변화가 있었는데, 그 가운데 가장 큰 변화는 교과서가 점점 교재(敎材)로부터 학습재(學習材)로 변화한다는 것이다. 교과서가 지

금까지의 학습에 있어서 주된 교재의 기능보다는 학습재로서의 기능을 중시하는 방향으로 편찬되고 사용해야 한다는 점이 더욱 강조된다. 이에 반하여 지도서란 학교에서 학생들의 교육을 위하여 사용되는 교사용의 서책, 음반, 영상 및 저작물 등을 말한다(김대현·김석우, 2009).

또한, 교과서의 개념과 관련하여 함수곤 외(2003)는 교과서를 다음과 같이 정의하고 있다.

첫째, 교과서는 어느 한 사회나 국가의 교육이념이나 교육 목적을 달성하기 위해 교육과정의 기본 정신에 알맞게 편집된 학습자료로서 학생용 도서이다.

둘째, 교과서는 학교 교육의 장에서 사용되는 여러 가지 교재 중에서 가장 계통적으로 만들어진 중요한 교재 가운데 하나이다.

셋째, 교과서는 학생들이 배우는 데 도움이 되도록 교과 영역의 학습 내용을 책자로 담은 것이다.

넷째, 교과서는 교육의 내용을 체계적·포괄적으로 균형 있게 담고 있는 공식화된 교수·학습 자료이다.

다섯째, 교과서는 교과가 지니는 지식과 경험의 체계를 쉽고, 명확하며 간결하게 편집해서 학교에서 학생들이 학습의 기본 자료로 사용할 수 있도록 제작한 교재이다.

여섯째, 학교 교육상 교육과정에 따라 주된 교재로 사용하기 위해 편찬한 도서로서 교사용 도서와 학생용 도서, 1종 교과서와 2종 교과서(국정 교과서와 검정 교과서), 인정 교과서 등이 있다.

이와 같이 교과서는 교육과정의 복잡 다양한 교육목표를 달성하는 데 있어서 기본적이고 중심적이며 경제적이고 간편한 자료임은 틀림없다. 이러한 측면에서 함수곤(2009)은 교과서의 주요 역할을 다음과 같이 설명한다.

첫째, 교과서는 학습자의 학습동기와 의욕을 유발하는 역할을 한다.

둘째, 교과서는 학습과제의 기본 골격을 제시하고 학습에 필요한 자료와 정보를 제공하는 역할을 한다.

셋째, 교과서는 학습방법과 순서, 절차 등을 암시하거나 안내하는 역할을 한다.

넷째, 교과서를 통해 학습자가 연습과 학습 결과를 정리할 수 있게 해주는 역할을 한다.

다섯째, 교과서는 학습자에게만 아니라 교사에게도 학습 진행의 나침반 역할을 한다.

교과서의 기능과 특징을 간단히 제시하면 〈표 12-2〉와 같다.

〈표 12-2〉 교과서의 기능과 특징(출처: 김대현, 2011)

| 교과서의 기능 | 특징 |
|---|---|
| 교과내용의 제시 | 학생들이 학습할 내용을 선택하고 조직하여 배우기 쉬운 순서와 형태로 제시하는 기능 |
| 탐구과정의 유도 | 교과서에 제시된 학습 내용은 산출된 결과로써의 지식 체계이므로 그 지식을 산출하게 된 탐구과정과 함께 학습하도록 유도하는 기능 |
| 구조화 | 내용을 체계적으로 제시하여 학생들이 계속해서 학습하는 내용을 스스로 재검토하고 재조직할 수 있는 기회를 제공하는 기능 |
| 학습자료의 제시 | 학습 내용의 이해를 돕기 위해 많은 자료를 명확한 관계 속에서 제시하고 그 관계 등을 설명해 주는 기능 |
| 학습동기 유발 | 학습자의 상태를 변화시켜 학습과제에 보다 많은 관심과 흥미를 갖도록 하는 기능 |
| 연습문제 및 탐구과제의 제시 | 한 단계의 학습이 끝난 뒤 보다 심화된 학습을 유도하고 학습자의 자발적인 학습을 돕기 위한 기능 |

## 2 교과서의 유형

교과서는 일반적으로 교과서에 실린 내용, 부족하거나 강조하고 있는 점, 실제 수업에서 어떻게 작용하는가에 따라 정보중심형, 실험중심형, 절충형 또는 정보기능형, 구조화 기능형, 학습법 기능형 등으로 구분한다(함수곤, 2009). 또한, 정보 제공형, 연습문제 및 탐구과제 제시형, 절충형 등으로 구분하기도 한다.

첫째, 정보 제공형은 학습자에게 가치가 있는 진실된 정보를 제시하고 이를 전달하는 교과서 유형으로 지식과 정보의 제약이 없어 많은 양을 다룰 수 있고, 교사는 지식을 전달하고 학생은 수동적으로 암기하고 수용하는 수업 형태에서 이용된다. 둘째, 연습문제 및 탐구과제 제시형은 구조화되고 정선된 지식, 능력에 도움이 되는 절차적 지식을 포함한 것으로 학생중심의 활동이 이루어지는 수업 형태에서 사용된다. 셋째, 절충형은 연습문제 및 탐구과제 제시형과 거의 유사하나 교사와 학생의 상호작용이 더 많다는 특징이 있다(김대현, 2011). 이에 대한 구체적인 설명은 〈표 12-3〉과 같다.

〈표 12-3〉 교과서의 유형 구분과 특징

| 구분 | 특징 |
| --- | --- |
| 정보 제공형 | • 학습자에게 가치가 있는 진실된 정보를 제시하고 전달하는 유형<br>• 지식과 정보의 제약이 없어 많은 양을 다룰 수 있음<br>• 교사는 지식을 전달하고, 학생은 주로 수동적으로 암기하고 수용함 |
| 연습문제 및 탐구과제 제시형 | • 구조화되고 정선된 지식과 능력 향상에 도움이 되는 절차적 지식을 포함함<br>• 학생중심 활동이 이루어지는 수업 형태에서 주로 사용함<br>• 교사는 지식을 이해하고, 학생들이 학습 내용이나 절차 및 해결 방법을 내면화할 수 있도록 그 과정을 구성할 수 있어야 함 |
| 절충형 | • 연습문제 및 탐구과제 제시형과 거의 유사함<br>• 교사와 학생의 상호작용이 많은 부분을 차지함 |

이러한 서책형 교과서 외에 최근 교과서에 대한 정책은 교과서의 체제를 다양화하고 자율화하며, 최신의 기술 발전을 반영한 디지털교과서 관련 정책이 큰 흐름을 형성하고 있다. 우리나라에서 디지털교과서라는 용어는 디지털교과서 상용화 개발 본격 착수(교육부, 2011)를 시행하면서 사용하기 시작하였다.

디지털교과서란 교과서 내용을 디지털화한 교과서로 전자 매체에 수록해 정보통신망을 통해 시·공간의 제약 없이 볼 수 있게끔 개발한 교과서이다. 급속한 사회 변화로 인해 교육과정이 수시 개정되고 있기 때문에 서책형 교과서는 급변하는 변화에 맞추어 교과 내용을 필요한 시기에 보완하는 데 어려움이 있다고 지적하면서 디지털교과서를 개발하여 학교 현장에 적용해 왔다. 이후 교육부는 스마트 교육 추진 전략 실행 계획에 디지털교과서 개발 및 적용에 관한 교육 내용, 온라인 수업 활성화 및 온라인 평가 체제 구축을 포함한 교육방법 및 평가 등을 주요 내용으로 발표하였다(교육부, 2011). 이때 디지털교과서는 서책형 교과서를 바탕으로 멀티미디어 자료, 학습 사전, 보충 학습자료, 학습 참고자료, e-교과서 등 다양한 학습자료가 포함된 형태를 의미했다. 이에 대한 그림 설명은 다음과 같다.

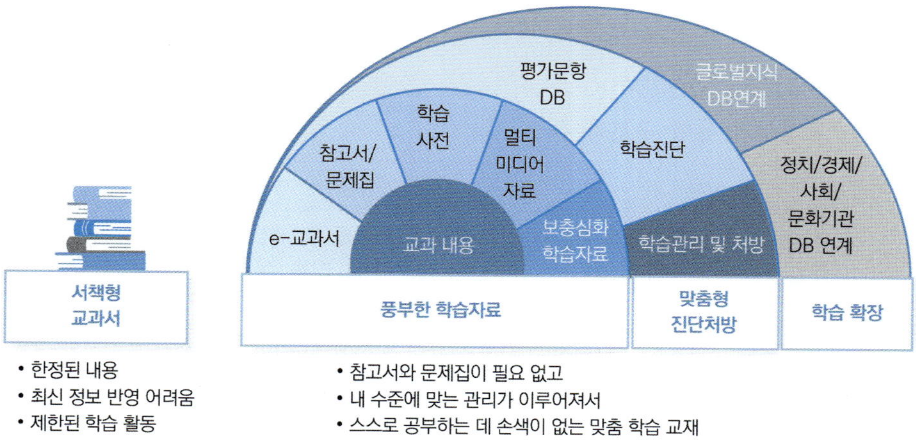


[그림 12-1] **디지털 개념도, 스마트 교육 추진 전략**(출처: 교육부, 2011)

## 3 교과서 제도

교과서 제도란 교과서를 편찬 및 발행하고 제작된 교과서를 공급하기 위한 과정 및 결과와 이에 대한 행정조치를 의미한다. 한 나라의 교과서 제도는 교과서 편찬 제도와 공급 제도로 나누어 설명할 수 있다(김대현, 2011).

교과서 편찬이란 여러 자료를 수집하고 정리하여 책으로 만들어 내는 것을 의미하며, 우리나라 교과서 편찬 제도는 국가의 관여 정도나 방식에 따라 분류하는 것이 적절하다. 교육부는 교과용 도서 편찬 방향에 대해 목표, 기본 방향, 주요 내용을 중심으로 유의점을 발표하였다(교육부, 2023a). 이에 대한 설명을 요약하면 〈표 12-4〉와 같다.

〈표 12-4〉 **교과용 도서 편찬 방향**(출처: 교육부, 2023a)

| 구분 | 내용 |
|---|---|
| 목표 | 미래 변화에 대응하는 학습자중심의 교과용 도서 개발 및 보급을 통해, 자기주도성·창의와 혁신·포용과 시민성을 갖춘 인재 육성 |
| 기본 방향 | 미래 변화에 대응하는 창의적이고 혁신적인 인재 육성에 적합하며, 학습자의 자기주도성과 소통·협력을 이끄는 교과용 도서 개발 |
| 주요 내용 | • 교육과정을 충실히 구현하는 교과용 도서 편찬(추구하는 인간상, 교과 교육과정의 구현)<br>• 미래 사회가 요구하는 핵심역량을 갖춘 창의적·혁신적 인재 육성에 적합한 교과용 도서 편찬(미래 사회가 요구하는 핵심역량과 기초소양 함양, 창의적·혁신적으로 사고하고 행동하는 인재 육성)<br>• 실생활 맥락에서 학습자의 삶과 성장을 지원하고, 자기주도적 학습이 용이한 참신하고 질 높은 교과용 도서(일상생활과 연계, 학습자의 삶과 성장 지원, 이해하기 쉽고 재미있는 구성) |

교과서 편찬 체제는 그 나라의 역사적, 사회적 상황에 따라 다르게 성립되고 변화된다. 또한, 시간의 변화에 따라 한 나라에서도 다른 교과서 체제로 발전하기도 한다. 우리나라의 경우 국정과 검정을 기본 골격으로 성립되었지만, 현재는 자유발행 적용 인정도서까지 교과서 운용의 폭이 넓어졌다. 다음은 국가 주도형의 한 축과 민간 주도형의 한 축으로 구분하여 제시한 그림이다.

[그림 12-2] **교과서 편찬 체제**(출처: 박창언, 2017)

우리나라 교과서에는 국정도서(교과부가 저작권을 가진 교과용 도서)와 검정도서(교육부장관의 검정을 받은 교과용 도서), 그리고 인정도서(국정도서나 검정도서가 없는 경우 또는 이를 사용하기 곤란하거나 보충할 필요가 있는 경우에 사용하기 위하여 교육부장관의 인정을 받은 교과용 도서) 세 종류가 있다. 이에 대한 구체적인 설명은 〈표 12-5〉와 같다.

〈표 12-5〉 **현행 도서의 구분**(출처: 홍후조, 2011에서 재구성)

| 구분 | 국정도서 | 검정도서 | 인정도서 |
|---|---|---|---|
| 국가 관여 | 교과서의 저작에 직접 관여 | 교과서의 저작에 간접 관여 | 교과서의 사용에 직간접 관여 |
| 저작 편찬 | 교육부가 저작·편찬한 교과서의 지도서 | 개별 교재 발행사와 저작자가 저작하여 교육부장관의 검정을 받은 교과서와 지도서 | 개별 교재 발행사와 저작자가 저작하여 교육감 또는 교육부장관의 인정을 받은 교과서와 지도서 |
| 발행 | 교육부장관으로부터 발행권을 부여받은 자(기관, 개인) | 검정 교과서협회(공동발행, 공동생산) | 개별 교재 발행사 |

국정도서는 국가가 직접 저작하거나 교육부의 위탁을 받은 기관이나 저작자들이 저작하는 교과서 발행 제도로서 편찬 계획, 연구 개발, 심의, 발행과 공급에 이르기까지 국가에서 관장한다. 현재 우리나라 초등학교의 경우 국정 교과서와 지도서는 〈표 12-6〉과 같다.

〈표 12-6〉 초등학교 국정 교과서(출처: 교육부, 2023b)

| 교과(군) | 교과서 | | |
|---|---|---|---|
| | 1~2학년 | 3~4학년 | 5~6학년 |
| 바른 생활<br>슬기로운 생활<br>즐거운 생활 | 교과서 ①~⑫<br>【12책】 | | |
| 국어 | 국어 1-1, 1-2, 2-1, 2-2<br>국어활동 1-1, 1-2, 2-1, 2-2<br>【8책】 | 국어 3-1, 3-2, 4-1, 4-2<br>국어활동 3-1, 3-2, 4-1, 4-2<br>【8책】 | 국어 5-1, 5-2, 6-1, 6-2<br>【4책】 |
| 사회/도덕 | | 도덕 3, 4<br>【2책】 | 도덕 5, 6<br>【2책】 |
| 수학 | 수학 1-1, 1-2, 2-1, 2-2<br>수학익힘 1-1, 1-2, 2-1, 2-2<br>【8책】 | | |
| 총계 | 28책 | 10책 | 6책 |
| | 44책 | | |

| 교과(군) | 지도서 | | |
|---|---|---|---|
| | 1~2학년 | 3~4학년 | 5~6학년 |
| 바른 생활<br>슬기로운 생활<br>즐거운 생활 | 지도서 1-1, 1-2, 2-1, 2-2<br>(전자저작물 포함)<br>【4책】 | | |
| 국어 | 국어 지도서 1-1, 1-2, 2-1, 2-2<br>(전자저작물 포함)<br>【4책】 | 국어 지도서 3-1, 3-2, 4-1, 4-2<br>(전자저작물 포함)<br>【4책】 | 국어 지도서 5-1, 5-2, 6-1, 6-2<br>(전자저작물 포함)<br>【4책】 |
| 사회/도덕 | | 도덕 지도서 3, 4<br>(전자저작물 포함)<br>【2책】 | 도덕 지도서 5, 6<br>(전자저작물 포함)<br>【2책】 |
| 수학 | 수학 지도서 1-1, 1-2, 2-1, 2-2<br>(전자저작물 포함)<br>【4책】 | | |
| 총계 | 12책 | 6책 | 6책 |
| | 24책 | | |

이러한 국정도서의 개발 및 편찬 절차는 [그림 12-3]과 같다.

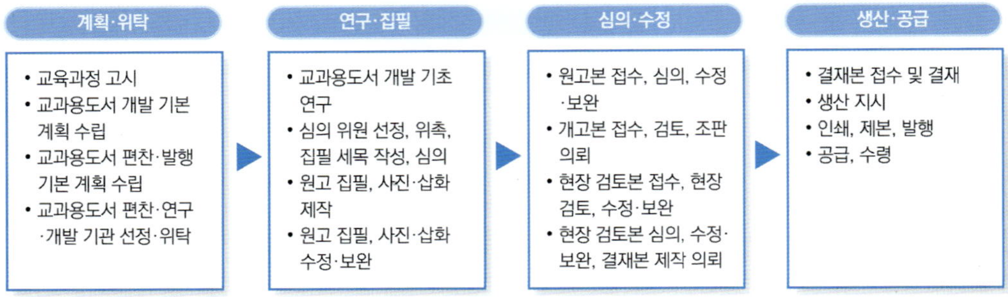


[그림 12-3] 국정도서의 개발 및 편찬 절차(출처: 교육부, 2016)

검정도서는 교과서 저작에 국가나 그 업무 위임을 받은 공공기관이 간접적으로 관여하는 방식으로 국가가 교육과정과 검정 기준을 미리 제시하고 일반 민간의 교재 발행사가 교과서를 제작한다. 또한, 국가 기관이 교과용 도서로서 적합한지의 여부를 일정한 절차나 기준을 거쳐 심사한다. 현재 우리나라의 초·중·고 검정 교과서는 〈표 12-7〉, 〈표 12-8〉, 〈표 12-9〉와 같다.

〈표 12-7〉 초등학교 검정 교과서(출처: 교육부, 2023a)

| 교과(군) | 교과서 | | 지도서 | |
|---|---|---|---|---|
| | 3~4학년 | 5~6학년 | 3~4학년 | 5~6학년 |
| 사회/도덕 | 사회 3-1, 3-2, 4-1, 4-2<br>【4책】 | 사회 5-1, 5-2, 6-1, 6-2<br>사회 부도 5~6<br>【5책】 | 사회 지도서 3-1, 3-2, 4-1, 4-2 (전자저작물 포함)<br>【4책】 | 사회 지도서 5-1, 5-2, 6-1, 6-2 (전자저작물 포함)<br>【4책】 |
| 수학 | 수학 3-1, 3-2, 4-1, 4-2<br>수학익힘 3-1, 3-2, 4-1, 4-2<br>【8책】 | 수학 5-1, 5-2, 6-1, 6-2<br>수학익힘 5-1, 5-2, 6-1, 6-2<br>【8책】 | 수학 지도서 3-1, 3-2, 4-1, 4-2 (전자저작물 포함)<br>【4책】 | 수학 지도서 5-1, 5-2, 6-1, 6-2 (전자저작물 포함)<br>【4책】 |
| 과학/실과 | 과학 3-1, 3-2, 4-1, 4-2<br>실험관찰 3-1, 3-2, 4-1, 4-2<br>【8책】 | 과학 5-1, 5-2, 6-1, 6-2<br>실험관찰 5-1, 5-2, 6-1, 6-2<br>【8책】 | 과학 지도서 3-1, 3-2, 4-1, 4-2 (전자저작물 포함)<br>【4책】 | 과학 지도서 5-1, 5-2, 6-1, 6-2 (전자저작물 포함)<br>【4책】 |
| | | 실과 5, 6<br>【2책】 | | 실과 지도서 5, 6<br>【2책】 |
| 체육 | 체육 3, 4<br>【2책】 | 체육 5, 6<br>【2책】 | 체육 지도서 3, 4<br>【2책】 | 체육 지도서 5, 6<br>【2책】 |

| | | | | |
|---|---|---|---|---|
| 예술<br>(음악/미술) | 음악 3, 4<br>【2책】 | 음악 5, 6<br>【2책】 | 음악 지도서 3~4<br>(전자저작물 포함)<br>【1책】 | 음악 지도서 5~6<br>(전자저작물 포함)<br>【1책】 |
| | 미술 3, 4<br>【2책】 | 미술 5, 6<br>【2책】 | 미술 지도서 3~4<br>【1책】 | 미술 지도서 5~6<br>【1책】 |
| 영어 | 영어 3, 4<br>【2책】 | 영어 5, 6<br>【2책】 | 영어 지도서 3, 4<br>(전자저작물 포함)<br>【2책】 | 영어 지도서 5, 6<br>(전자저작물 포함)<br>【2책】 |
| 총계 | 28책 | 31책 | 18책 | 20책 |
| | 59책 | | 38책 | |

〈표 12-8〉 중학교 검정 교과서(출처: 교육부, 2023a)

| 교과(군) | 교과서(1~3학년) | |
|---|---|---|
| 국어 | 국어 1-1, 1-2, 2-1, 2-2, 3-1, 3-2 | 【6책】 |
| 사회(역사 포함)/도덕 | 사회 ①, ②<br>사회 부도<br>역사 ①, ②<br>역사 부도 | 【6책】 |
| | 도덕 ①, ② | 【2책】 |
| 수학 | 수학 1, 2, 3 | 【3책】 |
| 과학/기술·가정/정보 | 과학 1, 2, 3 | 【3책】 |
| 영어 | 영어 1, 2, 3 | 【3책】 |
| 총계 | 23책 | |

〈표 12-9〉 고등학교 검정 교과서(출처: 교육부, 2023a)

| 교과(군) | 교과서 | |
|---|---|---|
| | 공통 과목 | 일반 선택 |
| 국어 | 공통국어1<br>공통국어2 【2책】 | 화법과 언어<br>독서와 작문<br>문학 【3책】 |
| 수학 | 공통수학1<br>공통수학2 【2책】 | 대수<br>미적분 I<br>확률과 통계 【3책】 |
| 영어 | 공통영어1<br>공통영어2 【2책】 | 영어 I<br>영어 II<br>영어 독해와 작문 【3책】 |
| 사회<br>(역사/도덕 포함) | 한국사1<br>한국사2<br>통합사회1<br>통합사회2 【4책】 | 세계시민과 지리<br>세계사<br>사회와 문화<br>현대사회와 윤리 【4책】 |

<table>
<tr><td rowspan="1">과학</td><td>통합과학1<br>통합과학2<br>과학탐구실험1<br>과학탐구실험2 【4책】</td><td>물리학<br>화학<br>생명과학<br>지구과학 【4책】</td></tr>
<tr><td rowspan="2">총계</td><td>14책</td><td>17책</td></tr>
<tr><td colspan="2">31책</td></tr>
</table>

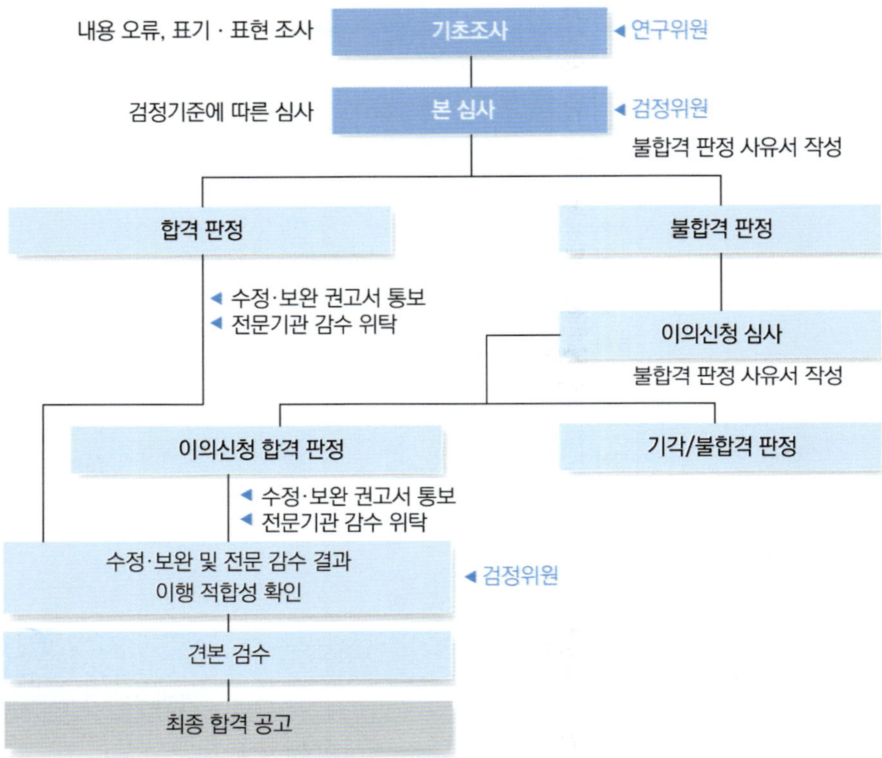


**[그림 12-4] 교과용 도서 검정 심사 절차**(출처: 한국교육과정평가원, 2018)

인정도서는 교과서의 사용에 국가가 관여하는 방식이기는 하나, 민간 저작 도서에 대하여 국가 기관이 사용 여부를 심사, 결정하는 제도이다. 이에 대해 교육부(2023a)는 교과용 도서 자체검증결과서를 작성하여 제출하도록 하고 있다. 이에 대한 구성은 〈표 12-10〉과 같다.

〈표 12-10〉 교과용 도서 자체검증결과서(출처: 교육부, 2023a에서 재구성)

| 구분 | 내용 |
|---|---|
| 교육과정의 준수 | 1. 교육과정에 제시된 성격, 목표, 내용 체계, 성취기준, 교수·학습 방법, 평가를 충실히 반영하였다. |
| 내용의 선정 및 조직 | 1-1. 학습자의 발달 수준을 고려할 때 내용의 수준과 범위는 적절하다.<br>1-2. 교과 특성 및 내용 체계를 고려할 때 학습량은 적절하다.<br>2. 학습자의 관점에서 이해하기 쉽게 교육 내용을 기술/구성하였다.<br>3-1. 학습의 위계성을 고려하여 교육 내용을 구성하였다.<br>3-2. 내용 요소 간의 연계성을 가지도록 교육 내용을 구성하였다.<br>4-1. 학생들이 배운 내용을 실생활에 적용할 수 있도록 교육 내용을 구성하였다.<br>4-2. 교과 역량(또는 직무능력) 함양이 가능하도록 교육 내용을 구성하였다.<br>5. 융·복합적 사고 촉진이 가능하도록 교육 내용을 구성하였다.<br>6. 흥미와 관심을 유발할 수 있도록 다양한 내용(주제, 제재, 소재 등)을 선정하였다.<br>7. 학습자의 자기주도적 학습을 지원할 수 있도록 교과용 도서를 구성하였다.<br>8. 학습 과정에서 안전사고 예방과 관련한 유의 사항을 제시하였다.<br>(*실험 실습, 현장 학습 등이 포함된 과목에 한함.) |
| 내용의 정확성 및 공정성 | [교과내용의 정확성]<br>1-1. 교과용 도서에 제시한 사실은 객관적이고 정확하다.<br>1-2. 교과용 도서에 제시한 개념은 객관적이고 정확하다.<br>1-3. 교과용 도서에 제시한 용어는 객관적이고 정확하다.<br>1-4. 교과용 도서에 제시한 이론(원리, 법칙 포함)은 객관적이고 정확하다.<br>2. 평가 문항은 교과 내용 이해에 적합하고, 질문과 답에 오류가 없다. |
| | [표기 및 표현의 정확성]<br>3. 한글, 한자, 로마자, 인명, 지명, 각종 용어, 통계, 도표, 지도, 계량 단위 등은 편찬상의 유의점에 제시된 기준을 따라 정확하게 표기하였다.<br>4. 문법 오류, 부적절한 어휘 등 표현상의 오류가 없고 정확하다. |
| | [자료의 신뢰성]<br>5-1. 글, 사진, 삽화, 통계, 도표 등의 각종 자료는 해당 내용에 대한 설명으로 적합하다.<br>5-2. 글, 사진, 삽화, 통계, 도표 등의 각종 자료는 공신력 있는 최근의 것을 사용하였다.<br>5-3. 글, 사진, 삽화, 통계, 도표 등의 각종 자료는 출처를 분명히 제시하였다. |
| | [교과내용의 공정성]<br>6-1. 특정 지역이나 국가를 비방·왜곡 또는 옹호하지 않고 공정하게 기술하였다.<br>6-2. 특정 문화나 인종(민족)을 비방·왜곡 또는 옹호하지 않고 공정하게 기술하였다.<br>6-3. 특정 계층을 비방·왜곡 또는 옹호하지 않고 공정하게 기술하였다.<br>6-4. 특정 종교를 비방·왜곡 또는 옹호하지 않고 공정하게 기술하였다. |

| | |
|---|---|
| | 6-5. 특정 성(性)을 비방·왜곡 또는 옹호하지 않고 공정하게 기술하였다.<br>6-6. 특정 직업을 비방·왜곡 또는 옹호하지 않고 공정하게 기술하였다.<br>6-7. 특정 집단을 비방·왜곡 또는 옹호하지 않고 공정하게 기술하였다.<br>6-8. 특정 기관을 비방·왜곡 또는 옹호하지 않고 공정하게 기술하였다.<br>6-9. 특정 인물을 비방·왜곡 또는 옹호하지 않고 공정하게 기술하였다.<br>6-10. 특정 상품을 비방·왜곡 또는 옹호하지 않고 공정하게 기술하였다. |
| 편집디자인 | 1. 편집 디자인 및 지면 활용은 학습 효과를 높일 수 있도록 효과적으로 구성하였다. |
| 기타 | 1. 교과용 도서 발행 시 적정 가격 책정이 가능하도록 개발 및 편찬 관련 비용을 적절하고 효율적으로 기획·집행하였다. |

다음은 디지털교과서의 공통 검정기준에 대한 심사 영역과 관점을 제시한 표이다.

〈표 12-11〉 디지털교과서의 공통 검정기준(출처: 교육부, 2016)

| 심사 영역 | 심사 관점 |
|---|---|
| 헌법 정신과의 일치 | 1. 대한민국의 정통성과 국가 체제를 부정하거나 왜곡·비방하는 내용이 있는가? |
| | 2. 대한민국의 자유 민주적 기본 질서와 이에 입각한 평화 통일 정책을 부정하거나 왜곡·비방하는 내용이 있는가? |
| | 3. 대한민국의 영토가 한반도와 그 부속 도서임을 부정하거나 왜곡·비방하는 내용이 있으며, 특별한 이유 없이 '독도' 표시와 '동해' 용어 표기가 되어 있지 않은 내용이 있는가? |
| | 4. 대한민국의 국가 상징인 태극기, 애국가 등을 부정하거나 왜곡·비방하는 내용이 있으며, 바르지 않게 제시한 내용이 있는가? |
| | 5. 성별·종교 또는 사회적 신분에 의하여 정치적·경제적·사회적·문화적 생활의 모든 영역에 있어서 차별을 조장하는 내용이 있는가? |
| | 6. 특정 국가, 인종, 민족에 대해 부당하게 선전·우대하거나, 왜곡·비방하는 내용이 있는가? |
| 교육위 중립성 유지 | 7. 정치적·파당적·개인적 편견을 전파하거나, 특정 종교 교육을 위한 방편으로 이용된 내용이 있는가? |
| 지식 재산권의 존중 | 8. 타인의 공표되지 아니한 저작물을 표절 또는 모작하거나, 타인의 공표된 저작물을 현저하게 표절 또는 모작한 내용이 있는가? |

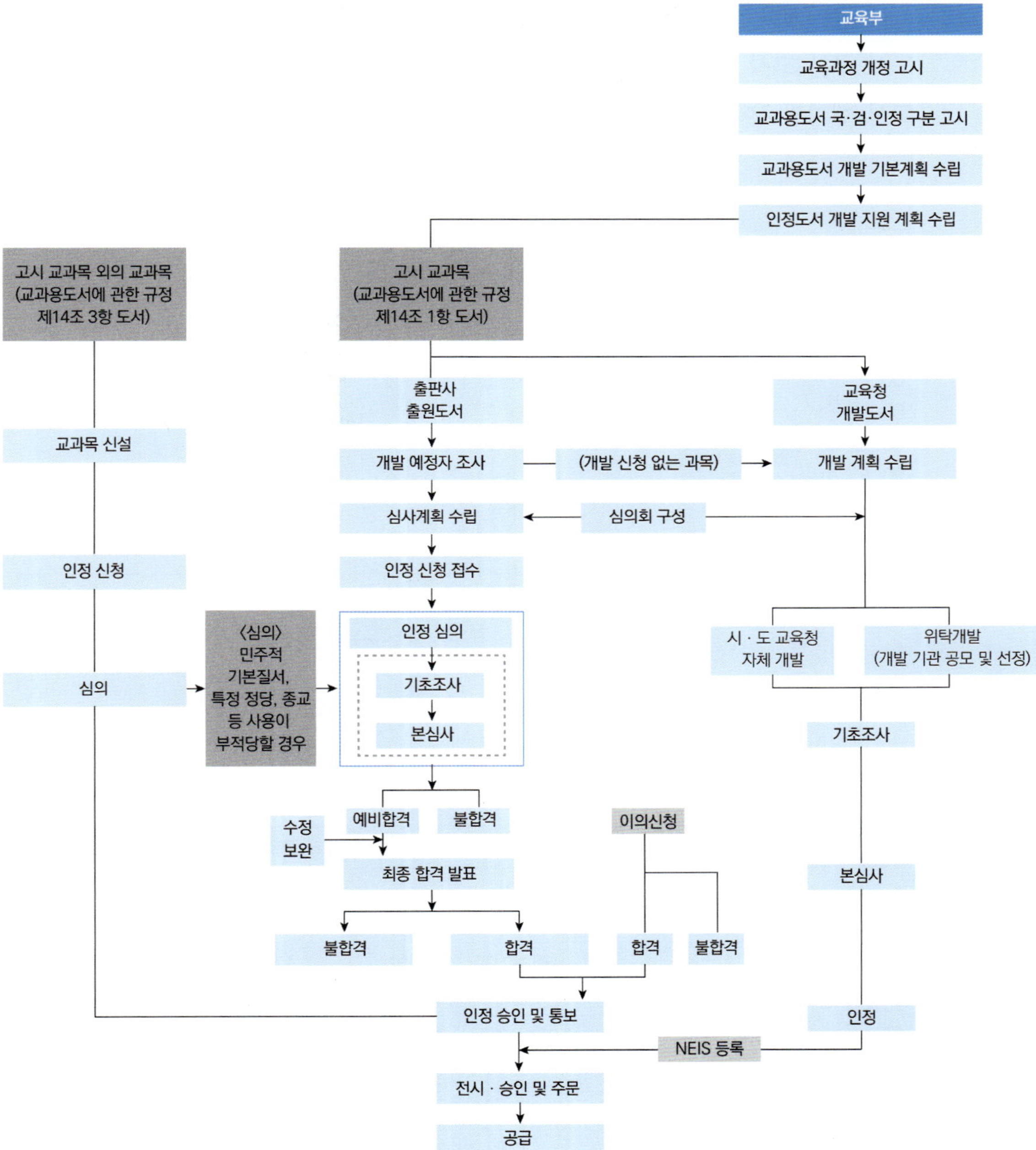


[그림 12-5] 인정도서 개발 절차(출처: 교육부, 2023a)

다음은 교육부(2021)가 디지털교과서, e-교과서, 특수교육 교과용 도서, 교과용 도서 구분 고시 외 과목을 제외하고 발표한 교육과정 시기별 국·검·인정 교과용 도서 현황자료이다.

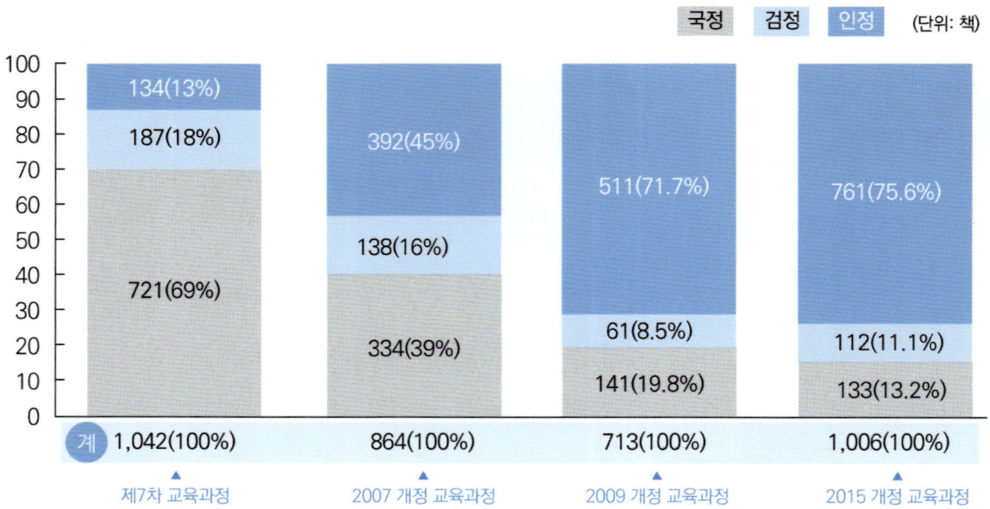


**[그림 12-6] 교육과정 시기별 국·검·인정 교과용 도서 현황**(출처: 교육부, 2020)

〈표 12-12〉 2022 개정 교육과정에 따른 교과서 개발 및 적용 일정

| 구분 | 학년 | 유형 | '21 | '22 | '23 | '24 | '25 | '26 | '27 |
|---|---|---|---|---|---|---|---|---|---|
| 초등학교 | 1, 2 | 국정 | 준비 | 편찬기관 선정 | 개발/현장검토 | 적용 | | | |
| | 3, 4 | 국정 | | 준비 | 편찬기관 선정 | 개발/현장검토 | 적용 | | |
| | | 검정 | 준비 | 개발 | 개발/검정 | 검정/선정 | | | |
| | 5, 6 | 국정 | | | 준비 | 편찬기관 선정 | 개발/현장검토 | 적용 | |
| | | 검정 | | 준비 | 개발 | 개발/검정 | 검정/선정 | | |
| 중·고등학교 | 1 | 검정 | 준비 | 개발 | 개발/검정 | 검정/선정 | 적용 | | |
| | 2 | | | 준비 | 개발 | 개발/검정 | 검정/선정 | 적용 | |
| | 3 | | | | 준비 | 개발 | 개발/검정 | 검정/선정 | 적용 |

우리나라는 디지털교과서를 2018년 초등 3~4학년과 중학교 사회, 중학교 1학년 과학·영어 교과를 시작으로 2015 개정 교육과정의 일정에 맞춰 연차적으로 개발·적용돼 서책형 교과서와 병행하여 사용하였다(교육부, 2016). 이에 따라 2017년도에는 초등학교 3~4학년과 중학교 사회, 중학교 1학년 과학·영어 과목 및 고등학교 영어, 영어회화, 영어I, 영어 독해와 작문 과목의 디지털교과서 검정 심사가, 2018년도에는 초등학교 5~6학년 영어, 중학교 2학년 과학·영어, 고등학교 영어II 과목의 디지털교과서 검정 심사가 이루어졌다. 2019년도에는 중학교 3학년 사회·과학·영어 과목 디지털교과서 검정 심사가 진행되었다. 디지털교과서의 개발 및 적용 일정을 정리하면 〈표 12-13〉과 같다.

〈표 12-13〉 **2015 개정 교육과정에 따른 디지털교과서 개발 및 적용 일정**(출처: 교육부, 2016)

| 학교급 및 개발 교과 | 년도 / 학년군 | '17 | '18 | '19 | '20 | '21 |
|---|---|---|---|---|---|---|
| 초등학교 (국정: 사회, 과학) (검정: 영어) | 3~4 | 개발 | 적용 | → | → | → |
| | 5~6 | | 개발 | 적용 | → | → |
| 중학교 (검정: 사회, 과학, 영어) | 1 | 개발 | 적용 | | → | → |
| | 2 | | 개발 | 적용 | → | → |
| | 3 | | | 개발 | 적용 | → |
| 고등학교 (검정: 영어) | 영어, 영어회화, 영어 I, 영어독해와 작문 | 개발 | 적용 | → | → | → |
| | 영어 II | | 개발 | 적용 | → | → |

## 4 교과서 발전 방향

시대적인 변화와 함께 우리나라의 경우, 2015 개정 교육과정과 2022 개정 교육과정은 역량 교육과 학습자의 주도적 참여를 강조하고 있다. 이러한 역량 교육의 방향성과 함께 교과서의 개발 방향은 자기 주도성, 창의와 혁신, 실생활 맥락, 나눔과 협력 등의 키워드를 중심으로 편찬되고 관리되어야 할 것이다. 교과서는 교육과정의 내용을 구체화하고 해석한 내용으로 구성되며, 교수·학습에 적합한 방식으로 구조화한 것이다. 교과서와 교육과정의 관계는 국가의 전반적인 정치, 문화, 국가 교육과정 정책, 교과서의 출판 등에 따라 다양하게 달라질 수 있기 때문이다.

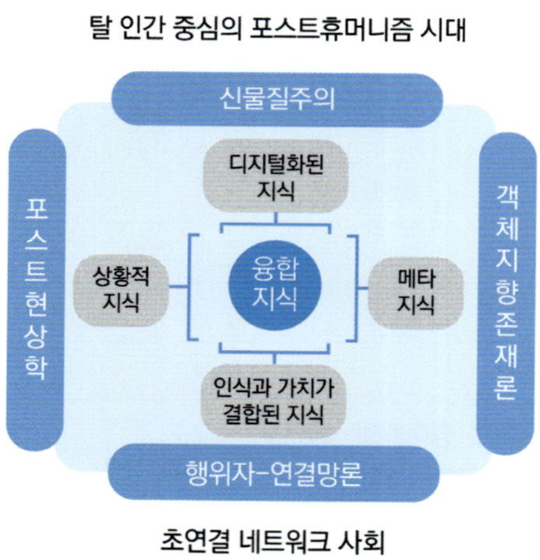


**[그림 12-7] 미래 사회 변화 전망**(출처: 이근호 외, 2023)

[그림 12-7]에서 보는 바와 같이, 미래 사회는 생명과 물질을 근본적으로 하나로 보는 신물질주의(new materialism), 주체와 객체의 구분은 인간 중심의 세계관으로 인간만이 현상을 파악할 수 없다는 포스트 현상학(post phenomenology), 행위자들이 서로 연결되어 서로 영향을 주고받는다는 행위자-연결망론(actor-network theory), 비인간적인 객체 존재와 비교해 인간 존재의 우위를 인정하지 않는 객체지향존재론(object oriented ontology)에 대한 폭넓은 이해가 요구된다.

이러한 미래 사회의 변화는 미래 교육 환경에도 변화를 초래한다. 초연결 네트워크, AI 기술과 디지털 정보 기술이 결합한 지능정보 사회 교육 환경 등의 변화이다. 미래 교육 환경의 변화를 상징하는 핵심 키워드 가운데, 서책형 및 디지털교과서 측면에서 눈여겨봐야 할 키워드로는 유비쿼터스, 초연결 네트워크, 디지털화된 지식, 융합 지식이 있다. 이러한 사회에 대응하기 위해 교육과정이 변화하듯이 교과서도 변해야 하는 것이다.

교과서 체제의 향후 발전 방향에 대해 홍후조(2011)는 국정제도의 축소와 검인정제도의 확대, 전면 개편보다는 판수를 거듭하는 교과서, 학급용·학년용·학교용 교재의 확대, 정기 검정제의 확립, 교재 정책의 책무성 확립, 검정 대상에서 교사용 지도서 제외, 교과별 전문 출판사화, 교과서 개선 모니터제 구축 및 교과서 선정 단위의 광역화를 발전 방안으로 제시하였다. 보다 확대된 방안으로 이근호 외(2023)는 수요 창출형 프로젝트 추진 모색, 최적화된 인프라 조성, 미래형 교과서 체제에 맞는 심사 체제와 품질 관리 체제 구축, 장기적인 체제 구축 연구 시행 등을 제안하였다.

이러한 맥락에서, 향후 교과서의 발전 방향은 교육과정의 목표를 충실히 구현하기 위한 교수·학습활동을 구체적으로 포함하는 자료여야 하며, 다음과 같은 요건을 갖추어야 할 것이다(김대현, 2011).

첫째, 좋은 교과서는 교육과정의 정신을 반영해야 한다.

둘째, 좋은 교과서는 교육과정에 제시된 목표, 내용, 교수·학습 방법, 평가를 반영해야 한다.

셋째, 좋은 교과서는 수요자 중심이 되어야 한다.

넷째, 좋은 교과서는 쉽고 재미있고 활동하기에 편리해야 한다.

다섯째, 좋은 교과서는 미래 사회의 삶을 준비하는 조건을 갖추어야 한다.

또한 앞서 살펴본 디지털교과서는 교과서 내용을 전자 매체에 수록한 뒤 첨단 멀티미디어의 기능을 통합 제공하며 더 나아가 사회 각 기관의 학습자료 데이터베이스와 연계하여 학습자료를 제공하는 교과서로서, 다음과 같은 주된 기능과 특징이 있다.

〈표 12-14〉 **디지털교과서의 주된 기능과 특징**(출처: 조난심, 2007. 재구성)

| 기능 | 주요 특징 |
|---|---|
| 교수·학습 | • 수업의 도입뿐만 아니라 전 차시에 걸쳐 동기 유발을 일으킴<br>• 학습 내용 및 다양한 자료를 제시하는 것이 가능함<br>• 교과목 및 교과내용에 적합한 교수·학습 방법을 제시해 줌<br>• 학습 결과에 대한 평가 및 피드백이 즉각적으로 이루어질 수 있음 |
| 자원 연계 | • 하이퍼링크 기능을 활용하여 자료 검색이 가능함<br>• 외부 자원과 실시간대 연결이 자유로움 |
| 상호작용 | • 학생과 콘텐츠 간, 학습자와 학습자 간, 학습자와 교사 간, 학습자와 외부 간의 상호작용이 가능해짐 |
| 학습 관리 | • 개인의 학습 진도와 평가, 성적 관리가 용이해짐<br>• 학습자 스스로 학습 진행 정도 및 보완할 점 등 점검이 가능해짐 |
| 교수·학습 보조 | • 문서 작성 및 편집 가능<br>• 페이지 이동 및 교과목의 성격에 따라 필요한 사전류를 참고할 수 있음 |

이러한 점에서 디지털교과서는 서책형 교과서와 차이점이 있다고 할 수 있다.

## 요약

학교교육에서 교과서가 갖는 의미는 시대와 사회의 변화에 따라 더욱 다양해지고 있다. 따라서, 교과서 제도에서는 교과서를 교육과정 실행과 운영을 위한 교사와 학습자 사이의 매개체 측면, 교육과정 실행의 도구로 한정 지어 설명하였다. 교과서의 개념과 교과서의 유형, 교과서 제도와 교과서 발전 방향을 순서대로 살펴보았다.

교과서의 개념은 법령에 따른 교과용 도서의 종류와 시기별 교과용 도서의 분류, 교과서의 기능과 특징을 중심으로 요약할 수 있다. 교과서의 유형은 일반적으로 정보 제공형, 연습문제 및 탐구과제 제시형, 절충형으로 구분할 수 있다. 또한, 교과서 제도는 교과서 편찬과 공급 제도로 구분할 수 있다. 교과서 발전 방향에 대한 논의는 미래 사회 변화 전망과 함께 다양하게 논의할 수 있음을 알 수 있다.

## 생각해 봅시다

1. 교육과정과 교과서의 관계에 대해 논의해 봅시다.
2. 교과서의 대표적인 기능과 특징을 구분하여 설명해 봅시다.
3. 서책형 교과서와 디지털 교과서의 차이점을 설명해 봅시다.
4. 교과서의 발전 방향에 대해 자유롭게 토의해 봅시다.

13
Chapter

# 교육과정 이슈

**학습내용**

1. 학습자 맞춤형 교육과 교육과정
2. 다문화교육과 교육과정
3. OECD 교육 2030과 교육과정
4. IB 교육과 교육과정

다변화되는 사회에 따른 학교교육에서의 변화 요구는 다양한 쟁점과 이슈들을 생성한다. 교육과정 분야에서도 마찬가지이다. 이러한 관점에서, 이 장에서는 학습자 맞춤형 교육, 다문화교육, OECD 교육 2030, IB 교육을 교육과정과 연계하여 살펴보고자 한다. 다만, 각 주제의 쟁점에 대한 논의보다는 각각의 주제에 있어서 교육과정 도입 배경 및 필요성, 개념 및 유형, 주요 내용 등에 초점을 맞추어 설명하고자 한다.

## 1 학습자 맞춤형 교육과 교육과정

### 가. 학습자 맞춤형 교육의 필요성

저출산과 학령인구 급감에 따른 환경적인 변화와 함께 학교 교육에서 만나는 학생들은 서로 다른 요구와 배경, 기능 등을 가진 학생들로 특성이 더욱 다양해지고 있다. 이러한 관점에서 다양한 특성을 바탕으로 한 학습자 맞춤형 교육을 강조하는 교육과정 개정 및 실행에 대한 필요성도 높아지고 있다(교육부, 2023c). 학습자들은 각기 다른 학습 스타일, 학습 속도, 학습목표를 가지고 있을 뿐만 아니라 학습에 대한 동기와 관심 분야 등도 매우 다양하기 때문이다. 이러한 학습자의 특성을 고려하여 교육을 제공함으로써 학습자가 자신의 학습 스타일에 맞게 학습하고 학습목표를 달성할 수 있도록 도와야 할 것이다.

즉, 학습자 맞춤형 교육은 학습자의 개별적인 특성을 고려한 교육을 제공하여 모든 학생이 학습목표에 도달하도록 하는 것이다. 학생들의 특성이 다양화되고 있고, 학습 격차가 점차 커지는 상황에서 이러한 학습자 맞춤형 교육의 필요성은 교육과정 개정이나 수업에서의 교수·학습 변화 등의 요구로 이어진다.

이러한 관점에서, 우리나라의 2022 개정 교육과정은 학생의 특성을 고려하여 맞춤형 교육을 제공해야 한다고 강조한다. 이러한 강조점은 최근의 새로운 쟁점은 아니지만 특히 2022 개정 교육과정에서 이를 더욱 강조하며 총론 문서에서도 그 내용을 설명하고 있다. 교육과정 구성의 방향, 학교 교육과정 설계와 운영, 학교 교육과정 지원 등에 전반적으로 학습자 맞춤형 교육에 대한 구체적인 내용이 포함되어 있다. 이에 대한 설명은 〈표 13-1〉과 같다.

〈표 13-1〉 2022 개정 교육과정 총론에서 강조하는 학생 맞춤형 교육(출처: 교육부, 2023c에서 재구성)

| 구분 | | 내용 |
|---|---|---|
| Ⅰ. 교육과정 구성의 방향 | 1. 교육과정 구성의 중점 | 학생들이 자신의 진로와 학습을 주도적으로 설계하고, 적절한 시기에 학습할 수 있도록 학습자 맞춤형 교육과정 체제를 구축한다. |
| Ⅱ. 학교 교육과정 설계와 운영 | 2. 교수·학습 | 교과의 특성과 학생의 능력, 적성, 진로를 고려하여 학습활동과 방법을 다양화하고, 학교의 여건과 학생의 특성에 따라 다양한 학습 집단을 구성하여 학생 맞춤형 수업을 활성화한다. |
| | 3. 평가 | 학교의 여건과 교육 활동의 특성을 고려하여 다양한 지능정보기술을 활용함으로써 학생 맞춤형 평가를 활성화한다. |
| Ⅳ. 학교 교육과정 지원 | 2. 학습자 맞춤교육 강화 | 학교에서 학생의 성장과 성공적인 학습을 지원하는 평가가 원활히 이루어질 수 있도록 다양한 방안을 개발하여 학교에 제공한다.<br>지역 및 학교, 학생의 다양한 특성을 반영하여 학교 교육과정이 운영될 수 있도록 지원한다.<br>학습자의 다양성을 존중하고 학습 소외 및 교육 격차를 방지할 수 있도록 맞춤형 교육을 지원한다. |

## 나. 학습자 맞춤형 교육의 개념

학습자 맞춤형 교육에 대한 의미는 학자마다 또는 용어의 사용 맥락, 교육과정의 범위에 따라 다양하게 정의될 수 있다. 따라서, 이 장에서는 다양하게 구분될 수 있는 맥락보다는 교육과정과 관련지어 많이 사용되는 용어들을 중심으로 살펴보고자 한다. 먼저, 학습자 맞춤형 교육을 이해하기 위해 유사한 용어들과의 차이를 살펴볼 필요가 있다.

학교에서는 학습자의 관심, 배경, 능력 및 요구를 반영하여 교육과정을 운영한다. 학생 주도성과 관련하여 학습자 맞춤형 교육에 대한 관심이 증가하고 있다. 학습자 맞춤형 학습(personalized learning)과 유사한 용어에는 차별화 또는 수준별 학습(differentiated learning), 개별화 학습(individualized learning) 등이 있다 학습자 맞춤형 학습이 차별화 학습과 개별화 학습과의 차이점을 살펴보면 다음과 같다(Basye, 2018).

첫째, 차별화 학습(differentiated learning)이란 개별 학생의 학습 요구, 선호도 및 목표를 충족하도록 교육을 맞춤화하는 것을 의미한다. 학생들의 다양한 학습 양식을 인식하고 이것을 적극적으로 반영한다. 학생들에게 최고의 학습경험을 제공하기 위해 평가, 소집단, 유연성 등이 포함된다. 교사는 학생의 관심, 학습 양식, 준비도를 고려하여 교육과정에 제시된 목표를 연결한다. 교사는 차별화된 학습을 촉진하고 결과를 평가하는 데 걸리는 시간에 대한 포괄적인 계획을 개발해야 한다(Basye, 2018). 국내에서는 이것을 수준별 학습, 맞춤형 학습으로 번역하였다.

둘째, 개별화 학습(individualized learning)은 다양한 학습 속도에 맞춰 조정된 수업을 의미한다. 차별화가 '어떻게'와 관련된 것이라며, 개별화는 '언제'와 관련이 있다. 학습목표는 동일하지만 자신의 요구에 따라 다양한 속도로 교육과정이 운영될 수 있다. 개별화 학습은 교육과정 성취기준 달성에 필요한 기술을 습득하는 데 목적이 있으며, 이러한 목적을 달성하기 위하여 학습 준비도, 관심사항 등을 확인하고, 그에 기반하여 교육과정이 운영된다(Basye, 2018).

셋째, 맞춤형 학습은 다양한 학습자의 선호도와 관심 사항에 맞춰진 학습과 학생의 고유한 요구에 맞춰 진행된 교육을 의미한다. 즉, 학습목표, 교육과정, 내용,

방법, 속도가 개인별 학습환경에 따라 달라진다. 그러나 맞춤형 학습의 가장 큰 특징은 교육과정 계획 단계부터 학습자가 참여한다는 것이다. 맞춤형 학습에서는 학생의 필요와 관심에 응답하는 것뿐만 아니라 학습자 스스로 자신의 학습을 관리하는 것, 즉 학습을 통제하고 주도권을 행사하는 것을 중시한다(Basye, 2018). 즉, 맞춤형 학습은 학습자가 스스로 자신의 요구에 따라 학습목표를 설정하고 목표에 따라 적응적으로 학습한다(Kalio & Halverson, 2020). 맞춤형 학습의 주체는 교사가 아니라 학습자이다. 맞춤형 학습에서 학습자들에게는 동일한 목표가 있는 것이 아니라 자신의 특성과 요구에 따라 각기 다른 학습목표를 설정하게 된다. 또한 학습자는 자신의 목표에 따라 다른 학습활동과 자원을 선택할 권한을 가진다. 맞춤형 학습은 교수자 중심의 전통적인 교수설계 패러다임을 학습자중심으로 확장하여 다양한 기술 기반 학습 자원을 활용하여 학습자가 주도적으로 아이디어를 생성하여 발전시키고 공유하는 등 의미 있는 학습을 경험할 수 있도록 한다는 장점이 있다(Kallick & Zmuda, 2017).

다음으로 학습자중심 교육과 학습자 주도 학습과의 구분이다. 학습자중심 교육은 교사 및 학생의 주도성 정도에 따라 교사중심, 학습자중심, 학습자 주도처럼 발전 단계를 구분하기도 한다(박은주·신재한, 2023). 학습자중심 교육과 학습자 주도 학습의 차별점은 교사가 학습의 파트너로 존재하며, 학습의 전반적 과정의 주체가 학습자라는 점이다(백영신·임재일, 2021).

〈표 13-2〉 학습자중심 교육과 학습자 주도 학습의 비교(출처: 백영신·임재일, 2021)

| 구분 | 학습자중심 교육 | 학습자 주도 학습 |
|---|---|---|
| 학습계획 점검 및 수정 | 교사의 지도에 따라 학습계획을 수정 및 보완 | 자신의 학습계획을 교사와 함께 수정 |
| 학습환경 | 다양한 학습영역을 포함한 학습환경을 교사와 함께 디자인 | 학습자가 학습환경을 학교뿐 아니라 학교 밖 학습환경으로까지 확장함 |
| 학습목표 성취 | 학습계획에서 정한 학습목표를 기반으로 학습자가 아는 것을 어떻게 표현할 것인지를 학습자와 교사가 함께 결정 | 학습계획에서 정한 학습목표를 언제 어떻게 어디서 점검하고 적용하고 성취할 것인지를 학습자가 자기주도적으로 결정 |
| 학습경험 | 학습자의 의견과 선택권을 수업에 반영하기 위해 교사와 학습자가 함께 수업을 재구성 | 학습자가 학습자의 흥미, 열망, 열정, 재능 등을 기반으로 도전적인 학습경험을 설계 |
| 학습도구 및 전략 | 학습자와 교사가 함께 내용에 참여하며 학습자가 알고 이해하는 것을 표현하기 위해 적절한 도구와 전략을 사용 | 자신의 학습과 사고를 확장하기보다 도전적인 경험을 할 수 있게 하는 도구와 전략을 학습자가 독립적으로 적용 |
| 학습기회의 확장 | 교사와 학습자가 함께 확장된 학습기회를 결정하려고 노력 | 확장된 학습기회를 학습자 스스로 선택 |
| 평가 | 학습자는 동료평가 및 자기평가 전략의 설계에 기여하고 학습을 성찰 | 학습자가 평가를 설계하고 부모, 동료, 교사, 커뮤니티가 참여하는 전시회를 통해 학습의 증거를 보여줌 |

또한, 학습자 맞춤형 수업과 구분되는 개별화 수업은 학습자 각각에 특성을 현재의 출발점으로 고려하여 계획하는 수업으로 학습자 개개인의 학습목표, 학습내용, 학습방법 등을 완전히 개별화하는 것이라고 설명하며, 학습자 맞춤형 수업을 위한 교수·학습의 실천 방법을 제안하였다(교육부, 2023c).

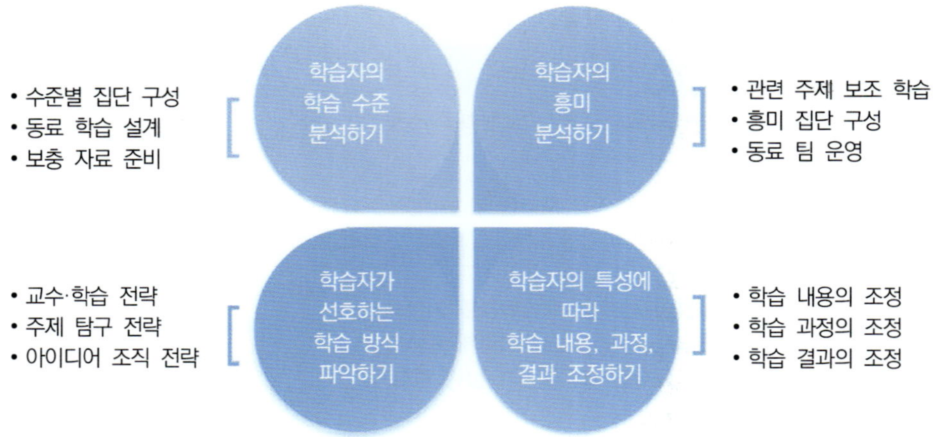


**[그림 13-1] 학습자 맞춤형 수업을 위한 실천 방법**(출처: 교육부, 2023c에서 재구성)

이러한 학습자 맞춤형 수업은 학습자의 준비도, 흥미, 학습 프로파일을 고려하여 학습 내용·방법·결과를 조정하는 수업으로 수업의 단계별로 다음과 같은 고려 사항이 있다(교육부, 2023c).

**〈표 13-3〉 학습자 맞춤형 수업의 수업 단계별 고려 사항**(출처: 교육부, 2023c에서 재구성)

| 구분 | 고려 사항 |
|---|---|
| 수업 계획 | 학습자의 특성을 분석하고 이를 고려하여 이후의 수업을 설계 |
| 수업 활동 | 단순히 학습량의 조절이 아닌 학습에 대한 학습자 개인의 질을 높이기 위한 것에 관심 |
| 수업 평가 | 학습 이후 습득한 정도를 파악하는 것이 아니라 수업 전반에 걸친 다양한 요소를 고려하여 평가<br>학습에 대한 교사와의 공동 책임 |

이러한 맥락에서, 학습자 맞춤형 교육은 개별 학생의 학습 수준에 따른 차별화된 교육뿐만 아니라 학생의 흥미, 준비도, 선호하는 학습방법 등을 고려하여 학습 내용, 학습 과정, 학습 결과를 조정하는(Tomlinson, 2005; 교육부, 2023c에서 재인용) 미시적인 수업의 단위까지 포함한다고 설명할 수 있다. 즉, 학습자의 개별 특성을 고려하여 교육해야 한다는 것은 교육 활동 전반에 걸쳐 이루어져야 한다는 의미이다.

결론적으로 학습자 맞춤형 교육은 개별 학습자의 흥미, 학습 수준을 포함한 준비도, 선호하는 학습방법에 따른 차별화된 교육을 의미하며, 이를 통해 학습자의 주체성과 주도성을 높이는 교육을 지향한다고 정의할 수 있다.

## 다. 학습자 맞춤형 교육과정

학습자 맞춤형 교육과정(customized/personalized curriculum)은 학습자 맞춤형 학습(personalized learning)을 위하여 고안된 교육과정이다. 학습자 맞춤형 학습은 학생의 관심에 기반한 수업, 학습자의 개별 요구를 반영한 교육목표와 내용 수립, 유사한 학습 양식 또는 관심을 가진 학생들과의 협력 활동, 수업 속도의 개별화 등과 같은 특징이 있다.

학습자 맞춤형 교육과정은 개별 학생의 요구와 특성을 반영하여 학생들에게 개별화된 학습 기회를 제공하기 위해 만들어진 교육과정이다. 학습자 맞춤형 교육과정에서는 개별 학생의 학습 양식과 선호도에 따라 교육과정을 개별적으로 맞춤화함으로써 보다 효과적이고 효율적인 교육을 제공할 수 있다.

그레이엄, 보럽, 쇼트와 아르샹보(Graham, Borup, Short, & Archambault, 2019)는 맞춤형 학습의 차원으로 목표, 시간, 장소, 속도, 경로의 다섯 가지를 설정하였다. 쇼트(Short, 2022)는 학습자 맞춤형 학습의 다섯 가지 설계 요소와 백워드(Backward) 설계 모형의 절차를 연결하여, 각각의 단계에서 학생 맞춤형 학습의 요소가 어떻게 관련되는지를 제시하였다. 또한 학생 맞춤형 학습에서의 학습자 선택권을 **[그림 13-2]**와 같이 네 가지 수준으로 제시하고, 각 수준별 교육 활동을 **〈표 13-4〉**와 같이 제시하였다.

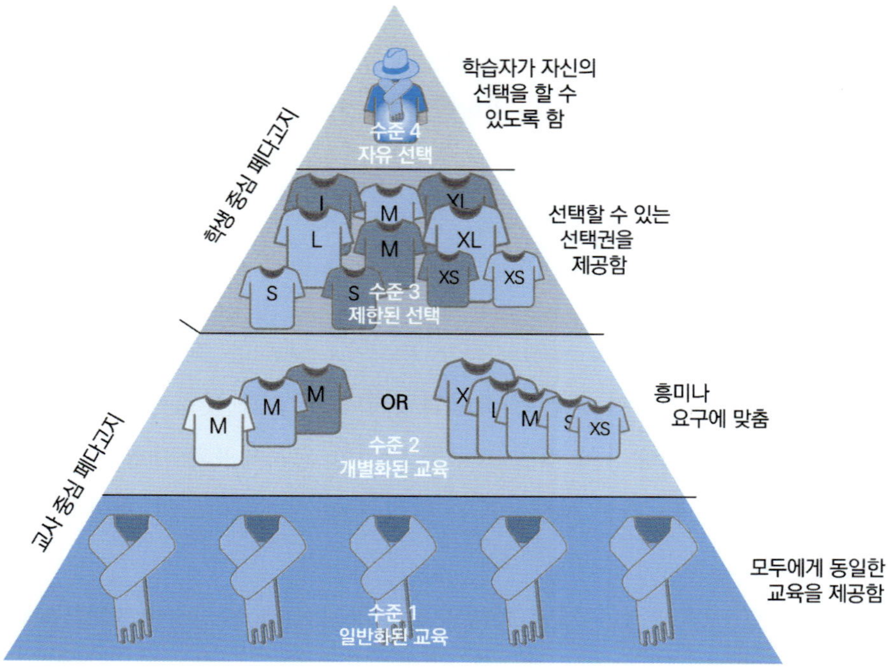


[그림 13-2] 학습자의 학습 선택권(출처: Short, 2022)

〈표 13-4〉 학습자의 학습 선택권 유형화(출처: Short, 2022)

| 수준 | 유형 | 주요 특징 |
|---|---|---|
| 4 | 자유 선택 | • 학생들은 자율성을 갖는다.<br>• 학생은 교사의 지도나 감독을 통해 자신만의 목표, 시간, 장소, 속도, 학습 경로를 개발한다.<br>• 학생들이 에세이 주제, 프로젝트를 누구와 협력할지를 정할 수 있으며, 프로젝트의 형성과 기능을 자유롭게 선택할 수 있다.<br>• 이 수준에서 다른 학습자보다 더 많은 지도가 필요할 수도 있다. |
| 3 | 제한된 선택 | • 학생들에게 선택권을 제공한다.<br>• 학습목표, 시간, 장소, 속도, 경로의 범위를 다양하게 제공하고, 학습자가 적절한 방식으로 연습할 수 있도록 한다.<br>• 학습자가 평가를 준비할 수 있도록 안내자료를 제공하고, 학습자 스스로 평가 방법을 선택할 수 있다. |
| 2 | 개별화된 교육 | • 교육은 개별화되거나 차별화가 이루어진다.<br>• 교사는 학생의 필요, 능력, 관심을 기반으로 학생을 위한 교육을 맞춤화한다.<br>• 학습자의 개별적인 요구 사항, 능력, 관심사항이 있다는 것을 이해한다. |

| | | |
|---|---|---|
| | | • 학생 자신의 약점을 개선하도록 교육 내용을 제공하거나, 신체적·사회적·심리적 필요에 따라 교육을 맞춤화한다. |
| 1 | 일반화된 교육 | • 수업을 조정하지 않는다.<br>• 수업은 모든 학생에게 동일하게 적용된다.<br>• 일제 학습이 이루어진다.<br>• 강의와 모델링 등의 교수방법이 활용된다. |

교사는 학생 맞춤형 학습의 다섯 가지 요소, 즉 목표, 시간, 장소, 속도, 경로 등을 고려하여 학생 맞춤형 목표 설정, 평가 설계, 수업 설계를 할 수 있다. 교사는 〈표 13-5〉와 같이 학생 맞춤형 설계를 할 수 있다. 한편, 학생 맞춤형 학습의 목표 차원은 시간, 장소, 속도, 경로에 영향을 줄 수도 있다(Short, 2022).

〈표 13-5〉 **맞춤형 차원과 교육적 요소와의 관계**(출처: Short, 2022)

| 요소 | 1단계: 목표 설정 | 2단원: 평가 설계 | 3단계: 수업 설계 |
|---|---|---|---|
| 목표 | 학습자는 목표 설정 전략을 결정하거나 목표 요소가 다른 맞춤형 요소에 영향을 주는 매개변수를 설계한다. | 학습자는 맞춤형 성취 목표(예: 80% 획득)를 설정하고, 목표 달성 여부를 확인하는 계획을 수립하거나, 목표 요소가 다른 맞춤형 요소에 영향을 주는 매개변수를 설계한다. | 학습자가 학습활동 진행 계획을 선택하거나 목표 요소가 다른 개인화 차원을 안내하는 매개변수를 설계한다. |
| 시간 | 학습자는 목표가 달성되거나 시작되는 시기를 선택한다. | 학습자가 평가시기를 선택한다. | 학습자가 최종 학습 완료 시기를 선택한다. |
| 장소 | 학습자는 어디서, 누구와 함께 학습할지 결정한다. | 학습자가 평가장면을 선택한다. | 학습자가 학습 장소와 학습 대상을 선택한다. |
| 속도 | 학습자는 학습목표를 얼마나 빨리 달성할지 선택한다. | 학습자가 평가기간을 선택한다. | 학습자가 학습 기간을 선택한다. |
| 경로 | 학습자는 여러 학습목표 또는 학습목표 완료 순서 중에서 선택한다. | 학습자가 평가도구와 평가방법 등을 선택한다. | 학습자는 교사가 제시한 다양한 학습활동을 선택하거나 직접 제시할 수 있다. |

## 라. 학습자 맞춤형 교육과정 설계의 주요 요소

학습자 맞춤형 교육과정을 설계하여 운영할 때는 목표 설정, 피드백, 주기적인 형성평가, 의도적인 연습, 또래 교수, 자기주도학습, 학습 양식 등의 요소를 고려해야 한다. 학생 맞춤형 수업에서 이들이 어떻게 활용될 수 있는지 구체적으로 살펴보면 다음과 같다(Mahon, 2016).

첫째, 학습자 맞춤형 교육과정에서 개별 학생에 대한 목표 설정은 중요한 요소이다. 목표 설정에서는 개별 학생이 차시, 단원, 학기 등을 완료할 때 달성해야 하는 학습 결과를 설명하고 정의한다. 목표 설정에서는 학생들이 일반적으로 달성해야 하는 성취수준뿐만 아니라 달성해야 하는 시간도 포함된다. 목표는 개인에게 성과의 유형과 수준을 알려주는 역할을 한다. 성과 목표는 교사와 학생이 기대치에 대한 이해를 공유할 수 있도록 구체적으로 진술되어야 하며, 학생의 현재 목표보다는 도전적이어야 한다. 목표 설정은 교사와 학생이 협력하여 설정할 수도 있고, 학습자 스스로 설정할 수도 있다. 교사는 학습자 개개인에게 맞춤화된 도전적인 목표를 설정한 후, 학습자가 그 목표를 달성할 수 있도록 학습환경을 조성해야 한다. 최근에는 학습자의 목표 설정 및 목표 도달도 여부를 평가하는 데 공학 도구를 사용하기도 한다. 인공지능 기반 교수설계는 학생의 현재 수준과 숙달 정도를 파악하고, 그에 부합하는 도전적인 목표를 설정하는 데 도움을 받을 수 있다(Mahon, 2016).

둘째, 학습자 맞춤형 교육과정에서 피드백은 중요한 요소이다. 피드백은 학습자가 자신의 성과에 대해 받는 정보에 해당한다. 학습자는 피드백을 통하여 학습목표를 합리적으로 설정할 수 있으며, 학습목표와 관련한 자신의 성과를 추적하고 필요에 따라 노력, 방향, 전략을 조정할 수 있다(Locke & Latham, 1990). 피드백은 구체적이고 즉각적이며 빈번하게 제공될 때 효과적이다. 피드백은 학습자가 무엇을 정확히 잘했는지, 앞으로 무엇을 해야 하는지에 대하여 구체적으로 제공해야 한다. 피드백이 즉각적으로 제공될수록 학습자는 피드백을 과제와 더 밀접하게 연관시키고 자신이 한 일을 더 명확하게 인식할 수 있다. 잦은 피드백은 학습자에게 목표를 향해 진행하는 과정이 얼마나 성공적으로 나가는지를 확인하는 데 도움을 준다. 잦은 피드백은 실수하는 학습자에게 특히 중요하다. 오류를 수정하여 학습에 성공할 수 있도록 피드백을 빈번하게 제공하는 것은 정확성뿐만 아니라 동기를 유지하는 데에도 도움을 준다(Mahon, 2016).

셋째, 학습자 맞춤형 교육과정에서는 주기적인 형성평가가 시행되어야 한다. 주기적인 형성평가는 교육과정에 설정된 학생의 성과 목표와 교육과정 운영 계획에 대한 정기적인 진행 상황을 점검하는 활동이 포함되어야 한다. 개별 학생들에게 나타나는 오류를 확인하여 개별 학생들에게 맞는 교육과정을 제공해야 한다(Mahon, 2016).

넷째, 학습자 맞춤형 교육과정에서는 의도적인 연습이 포함된다. 의도적 연습은 단순한 훈련과 연습이 아니라, 피드백과 성과 기준이 포함된다. 학습자는 학습과제에 적극적으로 응답하며, 교사는 학생 응답의 정확성에 대하여 즉각적인 피드백을 제공한다. 이러한 과정을 통하여 학습자는 학습과제에 대한 응답을 수정하게 된다(Mahon, 2016).

다섯째, 학습자 맞춤형 교육과정에서는 또래 교수가 중요한 역할을 한다. 또래 교수는 학습 수준이 높은 학생과 낮은 학생을 짝으로 구성하는 것이 일반적이다. 또래 교수를 통하여 학생들은 적극적으로 수업에 참여할 수 있으며, 의도적인 연습 기회를 증가시킬 수 있다(Mahon, 2016).

여섯째, 학습자 맞춤형 교육과정은 학생의 자기주도학습을 포함해야 한다. 자기주도학습은 학생들에게 학습활동 또는 학습자료에 대한 선택권과 통제권을 부여한다. 학생들은 자신의 학습에 책임을 지며, 이 과정에서 학습동기와 참여를 향상한다(Mahon, 2016).

일곱째, 학습자 맞춤형 교육과정은 학생의 학습 양식과 일치시키는 것이 중요하다. 학생들은 자신의 학습방법을 선호하며, 이러한 선호도에 따라 학습방법을 제공할 때 성취도가 향상된다. 학생들의 청각, 시각, 촉각, 운동 감각 등의 학습 양식을 최대한 반영하는 것이 필요하다(Mahon, 2016).

## 마. 학습자 맞춤형 교육과정 운영 시 고려 사항

교사가 학습자 맞춤형 교육과정을 운영하고자 할 때 다음과 같은 사항을 고려할 필요가 있다(Anderson, 2022).

첫째, 개별 학습자의 요구에 맞게 교육과정을 조정할 수 있다. 학습자 맞춤형 교육과정에서는 학생의 강점과 약점을 고려한다. 즉, 학습자의 학습양식을 고려하여 학습자의 이해력과 기억력을 최대한 향상할 수 있는 학습자료를 제시할 수 있다. 예를 들어, 시각적인 학습자에게는 그림과 도표와 같은 시각적 자료를 제시하고, 청각적인 학습자에게는 녹음 파일 자료를 제시함으로써 개별 학습자의 학습양식을 고려하여 학습의 효과를 극대화하려고 노력한다.

둘째, 학생이 자신의 속도에 따라 향상할 수 있도록 돕는다. 학생들은 자신의 속도에 맞게 학습할 때 자료에 대해 보다 더 깊은 이해를 할 수 있다. 자신의 학습 속도에 따라 학습을 진행함에 따라 성공 경험을 하면서 학습에 대한 흥미와 자존감을 향상할 수 있기 때문이다.

셋째, 학생의 강점과 능력을 격려한다. 학습자의 특성에 맞게 교육과정이 조정되면, 학생들은 자신의 능력 수준에 적합한 방식으로 교육을 받을 수 있다. 또한 학습자 맞춤형 교육과정은 학생에게 추가 지원이 필요한 영역을 파악하는 데 도움을 준다. 이들 영역에 대한 교육과정을 제공함으로써 학생들은 자신이 직면한 상황에서 겪게 되는 어려움을 극복하고, 학습에 성공하는 데 필요한 기술을 발달시킬 수 있다.

넷째, 학생이 학습에 적극적이고 열정적으로 참여할 수 있도록 한다. 개별 학생의 요구와 관심에 기반한 교육과정은 학생들이 학습에 보다 적극적으로 참여하고 학습에 대한 열정을 가질 가능성이 높다. 이러한 학습자 맞춤형 교육과정은 평생 학습자로서 학습에 대한 관심과 지속성을 유지하는 데 도움이 될 수 있다. 이와 같이, 학습자 맞춤형 교육과정은 학생들에게 도전 의식을 고취하고 그들의 잠재력을 최대한 발휘하는 데 도움을 줄 수 있다.

다섯째, 학생의 개별 학습 양식을 다룬다. 모든 학생은 자신의 고유한 기술, 관심, 능력을 갖고 있으며, 자신의 방식에 따라 학습할 때 가장 잘하게 된다. 학습자 맞춤형 교육과정에서는 학생의 학습 양식, 학습 능력 등과 같은 학생의 개별 요구 사항을 반영한다. 예를 들어, 시각적인 학습자에게는 그림 자료가 보다 효과적이며, 청각적 학습자에게는 구두 설명이나 토론이 보다 효과적이다. 또한 학생 맞춤형 교육과정은 영재 학생과 특별한 도움이 필요한 학생에게도 도움이 될 수 있다.

여섯째, 학생이 교육목표를 달성하는 데 도움이 될 수 있다. 개별 학생의 특성이 반영된 교육목표는 학생들에게 학업 전반을 안내하고 올바른 방향으로 학습하는 나침반 역할을 한다. 학생들의 효과적이고 효율적인 교육을 위해서는 개별 학습자의 특성과 요구에 기반한 교육목표가 개별적으로 수립될 필요가 있다.

## 2 다문화교육과 교육과정

### 가. 다문화교육의 필요성

다문화교육은 1960년대 미국의 교육체계에 있어 교육적 평등주의를 이루고자 하는 이념에서 비롯되었고(장영희, 1997), 70년대 와서 비로소 범세계적으로 확산되었다. 80년대에는 그 관심이 사회 내의 많은 인종적 문제와 하위문화의 구성원에 의한 개인적, 집단적 혹은 집단 상호 간의 문제로 확산되었다(임명희·최안복, 2007). 또한 1990년대 이후 세계화가 국가의 관심사로 부각되면서 이에 대비하는 교육적인 대안의 하나로 국제이해교육이 제안되었고, 모두 더불어 사는 세상을 만들기 위해 어린 학생들에게 세계시민의 의식과 자질을 향상하는 것이 중요하다는 인식이 확산되었다(김현덕, 2007). 이러한 인식과 함께 우리나라는 제7차 교육과정 이후부터 국가 수준 교육과정에도 국제이해교육에 대한 내용이 추가되었으며, 세계화 및 국제화의 시대적인 요청은 다문화교육에 대한 필요성을 인식하게 하는 계기를 마련해 주었다.

이러한 다문화교육에 대한 필요성과 함께 우리나라는 이제 더 이상 다문화라는 용어가 새롭지 않으며, 다문화를 포함한 다양한 이슈에 대한 인식이 교육적 역할을 수행하기도 한다. 그림에서 보는 바와 같이, 2012년 이후 조사된 다문화 학생 수에 대한 통계를 보더라도 학교급별로 지속적인 증가세를 보이고 있다. 약 10년간 4배의 수치가 증가함을 확인할 수 있으며, 이는 다문화교육 필요성에 대한 명확한 근거가 될 수 있다.

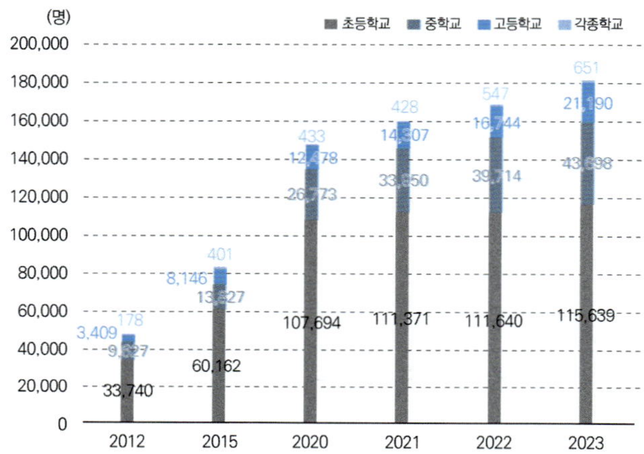


(단위: 명)

| 구분 | 2012 | 2015 | 2020 | 2021 | 2022 | 2023 |
|---|---|---|---|---|---|---|
| 계 | 46,954 | 82,536 | 147,378 | 160,056 | 168,645 | 181,178 |
| 초등학교 | 33,740 | 60,162 | 107,694 | 111,371 | 111,640 | 115,639 |
| 중학교 | 9,627 | 13,827 | 26,773 | 33,950 | 39,714 | 43,698 |
| 고등학교 | 3,409 | 8,146 | 12,478 | 14,307 | 16,744 | 21,190 |
| 각종학교 | 178 | 401 | 433 | 428 | 547 | 651 |

주: 다문화 학생 수는 2012년부터 조사됨

**[그림 13-3] 연도별 다문화 학생 현황**(출처: 한국교육개발원 교육통계서비스, 2023)

## 나. 다문화교육의 개념

지금까지의 다문화교육은 단순히 다양한 인종이나 민족에 국한되어 사용된 용어로 알려져 있으나, 최근에는 다문화교육이 모든 다양한 단체를 포함하여 그들에게 적절하고 공평한 교육의 기회를 제공하기 위한 교육적 노력을 의미하는 것으로도 쓰이고 있다(장인실, 2003). 이러한 맥락에서 다문화교육이란, 다양한 문화나 사고방식이 존재함을 당연한 것으로 간주하고 서로 다른 문화로 인한 행동의 차이나 사고방식의 차이를 수용하고 이해할 것을 강조하고 있는 교육이라 할 수 있다. 따라서 다문화교육은 소수만을 위한 특정프로그램이 아니라 모든 학생이 다문화 사회에서 책임 있는 시민으로 살아가고 사회를 이해할 수 있도록 하는 것을 목표로 하는 다문화주의에 바탕을 둔 교육철학이다. 다문화교육에 대한 학자들의 다양한 정의를 비교해 보면 〈표 13-6〉과 같다.

〈표 13-6〉 **다문화교육에 대한 학자들의 정의 비교**(출처: 민용성·최화숙, 2014에서 재구성)

| 학자(연도) | 내용 |
|---|---|
| 강현석(2008) | 다문화 사회 속에서 서로 다른 문화의 중요성과 가치에 대하여 상호 존중하고 다른 문화에 대한 편견을 줄이며 자신이 속한 문화와 상이한 다양한 문화를 올바로 이해하도록 하기 위한 지식, 태도, 가치교육을 제공하는 것 |
| 김선미(2000) | 자신이 속해 있는 문화뿐만 아니라 서로 다른 문화에 대하여 올바른 지식과 가치, 태도를 갖출 수 있도록 다양한 문화에 대한 교육의 필요성 강조 |
| 김영옥(2008) | 다양성을 인정하고 평등교육을 추구하는 교육 |
| 박상철(2008) | 민족과 인종, 계층, 거주지, 연령, 종교, 언어, 성 등의 차이에도 불구하고 차별 없이 교육받을 수 있도록 하는 활동, 또는 그 차이에도 불구하고 바람직한 문화적 정체성을 형성할 수 있도록 돕는 활동 |
| 양영자(2008) | 미국의 다문화교육과 개념적으로 구분하여 소수자 정체성 교육, 소수자 공동체 교육, 다수자 대상의 소수자 이해교육으로서 이러한 교육을 통해 문화적 정체성 명확화와 이중문화주의, 다문화주의와 성찰적 민주주의를 실현하는 교육 |
| 장인실(2003) | 모든 다양한 단체를 포함하여 적절하고 공평한 교육의 기회를 제공하기 위한 교육적 노력 |

| | |
|---|---|
| 조영달, 박윤경(2007) | 사회 내에 존재하는 모든 소수집단들의 교육적 평등 보장을 목적으로 소수집단뿐만 아니라 주류집단을 위한 교육 |
| Banks(2002) | 다양한 사회계층, 인종 및 민족 집단과 성 집단의 학생들이 평등한 교육 기회를 경험하도록 하기 위해 교육과정과 교육제도를 재구조화할 것을 목표로 하는 교육개혁 운동 |
| Bennett(2009) | 평등교육, 교육과정의 개혁, 다문화적 능력, 사회 정의를 향한 교육 |
| Sleeter & Grant(2003) | 사회의 목표와 교육목표가 무엇인지에 따라 교육 실제에서 차이가 있다고 주장하며, 사회목표와 교육목표에 따라 교육과정과 수업 등에서 어떠한 내용들이 강조되는지에 대한 접근방법을 제시하는 것 |

이러한 학자들의 정의를 토대로, 다문화교육이란 평등교육 실현을 목표로 설정하고, 그러한 목표를 달성하기 위한 다양한 내용을 선정 및 조직하며, 모든 학생이 함께 경험할 수 있도록 평등한 기회를 제공하는 교육이라고 정의 내릴 수 있다.

## 다. 다문화 교육과정

다문화교육을 실현하기 위한 다문화 교육과정에 대해 교육과정을 구성하는 하위 요소별로 설명하면 다음과 같다.

### (1) 다문화 교육과정의 목표 측면

다문화교육의 목표는 학자들이 제시하는 여러 영역을 종합해 볼 때, 문화, 평등, 상호작용, 비판적 사고, 자아개념으로 영역을 구분해 볼 수 있다. 이에 대한 구체적인 내용은 다음과 같다.

첫째, 문화에 대한 다양성을 기초로 문화적인 차이에 대한 인식을 다문화교육의 목표로 본다. 이는 단순한 인식의 차원뿐만 아니라 태도의 습득까지 포함한다. 뱅크스(Banks, 2002)의 경우, 다문화교육의 주된 목적 가운데 하나는 모든 학생에게 자신의 민족 문화뿐만 아니라 주류문화, 그리고 다른 민족의 문화까지도 이해하는데 필요한 기술, 태도, 지식을 제공하는 것이라 보았다. 베넷(Bennett, 2009)도 문화적인 측면에서의 학교 개혁을 다문화교육의 중요 측면으로 여겼다. 따라서 다문화교육에서 목표로 하는 문화에 대한 올바른 인식은 문화적 상대주의에 근거한 이해와 동시에 소수 문화에 대한 존중을 의미한다.

둘째, 평등에 대한 강조이다. 타인에 대한 존중에는 기본적으로 타인과 내가 같은 위치에 놓여 있다는 인식이 포함되는데, 이는 평등을 기반으로 한다. 즉, 다문화교육이 나와 다른 개인에서부터 나아가 여러 집단, 인종과 계층, 문화, 성별, 직업 등의 차이를 인정하고 개방적인 자세를 갖도록 하기 위한 것이라고 보는 것이다.

셋째, 상호관계에 대해 관심을 두고 이를 촉진하는 것에 목적을 둔다. 이는 다른 말로 협력을 강조하는 것으로서 다양한 배경을 지닌 여러 집단의 사람들과 원만한 상호작용을 할 수 있도록 돕는 것을 의미한다. 이에 대해 램지(Ramsey, 2004)는 다문화교육의 목표를 크게 사회적 관계 속에서의 자아형성, 연대감, 비판적 사고, 행동하는 태도, 지적 향상 그리고 더욱 평등한 미래 사회 만들기로 제시하고 있다.

넷째, 비판적 사고를 길러 주는 것을 의도하는 측면이다. 이는 편견과 고정관념을 감소시키는 훈련과 함께 다양한 집단에 대해 다문화적인 사고를 통하여 인식할 수 있도록 돕는 것을 의미한다.

다섯째, 학생들의 올바른 자아개념을 길러 주기 위한 과정으로서 다문화교육의 중요성을 두는 것이다.

### (2) 다문화 교육과정의 내용 측면

교육 내용이라 함은 무엇을 가르치고 배울 것인가라는 교육과정의 기본 질문이면서 동시에 일정한 교육목표와 기준에 따르는 타당성을 지녀야 하는 부분이다. 다문화 관련 교육영역 및 내용을 김영옥(2008), 정정희(2006)는 문화, 협력, 편견, 정체성 형성, 평등성, 다양성 등으로 제시하고 있다. 또한 뱅크스(2002)는 다문화 교육 내용 영역을 내용통합, 지식 구성, 동등한 교수법, 편견 해소, 학교문화 강화 등 다섯 가지로 제시하고 있다. 다음은 설규주(2009)가 제시한 다문화 교육 내용과 범주 및 하위 요소를 이상의 내용 요소들을 종합할 수 있도록 재구성한 표이다.

〈표 13-7〉 다문화 교육 내용, 범주 및 하위 요소(출처: 설규주, 2009에서 재구성)

| 내용 | 범주 | 하위 요소 |
|---|---|---|
| 지식 측면 | 문화 일반 이해 | 문화의 의미와 의의 |
| | | 문화의 특징과 속성 |
| | 다양한 문화 현상 이해 | 세계화, 다원화 |
| | | 세계 공동체 |
| | | 세계의 다양한 문화 |
| | 한국의 문화적, 사회적 상황 이해 | 한국 문화의 특징 |
| | | 한국 사회의 변화 |
| 기능 측면 | 의사소통기능 | 한국어와 글 |
| | | 모국어와 글 |
| | | 의사소통 |
| | 다문화 현상 조사 및 해석 기능 | 다문화 현상 조사 |
| | | 다문화 현상 해석 |
| | 대인 및 집단 기능 | 민주적 절차 준수 |
| | | 의사결정 |
| | | 갈등해결 |
| | | 협력 |
| 가치 및 태도 측면 | 정체성 확립 및 상호 존중 | 자아정체성 |
| | | 자문화 의식 |
| | 다름에 대한 인정과 존중 | 이질적 외모 존중 |
| | | 타문화 인정 및 존중 |
| | | 사회적 소수자 인식 및 존중 |
| | 민주적 공동체 지향 | 민주적 가치 존중 |
| | | 참여 의식 제고 |
| | | 다양성과 통합 사이의 균형 |

### (3) 다문화 교육과정의 교수·학습 방법 측면

다문화교육을 위한 교수·학습 방법 면에서는 다양성, 지속적 기회, 통합적 방법 등을 특징으로 들 수 있다. 교수·학습 방법 면에서 다양성이란, 교과 및 교과 외 활동에서 활용할 수 있는 교수·학습 방법은 고정되어 있는 것이 아니라 문화적 학습 양식과 특성을 인정해 주는 범위 내에서 다양한 방법을 활용한다는 것이다. 둘째, 실제 생활과 관련된 다양한 기회를 지속적으로 제공하는 것이다. 지속적인 기회는 특히 소수 인종 학생들 스스로에게 소속감이나 자신감을 꾸준히 개발할 수 있는 기회를 제공하게 될 것이다. 또한 단편적 소재나 활동을 통한 방법을 통해서 학생들은 의사를 결정하는 기술이나 사회적 참여 기술 및 효능감 등을 키울 수 있는 기회를 얻게 될 것이다.

### (4) 다문화 교육과정의 평가 측면

다문화교육을 위한 교육과정 구성 요소인 평가 부분은 목표와 내용, 교수·학습 방법 등과 일관적이고 체계적인 평가가 이루어져야 한다. 교과에 따라서는 수준별 평가도 이루어질 수 있고, 교과 외 활동에 있어서는 자기평가나 담당교사에 의한 관찰평가 등도 활용될 수 있을 것이다.

## 3 OECD 교육 2030과 교육과정

오늘날 사회는 불확실성과 함께 다양성이 점차 확대되고 있다. 이러한 사회에 대응하기 위해 학생들은 자신의 학습을 책임감 있게 결정하고 수행하는 것과 더불어 공동의 목표를 위해 협력할 수 있는 역량을 갖추는 것이 중요하다. 이러한 역량은 단편적인 지식으로 제시하기보다는 학교생활을 통해 습득하거나 발휘할 수 있는 경험으로 제공하는 것이 필요하다.

이러한 역량교육의 필요성과 그 방법에 대한 논의가 전 세계적으로 이루어지고 있다. 즉, 최근 여러 나라의 국가 교육과정 개혁은 공통적인 흐름을 보이고 있으며, 그 대표적 흐름 중의 하나가 바로 학생들이 지식과 가치 중심의 '무엇을 알아야 하는가'보다는 사회에 적응하기 위해서 실제로 '무엇을 할 수 있는가'에 관심을 가지는 것이다(Sinnema & Aitken, 2013). 복잡하고 빠르게 변화하는 21세기 미래 사회에 학습자들이 성공적으로 적응하기 위해서는 단순히 내용 지식과 기술의 습득을 넘어서서 실제 세계의 다양한 상황에서 효과적인 수행을 발휘하도록 하는 교육과정으로 변모해야 한다는 것이다. 최근 주목받고 있는 역량의 아이디어에는 바로 이러한 기조가 흐르고 있다. 역량은 지식과 정보의 단순 축적에서 벗어나 획득한 지식을 적극적으로 활용하고 적용하며, 그 과정에서 새로운 지식과 정보를 발견, 창출할 수 있는 능력을 일컫는 것으로, 사람들이 할 수 있어야만 하는 것에 관한 것이다. 이것은 기존의 교육이 학생들의 삶에 실질적인 도움이 되지 못한다는 문제의식과 함께 교육과 삶의 관련성을 높여야 한다는 주장에서 확산된 개념이다(김선영, 2016).

일반적으로 역량은 "특정 상황에서 기능과 태도를 포함한 사회 심리적 자원을 활용함으로써 복잡한 요구를 만족시키는 능력"(OECD, 2005)으로 정의된다. OECD는 이러한 역량 개념을 통해 종래의 지식과 기술이 미래 사회를 준비하는 데 한계가 있음을 지적하고, 학교생활에서의 성공은 물론 끊임없이 변화하는 세계에 적합한 미래 사회의 시민을 양성해야 할 필요성을 역설하였다. 이러한 배경 속에 OECD는 학업과 미래 사회의 성공을 담보할 핵심적인 역량이 무엇인지 정의하고 선별하기 위한 연구 작업에 착수하게 되는데, 이것이 바로 DeSeCo(The Definition and Selection of Key Competencies) 프로젝트이다. DeSeCo 프로젝트에 의해 정의 및 선별된 핵심역량은 학생들의 성공적인 학업과 더불어 미래 사회의 시민으로서 변화하는 세계에 적합한 지식·기술·태도 등이 무엇인지를 설명하고 있다(김종훈, 2017).

역량기반 교육(competence-based education)의 핵심 아이디어는 OECD의 DeSeCo 프로젝트와 Education 2030 프로젝트에 기반하고 있다. DeSeCo 프로젝트는 역량기반 교육의 출발점이 되었으며 지금까지도 세계 각국의 역량기반 교육의 이론적,

개념적 틀을 제공하고 있다. 이후, OECD에서는 DeSeCo 프로젝트에서 제시한 핵심역량을 심화 및 발전시키고, 변혁적 역량을 제시한 Education 2030 프로젝트를 발표하였다. DeSeCo 프로젝트의 핵심역량과 Education 2030 프로젝트의 변혁적 역량을 비교하면 〈표 13-8〉과 같다.

〈표 13-8〉 DeSeCo 프로젝트의 핵심역량과 Education 2030 프로젝트의 변혁적 역량 비교

| 구분 | 'DeSeCo' 프로젝트 | | 'OECD 교육 2030' 프로젝트 |
|---|---|---|---|
| 역량의 목표 | ▪ 개인과 사회의 '성공(success)' | | ▪ 개인과 사회의 '웰빙(well-being)' |
| 역량의 정의 | ▪ 특정 맥락의 복잡한 요구를, 지식과 인지적·실천적 기능뿐만 아니라 태도·감정·가치·동기 등과 같은 사회적·행동적 요소를 동원함으로써 성공적으로 충족시키는 능력 | | ▪ 복잡한 요구를 충족시키기 위해 지식, 기능, 태도와 가치를 동원하는 능력<br>– 지식: 학문적, 간학문적, 인식론적, 절차적<br>– 기능: 인지적·메타인지적, 사회적·정서적, 신체적·실천적<br>– 태도와 가치: 개인적, 지역적, 사회적, 글로벌적 |
| 역량의 특징 | ▪ '핵심(key)' 역량<br>– 경제적 활동에 중요한 역할을 하고, 개인적이고 사회적 유익을 야기할 수 있는 것<br>– 특정 분야만이 아니라 삶의 광범위한 맥락에 걸쳐 적용될 수 있는 것<br>– 모든 개인에게 중요한 것 | ⇨ | ▪ '변혁적(transformative)' 역량<br>– 학생들이 삶의 모든 영역에서 적극적으로 참여하면서 보다 나은 방향으로 영향을 미치려는 책임의식<br>– 학생들이 혁신적이고 책임감 있으며 의식적인 사람이 되는 데에 필요한 것 |
| 역량의 범주 | – 여러 도구를 상호작용적으로 사용하기<br>– 이질적인 집단에서 상호작용하기<br>– 자율적으로 행동하기 | | – 새로운 가치 창출하기<br>– 긴장과 딜레마 조정하기<br>– 책임감 갖기 |
| 역량의 핵심 | ▪ 성찰(reflectiveness) | | ▪ 학생 행위주체성(student agency) |

출처: 한국교육개발원(2019). 'OECD 교육 2030' 프로젝트, 학교교육에서 역량교육의 의미와 방향을 다시 세우다. KEDI brief, 21, 1–8. p. 6.

OECD 교육의 학습 프레임워크는 [그림 13-4]와 같이 시대와 사회적 변화를 통해 다양한 변화를 가져왔고, 이를 통해 OECD 교육 2030 현재의 학습 프레임워크 모습의 변천 과정을 볼 수 있다.

OECD E2030 학습 프레임워크의 변화

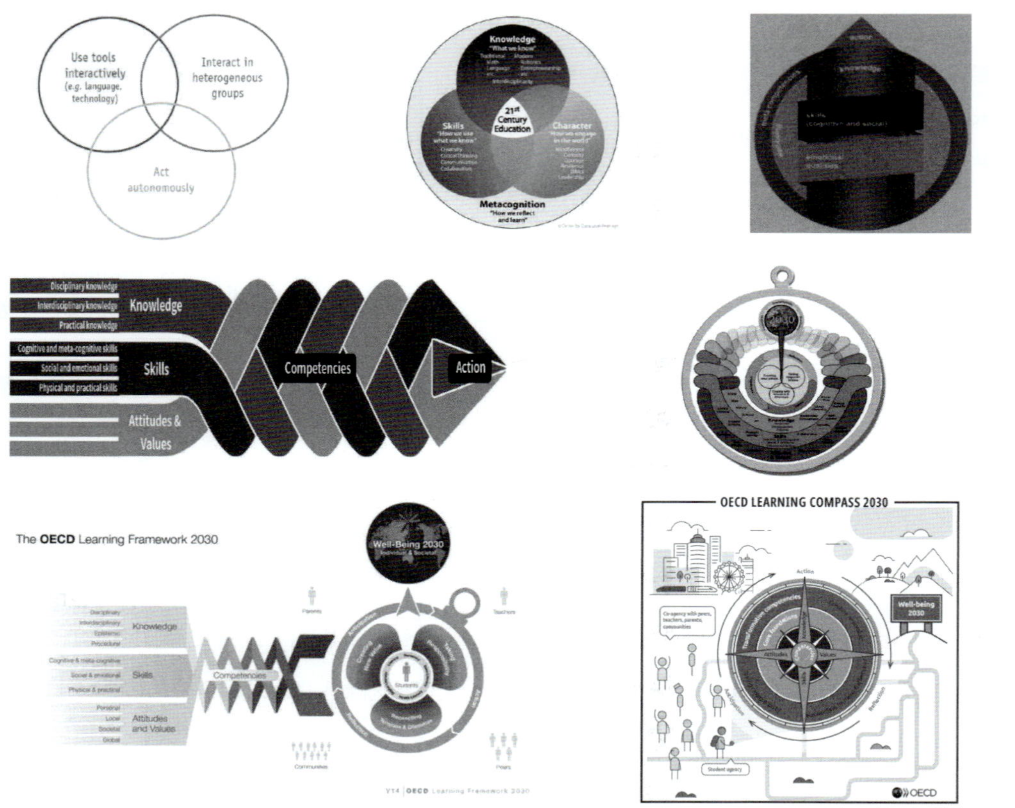


[그림 13-4] OECD 교육 2030 학습 프레임워크의 변화(출처: 김종윤, 2023)

OECD Education 2030에서는 학생의 자기주체성을 형성하기 위한 방향으로서, 'OECD 학습 나침반 2030'을 [그림 13-5]와 같이 제시하였다. 학습 나침반은 학생들이 그저 정해진 지침이나 교사의 지시를 받는 대신에, 익숙하지 않은 상황에서 스스로 탐색하고, 의미 있고 책임질 수 있는 방법으로 방향을 찾도록 공부할 필요를 강조하는 뜻이 담겨 있다.

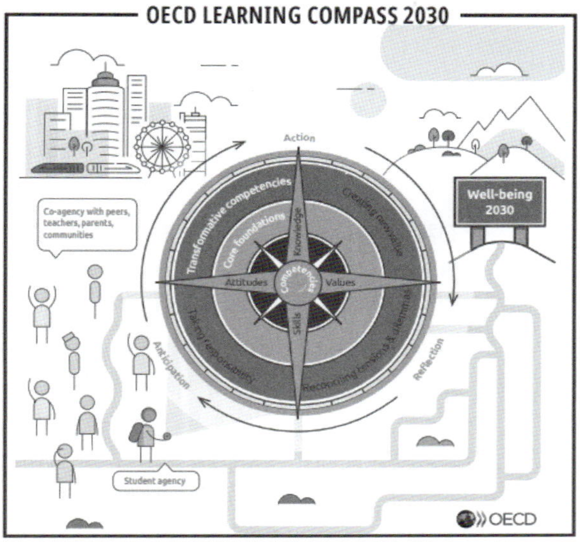


[그림 13-5] OECD Education 2030 학습 나침반(출처: OECD, 2019)

학습 나침반은 학생이 직접 나침반을 들고 개인과 공동체의 웰빙(Well-being)을 위해 나아가는 모습을 형상화하였다. 나침반을 들고 있는 주체를 학생으로 표현한 것은 앞으로의 교육은 학생이 행동의 주체가 되어 이끌어 가야 한다는 것을 나타낸다. 나침반의 바늘은 지식, 기능, 가치, 태도를 통합적으로 학습해야 한다는 핵심 기초와 지향을 나타내고, 나침반의 기판은 세 가지 변혁적 역량으로 이루어져 있다. 또한 학생과 그 주위를 둘러싼 사람들은 학생 주도성(student agency)과 협력적 주도성(co-agency)을 가져야 함을 나타낸다. OECD(2019)는 학생 주도성이 미래 교육과정의 핵심이라 말하며 어느 때보다도 학습자 주도성을 강조하고 있다. 학습 나침반 2030을 구성하고 있는 각각의 요소들을 구체적으로 설명하면 〈표 13-9〉와 같다.

〈표 13-9〉 학습 나침반 2030의 구성 요소(출처: 이지연·전병훈, 2020)

| 구성 요소 | 주요 내용 |
|---|---|
| 학생 주도성<br>(Student Agency) | • 학생들이 자신의 삶과 주변 세계에 긍정적인 영향을 미칠 수 있는 의지와 능력뿐만 아니라 목표를 세우고, 성찰하고, 변화를 일으키기 위해 책임감 있게 행동할 수 있는 능력을 갖추고 있다는 믿음 |
| 핵심 기초<br>(Core Foundations) | • 전체 교육과정을 심도 있게 학습하기 위한 전제 조건인 기본조건과 기능, 지식, 태도와 가치<br>• 인지적 기초, 건강 기초, 사회적·정서적 기초로 구성 |
| 변혁적 역량<br>(Transformative Competencies) | • 학생들이 사회를 변화시키고 더 나은 삶을 위한 미래를 형성하는 데 필요한 지식, 기능, 태도와 가치의 유형<br>• 새로운 가치 창출, 갈등과 딜레마 조정, 책임 의식으로 구성 |
| 지식<br>(Knowledge) | • 확립된 사실, 개념, 아이디어, 이론과 함께 특정 업무를 수행한 경험을 바탕으로 한 실질적인 이해<br>• 학문적 지식, 간학문적 지식, 인식론적 지식, 절차적 지식으로 구성 |
| 기능<br>(Skill) | • 과정을 수행하고 자신의 지식을 책임감 있는 방법으로 사용하여 목표를 달성할 수 있는 능력<br>• 인지적·메타인지적, 사회적·정서적, 신체적·실용적 기능으로 구성 |
| 태도와 가치<br>(Attitudes and Values) | • 개인, 사회, 환경의 웰빙(Well-being)에 이르는 길에서 자신의 선택, 판단, 행위와 행동에 영향을 미치는 원칙과 신념<br>• 개인적, 사회적, 사회·관습적, 인류적 태도와 가치로 구성 |
| 기대-행동-성찰 주기<br>(Anticipation-Action-Reflection Cycle) | • 학습자가 지속적으로 사고(thinking)를 개선하고 계획적이고 책임감 있게 행동하며, 시간이 지남에 따라 집단의 웰빙(Well-being)에 기여하는 장기적 목표를 향해 나아가는 반복적인 학습 과정 |

첫 번째, 학생 주체성은 목표를 설정하고, 반영하여, 변화를 만들기 위해 책임감 있게 행동할 수 있는 능력으로 정의된다. 학생 주도성의 개념은 학생들이 자신의 삶과 주변 세계에 긍정적으로 영향을 미칠 능력과 의지를 갖추고 있다는 원칙에 근거하고 있다. 학생들이 자신의 학습에서 주체성이 있을 때, 학습에 대한 동기부여가 커지고, 학습목표를 더 잘 정의하는 경향이 있다. 이를 통해 학생들은 평생 사용할 수 있는 귀중한 기술 "학습하는 법을 학습"할 가능성이 더 크다. 또한 협력적 주도성(Co-agency)은 학생들이 공동의 목표를 향해 나아가는 데 도움을 주는 부모, 교사, 지역 사회 및 타인과의 쌍방향적이고 상호 지원하는 관계라고 정의한다.

두 번째, 핵심 기초는 학생 주도성과 변혁적 역량 개발을 위한 기초를 제공하며, 전체 교육과정을 심도 있게 학습하기 위한 전제 조건인 기본조건과 기능, 지식, 태도와 가치로 정의한다. 교육 2030 프로젝트의 이해관계자들은 다음의 세 가지 기초를 강조한다. 문해력과 수리력을 포함하는 인지적 기초(cognitive foundations)와 신체적·정신적 건강, 웰빙을 포함하는 건강 기초(health foundations), 도덕 및 윤리, 디지털 문해력, 데이터 문해력을 포함하는 사회적·정서적 기초(social and emotional foundations)가 이에 해당한다.

세 번째, 변혁적 역량은 학생들이 사회를 변화시키고 더 나은 삶을 위한 미래를 형성하는 데 필요한 지식, 기능, 태도와 가치의 유형이다. 변혁적 역량에는 새로운 가치 창출(Creating new value), 갈등과 딜레마 조정(Reconciling tensions and dilemmas), 책임의식(Taking responsibility)이 있다. 새로운 가치 창출은 더 나은 삶을 만들기 위해 혁신하는 것을 의미하며, 새로운 일자리와 사업, 서비스를 창출하고 새로운 지식, 통찰력, 아이디어, 기술, 전략과 해결책을 개발하고, 이를 오래된 문제와 새로운 문제 모두에 적용하는 것이다. 긴장과 딜레마 조정은 모순되거나 양립할 수 없는 생각, 논리, 입장 간의 상호연결과 상호관계를 고려하고, 장·단기적 관점에서 행동의 결과를 고려하는 것을 의미한다. 책임 의식은 개인적, 윤리적, 사회적 목표를 고려하여 자신의 행동을 반성하고 평가하는 능력과 연결되어 있다.

네 번째, 지식은 확립된 사실, 개념, 아이디어, 이론뿐만 아니라 특정 업무를 수행한 경험을 바탕으로 한 실질적인 이해도 포함한다. Education 2030 프로젝트는 지식을 학문적 (disciplinary) 지식, 간학문적(interdisciplinary) 지식, 인식론적(epistemic) 지식, 절차적(procedural) 지식으로 구분한다. 학문적 지식은 이해의 필수적인 기초이며, 수학과 언어와 같이 과목별 개념과 세부 내용을 포함한다. 간학문적 지식은 한 학문이나 과목의 개념과 내용을 다른 학문/과목의 개념과 내용과 연관시키는 것이며, 주제 학습을 통해 관련 과목을 결합하거나 새로운 과목을 만들어 내고, 프로젝트 기반 학습을 지원함으로써 교육과정으로 통합될 수 있다. 인식론적 지식은 전문가(practitioner)같이 생각하고 행동하는 법을 아는 것으로 학습의 관련성과 목표를 보여주고 더 깊이 이해할 수 있게 돕는다. 절차적 지식은 일이 수행되는 방법과 구조화된 과정(process)을 통해 일하고 학습하는 방법을 이해하는 것으로 다양한 상황에서 복잡한 문제를 해결하는 데 유용하다.

다섯 번째, 기능은 과정을 수행하고 자신의 지식을 책임감 있는 방법으로 사용하여 목표를 달성할 수 있는 능력(ability)과 수용력(capacity)을 의미한다. OECD는 기능을 인지적·메타인지적 기능(cognitive and metacognitive skills), 사회적·정서적 기능(social and emotional skills), 신체적·실용적 기능(physical and practical skills)과 같이 세 가지 유형으로 구분하였다. 인지적·메타인지적 기능은 비판적 사고, 창의적 사고, 학습에 관한 학습, 자기 조절을 의미한다. 사회적·정서적 기능은 공감, 자기효능감, 책임감, 협력을 포함한다. 신체적·실용적 기능은 물리적 도구, 기계, 악기, 스포츠와 같이 손을 쓰는 기술, 음식을 하고 옷을 입고 청결을 유지하는 생활 기술, 근력과 체력을 동원하는 능력, 재료, 도구, 장비를 사용하고 조작하는 능력을 포함한다.

여섯 번째, 태도와 가치는 OECD 학습 나침반 2030의 핵심 요소이며 개인, 사회, 환경의 웰빙에 이르는 길에서 자신의 선택, 판단, 행위와 행동에 영향을 미치는 원칙과 신념을 말한다. 가치는 사생활과 공적인 삶의 모든 영역에서 의사결정을 할 때 사람들이 중요하다고 믿는 것을 뒷받침하는 지침 원칙(guiding principles)을 의미하며, 태도는 가치와 신념에 따르며 긍정적이거나 부정적으로 반응하려는 기질을 반영하며, 특정 맥락과 상황에 따라 달라질 수 있다.

일곱 번째, 예상-행동-성찰 주기는 학습자가 지속적으로 사고(thinking)를 개선하고 계획적이고 책임감 있게 행동하며, 시간이 지남에 따라 집단의 웰빙에 기여하는 장기적 목표를 향해 나아가는 반복적인 학습 과정을 의미한다. 예상 단계에서 학습자는 자신의 능력을 발휘하여 행동의 장·단기 결과를 예측하고, 자신의 의도와 타인의 의도를 이해하며, 자신과 타인의 관점을 넓힌다. 행동 단계에서 학습자는 특정 목표를 향해 행동을 취하여 웰빙에 기여한다. 성찰 단계는 학습자가 사고를 개선하고 이해를 심화시켜, 미래 행동을 공유 가치와 일치시키고 변화하는 조건에 성공적으로 적응하는 능력을 향상한다(이지연·전병훈, 2020).

이상에서 볼 수 있듯이, 미래 사회에 요구되는 역량이 길러지기 위해서는 교육과정과 수업, 그리고 평가가 역량기반 교육의 관점에서 이루어져야 한다. 역량기반 교육은 이론과 실제를 전문적으로 연결할 수 있도록 교육 내용을 재구성하여 학습자들이 역량을 함양할 수 있는 경험을 제공할 때 가능(민춘기, 2019)하기 때문이다.

OECD 교육 2030에서 살펴본 바와 같이 현대 사회는 지역성을 넘어 전 지구적인 협력이 필요한 시대이다. 따라서 개인적인 차원을 넘어 공동체 의식을 바탕으로 주도적 행동을 하는 역량인 학생 주도성이 필요하다는 인식이 널리 확산하고 있다. 이러한 인식과 함께 국가 수준 교육과정은 학생 주도성과 공동체 의식을 효과적으로 함양할 수 있도록 변화해야 한다.

## 4 IB 교육과 교육과정

### 가. IB 교육의 개념

1, 2차 세계대전 이후 국제질서를 구축하기 위한 국제연합(United Nations: UN)의 탄생과 함께 국제기구에 근무하는 주재원 자녀들을 위한 국제학교의 필요성이 증대되어 1924년 제네바 국제학교, 1947년 UN 국제학교, 1951년 국제학교 연합체인 ISA가 구성되었다(홍원표, 2019). 하지만, 여전히 국제학교 학생들은 해당 국가에서 언어적 장벽을 경험하거나 본국의 대학 진학이 어려웠고, 국제학교는 국제기구 이념과는 다르게 국가와 민족 중심의 역사교육을 이수하고 있었다. 따라서 국제적 이해를 바탕으로 평화로운 국제질서를 만드는 것이 IB(International Baccalaureate: 이하 IB) 프로그램이 개발된 목표와 배경이다.

이러한 IB 프로그램의 도입에 따라 IB는 '상호문화 간 이해와 존중, 평화로운 세계 구현, 사명감과 탐구적이고 지적이며 배려할 줄 아는 인재 양성'을 주요 사명으로 삼고, 국제적 시각 형성을 강조하고 있다. 또한, IB 프로그램은 교육과정 프레임워크로 지식 습득을 목표로 하지 않고 글로벌 맥락, 관련 개념 등 개념을 기반으로 하며 이러한 개념은 이해를 구성하는 기반이 되며, 학생들이 지식을 외우는 것이 아니라 지식을 사용할 수 있게 하는 방향으로 교육이 이루어지며 그 속에서 학생들은 학습의 즐거움을 느끼게 된다(김수영·이지은, 2021). IB는 이러한 사명과 목적에 따라 육성하고자 하는 학습자 상을 열 가지로 구체화하고 있다. 이에 대한 설명은 〈표 13-10〉과 같다.

〈표 13-10〉 IB 프로그램이 추구하는 학습자 상과 특징(출처: IBO, 2019에서 재구성)

| 학습자 상 | 주요 특징 |
|---|---|
| 탐구하는 사람 | • 호기심을 키우고 탐구 및 연구하는 역량을 지닌 사람<br>• 스스로 배우는 방법뿐만 아니라 다른 사람들과 함께 배우는 방법을 견지한 사람<br>• 열정적으로 학습하는 사람 |
| 지식이 풍부한 사람 | • 다양한 분야에 걸친 지식을 탐구하면서 개념적 이해를 개발하고 활용하는 사람<br>• 지역 및 글로벌 사회의 중요한 이슈에 참여하는 사람 |
| 사고하는 사람 | • 복잡한 문제를 분석하고 책임감 있는 행동을 하기 위해 비판적이고 창의적으로 사고하는 사람<br>• 주도성을 가지고 합리적이며 윤리적인 판단을 내릴 수 있는 사람 |
| 소통하는 사람 | • 다양한 언어 및 방법을 통해 자신감을 가지고 창의적으로 표현할 줄 아는 사람<br>• 다른 사람과 집단의 관점에 주의를 기울이고 효과적으로 협업할 줄 아는 사람 |
| 원칙을 지키는 사람 | • 공정함과 정의감을 토대로 성실하고 정직하게 행동하며 모든 사람의 존엄성과 권리를 존중할 줄 아는 사람<br>• 자기 자신의 행동에 따른 결과에 책임을 질 줄 아는 사람 |
| 열린 마음을 지닌 사람 | • 다른 사람의 가치 및 전통뿐만 아니라 자기 자신의 문화와 역사를 비판적으로 평가할 줄 아는 사람<br>• 다양한 관점을 견지하고 평가하며 경험을 통해 성장할 줄 아는 사람 |
| 배려하는 사람 | • 공감하며 온정을 베풀 줄 알고 존중할 줄 아는 사람<br>• 봉사활동에 적극적으로 참여하고, 다른 사람들의 삶과 우리가 살아가고 있는 세상에 긍정적인 변화를 만들 수 있도록 행동할 줄 아는 사람 |
| 도전하는 사람 | • 심사숙고하는 자세와 결단력 있는 자세를 가지고 불확실한 사태에 대비할 줄 아는 사람<br>• 스스로 또는 타인과 협력적으로 새로운 아이디어와 혁신적인 전략을 탐구할 줄 아는 사람<br>• 도전과 변화에 탄력성을 가지고 기지를 발휘할 줄 아는 사람 |
| 균형 잡힌 사람 | • 자기 자신과 다른 사람의 행복을 위해 지적, 신체적, 정서적으로 균형의 중요성을 아는 사람<br>• 다른 사람들 및 우리가 살아가고 있는 세계와의 상호의존성을 인지하는 사람 |

| 성찰하는 사람 | • 우리가 살아가고 있는 세계와 우리 자신의 생각과 경험에 대해 깊이 사고하는 사람<br>• 자기 자신의 배움과 성장을 촉진하고 우리의 장·단점을 이해하기 위해 노력하는 사람 |
|---|---|

IB는 스위스에 법적 본부를 두고, 네덜란드에 실무 본부를 두고 있는 비영리 교육재단인 IBO(International Baccalaureate Organization: IBO)에서 개발한 국제 공인 교육 프로그램을 말한다(엄수정 외, 2022). IB 프로그램은 총 3개의 공식 언어 영어, 프랑스어, 스페인어로 운영되고 있으며, 그 외의 언어들은 외국어로서 지위를 갖는다. 다른 언어로 시험을 보고 졸업증인 디플로마까지 받을 수 있는 것은 이중언어 디플로마 프로그램(Dual Language Diploma Program: DLDP)으로 2022년 독일어와 일본어, 한국어 등 총 세 가지 언어로 제공하고 있다.

우리나라는 2000년대 초·중반부터 IB 프로그램에 대한 논의를 시작했으나 국제학교와 특목고에 국한되어 논의되었고, 2009 개정 고등학교 교육과정 편성·운영 기준에 '학교는 필요에 따라 대학과목 선이수제의 과목을 개설할 수 있고, 국제적으로 공인된 교육과정이나 과목을 개설할 수 있다(교육부, 2009)'는 문구가 포함되면서 IB 프로그램이 본격적으로 도입되기 시작했다. 최근에는 시도별로 IBO와 IB 도입 의향서를 체결하는 등 IB 프로그램을 학교 교육에 도입하기 위해 다각적인 노력을 기울이고 있다.

## 나. IB 교육의 유형

IB 프로그램은 1968년 고등학교 프로그램인 IBDP(Diploma Program)를 선두로 1994년 중학교 프로그램 MYP(Middle Years Program), 1997년 유·초등학교 프로그램 PYP(Primary Years Program), 2012년 직업 프로그램 CP(Career-related Program)가 개발되면서 활용 폭이 점차적으로 넓어졌다. 각 프로그램에 대한 설명은 〈표 13-11〉과 같다.

〈표 13-11〉 IB 프로그램의 유형과 특징(출처: 엄수정 외, 2022에서 재구성)

| 프로그램 유형 | 연령층 | 우리나라 교육과정 단계 | 주요 특징 |
|---|---|---|---|
| PYP | 3–12세 | 유·초등학교 | • 교육과정이 아닌 프레임워크만 제공<br>• 교사 스스로 IB 철학에 맞게 각 나라의 국가 교육과정을 활용하여 수업 설계를 할 수 있도록 함<br>• 교과 영역, 초학문적 주제, 핵심 개념 등을 제시 |
| MYP | 11–16세 | 중학교 | • 교육과정이 아닌 프레임워크만 제공<br>• 5년 프로그램이지만 국가별 중학교 학제에 따라 2–4년 프로그램으로 운영이 가능<br>• 교과 영역, 초학문적 주제, 핵심 개념 등을 제시 |
| DP | 16–19세 | 고등학교 | • 대학 입학 자격을 취득하기 위한 고등학교 프로그램<br>• 2년 과정의 상세 교육 내용을 포함한 교육과정으로 제시<br>• 평가의 공정성을 위해 교내 평가뿐만 아니라 외부 평가를 병행 |
| CP | 16–19세 | 고등학교 | • 진로 관련 교육 필요성에 의해 도입한 국제 교육과정<br>• 학생이 희망하는 직업 관련 학습과 대입 준비를 위한 교과 학습을 결합한 형태<br>• 진학교육과 진로교육을 통합한 형태 |

IB 프로그램의 유형을 프레임워크를 그림으로 제시하면 다음과 같다.

| PYP 프레임워크 | MYP 프레임워크 | DP 프레임워크 |
|---|---|---|
| 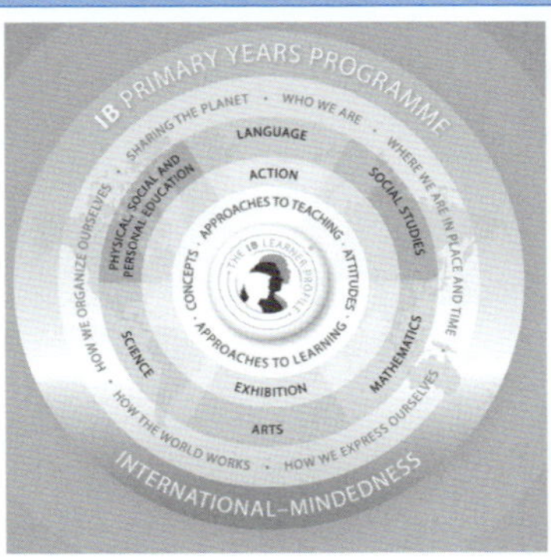 | 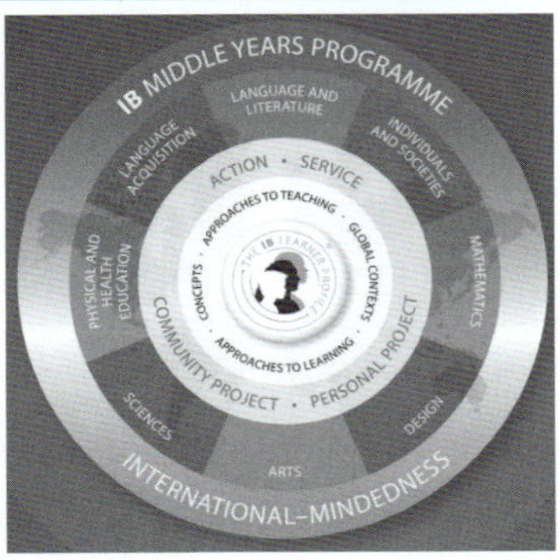 |  |

[그림 13-6] IB 프로그램 대상별 프레임워크(출처: IBO 홈페이지)

PYP는 교육과정이 아닌 프레임워크만 제공하여 교사 스스로 IB 철학에 맞게 각 나라의 국가 교육과정을 활용하여 수업 설계를 할 수 있도록 한다. 또한, 학생들의 학업적, 사회적, 정서적 안녕 함양, 학습에 책임을 지는 주도적 학습 기능 함양, 세계에 대한 이해 및 효과적으로 삶을 살아갈 수 있도록 하는 능력 함양, 국제적 소양 함양에 지향을 두고 있다(IBO, 2012). 교과 영역은 언어, 사회, 수학, 예술, 과학, 체육과 생활지도로 구성되어 있다. 또한, 초학문적 주제, 핵심 개념 등을 제시하고 있으며, 초학문적 주제와 주요 내용에 대한 설명은 〈표 13-12〉와 같다.

〈표 13-12〉 PYP **초학문적 주제와 내용**(출처: IBO, 2012)

| 초학문적 주제 | 주요 내용 |
|---|---|
| 우리는 누구인가 | • 본성, 신념, 가치, 개인적·신체적·정신적·영적 건강, 대인관계(가족·친구·공동체 및 문화), 권리와 책임, 인간이 된다는 것의 의미 |
| 우리가 속한 시간과 공간 | • 시공간의 방향, 개인사, 가정과 여행, 인류의 발견·탐험·이주, 개인과 문명의 관계와 상호 연관성, 지역 및 세계적 관점 |
| 우리 자신을 표현하는 방법 | • 아이디어·감정·자연·문화, 신념·가치를 발견하고 표현하는 방식<br>• 창의성 및 심미적 감상을 성찰하고 확장하며 향유하는 방식 |
| 세계가 돌아가는 방식 | • 자연계와 자연계 법칙, 자연계(물리적 및 생물학적)와 인간 사회와의 상호작용, 인간이 과학적 원리에 대한 이해를 어떻게 활용하는지, 사회 및 환경에 대한 과학적·기술적 진보의 영향 |
| 우리 자신을 조직하는 방법 | • 인간이 만든 시스템과 공동체의 상호연결성, 조직의 구조와 기능, 사회적 의사결정, 경제활동과 그것이 인간과 환경에 미치는 영향 |
| 우리가 사는 지구 | • 유한한 자원을 다른 사람들과 생명체와 공유하기 위한 투쟁에서 오는 권리와 책임, 공동체와 그들 사이의 관계, 동등한 기회에 대한 접근, 평화와 갈등 해결 |

또한, PYP에서는 주제중심 통합 학습, 탐구중심 방식, 개념기반 탐구 등 세 가지 주요 특징이 있다. 추상적이지만 보편적이고 영속적인 아이디어에 대한 개념적 이해에 도달하는 것을 목표로 하고 이를 달성하기 위해 일곱 가지 핵심 개념과 관련 개념을 연계하여 제시하고 있다(IBO, 2018).

〈표 13-13〉 PYP 핵심 개념, 질문 및 예시(출처: IBO, 2018)

| 핵심 개념 | 핵심 질문 | 예시 |
|---|---|---|
| 형태 | 어떤 형태를 가지는가? | 특성, 구조, 유사성, 차이성, 패턴 |
| 기능 | 어떻게 작동하는가? | 행동, 의사소통, 패턴, 역할, 시스템 |
| 원인 | 왜 그러한 결과가 나타나는가? | 결과, 계열, 패턴, 영향 |
| 변화 | 어떻게 변하는가? | 적응, 성장, 주기, 계열, 변환 |
| 연결 | 다른 것과 어떻게 연결되었는가? | 시스템, 관계, 네트워크, 항상성, 상호의존성 |
| 관점 | 어떠한 관점들이 있는가? | 주관성, 진실, 신념, 의견, 편견 |
| 책임 | 우리의 의무는 무엇인가? | 권리, 시민권, 정의, 가치관, 자주성 |

MYP는 만 11~16세에 해당하는 중학교 학생들을 대상으로 설계되었고, 학생들의 지적·사회적·정서적 안녕 함양, 미래에 대한 책임감 있고 복잡성을 관리할 수 있는 태도 함양, 폭넓고 깊이 있는 이해 및 국제적 소양 함양에 목적을 두고 있다(IBO, 2014). PYP와 마찬가지로 프레임워크만 제공하고 있으며, 8개의 핵심 교과 영역(언어 습득, 언어와 문학, 개인과 사회, 수학, 디자인, 예술, 과학, 체육과 보건)으로 구성되어 있다. 각 영역에서 한 과목씩 매년 최소 50시간씩 이수 받아야 하며 70시간 이수를 권장하고 있다.

MYP의 주요 특징으로는 간학문적 통합 학습방법, 상황에 맞는 교수·학습 방법, 개념적 이해, 봉사 및 체험학습, 언어와 정체성 등이 있다(IBO, 2014). 이러한 PYP 초학문적 주제와 MYP 세계적 맥락 간의 내용을 연계하여 나타내면 〈표 13-14〉와 같다.

〈표 13-14〉 PYP 초학문적 주제와 MYP 세계적 맥락 간의 연계(출처: IBO 홈페이지)

| PYP 초학문적 주제 | MYP 세계적 맥락 |
|---|---|
| 우리는 누구인가 | 정체성과 관계 |
| 우리가 속한 시간과 공간 | 시간과 공간의 방향성 |
| 우리 자신을 표현하는 방법 | 개인적·문화적 표현 |
| 세계가 돌아가는 방식 | 과학기술 혁신 |
| 우리 자신을 조직하는 방법 | 세계화와 지속 가능성 |
| 우리가 사는 지구 | 공정성과 개발 |

DP는 대학 입학 자격을 취득하기 위해 시행되는 고등학교 프로그램으로 프레임워크로만 제시되었던 PYP와 MYP와는 다르게 2년에 걸친 상세한 교육 내용을 포함한 교육과정으로 제시되어 있다. DP는 언어 습득, 언어와 문학, 개인과 사회, 수학, 예술, 과학 등 6개의 교과교육과 지식론, 소논문, 창의·체험·봉사 등으로 이루어지는 세 가지 핵심 과정으로 이루어져 있다(IBO, 2012). DP의 핵심 과정과 주요 내용을 〈표 13-15〉와 같다.

〈표 13-15〉 DP 핵심 과정과 주요 내용(출처: IBO 홈페이지)

| 핵심 과정 | 주요 내용 |
|---|---|
| 지식론 | • 내용: 지식의 본질 탐구 및 우리가 알고 있다고 주장하는 것에 대해 어떻게 알 수 있는지에 대한 내용을 성찰하는 과정<br>• 이수 시간: 최소 2년간 100시간 이상(주당 2시간)<br>• 평가: 전시회 및 1600단어 에세이를 통해 평가 |
| 소논문 | • 내용: 독립적이고 자기주도적인 연구 능력을 함양하는 과정<br>• 이수 시간: 최소 2년간 약 40시간 이상(주당 1시간)<br>• 평가: 4000단어 분량의 논문을 통해 평가 |
| 창의, 체험, 봉사 | • 내용: 도전적이며 즐거운 과정으로 구성하여 경험적 학습을 통해 학습자의 정체성 및 대인관계를 발달시키는 과정<br>• 이수 시간: 18개월 이상, 150시간(주당 3~4시간) |

다음은 DP 6개 교과와 3개의 필수과정, 각 교과와 과정에 따른 과목 및 배점 등을 나타낸 표이다.

〈표 13-16〉 DP 과목 구성 및 배점(출처: IBO 홈페이지)

| 교과 | 과목 | 배점 |
|---|---|---|
| 언어와문학(모국어) | 한국 문학, 한국어와 한국 문학 | 7 |
| 언어와습득(모국어) | 영어 | 7 |
| 개인과 사회 | 역사, 지리, 경제, 심리학, 철학, 경영, 정치 등 | 7 |
| 수학 | 수학 | 7 |
| 과학 | 화학, 생물, 물리, 컴퓨터, 환경, 보건 등 | 7 |
| 예술 | 미술, 연극, 음악, 댄스, 영화 등 | 7 |
| 필수과정 | 지식론 | 3 |
| | 소논문 | |
| | 창의, 체험, 봉사 | |
| 계 | | 45 |

## 요약

미래 사회와 학교교육에서의 변화는 교육과정과 관련하여 다양한 쟁점과 이슈들을 생성한다. 이러한 관점에서 이 장에서는 교육과정 이슈로서 학습자 맞춤형 교육, 다문화교육, OECD 교육 2030, IB 교육을 교육과정과 연계하여 살펴보았다.

학습자 맞춤형 교육은 학습자의 개별적인 특성을 고려한 교육을 제공하여 모든 학생이 학습 목표에 도달하도록 하는 것으로 학습 격차가 점차 커지는 상황에서 학습자 맞춤형 교육의 필요성은 교육과정 개정이나 수업에서의 교수·학습 변화 등의 요구로 이어짐을 확인할 수 있었다. 다문화교육은 다문화교육의 필요성과 함께 다문화 교육과정의 목표, 내용, 방법 및 평가 측면에서 모두 다문화적 요소를 포함하여야 다문화교육을 실현할 수 있는 방안이 될 수 있다.

OECD 교육 2030은 역량기반 교육과정과 관련지어 국가 수준의 방향을 학생 주도성과 공동체 의식을 효과적으로 함양할 수 있도록 변화해야 함을 확인할 수 있었다. 또한, IB 교육의 개념과 유형을 탐색함으로써 IB 교육이 교육과정에 주는 함의를 도출할 수 있었다.

## 생각해 봅시다

1. 학습자 맞춤형 교육의 필요성을 교육과정과 관련하여 설명해 봅시다.
2. 다문화 교육과정에 포함되어야 할 구성 요소들을 설명해 봅시다.
3. OECD 교육 2030과 역량기반 교육과정에 대해 설명해 봅시다.
4. IB 교육이 교육과정에 주는 시사점을 토의해 봅시다.

# 참고문헌
Reference

강상희(2003). 발도르프 교육학(Waldorfspaedagogik)의 기초 인지학(Anthroposophie) 연구. 연세대학교 대학원 박사학위논문.

강인애(1997). **왜 구성주의인가?** 서울: 문음사.

강현석, 전호재(2014). 교육과정 개정에서 범교과 학습 주제의 교육과정 적용 방안 연구. **학습자중심교과교육연구**, 14(11), 239-264.

경기도교육청(2014). 경기도교육과정 총론. 경기: 경기도교육청.

고영준(2012). 교육적 경험의 의미: 오우크쇼트와 듀이의 관점. **교육철학연구**, 34(1), 23-43.

교육부(2005). 교육과정 수시 개정 체제 운영 활성화 방안. 보도자료(2005. 02. 24). 세종: 교육부.

교육부(2009). 초·중등학교 교육과정 총론(교육과학기술부 고시 제2009-41호). 세종: 교육부.

교육부(2010). 초등학교 교육과정 해설-총론. 세종: 교육부.

교육부(2011). 스마트 교육 추진 전략 실행 계획. 세종: 교육부.

교육부(2015). 2015 개정 교육과정 초·중등학교 총론. 세종: 교육부.

교육부(2016). 2015 개정 교육과정에 따른 디지털교과서 개발을 위한 편찬 상의 유의점 및 검정기준. 세종: 교육부.

교육부(2021). 미래형 교과서 체제 제안 연구. 연구보고서 2021-7. 세종: 교육부.

교육부(2022a). 2022 개정 교육과정 초·중등학교 총론. 세종: 교육부.

교육부(2022b). 2022 다문화교육 지원계획. 세종: 교육부.

교육부(2023a). 2022 개정 교육과정에 따른 교과용도서 개발을 위한 편수자료. 세종: 교육부.

교육부(2023b). 2022 개정 교육과정에 따른 국정도서 개발을 위한 편찬 상의 유의점. 세종: 교육부.

교육부(2023c). 2022 개정 교육과정에 따른 수업-평가 안내자료. 세종: 교육부.

교육부, 한국교육과정평가원(2017). 과정을 중시하는 수행평가 어떻게 할까요? - 초등. 연구자료 ORM 2017-19-1. 세종: 교육부.

권낙원(2003). 학습자중심 심리원리와 그 의의. **학습자중심교과교육연구**, 3(1), 67-82.

권낙원, 김민환, 한승록, 추광재(2011). **교사를 위한 교육과정론**. 서울: 공동체.

권낙원, 민용성, 최미정(2008). **학교 교육과정 개발론**. 서울: 학지사.

권낙원, 민용성, 한희정, 최화숙, 이재철(2014). **교육과정**. 서울: 동문사.

권낙원, 추광재, 박승렬(2006). 교육과정 실행 수준 결정 요인 탐색. **교육과정연구**, 24(3), 87-106.

김경배, 김재건, 이홍숙(2008). **교육과정과 교육평가**. 서울: 학지사.

김경자, 곽상훈, 백남진, 송호현, 온정덕, 이승미, 한혜정, 허병훈, 홍은숙(2015). 문·이과 통합형 교육과정 총론 시안 개발 연구. 세종: 교육부.

김대현(2011). **교육과정의 이해**. 서울: 학지사.

김대현(2017). **교육과정의 이해**(2판). 서울: 학지사.

김대현, 김석우(2009). **교육과정 및 교육평가**. 서울: 학지사.

김덕년(2017). '교육과정-수업-평가-기록의 일체화'에 대한 고찰(이슈페이퍼 CP 2017-02-01). 서울: 한국교육개발원.

김두정, 김소영(2017). 교육과정의 실행 기준에 관한 연구: 교육과정 실행 요인 및 기준, 교육과정 실행의 실태 및 개혁의 과제. **교육문화연구**, 23(2), 37-59.

김명자(2015). 기독교대안학교 교사의 교육체험에 대한 질적 연구: Van Manen의 해석학적 현상학을 중심으로. 백석대학교 기독교전문대학원 박사학위논문.

김민환(1991). 교육과정 연구 모형으로서의 기술공학적 접근에 관한 비판적 논의. **교육과정연구**, 10, 63-80.

김민환(1999). 교사의 교육과정 인식과 실천에 관한 연구. **교육과정연구**, 17(1), 219-247.

김선영(2016). 역량중심 교육과정 구현을 위한 교과 교육과정 성취기준의 진술방식 탐색. **교육연구**, 66, 113-140.

김수영, 이지은(2021). 이해 중심의 수업 혁신을 위한 백워드 설계와 IB 교육과정의 통합 방안 탐구. **교육혁신연구**, 31(3), 385-408.

김승호, 김은정, 박일수(2019). **교육과정과 수업**. 서울: 창지사.

김영석(2020). 특수학교 교사의 교육과정 실행요인에 관한 다층분석. 한국교원대학교 대학원 박사학위논문.

김영옥(2008). **유아 다문화교육의 통합적 적용**. 서울: 학지사.

김영진, 현남숙(2017). 자기성찰에 기반한 자전적 글쓰기 교육: 체험 서술과 그 의미 해석에 대한 밴 매넌의 이론을 중심으로. **교양교육연구**, 11(2), 149-174.

김영천(2004). 생애사 텍스트로서의 교육과정연구. **교육과정연구**, 22(4), 49-81.

김재춘(2005). 듀이의 '교과의 심리화'와 '교과의 진보적 조직' 논의가 교육 내용의 선정 및 조직에 주는 시사점 탐색. **교육과정연구**, 23(2), 1-15.

김재춘(2012). **교육과정**. 서울: 교육과학사.

김재춘(2016). **교육과정(2판)**. 서울: 교육과학사.

김종서(1989). **교육과정과 수업**. 서울: 배영사.

김종훈(2017). 글로벌 교육 거버넌스로서의 OECD PISA에 대한 비판적 검토. **교육과정연구**, 35(1), 43-64.

김현덕(2007). 다문화교육과 국제이해교육의 비교 연구: 미국 사례를 중심으로. **비교교육연구**, 17(4), 1-23.

김혜숙(2014). **교육프로그램 평가의 이론과 실제**. 서울: 교육과학사.

김호권, 이돈희, 이홍우(1980). **현대교육과정론**. 서울: 교육출판사.

민용성, 최화숙(2014). 학습자중심 다문화 교육과정의 개발 방향 탐색. **학습자중심교과교육연구**, 14(10), 1-21.

민춘기(2017). 대학생 창의역량 함양을 위한 수업 사례 및 개선 방향. **교양교육연구**, 13(4), 121-142.

박수원(2023). 존 듀이의 경험 교육론에 기반한 교사 교육과정 연구. 한국교원대학교 대학원 박사학위논문.

박순경(2006). 한국 교육과정에서의 범교과 학습의 실태와 개선 방안. **교육과정연구**, 24(2), 159-182.

박승배(2007). **교육과정학의 이해**. 서울: 학지사.

박은주, 신재한(2023). OECD Education 2030의 '학생 행위주체성(student agency)'의 의미 탐색 및 교실 수업 내 구현 방안 모색. 학습자중심교과교육학회 추계학술대회, 36-48.

박일수(2022). **예비 및 현직 교사를 위한 교육평가의 이해**. 서울: 창지사.

박현주(2005). **교육과정 개발의 모형과 실제**. 서울: 교육과학사.

백영신, 임재일(2021). 학습자 주도성 발현을 위한 교사의 역할에 대한 논의. **한국교원교육연구**, 38(4), 281-304.

백은미(2018). 국어과 과정 중심 평가의 양상과 현장 적용의 개선 방안. 부산대학교 대학원 석사학위논문.

설규주(2009). 다문화교육을 위한 초등 교수·학습과정안. 2009년 초·중등교사 다문화교육 직무연수 자료집. 서울: 서울대학교 중앙다문화교육센터.

소경희(2017). **교육과정의 이해**. 경기: 교육과학사.

송훈섭(2003). 프레이리의 비판적 문해교육과 지리교육. **한국지리환경교육학회지**, 11(3), 47-64.

신경희(2014). **교육과정의 이해**. 서울: 학지사.

양윤정(2016). 초등학교 교육과정에 나타난 범교과 학습 주제 현황 분석. **학습자중**

심교과교육연구, 16(10), 1005-1028.

엄수정, 이근영, 김진원, 김지혜, 이혜정(2022). 경기도교육청 IB 프로그램 도입 방향. 현안보고 2022-16. 경기: 경기도교육연구원.

왕관은, 박창언(2015). 범교과 학습 주제의 한계 논의. **통합교육과정연구**, 9(2), 53-70.

우창옥(2017). 루돌프 슈타이너의 인지학적 건축론에 기반한 발도르프 학교의 전인적 교육공간에 관한 연구. 건국대학교 건축전문대학원 박사학위논문.

윤남순(1997). 학교중심 교육과정 실행에 관한 연구. 전남대학교 대학원 박사학위논문.

이경진, 김경자(2005). '실행'을 중심으로 본 교육과정의 의미와 교사의 역할. **교육과정연구**, 23(3), 57-80.

이경화, 강현영, 고은성, 이동환, 신보미, 이환철, 김선희(2016). 과정 중심 평가의 실행을 위한 방향 탐색. **수학교육학연구**, 26(4), 819-834.

이근호(2006). 현상학과 교육과정 재개념화 운동. **교육과정연구**, 24(2), 1-25.

이근호, 이용백, 김성혜, 조기희, 김진아, 이인태(2023). 서책형과 디지털 교과서의 활용 양상 분석 및 개선 방안 연구: 온·오프라인 교육 환경을 중심으로. 한국교육과정평가원 연구보고 RRT 2023-1. 충북: 한국교육과정평가원.

이길주(2020). 초등학교 교실수준 교육과정 실행 기준 개발 연구. 공주대학교 대학원 박사학위논문.

이돈희(1992). **존 듀이 교육론**. 서울: 서울대학교출판부.

이미숙(2010). 범교과 학습에 대한 교육 전문가 및 초·중등학교 교사들의 인식 분석. **한국교육**, 37(3), 183-202.

이영덕(1983). 통합교육과정의 개념. 한국교육개발원 편. **통합교육과정의 이론과 실제**(pp. 15-54). 서울: 교육과학사.

이원희, 최호성, 박정희, 강현석(1990). **학교교육과정론**. 서울: 교육과학사.

이지연, 전병훈(2020). OECD 학습 나침반 2030에 기초한 청소년 기업가정신 교육 방향 고찰. **학습자중심교과교육연구**, 20(15), 415-433.

이홍우(1991). **지식중심 교육과정의 재조명**. 이영덕(편). 인간교육을 위한 교육과정과 수업의 탐구. 서울: 교육과학사.

이홍우(1996). **증보 교육과정탐구**. 서울: 박영사.

이홍우, 유한구, 장성모 (2009). **교육과정이론**. 서울: 교육과학사.

이흔정(2002). Pinar의 쿠레레(Currere) 교육과정 탐색. **교육방법연구**, 14(1), 64-93.

이흔정(2011). 프레이리의 생성적 교육과정 연구. **한국교육학연구**, 17(1), 82-97.

임명희, 최안복(2007). 다문화 교육과정과 관련변인에 관한 이론적 고찰. **한국보육**

**학회지**, 7(1), 1-24.

장수빈(2021). 2015 국가 교육과정 개정 정책 행위자의 참여 경험 분석. **교육정치학연구**, 28(3), 239-265.

장영희(1997). 유아를 위한 다문화교육의 개념 및 교수 방법에 대한 이론적 고찰. **성신연구논집**, 35, 295-314.

장인실(2003). 다문화교육이 한국 교사 교육과정 개혁에 주는 시사점. **교육과정연구**, 21(3), 409-431.

전일균(2002). 발도르프 교육학의 대안학교적 의미 연구. **교육철학**, 28, 165-185.

정미화(2011). 한 초등학교 담임교사의 한 해 살이: 자서전적 성찰. 이화여자대학교 대학원 박사학위논문.

정성아(2006). 쿠레레(Currere) 방법의 도덕과 수업 적용에 관한 연구. 부산대학교 대학원 박사학위논문.

정우정(2015). 뇌전증 자녀를 둔 어머니의 돌봄 체험에 관한 해석학적 현상학 연구. 서울대학교 대학원 박사학위논문.

정정희(2006). 결혼 이주여성 자녀교육 프로그램 개발과 교육지원 방안. 경북대학교 연구보고서.

정혜영(1997). 발도르프 학교 교육의 사상적·이론적 기초. **교육학연구**, 35(1), 1-16.

조난심(2007). 미래의 교과서: 편찬의 자율화와 매체의 다양화. **교과서연구**, 52, 7-12.

조성민(2006). 교육과정 실행의 관점에서 본 수학교사 지식과 수업의 관련성 연구: 고등학교 함수내용을 중심으로. 이화여자대학교 대학원 박사학위논문.

진영은(2003). **교육과정: 이론과 실제**. 서울: 학지사.

차우규, 김아영, 박승렬, 박영주, 신동의, 전형기, 조호제, 표석환(2019). 2015 개정 교육과정 범교과 학습 주제 교수·학습 자료: 초등학교. 교육부.

최병모 공역(1987). **사회과 교수법과 교재연구**. 서울: 교육과학사.

최연주(2011). 예비교사교육에서의 자서전적 방법 적용 연구. 건국대학교 대학원 박사학위논문.

추광재, 최화숙(2010). **교육과정의 이해**. 서울: 강현출판사.

충청남도교육청(2018). 2017 교육과정-수업-평가-기록 고등학교 일체화 우수사례집. 충남: 충청남도교육청.

한국교육개발원(2019). 'OECD 교육 2030' 프로젝트, 학교교육에서 역량교육의 의미와 방향을 다시 세우다. KEDI brief, 21, 1-8.

한국교육과정평가원(2016). 2015 개정 교육과정에 따른 초·중학교 미술과 평가기준 개발 연구. 한국교육과정평가원 연구보고 CRC 2016-2-11. 서울: 한국교육과정평가원.

한국교육과정평가원(2018). 2015 개정 교육과정에 따른 2018년 교과용도서 검정 1차 심사 결과 및 2차 심사 신청 설명회. 연구자료 ORM 2018-36. 서울: 한국교육과정평가원.

한혜정(2005). 자아성찰과 교수방법으로서의 "자서전적 방법"(Autobiographical Method). **교육과정연구**, 23(2), 117-132.

함수곤(2009). **교육과정과 교과서**. 서울: 대한교과서.

함수곤, 김종식, 권용환, 왕경순(2003). **교육과정 개발의 이론과 실제**. 서울: 교육과학사.

허 숙(1995). 교육과정의 재개념화를 위한 이론적 탐색: 실존적 접근과 구조적 접근. **교육학연구**, 33(5), 217-242.

홍원표(2019). IB 디플로마 프로그램(DP)의 공교육 도입 담론에 대한 비판적 검토. **교육과정연구**, 37(3), 199-222.

홍원표, 김종훈, 김한성, 류창기, 이광우, 임유나(2020). 미래형 교육과정 구성 방안 연구. 세종: 교육부.

홍은광(2010). **파울로 프레이리, 한국 교육을 만나다**. 서울: 학이시습.

홍은숙(1999). **지식과 교육**. 서울: 교육과학사.

홍후조(2011). **알기 쉬운 교육과정**. 서울: 학지사.

황규호(2016). 국가 교육과정 개정과 교원정책의 대응과제. 한국교원교육학회 학술대회자료집, 11, 3-25.

황수아(2018). 국가 교육과정 적정화 정책에 대한 역사적 신제도주의적 분석: 집중이수제와 핵심개념을 중심으로. 고려대학교 대학원 박사학위논문.

Anderson, J. (2022, September 9). What is a custom curriculum and why is it important in Education? https://educomics.org/custom-curriculum/

Anderson, J. R. (1985). *Cognitive psychology and its implications*(2nd ed.). New York: Freeman.

Anderson, L. W., Krathwohl, D. R., Airasian, P. W., Cruikshank, K. A., Mayer, R. E., Pintrich, P. R., Raths, J., & Wittrock, M. C. (2001). *A Taxonomy for Learning, Teaching, and Assessing: A revision of Bloom's Taxonomy of Educational Objectives*. New York: Pearson, Allyn & Bacon. 강현석, 강이철, 권대훈, 박영무, 이원희, 조영남, 주동범, 최호성(2005). **교육과정 수업 평가를 위한 새로운 분류학: Bloom 교육목표분류학의 개정**. 서울: 학지사.

Aoki, T. (1992). Layered voices of teaching: The uncannily correct and the elusively true. In Pinar, W. and Reynolds, W. (Eds), *Understanding curriculum as phenomenological and deconstructed text*. NY: Teachers College Press.

APA Work Group of the Board of Educational Affairs (1997, November). Learner-centered psychological principles: A framework for school reform and redesign. Washington, DC: American Psychological Association.

Apple, M. (1978). The new sociology of education: An analyzing cultural and economic reproduction. *Harvard Educational Review, 48*(4), 495-503.

Apple, M. W. (1986). *Teacher and text: A political economy of class and gedner relations in education*. London: Boston: Routledge and Kegan Paul.

Banks, J. A. (2002). *An introduction to multicultural education*(3nd ed.). Boston: Allyn and Bacon.

Basye, D. (2018, Jan 24). Personalized vs. differentiated vs. individualized learning. ISTE. https://www.iste.org/explore/Education-leadership/Personalized-vs.-differentiated-vs.-individualized-learning

Benham, B. J. (1981). Curriculum theory in the 1970s: The reconceptualists movement. *The Journal Curriculum Theorizing*, *3*(1), 162-170.

Bennett, C. I. (2009). *Comprehensive multicultural education: Theory and practice* (6th ed.). Boston: Pearson Education Allyn & Bacon.

Bloom, B. S., Engelhart, M. D., Frost, E. J., Hill, W. H., & Krathwohl, D. R. (1956). *Taxonomy of Educational Objectives* (Handbook 1: Cognitive Domain). New York: David Mckay.

Bobbitt, F. (1924). *How to make a curriculum*. Boston: Houghton Mifflin.

Bobbitt, F. W. (1918). *The curriculum*. Boston: Houghton Mifflin Company.

Bruner, J. S. (1960). *The process of education*. New York: Vintage.

Bruner, J. S. (1966). *Toward a theory of instruction*. Cambridge, MA: Harvard University Press.

Caswell, H. L. (1935). *Curriculum development*. American Book Company.

Cleveland-Innes, M., & Emes, C. (2005). Principles of learner-centered curriculum: Responding to the call for change in higher education. *Canadian Journal of Higher Education*, *35*(4), 85-110.

Cuban, L. (1993). *How teachers taught: Constancy and change in American classrooms, 1890 - 1990*. Teachers College Press.

Cullen, R., Hill, M., & Reinhold, R. (2012). *Learner-centered curriculum: Design and implementation*. Hoboken, NJ: John Wiley & Sons.

Dewey, J. (1899). *The school and society: Being three lectures*. University of Chicago Press.

Dewey, J. (1902). *The child and the curriculum*. Chicago, IL: University of Chicago Press.

Dewey, J. (1910). *How we think: A restatement of the relation of reflective thinking to the educative process*. New York: D. C. Heath.

Dewey, J. (1916). *Democracy and education*. 이홍우 역(2007). 민주주의와 교육. 서울: 교육과학사.

Dewey, J. (1934). *Art as experience*. 박철홍 역(2016). 경험으로서 예술. 경기: 나남.

Dewey, J. (1938). *Experience & Education*. New York, NY: Kappa Delta

Eisner, E. (1979). *Educational imagination: On the design and evaluation of school programs*. New York: Macmillan.

Eisner, E. W., & Vallance, E. (1974). *Conflicting conceptions of curriculum*. Berkeley CA: McCutchan.

Emes, C. & Cleveland-Innes, M. (2003). A journey toward learner-centered curriculum. *Canadian Journal of Higher Education*, *33*(3), 47-70.

Fitzpatrick, J., Sanders, J., & Worthen, B. (2004). *Program evaluation: Alternative approaches and practical guidelines* (3rd ed.). Boston: Allyn & Bacon.

Freire, P. (1970). *Pedagogy of the oppressed*. 남경태 역(2002). 페다고지. 서울: 그린비.

Freire, P. (1973). *Education for critical consciousness*. 채광석 역(2010). 교육과 의식화. 서울: 중원문화.

Freire, P. (1994). *Pedagogy of the hope: Reliving Pedagogy of the oppressed*. 교육문화연구회 역(2002). 희망의 교육학. 서울: 아침이슬.

Fullan, M. G. (1989). Research into educational innovation. In I. R. Glatter (Eds.), *Understanding school management*. Philadelphia: Open University Press.

Fullan, M. G. (1993). Why teachers must become change agents. *Educational leadership, 50*(6), 1-13.

Fullan, M. G., & Pomfret, A. (1977). Research on curriculum and instruction implementation. *Review of Educational Research, 47*(1), 335-397.

Gabler, I. C., Schroeder, M., & Curtis, D. H. (2003). *Constructivist methods for the secondary classroom: Engaged minds*. Boston: Pearson Education, Inc.

Gagné, R. M., & Briggs, L. J. (1979). *Principles of Instructional Design*. New York:

Holt, Rinehart & Winstion.

Giroux, H. A. (1981a). *Curriculum and instruction: Alternatives in education*. Berkeley, CA: McCutchan.

Giroux, H. A. (1981b). *Ideology, culture and the process of schooling*. Philadelphia: Temple University Press.

Goodlad, J. I. (1966). *A place called school: Some prospects for the future*. New York: McGraw-Hill.

Goodlad, J. I. (1983). *A place called school*. New York: McGraw-Hill.

Graham, C. R., Borup, J., Short, C., & Archambault, L. (2019). K-12 blended teaching: A guide to personalized learning and online integration. EdTech Books. https://edtechbooks.org/k12blended

Gronlund, N. E. (1973). *Preparing criterion-referenced tests for classroom instruction*. New York: Macmillan.

Hall, G. E., & Hord, S. M. (2006). *Implementing change: Patterns, principles, and potholes* (4th ed.). Boston: Pearson/Allyn & Bacon.

Harrow, A. J. (1972). *A Taxonomy of the Psychomotor Domain*. New York, NY, David McKay Company, Inc. 김종선, 김기웅 역 (1978). 교육목표분류학: 심리운동적 영역. 서울: 동화문화사.

Heidegger, M. (1962). *Being and Time* (First English Edition.). Translated by John Macquarrie & Edward Robinson. London.

Henson K. T. (2001). *Curriculum planning*. Illinois: Waveland Press, Inc.

Hewitt, T. W. (2006). *Understanding and shaping curriculum: What we teach and why*. Thousand Oaks: Sage publications.

Hirst, P. (1965) Liberal education and the nature of knowledge. In R. D. Archambault(Ed.), *Philosophical analysis and education*(pp. 113-138). London: Routledge & Kegan Paul.

Hirst, P. H. (1974). *Knowledge and the curriculum*. London: Routledge & Kegan Paul.

Hord, S. M., Stiegelbauer, A. M., Hall, G. E., & George, A. A. (2006). *Measuring implementation in schools: Innovation configurations*. Austin, TX: SEDL.

House, E. R. (1979). Technology versus craft: A ten-year perspective on innovation. *Journal of Curriculum Studies, 11*(1), 1-16.

IBO(2012). https://ibo.org/globalassets/new-structure/become-an-ib-school/pdfs/ibpyp_en.pdf

IBO(2014). https://ibo.org/globalassets/new-structure/become-an-ib-school/pdfs/ibmyp_en.pdf

IBO(2018). 2017-2018 Key performance indicators.

IBO(2019). What is an IB education?. https://ibo.org/globalassets/new-structure/about-the-ib/pdfs/what-is-an-ib-education-en.pdf.

Jackson, P. W. (1968). *Life in classrooms*. New York: Holt, Rinehart & Winston.

Kallick, B., & Zmuda, A. (2017). *Students at the center: Personalized learning with habits of mind*. Alexandria, VA: ASCD.

Kallio, J. M., & Halverson, R. (2020). Distributed leadership for personalized learning. *Journal of Research on Technology in Education, 52*(3), 371-390. https://doi.org/10.1080/15391523.2020.1734508

Kliebard, H. (2004). *The struggle tor the American curriculum, 1893-1958* (3rd ed.). New York: Routledge & Kegan Paul.

Kliebard, H. M. (1972). Metaphorical roots of curriculum design. *Teachers College Record, 72*(3), 403-404.

Kochhar, S. K. (1992). *Methods and techniques of teaching*. New Delhi: Sterling Publishers.

Locke, E. A., & Latham, G. P. (1990). *A theory of goal setting and task performance*. Englewood Cliffs, NJ: Prentice Hall.

Longhurst, B., Smith, G., Bagnall, G., Crawford, G., Ogborn, M., Baldwin, E., & McCracken, S. (2008). *Introducing cultural studies* (2nd ed.). London: Pearson Longhurst. 조애리, 강문순, 김진옥, 박종성, 유정화, 윤교찬, 최인환, 한애경 (역)(2014). 문화 코드, 어떻게 읽을 것인가?: 문화연구의 이론과 실제. 한울.

Mager, R. F. (1962). *Preparing instructional objectives*. Palo Alto, CA: Fearon.

Mahon, K. L. (2016). Personalizing curriculum: Curation and creation. In M. Murphy, S. Redding, & J. Twyman (Eds.), *Handbook on personalized learning for states, districts, and schools* (pp. 117–130). Philadelphia, PA: Temple University, Center on Innovations in Learning. Retrieved from www.centeril.org

Marsh, C. J., & Willis, G. (1995). *Curriculum: Alternative approaches, ongoing issues*. New Jersey: Prentice-Hall, Inc.

Marsh, C. J., & Willis, G. (2003). *Curriculum: alternatives approaches, ongoing issues* (3rd Ed.). Merril Prentice Hall.

Marsh, C. J., & Willis, G. (2007). *Curriculum: alternative approaches, ongoing issues*

(4th ed.). Upper Saddle River. New Jersey: Pearson Prentice Hall.

Mazza, K. (1980). Reconceptual inquiry as an alternative mode of curriculum theory and practice: A critical study. ED. D. Dissertation. Boston University School of Education.

Oakeshott, M. (1967). Learning and teaching. In T. Fuller (Ed.)(1989), *The voice of liberal learning*. Yale University Press. 차미란 역(1992). 학습과 교수. 상·하. 교육진흥 봄·여름, 126-143, 155-169, 서울: 중앙교육연구소.

OECD. (2005). Teachers matter: Attracting, developing and retaining effective teachers. Paris: OECD Publishing.

OECD. (2019). Change management for curriculum implementation: Facilitating and hindering factors of curriculum implementation.

Ornstein, A. C., & Hunkins, F. P. (1998). *Curriculum: Foundations, principles and issues* (4th eds.). Boston: Pearson.

Ornstein, A. C., Behar-Horenstein, L. S., & Pajak, E. F., (2003). *Contemporary issues in curriculum* (3rd Ed.). Boston: Allyn and Bacon.

Parkay, F. W., & Hass. A. (2000). *Curriculum planning: A contemporary approach*. Boston: Allyn and Bacon.

Peters, R. S. (1981). *Essay on educator*. London: George Allen & Unwin.

Peters, R. S., & H. Hirst. (1970). *The logic of education*. London: Routledge & Kegan Paul.

Piaget, J. (1985). *The equilibration of cognitive structures*. Chicago, IL: University of Chicago Press.

Pinar, W. F. (1975a). Preface. In W. Pinar (Ed.), *Curriculum Theorizing: The Reconceptualists*. (ix-xii). Berkeley, CA: McCutchan.

Pinar, W. F. (1975b). The method of currere. Autobiography, Politics, and Sexuality. Peter Lang Publishing, Inc, 19-27.

Pinar, W. F. (1978). The reconceptualization of curriculum studies. *Journal of Curriculum Studies, 10*(3), 205-214.

Pinar, W. F. (1979). What is the reconceptualization?. *JCT, 1*(1), 93-104.

Pinar, W. F. (2004). What is curriculum theory?. New Jersey: Lawrence. Erlbaum Associates. 김영천 역(2005). 교육과정이론이란 무엇인가?. 서울: 문음사.

Pinar, W. F. (Ed.). (1974). *Heightened consciousness, cultural revolution, and curriculum theory: The proceedings of the Rochester conference*. Berkeley, CA: McCutchan.

Pinar, W. F. et al. (1995). *Understanding Curriculum: An introduction to the study of Historical and Contemporary Discourses*. New York: Peter Lang. 김복영 외 역(2001). 교육과정 담론의 새 지평. 서울: 원미사.

Posner, G. J. (1992). *Analyzing the curriculum*. New York: McGraw-Hill. 김인식 외 공역(1994). 교육과정 비평. 서울: 교육과학사.

Posner, G. J. (1998). Models of curriculum planning. In L. E. Byer & M. Apple (Eds.), *The curriculum: Problems, politics, and possibilities* (2nd ed.) (pp. 79-100). Albany: State University of New York Press.

Ramsey, P. G. (2004). *Teaching and learning in a diverse world: Multicultural education for young children*. Teachers College Press.

Schubert, W. H. (1986). *Curriculum: Perspective, paradigm, and possibility*. New York: Macmillan Publishing Company.

Schwab, J. J. (1978). The Practice: Translation. In Ian Westbury & Neil J. Wilkof. (eds), *Science, curriculum, and liberal education: selected essays*. University of Chicago Press.

Scriven, M. S. (1967). The methodology of evaluation, In R. Tyler, R. Gagné, & M. Scriven (Eds.), *Perspectives of curriculum evaluation*(pp. 39-83). (AERA Monograph Series on Curriculum Evaluation). Chicago: Rand McNally.

Shiundu, S. J., & Omulando, J. S. (1992). *Curriculum: Theory and practice in Kenya*. Nairobi: Oxford University Press.

Short, C. R. (2022). Personalized Learning Design Framework: A Theoretical Framework for Defining, Implementing, and Evaluating Personalized Learning. In H. Leary, S. P. Greenhalgh, K. B. Staudt Willet, & M. H. Cho (Eds.), *Theories to influence the future of learning design and technology*. EdTech Books.

Sinnema, C. & Aitken, G. (2013). Trends in international curriculum development. In M. Priestley & G. J. J. Biesta (Eds), *Reinventing the curriculum: New trends in curriculum policy and practice* (pp. 141-164). London: Bloomsbury.

Snyder, J., Bolin, F., & Zumwalt, K. (1992). Curriculum implementation. In P. W. Jackson (Ed.), *Handbook of research on curriculum* (pp. 402-435). New York: Macmillan.

Spencer, H. (1859). *Education: Intellectual, moral, and physical*. London: John Murray.

Spiegelberg, H. (1984). *The phenomenological movement*. 최경호 역(1992). 현상학적

운동. 서울: 이론과 실천.

Stake, R. E. (1967). The countenance of educational evaluation. *Teacher College Record, 68*, 523-540.

Stufflebeam, D. L. (2000). The CIPP model for evaluation, In D. L. Stufflebeam, & G. F. Madaus, & T. Kellaghan(Eds.), *Evaluation models: Viewpoints on educational and human services evaluation*(2nd ed.)(pp. 279–318). Boston: Kluwer Academic.

Stufflebeam, D. L. (2014). Daniel Stufflebeam's CIPP Model for evaluation- An improvement and acountability-Oriented approach, In D. L. Stufflebeam, Coryn, & L. S. Chris(Eds.), *Research methods for social sciences: Evaluation theory, models and applications*(pp. 310–339). Someset: Jossay-Bass.

Stufflebeam, D. L., & Zhang, G. (2017). *The CIPP evaluation model: How to evaluate for improvement and accountability*. New York, NY: Guilford.

Syomwene, A., Kitainge, K. & Mwaka, M. (2013). Psychological Influences in the curriculum decision making process. *Journal of Education and Practice*, *4*(8), 173-180.

Taba, H. (1962). *Curriculum development: Theory and practice*. NY: Harcourt, Brace & World.

Thorndike, E. L. (1931). *Human learning*. New York: The Macmillan Company.

Tomlinson, C. A. (2005). Traveling the road to differentiation in staff development. *Journal of Staff Development*, *26*(4), 8-12.

Tyler, R. W. (1949). *Basic principles of curriculum and instruction*. Chicago: University of Chicago Press.

van Manen, M. (1984). Practicing phenomenological writing. *Phenomenology + Pedagogy, 2*(1), 36-69.

van Manen, M. (1986). The tone of teaching. Richmond Hill, Ont.: Scholastic. 정광순 · 김선영 역(2012). '가르친다는 것'의 의미. 서울: 학지사.

van Manen, M. (1990). *Researching lived experience: Human science for an action sensitive pedagogy*. London: Routledge.

van Manen, M. (1991). *The tact of teaching: The meaning of pedagogical thoughtfulness*. London: Althouse Press.

van Manen, M. (1997). *Researching lived experience: Human science for an action sensitive pedagogy* (2nd Ed). London: Routledge.

Vygotsky, L. S. (1978). *Mind in society: The Development of higher psychological processes*. M. Cole, V. John-Steiner, S. Scribner, & E. Souberman (Eds.). Cambridge, MA: Harvard University Press.

Weiss, H. B., & Jacobs, F. H. (Eds.). (1988). *Modern applications of social work: Evaluating family programs*. Aldine de Gruyter.

Wiles, J. (2005). *Curriculum essentials: A resource for educators*. (2nd ed.). Boston: Pearson Education Inc.

Youker, B. W. (2005). Goal-free evaluation of the 2005 Kalamazoo Public School Middle School Summer Enrichment Program: Final report. Kalamazoo, MI: Western Michigan University, The Evaluation Center.

Zais, R. (1976). *Curriculum: Principles and Foundations*. Crowell Harper & Row, New York.

https://www.law.go.kr

저자소개

**최화숙**

한국교원대학교 교육학사
한국교원대학교 교육학 석사(교육과정 전공)
한국교원대학교 교육학 박사(교육과정 전공)
현 한세대학교 교양학부 교수

**박일수**

경인교육대학교 교육학사
한국교원대학교 교육학 석사(교육과정 전공)
한국교원대학교 교육학 박사(교육과정 전공)
현 공주교육대학교 교육학과 교수

**이재철**

한국교원대학교 교육학사
고려대학교 교육학 석사(교육과정 전공)
한국교원대학교 교육학 박사(교육과정 전공)
현 ㈜임용닷컴 교육학 전임교수

# 교육과정

**초판 1쇄 인쇄** / 2024년 10월 25일
**초판 1쇄 발행** / 2024년 10월 30일

**공저자** / 최화숙 · 박일수 · 이재철
**발행인** / 이 중 수
**발행처** / **동 문 사**

서울특별시 서대문구 홍제원 1길 12
(홍제동 137-8)
Tel: 02)736-3718(대), 736-3710, 3720
Fax: 02)736-3719
**등록번호**: 1974.04.27. 제9-17호
**가격**: 25,000원

ISBN: 979-11-6328-621-9 (93370)
E-mail: dong736@naver.com
www.dongmunsa.com